国家示范性院校重点建设专业酒店管理专业系列教材

酒店管理信息系统教程实训手册（第三版）

HOTEL MANAGEMENT INFORMATION SYSTEM TRAINING MANUAL (3RD EDITION)

许鹏　梁铮　主编

中国旅游出版社

前　言

《酒店管理信息系统教程实训手册》是《酒店管理信息系统教程——Opera系统应用》（陈为新、黄崎主编，中国旅游出版社）的配套教学用书。本手册的编写，力求具备以下特点：

1.针对性。作为《酒店管理信息系统教程——Opera系统应用》的配套用书，本书的习题集严格按照教材的体系和顺序安排内容，设置了Opera初步、预订、登记入住、收银结账及团队等五个单元，并且在理论和方法上与教材保持一致。

2.科学性。习题集按照先整体后局部再综合的思路编写，让学生在掌握基本操作的基础上，再注重细节的把握，最后加以综合运用；每单元的编写均先以理论知识、操作流程为铺垫，后附大量的案例来重复实践加以巩固，注重理论联系实际；案例的安排具有连贯性，后一单元的习题通常是以前单元习题的延续，脉络清晰连贯。

3.实用性。习题集中选编的案例源于酒店接待业务中的真实场景再现，与实践紧密结合。学生通过对习题的练习不仅能够加强操作能力的培养与锻炼，还可以加深对酒店业务的了解，为学生今后进入酒店工作实习、就业提供无缝对接。

鉴于习题集中的案例题量较大且具有连贯性，也是为了更好地满足广大教师与学生的使用，在此就习题集的使用提出如下建议及说明：

1.为学生配置独立的操作系统用户名。一方面可以贴近实际，更重要的是教师可以运用系统功能根据用户名进行查找并对学生练习的完成情况进行考核与评分。

2.配套习题格式。例："2.2.2/2.2.3/→3.1.4"表示：当前习题为3.1.4，是2.2.2/2.2.3的延续，即只有在完成2.2.2/2.2.3的基础上方可完成3.1.4的操作。

3.顾客姓名前加学生学号以示区分。由于教学的特殊性，多人在同一数据库中操作同一习题，需在顾客姓名前加学号区分，避免姓名相同带来的不便。

本习题集由上海师范大学旅游学院酒店管理信息系统建设团队的教师杨荫稚、黄埼、陈为新和许鹏编写，由许鹏主编。付蓉、张珊珊编辑对习题集的编写和出版工作给予了很大支持和帮助，在此谨表深切的谢意。

对于习题集中的不妥和错误之处，恳请读者批评指正，以利今后改进。

许　鹏

2012年5月

第三版前言

《酒店管理信息系统教程实训手册》（第一版书号：9787503244575；第二版书号：9787503256301）一书于2012年6月首次出版，2016年6月再版，两版累计印刷6次，印刷量达12500册。据中国旅游出版社2019年10月不完全统计，该教材被重庆师范大学、安徽师范大学、陕西西京大学、上海旅游高等专科学校、浙江旅游职业学院、南京市旅游职业学院、郑州市旅游职业学院、桂林市旅游职业学院等全国50余所本专科旅游院校选作酒店管理信息系统相关课程教材，并获得使用院校的一致好评。在此，笔者向喜爱和支持本书的广大读者表示衷心感谢！

《酒店管理信息系统教程实训手册》前两版主要介绍酒店前台预订、入住、结账等操作，没有涉及酒店后台业务。而培养跨部门、复合性的酒店应用型人才，让学生更加全面地掌握酒店运营，熟悉和贯通酒店前后台业务流程，是用人酒店对教学提出的新的、更高的要求，也是酒店管理专业的人才培养目标。基于此，本次再版对教材的体系和内容进行了修订。

本版教材重点修订的内容包括：将第二版原第8单元综合应用改为第9单元综合应用；新增第8单元房务管理，让本教材在内容上更加丰富和完整。

此外，需要说明的是教材案例所涉及的日期和真实日期相差较远，主要是因为笔者所用软件系统所致，各院校教学软件系统应有类似情况。事实上，在酒店实操当中，软件系统的培训环境（培训库）和生产环境（实际使用库）也是有一个时间差的。

限于作者的水平，本教材还可能存在一些错误和不足，请广大读者批评和指正。

许　鹏

2021年3月

目录
CONTENTS

第1单元 档案

学习意义 加强档案管理对提高酒店服务质量、改善酒店经营管理水平具有重要意义。一方面，建立档案有助于掌握客人的需求特征，可以向客人提供针对性的营销和个性化的服务；另一方面，建立档案有助于酒店研究客源市场动态，不断改进酒店产品和服务质量，提高经营管理水平。通过本章内容的学习，学生对档案的基本概念有一个全面的认识，并熟练掌握基础的电脑操作。

内容概述 本章首先介绍了档案的一些基本概念，然后讲述建立档案的基本操作，最后介绍档案管理的一些基础知识与操作。

教学目标

知识目标

1. 了解档案的类型及作用。
2. 了解不同类型档案的新建流程及注意事项。
3. 了解档案合并、黑名单的概念、操作流程及注意事项。

能力目标

1. 熟练掌握不同类型档案建立的电脑操作。
2. 掌握档案合并及黑名单的电脑操作。

1.1 档案类型（Profile Types）

1.1.1 档案概述

档案用于记录客户的基本信息、汇总客户住店历史数据和消费情况分析等。建立档案是Opera系统里所有操作的基础。

1.1.2 档案类型

1. 个人档案（Individual）。个人档案用于记录客人的基本信息（姓名、性别、国籍、身份证件、联系方式等）和特殊偏好与要求、汇总客人住店历史数据和消费情况分析、设置黑名单等。相较于传统“客史”在客人结账退房后产生而言，个人档案则要求在客人预订时建立，这充分说明个人档案在酒店管理中的重要性，同时也是酒店提供个性化服务和实施精准营销的内在要求。

2. 公司档案（Company）。公司档案用于记录公司的基本信息（名称、地址、联系方式等）和公司关键人物信息（高层管理者、联系人）、管理协议价格、汇总公司住店历史数据和消费情况分析等。酒店会为所有的协议公司建立公司档案，而建立公司档案的公司不一定是协议公司。

3. 旅行社档案（Travel Agent）。旅行社档案用于记录旅行社的基本信息（名称、地址、联系方式等）和关键人物信息（旅行社高层管理者、联系人）、管理协议价格、汇总旅行社住店历史数据和消费情况分析等。通常而言，酒店只为具有销售协议的旅行社建立旅行社档案。

4. 订房中心档案（Source）。订房中心档案用于记录订房中心的基本信息（名称、地址、联系方式等）和关键人物信息（订房中心高层管理者、联系人）、管理协议价格、汇总订房中心住店历史数据和消费情况分析等。订房中心通常是指携程、艺龙这样的中间商。

5. 团队档案（Group）。团队档案用于记录团队的基本信息（名称、地址、联系方式等）、管理协议价格、汇总团队住店历史数据和消费情况分析等。这一功能通常较少使用。

6. 联系人档案（Contact）。联系人档案类似于个人档案，主要用于记录公司、旅行社以及订房中心的联系人（具体经办人员）的基本信息。

1.1.3 档案的作用

1. 档案是Opera系统里所有操作的基础。预订和登记入住的第一个环节就是从建立客人档案开始的。

2. 档案记录了客户的基本信息和特殊喜好等资料，有利于向客户提供适当的产品和个性化的服务。

3. 通过档案管理，可以发掘潜在重要客户。档案记录了客户的住店历史数据及消费情况，通过对相关数据的分析，酒店可以发掘重要客户，并制定相应的销售策略，进而促进酒店营收的增长。

1.2　新建档案（Creating a New Profile）

1.2.1　新建个人档案

【时间】2009年2月2日8:30

【地点】香榭里拉大酒店预订部

【模拟岗位】预订部员工Jessica

【工作描述】创建客人档案，具体信息：张山（Zhang Shan），男，中国，联系电话：13651221133。

【工作要求】

1. 请在Opera上完成相关操作。

2. 在客人姓名前加上自己的姓名并以逗号隔开。

【操作步骤】

1. 进入Opera：打开IE浏览器，输入网址http://opera-sys后，按Enter键。如图1-1所示。

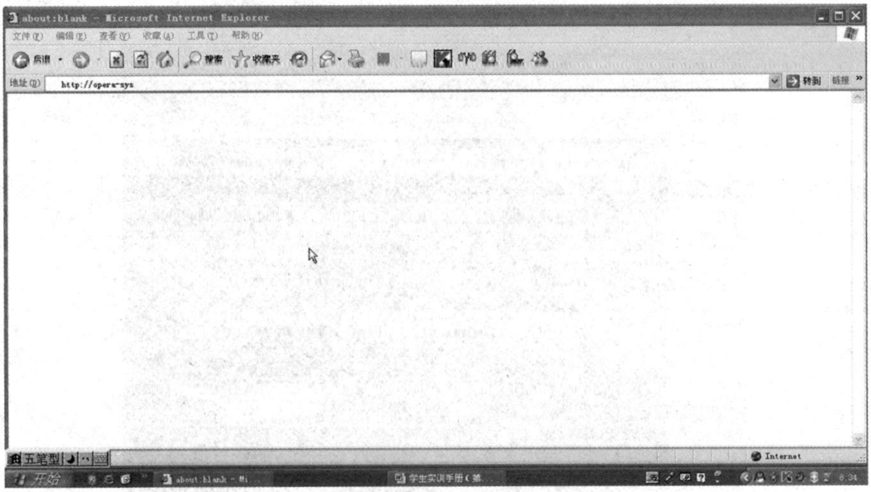

图1-1

2. 输入用户名和密码、选择数据库，点击Login登录。如图1–2所示。

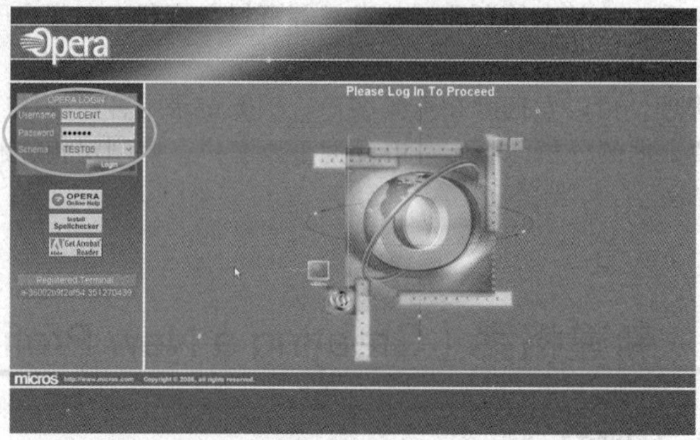

图1–2

3. 点击PMS图标进入下一步。如图1–3所示。

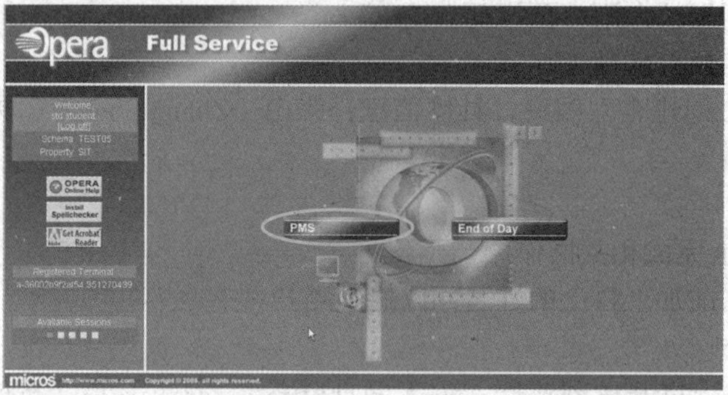

图1–3

4. 在Reservation模块中选择Profile进入下一步。如图1–4所示。

图1–4

5. 在Profile Search（档案查询）界面点击New按钮进入下一步。如图1–5所示。

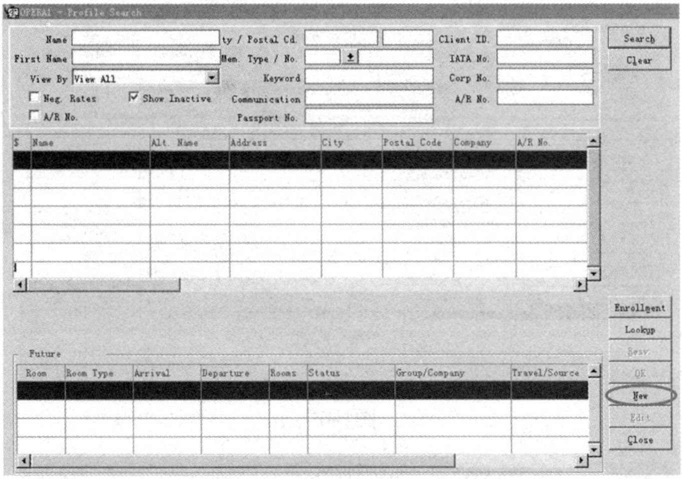

图1–5

6. 选择Individual后，点击OK按钮进入下一步。如图1–6所示。

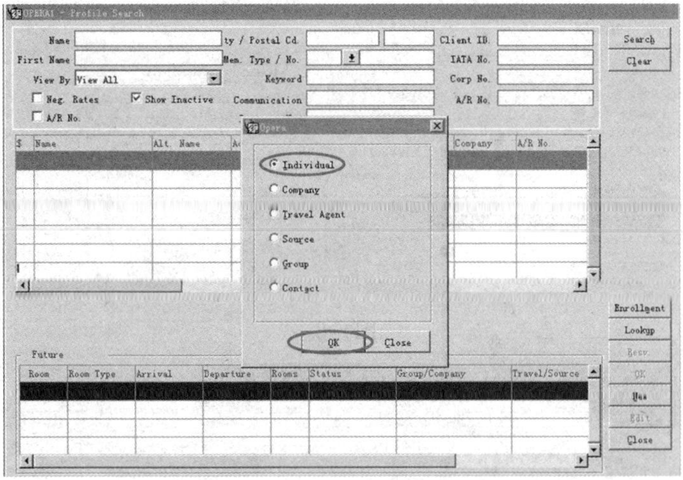

图1–6

7. 在Individual Profile（个人档案）界面录入英文姓名后，点击蓝色标记进入Alternate Name界面录入中文姓名，然后点击OK键退回到个人档案界面。如图1–7所示。

8. 在Individual Profile（个人档案）界面输入宾客称谓、国籍、联系方式等信息，点击OK按钮完成个人档案建立①。如图1–8和图1–9所示。

① 在个人档案信息中，姓名、称谓和国籍为必填项，其他信息如宾客身份证件、地址等需待客人登记入住时进一步完善。完成信息录入后，要在Active和History后打√，以确保所建档案生效并保留在系统中。在实务中，这两项通常默认打√。

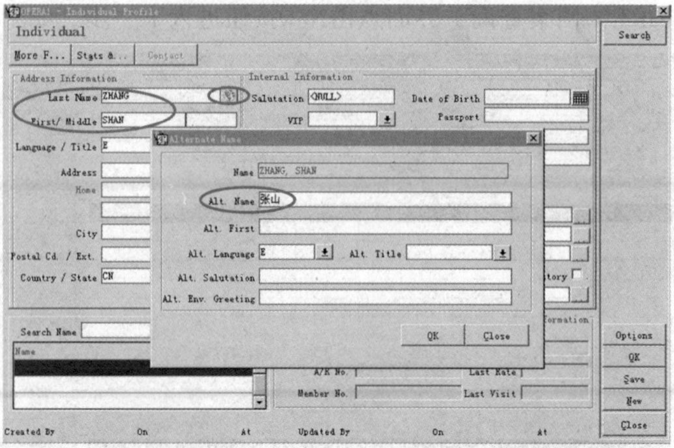

图1–7

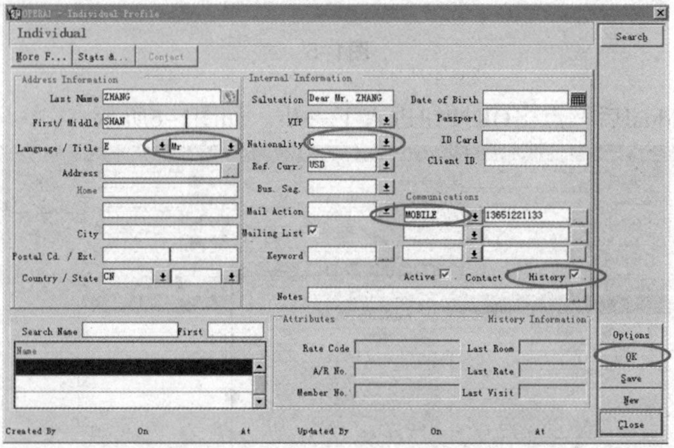

图1–8

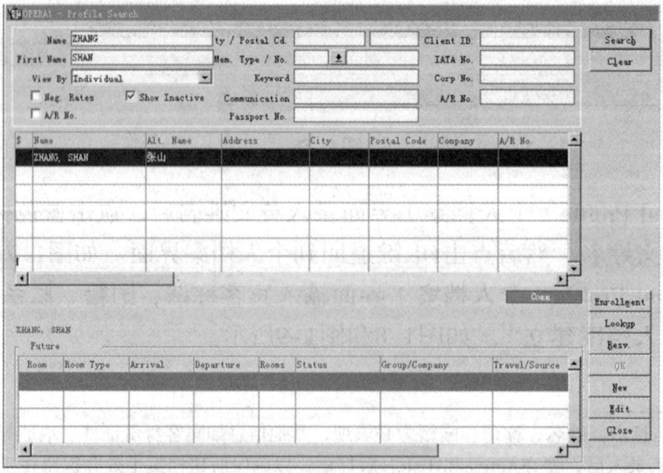

图1–9

1.2.2　新建公司档案

【时间】2007年2月2日9:30

【地点】香榭里拉大酒店预订部

【模拟岗位】预订员Jessica

【工作描述】预订员Jessica接收销售部送来的协议公司资料（表1.2.2）。

表1.2.2

销售协议书（C2009001）

甲方：上海第一百货公司
Shanghai No.1 Department Store
地址：上海市南京东路188号

乙方：上海香榭里拉大酒店管理公司
Shangxierila Hotel management CO. Ltd
地址：上海市海思路500号

甲乙双方本着友好、互利的原则，经协商就2009年2月2日至2009年12月31日的甲方的订房业务签订如下协议：

一、合同签订后，乙方在合同期内向甲方提供“Corp1”住房协议价之优惠。
二、酒店客房预订：
三、房款的支付：
四、结算方式：
五、甲方义务和权利：
六、乙方义务和权利：
七、协议的有效期：

甲方：上海第一百货公司
电话：021-64710088
传真：021-64710099

签约代表：
联系人：李文明
开户行：
账号：

上海第一百货公司 办公室

乙方：上海香榭里拉大酒店管理公司
电话：021-57128888
传真：021-57127788

签约代表：
销售员：Nunki Miriawati
开户行：
账号：

香榭里拉大酒店 办公室

【工作要求】

1. 登录Opera系统录入协议公司档案。

2. 在公司名称前加上你本人的学号并以逗号隔开。

3. 联系人李文明信息（Mobile：13562123466；生日：1981.02.17）。

【操作步骤】

1. 在Reservation模块中选择Profile进入Profile Search（档案查询）界面，点击New按钮，选择Company后点击OK按钮进入下一步。如图1-10所示。

2. 在Company Profile（公司档案）界面录入公司英文名称后，点击蓝色标记进入Alternate Name（别名）界面录入中文名称，然后点击Close按钮退回到公司档案界面。如图1-11所示。

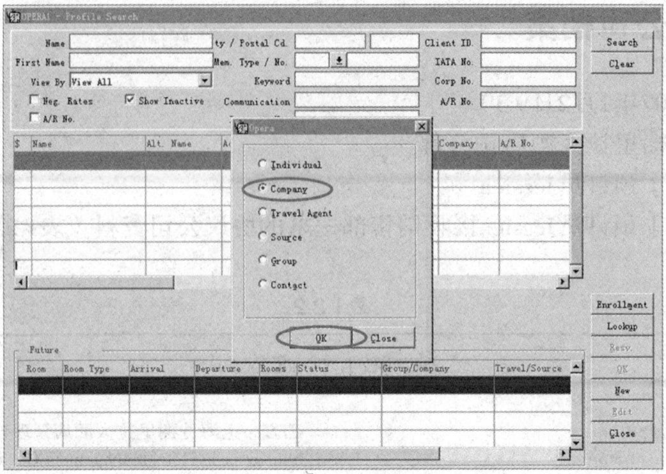

图1-10

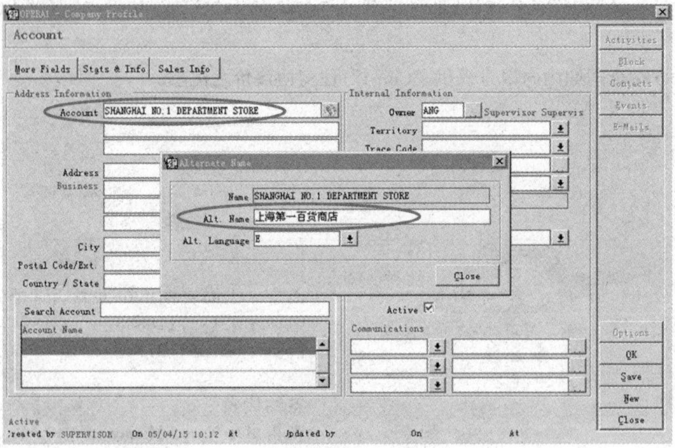

图1-11

3. 在Company Profile（公司档案）界面录入公司地址、关键词、协议代码、联系方式等信息，点击Owner后的按钮进入下一步。如图1-12所示。

4. 在Account Owner（账户所有人）界面选择签约销售员后，点击Select按钮将所选销售员信息栏移入下方显示框，并打“×”选中，点击OK按钮完成Owner设定并退回到Company Profile（公司档案）界面。如图1-13和图1-14所示。

5. 在Company Profile（公司档案）界面点击Save按钮保存所建公司档案基本信息，然后点Option功能键进入下一步。如图1-15所示。

6. 点击Neg. Rates按钮进入下一步。如图1-16所示。

7. 在Negotiated Rates（协议价格）界面点击Select按钮进入下一步。如图1-17所示。

8. 在Negotiated Rates（协议价格）界面选择正确的协议价格代码、填写协议开始日期及结束日期后，点击OK按钮退回到图1-17所示界面。如图1-18所示。

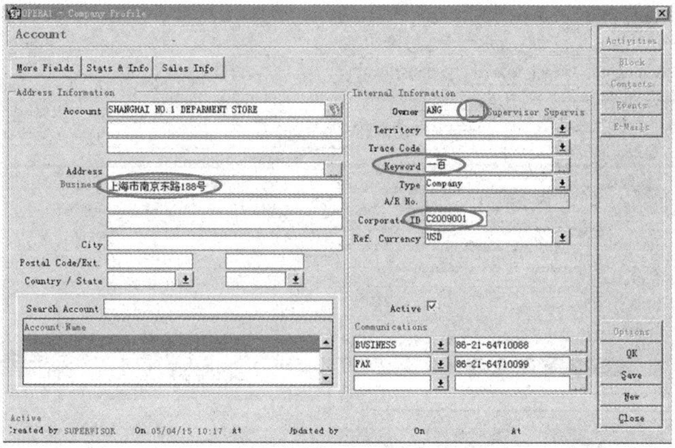

图1–12

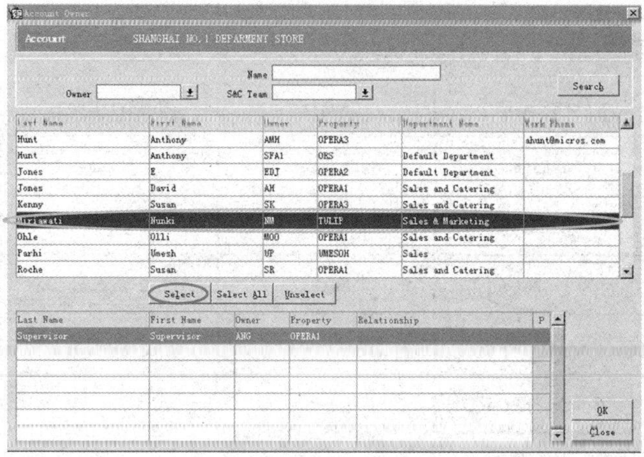

图1–13

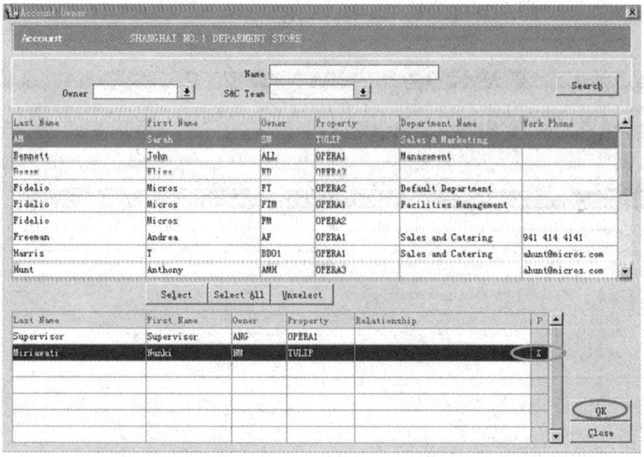

图1–14

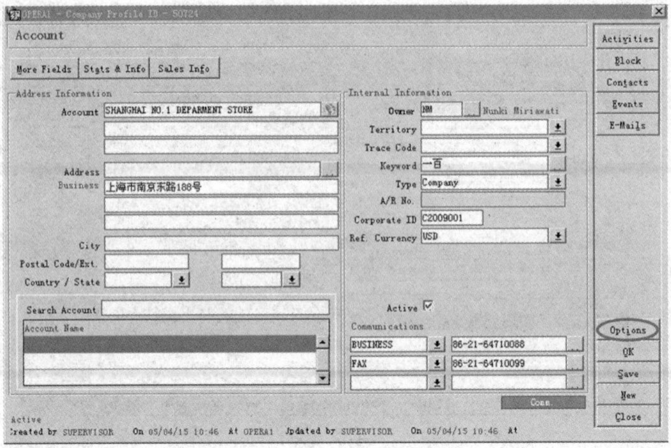

图1–15

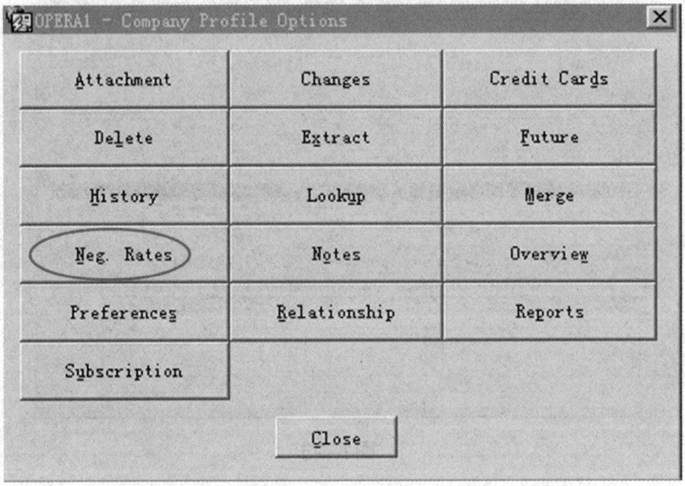

图1–16

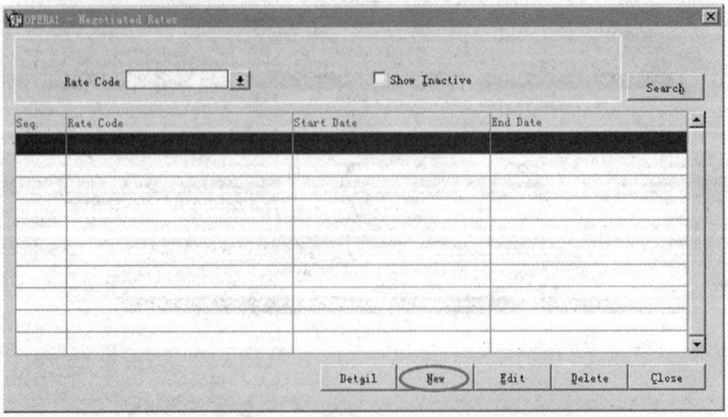

图1–17

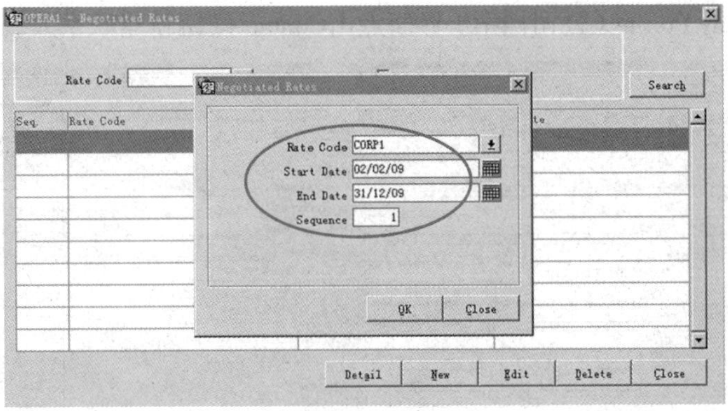

图1-18

9. 点击Close按钮退回到Company Profile Option（公司档案功能）界面，再次点击Close键退回到Company Profile（公司档案）界面。如图1-19和图1-20所示。

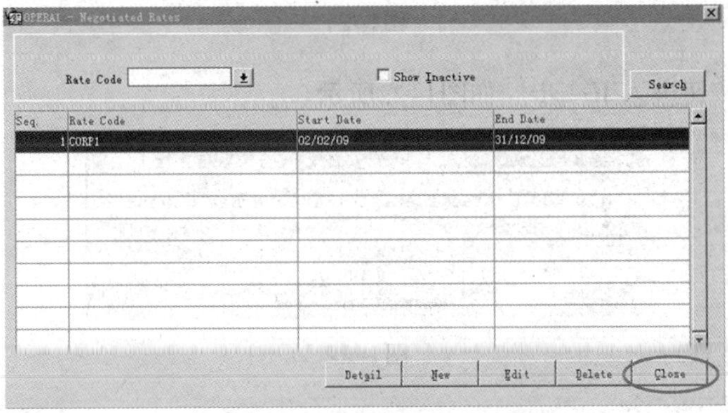

图1-19

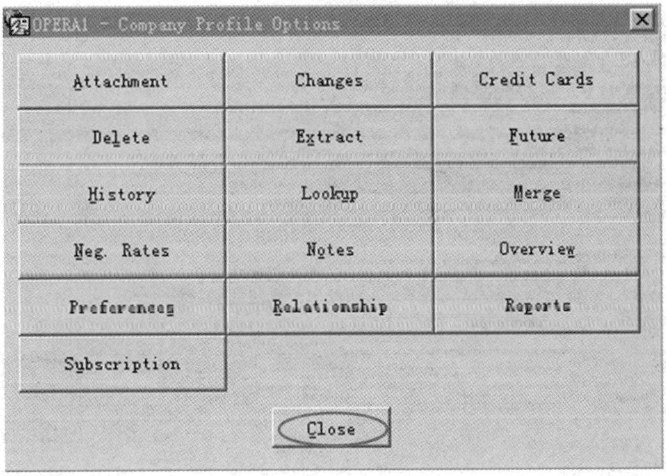

图1-20

10. 在Company Profile（公司档案）界面点击Contact按钮新建联系人。如图1–21所示。

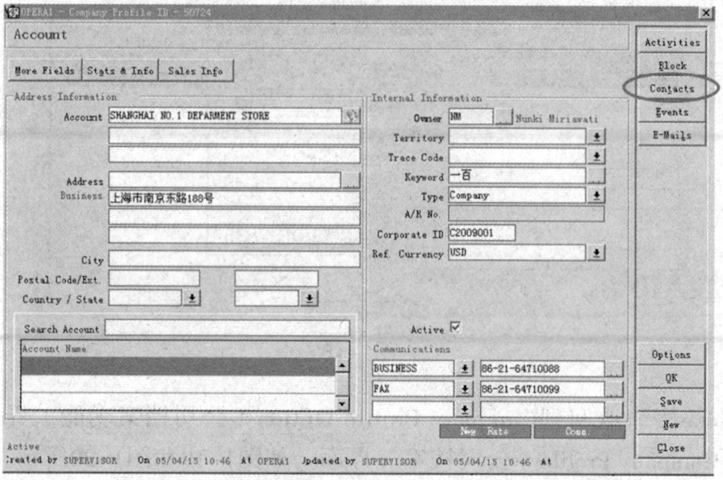

图1–21

11.点击Yes按钮进入下一步。如图1–22所示。

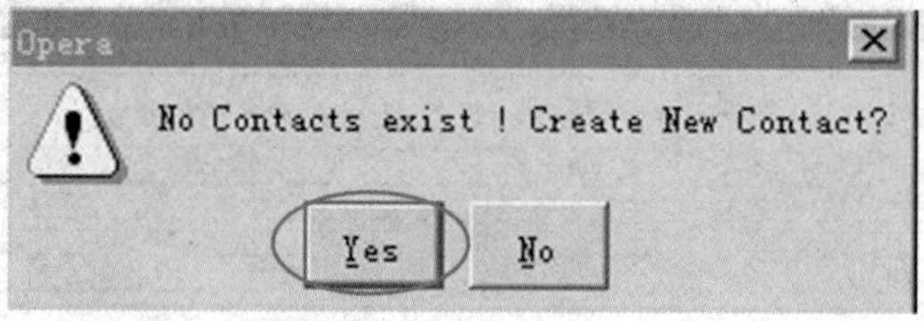

图1–22

12. 在Company Profile（公司档案）界面录入联系人中英文姓名、称谓、生日、联系方式等信息，然后点击OK按钮进入下一步。如图1–23所示。

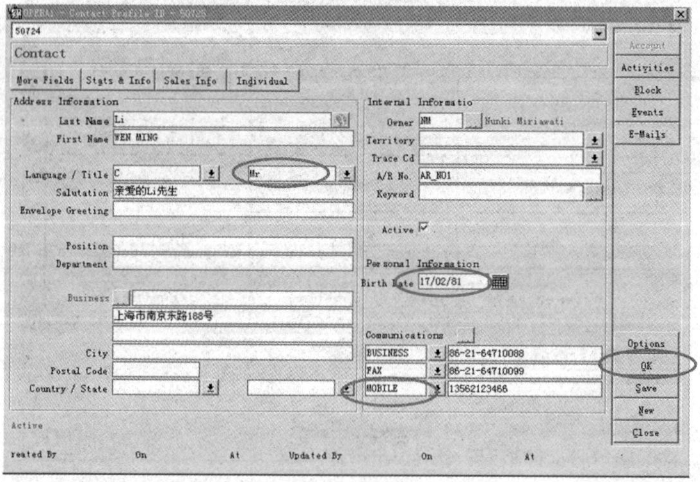

图1–23

13.点击Close按钮退回到Company Profile（公司档案）界面，完成公司档案新建。如图1–24和图1–25所示。

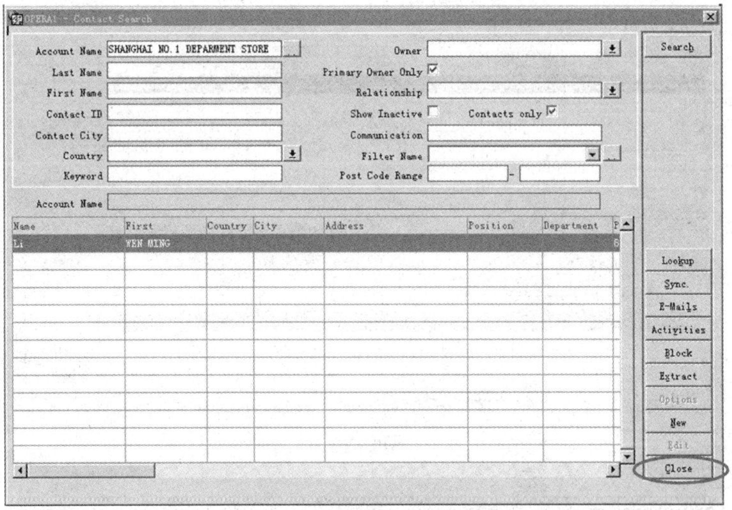

图1–24

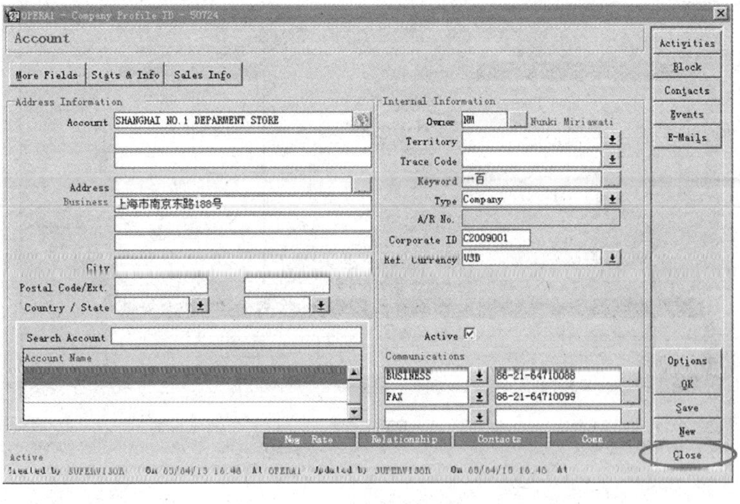

图1–25

14.点击Close按钮退回到Profile Search（档案查询）界面，完成公司档案新建。如图1–26所示。

1.2.3　新建旅行社档案

新建旅行社档案操作步骤可参照“新建公司档案”，两者的区别在于：在Profile Search界面点击New按钮后要选择Travel Agent进入。如图1–27所示。

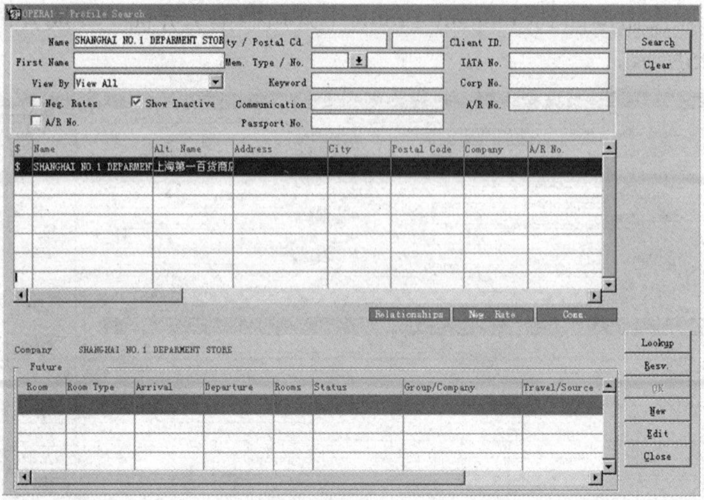

图1-26

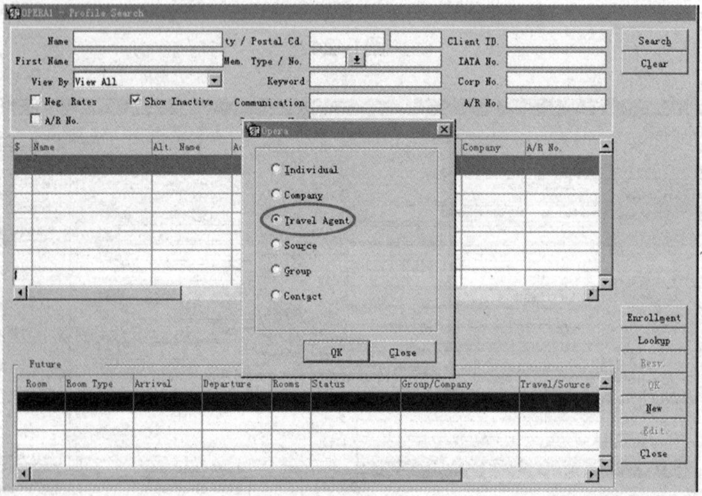

图1-27

1.2.4　新建订房中心档案

新建订房中心档案操作步骤可参照“新建公司档案”，两者的区别在于：Profile Search（档案查询）界面点击New按钮后要选择Source进入。如图1-28所示。

1.2.5　新建团队档案

点击Reservation→Profile→New→Group（团队）→OK。如图1-29所示。

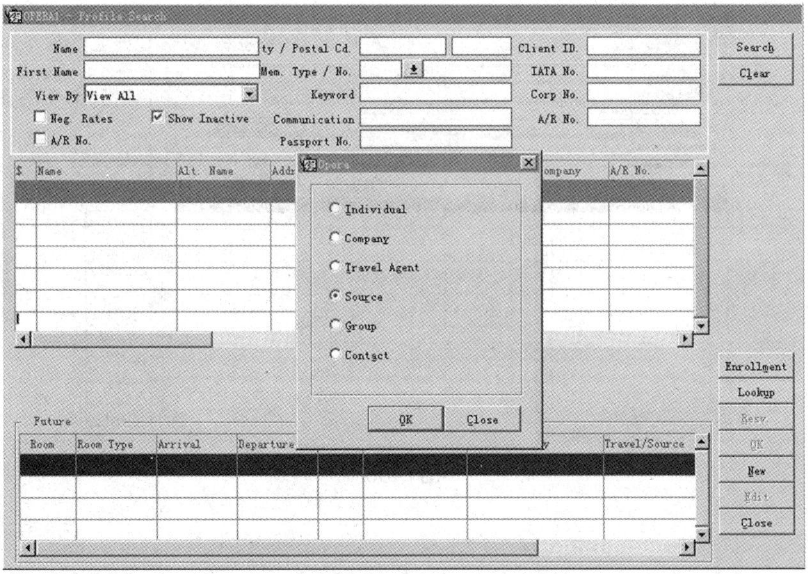

图1-28

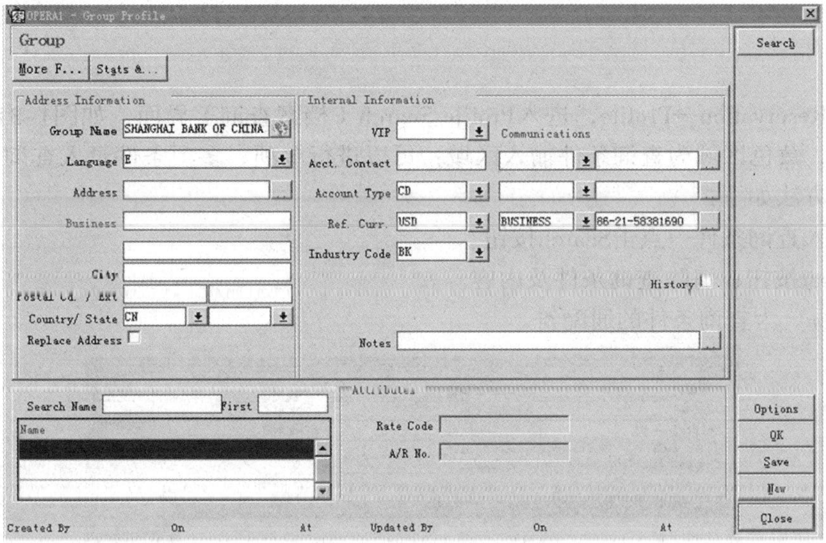

图1-29

1.2.6　新建联系人档案

点击Reservation→Profile→New→Contact（联系人）→OK。如图1-30所示。

联系人档案与公司、旅行社及订房中心档案紧密相连，必须附属于上述三个档案之一。因此，在图1-30的基础上，可以新建→查询账户名称→选择账户→OK。

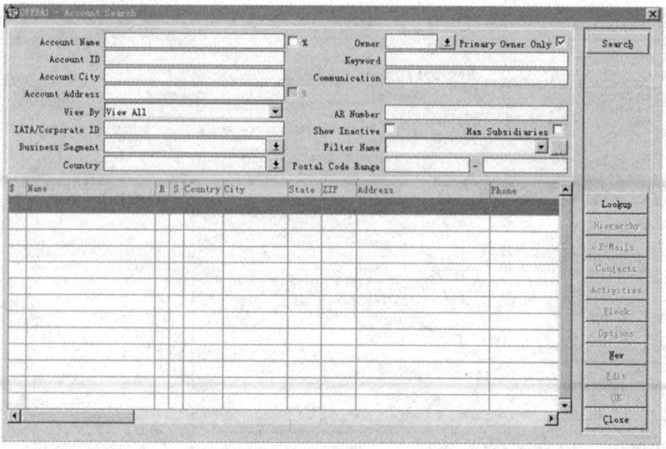

图1-30

1.3 档案查询（Profile Search）

点击Reservation→Profile，进入Profile Search（档案查询）界面，如图1-31所示。在此界面中，黄色区域为查询条件输入区域：可以进行单项、多项条件录入查询。

具体方法如下：

1. 输入查询条件→点击Search按钮。
2. Clear按钮：清除查询条件及内容。
3. “%”为查询条件的通配符。

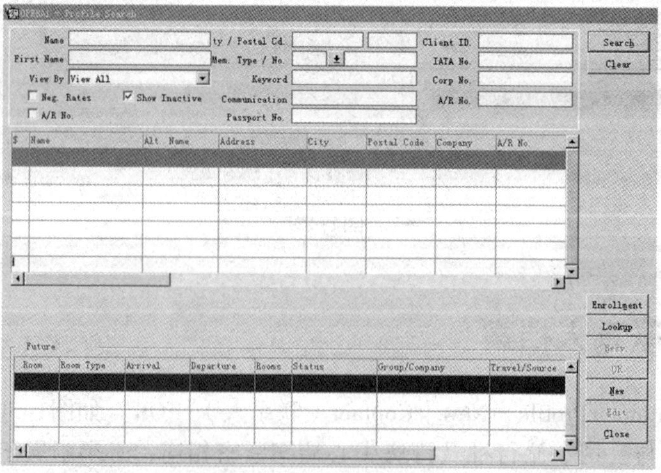

图1-31

1.4　档案管理（Profile Management）

1.4.1　档案合并

档案合并的前提必须是同一类型的档案。确认需合并档案，选定完整档案，合并缺失不全的档案。合并后的档案以完整档案为主，多种选项区域内容将一并保留。

【时间】2009年2月2日23:30

【地点】香榭里拉大酒店前厅部

【模拟岗位】大堂副理Antony

【工作描述】大堂副理Antony发现：个人档案中存在两个李芸的信息，两者地址一致，但身份证最后一位不同。经确认后，两者实为同一人，由于前台接待员在登记入住时将身份证件信息录入错误所致，现需合并档案，将正确证件号码310101198705241245的档案保留。

【工作要求】请在Opera上完成相关操作。

【操作步骤】

1. 点击Reservation→Profile，进入Profile Search（档案查询）界面，录入姓名查询条件"李芸"后，点击Search显示查询结果。如图1-32所示。

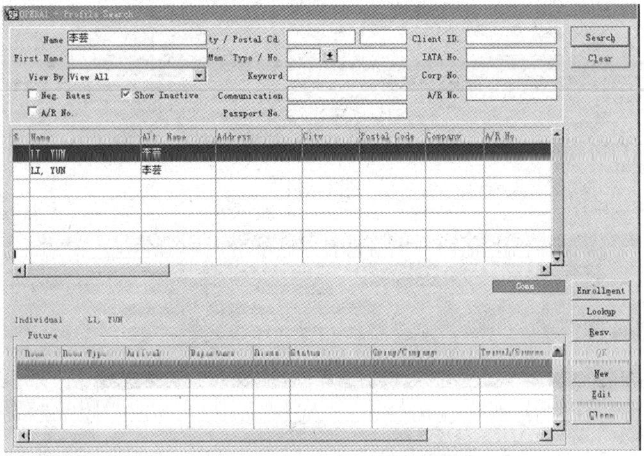

图1-32

2. 选中需保留的档案，点击Edit按钮进入下一步。如图1-33所示。

3. 在Individual Profile（个人档案）界面，点击Option功能按钮后，选择Merge按钮回到Profile Search（档案查询）界面。如图1-34所示。

4. 在Profile Search（档案查询）界面，再次录入姓名查询条件"李芸"，选中被合并的档案后，点击OK键进入下一步。如图1-35所示。

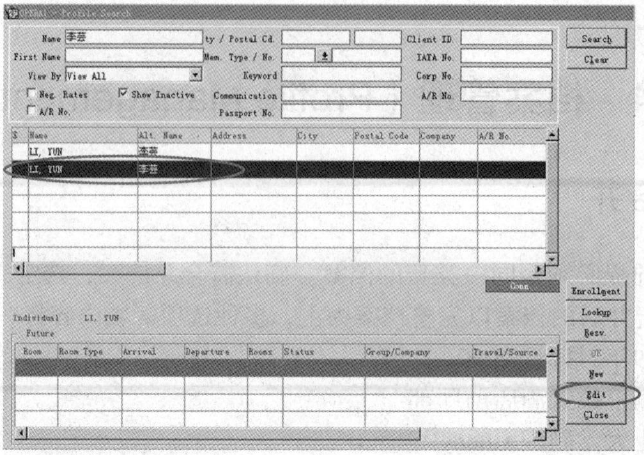

图1–33

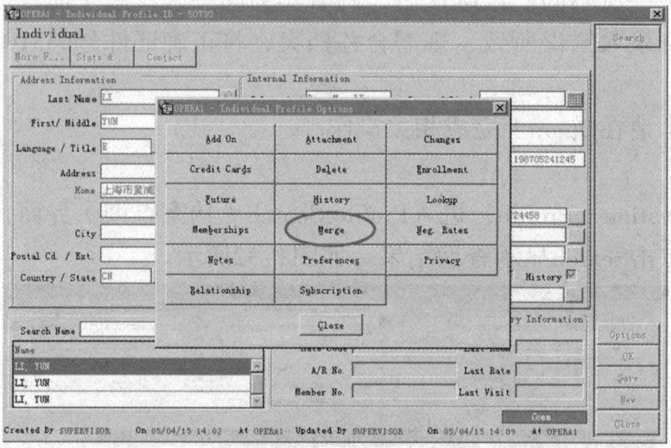

图1–34

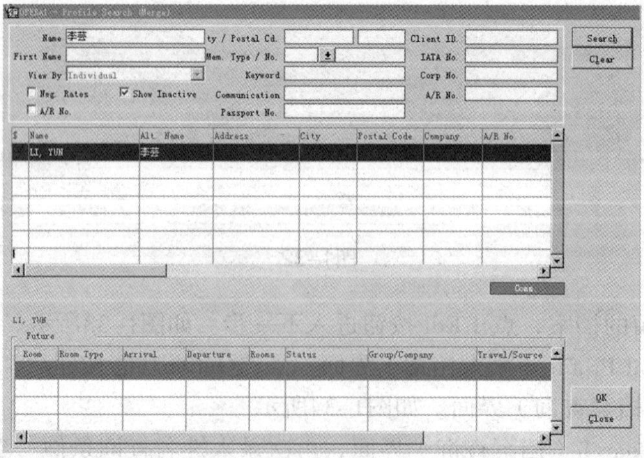

图1–35

5. 在Profile Merge（档案合并）界面，再次确认合并信息无误后，点击Merge键进行合并，待系统显示合并成功后，点击OK键。如图1-36和图1-37所示。

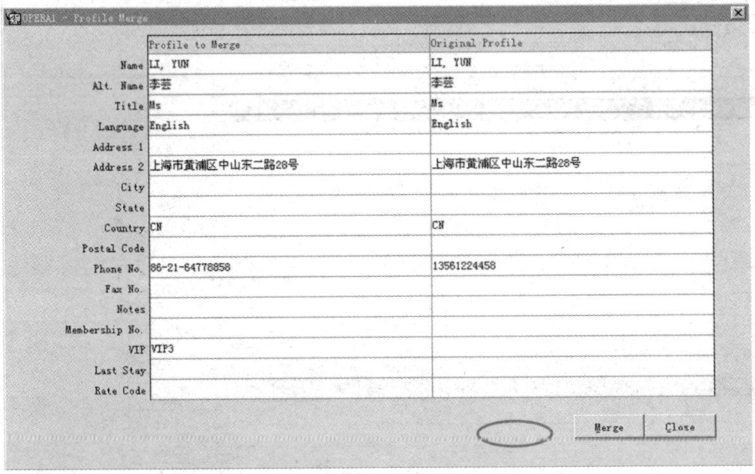

图1-36

图1-37

备注：合并界面上左边（Profile to Merge）为被合并档案，右边（Original Profile）为要保留档案。合并后所有历史和未来的数据以及客人的联系方式等都将会被合并。

1.4.2　黑名单管理

酒店黑名单通常是指酒店客人入住后有不良行为，比如逃账、违法、损毁酒店用品等。此类客人可能会进入酒店管理系统的黑名单，如果下次再入住，会受到该酒店的“特殊关照”，或直接被酒店委婉拒绝入住。

【时间】2009年2月2日13:30

【地点】香榭里拉大酒店前厅部

【模拟岗位】大堂副理Antony

【工作描述】香榭里拉大酒店多次发生客房物品丢失事件，经过多方查证，发现宾客王朝辉嫌疑最大，但并无证据。因此，酒店将该客人列入黑名单。

【工作要求】请在Opera上完成相关操作。

【操作步骤】

1. 点击Reservation→Profile，进入Profile Search（档案查询）界面，录入姓名查询条件“王朝辉”后，点击Search查询，选中显示信息栏，点击Edit按钮进入下一步。如图1-38所示。

2. 在Individual Profile（个人档案）界面点击Statistics & Info（统计与信息）→Information，进入下一步。如图1-39所示。

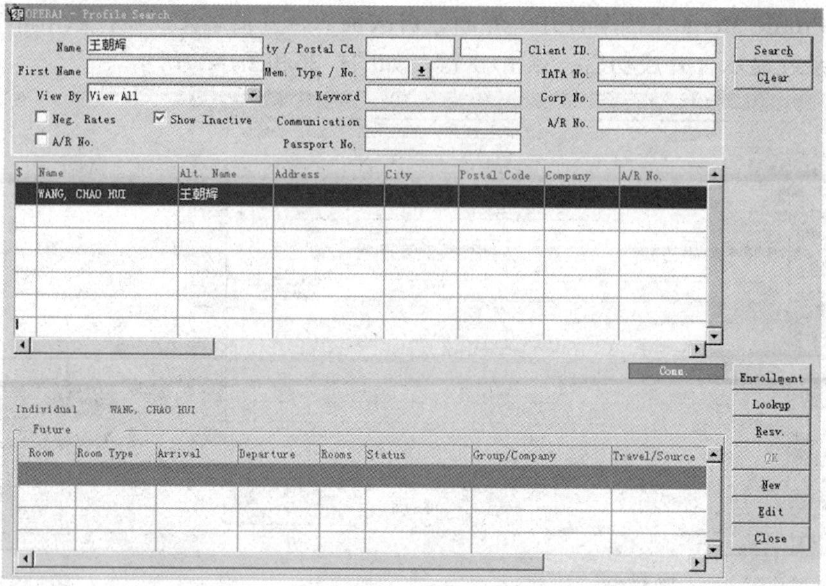

图1-38

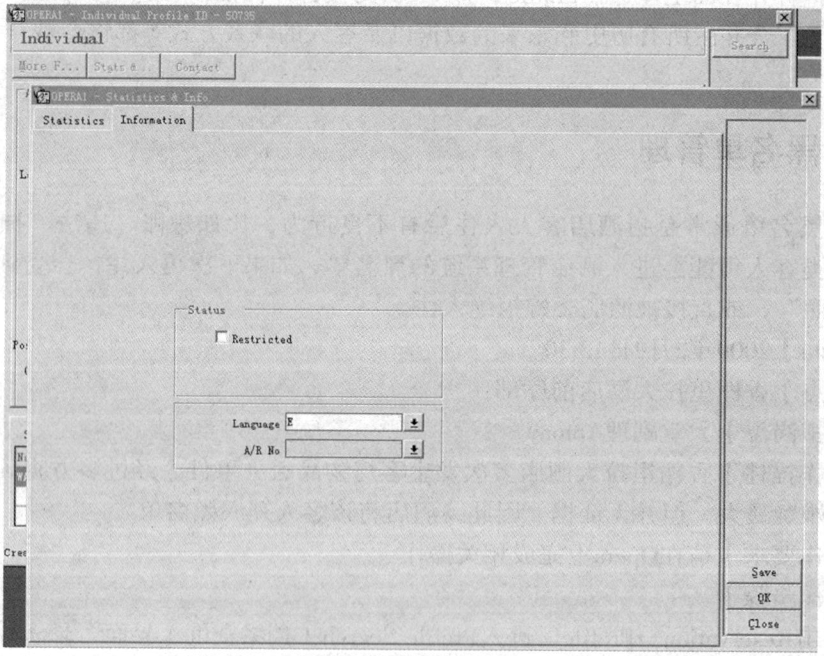

图1-39

3. 在Statistics & Info（统计与信息）界面，将Restricted前面的方框打√，然后在Rule中录入相应的缘由，点击OK按钮完成黑名单设置。如图1-40所示。

4. 该客人下次预订或直接登记入住时，电脑系统会自动提示。如图1-41所示。

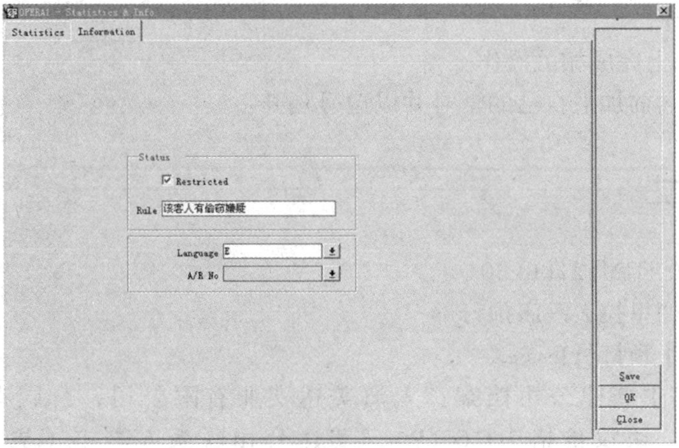

图1–40

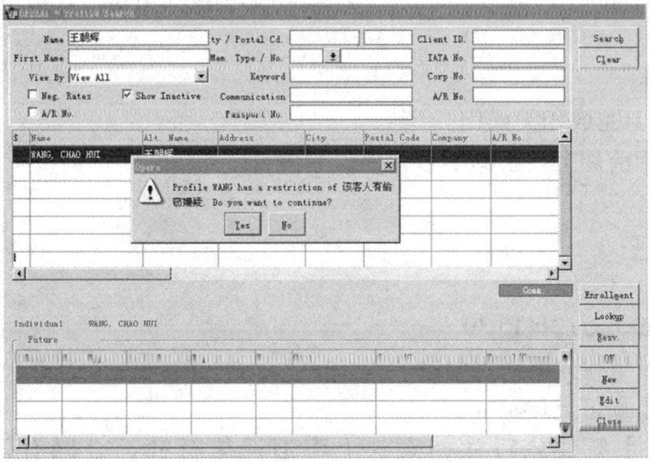

图1–41

1.5　综合例题

1.5.1　习题一

【时间】2009年2月2日13:30

【地点】香榭里拉大酒店预订部

【模拟岗位】预订员Jessica

【工作描述】新建客人档案：李宁（LEE NAM），国籍：中国；联系方式：13654887799。

【工作要求】

1. 请在Opera上完成相关操作。

2. 在客人姓名前加上自己的学号并以逗号隔开。

1.5.2 习题二

【时间】2009年2月2日14:30

【地点】香榭里拉大酒店预订部

【模拟岗位】预订员Jessica

【工作描述】新建公司档案：上海美达实业有限公司，合同有效期2009/2/2至2009/12/31，协议价格为CORP1，美达公司联系人李丰（男，19880112，13658214533），酒店联系人为销售员杨勇（YANG YONG），公司地址：上海市延安西路288号，电话：86-21-64715050，传真：86-21-64715656。公司协议号码：C+学号+001。

【工作要求】

1. 请在Opera上完成相关操作。

2. 在公司名称前加上自己的学号并以逗号隔开。

1.5.3 习题三

【时间】2009年2月2日15:30

【地点】香榭里拉大酒店预订部

【模拟岗位】预订员Jessica

【工作描述】新建旅行社档案：上海逍遥旅行社，合同有效期2009/2/2至2009/12/31，协议价格为EMBASSY- NORWAY，旅行社联系人李霞（女，19920812，13658216548），酒店联系人为Susan Roche。旅行社地址：上海市虹桥路1668号，电话：86-21-64716666，传真：86-21-64718888。旅行社协议号码：T+学号+001。

【工作要求】

1. 请在Opera上完成相关操作。

2. 在旅行社名称前加上自己的学号并以逗号隔开。

1.5.4 习题四

【时间】2009年12月20日13:50

【地点】香榭里拉大酒店预订部

【模拟岗位】预订员Jessica

【工作描述】习题二中上海美达实业有限公司在2009/12/20与酒店续签协议，协议有效期为一年（2010/1/1至2010/12/31），协议价格由CORP1更变为CORP2。

【工作要求】请在Opera上完成相关操作。

1.5.5　习题五

【时间】2009年2月2日13:50

【地点】香榭里拉大酒店预订部

【模拟岗位】预订员Jessica

【工作描述】新建客人档案：李宁，国籍为中国，身份证号：3102261988-12212531，地址：上海市徐汇区天钥桥路255弄18号305室，电话：13654887799，86-21-64789954。

【工作要求】

1. 请在Opera上完成相关操作。
2. 在客人姓名前加上自己的学号并以逗号隔开。

1.5.6　习题六

【时间】2009年2月2日23:30

【地点】香榭里拉大酒店前厅部

【模拟岗位】大堂副理Antony

【工作描述】经核实，习题一、习题五中的李宁实为同一人，请合并档案，保留习题五中的李宁。

【工作要求】请在Opera上完成相关操作。

第2单元 Opera初步

学习意义 本章内容，能够使学生初步了解预订、登记入住及退房结账的基本概念及流程，并熟练掌握基础的电脑操作，有利于学生对客人入住过程形成一个完整的认识，并为后续学习打下基础。

内容概述 本章首先介绍了预订的一些基本概念、流程及操作，然后讲述登记入住的流程及初步操作，最后介绍退房结账的一些基础知识与操作。

教学目标

知识目标

1. 了解预订的方式、种类及其流程。
2. 了解登记入住的类型及其流程。
3. 了解退房结账的几种结账方式及其流程。

能力目标

1. 掌握散客预订的电脑操作。
2. 掌握预订散客登记入住的电脑操作。
3. 掌握散客退房结账的电脑操作。

2.1 预订（Reservation）初步

2.1.1 预订概述

客人可以通过电话、传真、互联网等多种方式获得酒店预订服务，通过酒店预订服务查询酒店相关信息并进行预订。

（一）预订的方式

1. 电话预订（Telephone）。
2. 传真订房（Fax）。
3. 互联网预订（Internet）。
4. 口头订房（Verbal）。
5. 合同订房（Contract）。

（二）预订的种类

1. 临时类预订（Advance Reservation）。客人在即将抵达酒店前很短的时间内或在到达的当天联系订房。

2. 确认类预订（Confirmed Reservation）。酒店依然可以事先声明为客人保留客房至某一具体时间，过了规定时间，客人如未抵店，也未与酒店联系，酒店则有权将客房出租给其他客人。

3. 等待类预订（Waiting List Reservation）。亦称候补订房。酒店无法接受更多的订房时，为了保障酒店的收益和满足客人的需要，酒店会把额满后的订房放在候补名单上，一旦有取消预订或提前退房，酒店便会安排候补名单上的客人来住房。

4. 保证类预订（Guaranteed Reservation）。客人通过预付定金、信用卡担保、签订合同等方式，保证在约定的时间入住所需的客房。

（三）预订流程

表 2.1.1

项目：预订［二星级（含）以上适用］

	标准—电话预订	备 注
1	接电话时正确问候宾客，同时报出部门名称	
2	确认宾客抵离时间	
3	询问宾客是否需要交通接送服务	
4	提供所有适合宾客要求房型的信息	
5	正确描述房型的差异（位置、大小、房内设施）	
6	如该日期无宾客要求的房型，主动提供其他选择	

续表

项目：预订［三星级（含）以上适用］		
	标准—电话预订	备　注
7	询问宾客姓名及其拼写方式	
8	询问宾客地址或联系方式	
9	说明房价及所含内容	
10	提供预订号码或预订姓名	
11	说明饭店入住的有关规定	
12	通话结束前重复确认预订的所有细节	
13	通话结束，员工向宾客致谢	

2.1.2　习题一

【时间】2007 年 4 月 17 日 9:00

【地点】香榭里拉大酒店预订部

【模拟岗位】预订部员工 Jessica

【工作描述】4 月 17 日上午，Jessica 接到预订电话，电话内容如下：

表 2.1.2

Jessica：您好，香榭里拉大酒店预订部，请问我可以怎么帮您？
吕海宝：你好，我打算订一间客房。
Jessica：请问，您有协议号码吗？
吕海宝：没有。
Jessica：请问您要预订什么时候的客房？
吕海宝：我要订今天的客房，住 1 天。
Jessica：好的，先生，4 月 17 日 1 天，您打算预订什么房型呢？
吕海宝：一间标准房。
Jessica：根据您的要求，标准房价格是 996 元，含服务费及 1 份早餐。
吕海宝：好的。
Jessica：请问客人的姓名？
吕海宝：就是我本人，吕海宝。双口吕、大海的海、宝贝的宝。
Jessica：吕先生，请您留一个联系方式？
吕海宝：我的手机号是 13651836789。
Jessica：好的，吕先生，您预订 4 月 17 日至 4 月 18 日，住 1 天，一间标准间，价格是 996 元，含服务费及 1 份早餐，将您的预订保留至 18:00。您看可以吗？
吕海宝：好的，谢谢！
Jessica：吕先生，感谢您的预订，我们稍后会用短信把预订确认信息发送给您，预祝您入住快乐。

【工作要求】

1. 请在 Opera 上完成相关操作。

2. 在客人姓名前加上自己的学号并以逗号隔开。

【成绩考评】

1. 请以截图的方式将该预订界面保存在桌面，并上传至指定地址。

2. 本题满分 10 分。

【配套习题】2.1.2 → 2.2.2 → 2.3.2

【操作步骤】

1. 进入 Opera：打开 IE 浏览器，输入网址 http：//opera-sys 后，按 Enter 键。如图 2–1 所示。

图2–1

2. 输入用户名和密码，选择数据库，点击 Login 登录。如图 2–2 所示。

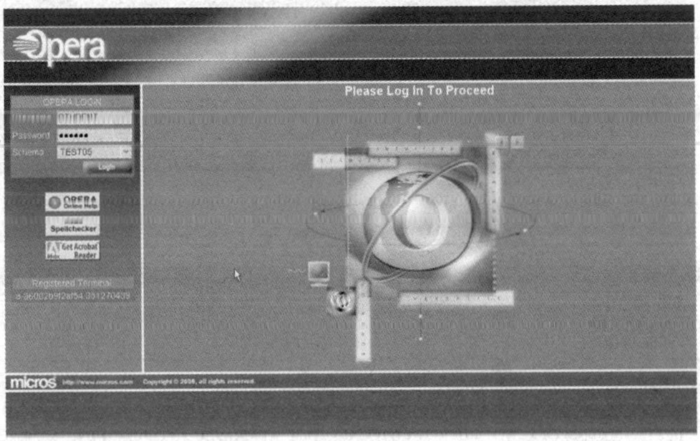

图2–2

3. 点击 PMS 图标进入下一步。如图 2–3 所示。

4. 在 Reservation 模块中选择 New Reservation 进入下一步。如图 2–4 所示。

5. 在 Rate Query（房价查询）界面输入宾客抵离日期、过夜数、人数及宾客姓名，点击 OK 按钮。如图 2 5 所示。

6. 新建客史：在 Profile Search（档案查询）界面点击 New 功能按钮。如图 2–6 所示。

7. 在 Individual Profile（个人档案）界面，输入宾客姓名、称谓、性别、国籍、联系方式等信息，点击 OK 按钮。如图 2–7 所示。

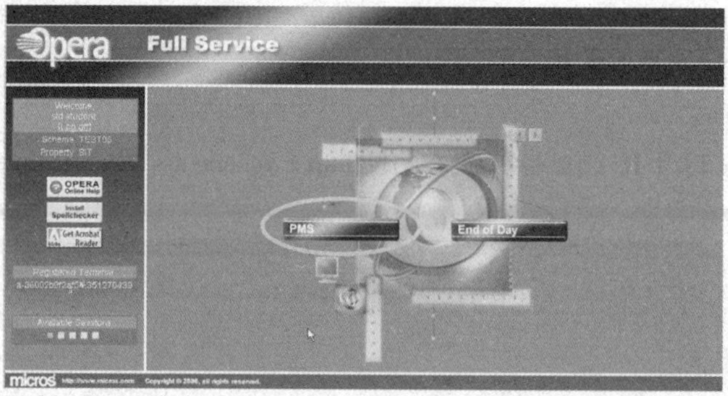
Full Service
PMS
End of Day

图2-3

Exit
Reservations
Front Desk
Cashiering
Rooms Management
AR
Commissions
End Of Day
Miscellaneous
New Reservation
Update Reservation
Blocks
Profiles
Room Plan
Floor Plans
Confirmation
Calendar
Full Service

图2-4

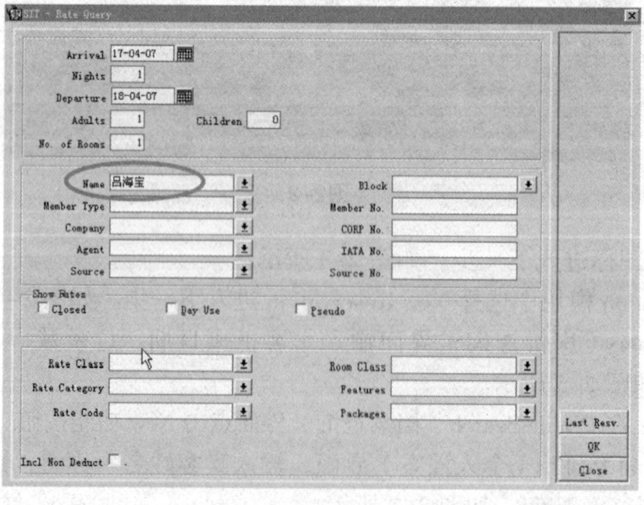
Arrival 17-04-07
Nights 1
Departure 18-04-07
Adults 1
Children 0
No. of Rooms 1
Name 吕海宝
Block
Member Type
Member No.
Company
CORP No.
Agent
IATA No.
Source
Source No.
Show Rates
Closed
Day Use
Pseudo
Rate Class
Room Class
Rate Category
Features
Rate Code
Packages
Incl Non Deduct
Last Resv.
OK
Close

图2-5

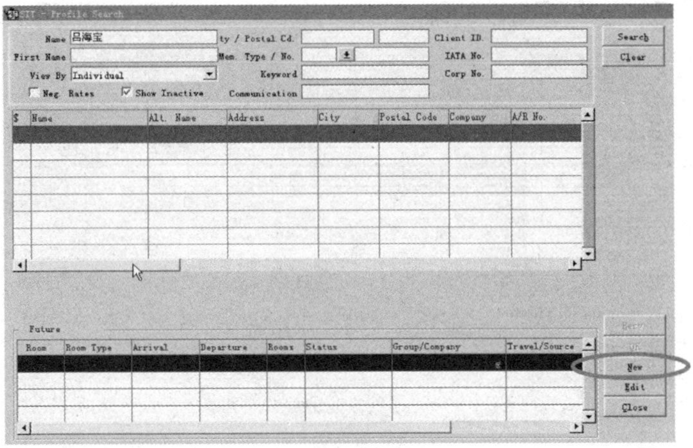

图2-6

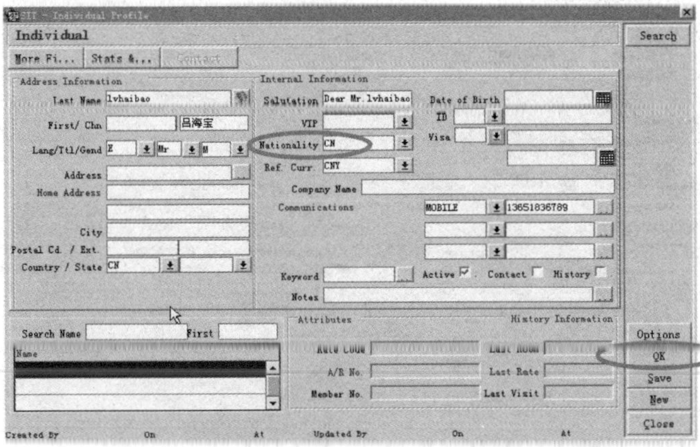

图2-7

8. 在 Rate Query Details（房价查询细节）界面，按照客人要求选择房型及房价，点击 OK 按钮。如图 2-8 所示。

9. 在 Reservation 界面完善宾客信息：输入 Market（市场代码）、Source（客源地）、Origin（订房渠道）、Payment（付款方式）、Arrival Time（抵店时间）、Comment（备注）等信息，点击 OK 按钮，显示 Confirmation Number（确认号）。如图 2-9 所示。

10. 点击确认号下方的 OK 按钮，退回到 Rate Query 界面（图 2-5），点击 Rate Query 界面中的 Close 按钮退回至图 2-4 界面，在 Reservation 模块中选择 Update Reservation（更新预定）进入下一步。

11. 查找预订：在 Reservation 界面输入确认号，按 Search 按钮查找宾客预订。如图 2-10 所示。

12. 复核预订：双击宾客信息条，出现宾客预订资料，若信息无误，则说明预订成功。如图 2-11 所示。

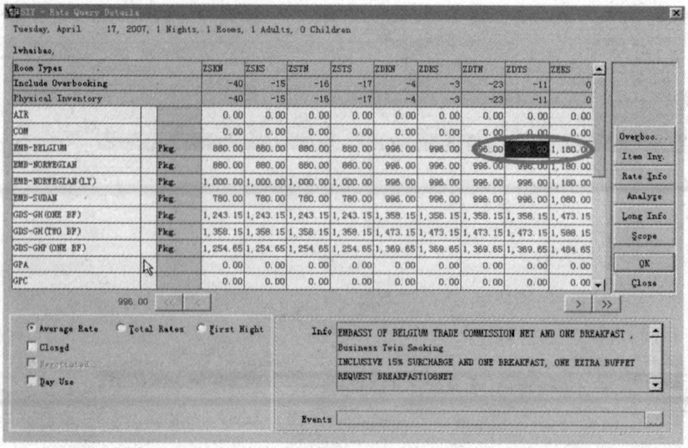
SIT - Rate Query Details
Tuesday, April 17, 2007, 1 Nights, 1 Rooms, 1 Adults, 0 Children
lvhaibao,
Room Types
Include Overbooking
Physical Inventory
EMB-BELGIUM
EMB-NORWEGIAN
EMB-SUDAN
Average Rate
Total Rates
First Night
Closed
Day Use
Info
EMBASSY OF BELGIUM TRADE COMMISSION NET AND ONE BREAKFAST ,
Business Twin Smoking
INCLUSIVE 15% SURCHARGE AND ONE BREAKFAST, ONE EXTRA BUFFET
REQUEST BREAKFAST108NET
Events
Rate Info
Analyze
Long Info
Scope
OK
Close

图2-8

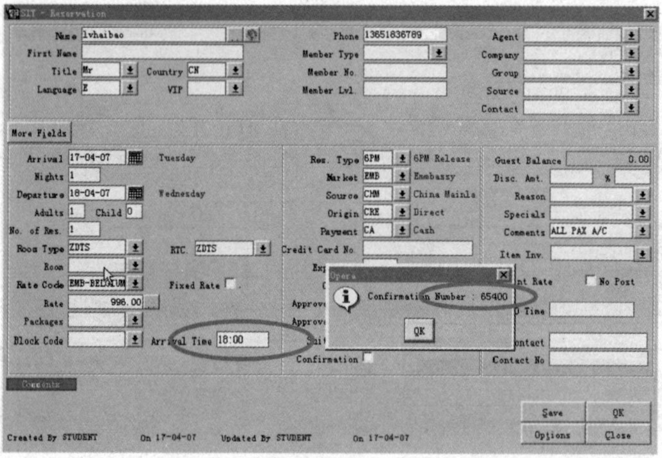
SIT - Reservation
Name lvhaibao
Phone 13651836789
Arrival 17-04-07 Tuesday
Departure 18-04-07 Wednesday
Room Type ZDTS
Rate Code EMB-BELGIUM
Rate 996.00
Arrival Time 18:00
Opera
Confirmation Number : 65400
OK
Save
Options
Close
Created By STUDENT On 17-04-07 Updated By STUDENT On 17-04-07

图2-9

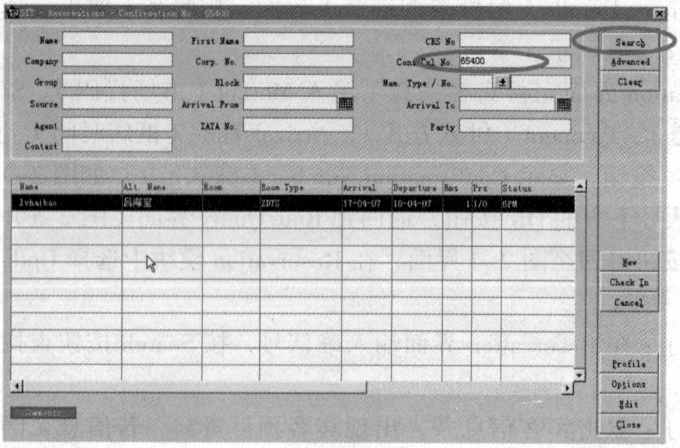
SIT - Reservations - Confirmation No. 65400
Confirmation No. 65400
Search
Advanced
Clear
Name
Alt. Name
Room
Room Type
Arrival
Departure
Status
lvhaibao
吕海宝
ZDTS
17-04-07
18-04-07
6PM
New
Check In
Cancel
Profile
Options
Edit
Close

图2-10

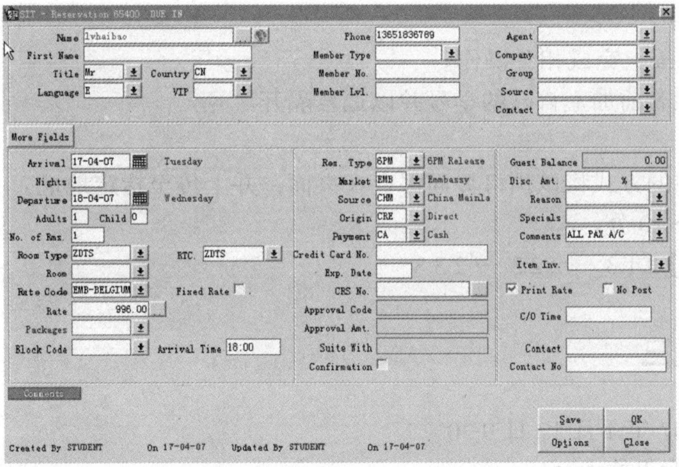

图2-11

13. 退出：依次点击图 2-11、图 2-10 中的 Close 按钮退回至图 2-4 界面，结束该预订工作。

2.1.3 习题二

【时间】2007 年 4 月 17 日 9:15

【地点】香榭里拉大酒店预订部

【模拟岗位】预订部员工 Jessica

【工作描述】4 月 17 日上午，Jessica 接到预订电话，电话内容如下：

表 2.1.3

Jessica：您好，香榭里拉大酒店预订部，请问我可以怎么帮您？ 赵文艳：你好，我打算订一间客房。 Jessica：请问，您有协议号码吗？ 赵文艳：没有。 Jessica：请问您要预订什么时候的客房？ 赵文艳：我要订今天的客房，住 1 天。 Jessica：好的，女士，4 月 17 日 1 天，您打算预订什么房型呢？ 赵文艳：一间标准房。 Jessica：根据您的要求，标准房价格是 996 元，含服务费及 1 份早餐。 赵文艳：好的。 Jessica：请问客人的姓名？ 赵文艳：就是我本人，赵文艳。 Jessica：赵女士，请您留一个联系方式？ 赵文艳：我的手机号是 13651836789。 Jessica：好的，赵女士，您预订 4 月 17 日至 4 月 18 日，住 1 天，一间标准间，价格是 996 元，含服务费及 1 份早餐，将您的预订保留至 18:00。您看可以吗？ 赵文艳：好的，谢谢！ Jessica：赵女士，感谢您的预订，我们稍后会用短信把预订确认信息发送给您，预祝您入住快乐。

【工作要求】

1. 请在 Opera 上完成相关操作。

2. 在客人姓名前加上自己的学号并以逗号隔开。

【成绩考评】

1. 请以截图的方式将该预订界面保存在桌面，并上传至指定地址。

2. 本题满分 10 分。

【配套习题】2.1.3 → 2.2.3 → 2.3.3

2.1.4 习题三

【时间】2007 年 4 月 17 日 9:30

【地点】香榭里拉大酒店预订部

【模拟岗位】预订部员工 Jessica

【工作描述】4 月 17 日上午，Jessica 接到预订电话，电话内容如下：

表 2.1.4

Jessica：您好，香榭里拉大酒店预订部，请问我可以怎么帮您？ 钱亦飞：你好，我打算订一间客房。 Jessica：请问，您有协议号码吗？ 钱亦飞：没有。 Jessica：请问您要预订什么时候的客房？ 钱亦飞：我要订今天的客房，住 1 天。 Jessica：好的，先生，4 月 17 日 1 天，您打算预订什么房型呢？ 钱亦飞：一间单人房。 Jessica：根据您的要求，单人房价格是 880 元，含服务费及 1 份早餐。 钱亦飞：好的。 Jessica：请问客人的姓名？ 钱亦飞：就是我本人，钱亦飞。 Jessica：钱先生，请您留一个联系方式？ 钱亦飞：我的手机号是 18851836789。 Jessica：好的，钱先生，您预订4月17日至4月18日，住1天，一间单人房，价格是880元，含服务费及1份早餐，将您的预订保留至 18:00。您看可以吗？ 钱亦飞：好的，谢谢！ Jessica：好的，钱先生，感谢您的预订，预祝您入住快乐。

【工作要求】

1. 请在 Opera 上完成相关操作。

2. 在客人姓名前加上自己的学号并以逗号隔开。

【成绩考评】

1. 请以截图的方式将该预订界面保存在桌面，并上传至指定地址。

2. 本题满分 10 分。

【配套习题】1.1.4 → 1.2.4 → 1.3.4

2.1.5　习题四

【时间】2007 年 4 月 17 日 9:45

【地点】香榭里拉大酒店预订部

【模拟岗位】预订部员工 Jessica

【工作描述】4 月 17 日上午，Jessica 接到预订电话，电话内容如下：

表 2.1.5

Jessica：您好，香榭里拉大酒店预订部，请问我可以怎么帮您？ 孙强：你好，我打算订一间客房。 Jessica：请问，您有协议号码吗？ 孙强：没有。 Jessica：请问您要预订什么时候的客房？ 孙强：我要订今天的客房，住 1 天。 Jessica：好的，先生，4 月 17 日 1 天，您打算预订什么房型呢？ 孙强：一间单人房。 Jessica：根据您的要求，单人房价格是 880 元，含服务费及 1 份早餐。 孙强：好的。 Jessica：请问客人的姓名？ 孙强：就是我本人，孙强。 Jessica：孙先生，请您留一个联系方式？ 孙强：我的手机号是 13651236789。 Jessica：好的，孙先生，您预订 4 月 17 日至 4 月 18 日，住 1 天，一间单人房，价格是 880 元，含服务费及 1 份早餐，将您的预订保留至 18:00。您看可以吗？ 孙强：好的，谢谢！ Jessica：好的，孙先生，感谢您的预订，预祝您入住快乐。

【工作要求】

1. 请在 Opera 上完成相关操作。
2. 在客人姓名前加上自己的学号并以逗号隔开。

【成绩考评】

1. 请以截图的方式将该预订界面保存在桌面，并上传至指定地址。
2. 本题满分 10 分。

【配套习题】2.1.5 → 2.2.5 → 2.3.5

2.2　登记入住（Check In）初步

2.2.1　登记入住概述

办理登记入住手续，是要给客人填写入住登记表，内容包括：姓名、性别、国籍、居住地、身份证（外国人护照）号码、联系方式、入住日期天数等。收取押金并给回押金单据，制作房卡并分发酒店房间钥匙给客人。

（一）酒店入住时间规定

按照惯例，酒店一般入住时间为中午 12 点。

（二）登记入住类型

1. 上门散客（Walk In）。

2. 有预订散客（公司、旅行社、订房中心等）。

3. 团队入住（旅行团队、综合性会议）。

（三）登记入住注意事项

1. 押金收取方式：按酒店预收款政策收取押金，不可收取外币押金。

2. 由公司或旅行社付费的，房价需保密。如有续住，都需要补到 FAX，如不能补到，旅行社的订房改为散客价格，重新交押金；公司的订房则需请客人到前台补交押金。

3. 所有订房，在 C/I 时，如有店外客人来付费，一定要留下付费人的联系电话，以便联系其来结账、补交押金等事宜。

（四）特殊情况的处理

1. 未查到客人的预订

（1）询问客人通过谁订的房，帮助客人联系订房人。

（2）询问客人订房的房价，如不低于前台底价则按此价格执行，低于前台底价的房间要询问客人是否有协议。

（3）询问客人费用是自付还是公司或旅行社支付。费用由客人自付，可按 Walk In 的方式为客人办理入住登记手续；费用由公司或旅行社支付的，为客人办理入住登记手续时先请客人预付押金，帮助客人联系公司或旅行社，待付款凭证到后，将押金退还客人。

2. 房间未准备妥当

（1）查询有无其他待售房进行调整。

（2）婉转地向客人说明情况，并致歉。

（3）联系客房部尽快打扫房间，并确认完成时间，告知客人。如客人不介意，可先报脏房进客，请客房部尽快打扫。或帮助有需要的客人到礼宾部寄存行李。

（4）请客人在休息区稍候，如正在用餐时间，可以建议客人先去餐厅用餐，房间准备妥当后立即通知客人，并再次向客人表示歉意。

（5）如客人较为不满或身份较高，则可以向上级反映，安排客人在大堂吧休息（免费提供饮料）。

3. 未带有效证件（内宾）

（1）询问客人有无其他身份证明，如驾驶证、警官证、中国护照等。

（2）如客人有客史，查询客人的档案，请客人报出身份证号码及家庭住址进行核对。

（3）请客人到相应的派出所开具住宿证明。

（4）如无法满足上述条件，向客人说明登记制度，婉转地拒绝客人，并欢迎客人下次入住。

（五）办理登记入住流程

表 2.2.1

项目：登记入住［三星级（含）以上适用］		
	标准—散客入住	备 注
1	宾客抵达前台后，及时接待	
2	主动、热情、友好地问候宾客	
3	询问客人有无预订，并进行促销	
4	请宾客出示有效证件，并扫描证件	
5	请宾客核对登记单上内容并签字确认	
6	向宾客说明酒店预付款政策，收取押金	
7	制作房卡及分发	
8	告知客人所安排的楼层，说明用早餐的时间和地点	
9	询问宾客是否需要贵重物品寄存服务，并解释相关规定	
10	提示客房或电梯方向，或招呼行李员为宾客服务	
11	祝宾客入住愉快	

2.2.2 习题一

【时间】2007 年 4 月 17 日 14:00
【地点】香榭里拉大酒店前厅部
【模拟岗位】前台接待员 Emily
【工作描述】吕海宝先生到达酒店，Emily 为其办理了登记入住手续。

表 2.2.2

Emily：您好，欢迎光临香榭里拉大酒店，请问您是要入住吗？
吕海宝：是的。
Emily：请问，您有预订吗？
吕海宝：有，吕海宝。
Emily：（查询预订）吕先生，您订的是一间标准间，住 1 天，价格是 996 元，包含 1 份早餐，您还有什么要修改的吗？
吕海宝：没有了。
Emily：吕先生，请出示证件。
Emily：（登记证件） 这是您的证件，请收好。吕先生，您是准备付现金还是信用卡？
吕海宝：现金。
Emily：吕先生，根据酒店政策，您需支付 1500 元。
Emily：这是您的收据，请收好。
Emily：这是您的房卡，1404，14 楼 4 号，早餐在三楼自助餐厅。
吕海宝：谢谢！
Emily：不用谢，请问您是否有贵重物品需要寄存？
吕海宝：没有。
Emily：感谢您的入住，祝您入住愉快，电梯这边请。

【工作要求】

1. 请在 Opera 上完成相关操作。

2. 客人的证件信息参照自己的身份证件信息。

【成绩考评】

1. 请以截图的方式将该办理登记入住界面保存在桌面，并上传至指定地址。

2. 本题满分 10 分。

【配套习题】2.1.2 → 2.2.2 → 2.3.2

【操作步骤】

1. 在 Front Desk 模块中选择 Arrivals 进入下一步。如图 2–12 所示。

图2–12

2. 在 Arrivals 界面输入宾客姓名或确认号后，点击 Search 按钮，查找宾客预订信息。如图 2–13 所示。

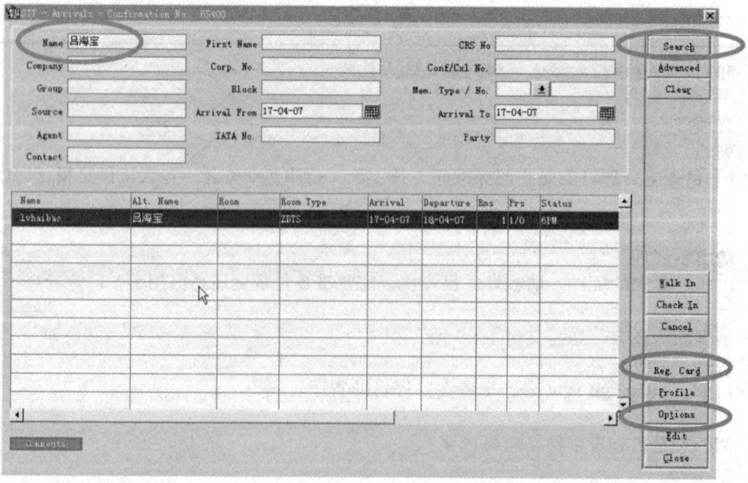

图2–13

3. 双击图 2–13 中宾客预订信息条，查看并核对宾客预订信息。如图 2–14 所示。

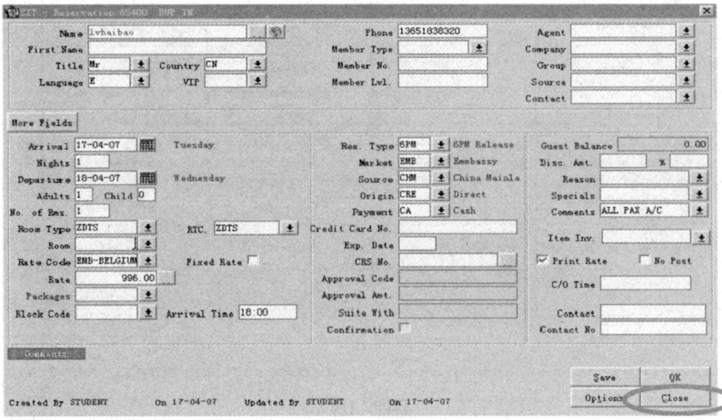

图2–14

4. 核对无误后，点击 Close 按钮退回到图 2–13 所示的界面，选择 Reg.Card（登记单）功能按钮打印宾客入住登记单，并请宾客签字确认。

5. 登记宾客身份证件：在图 2–13 界面点击 Profile 按钮，补充客史记录（证件号码、住址等）。如图 2–15 所示。

6. 点击 OK 按钮，退回至图 2–13 界面，选择 Option 功能按钮后，点击 Deposit（预付押金）按钮进入下一步。如图 2–16 所示。

7. 收取押金：

（1）在 Deposit 界面，按 New 按钮新建。如图 2–17 所示。

（2）在 Deposit–New 界面输入金额及 Due Date（到期日），如图 2–18 所示。点击 OK 按钮退回至图 2–17 所示。

（3）在图 2–17 界面点击 Payment（付款）按钮，输入密码，登录收银模块。如图 2–19 所示。

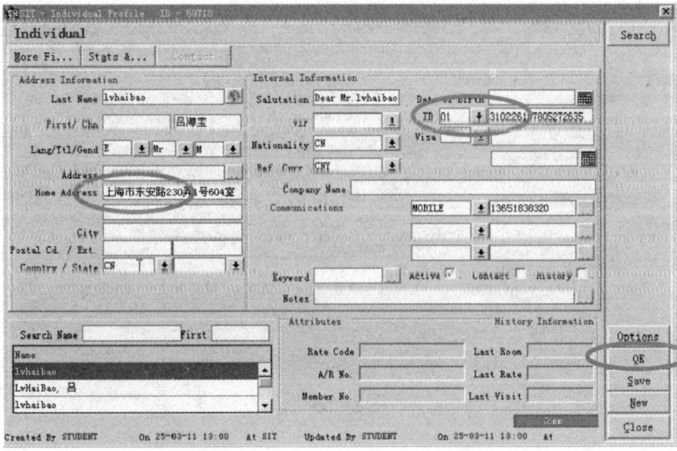

图2–15

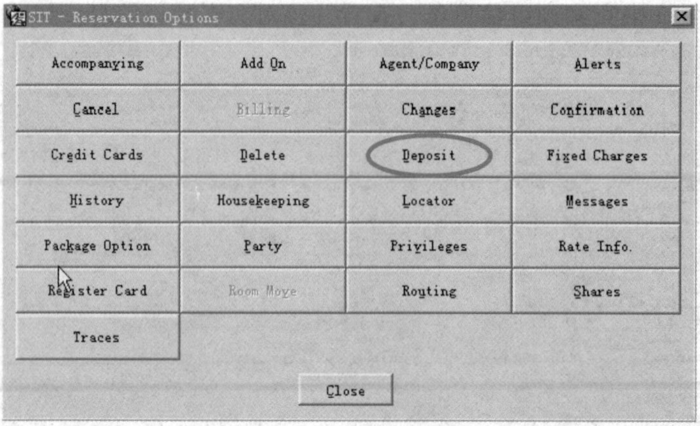

图2–16

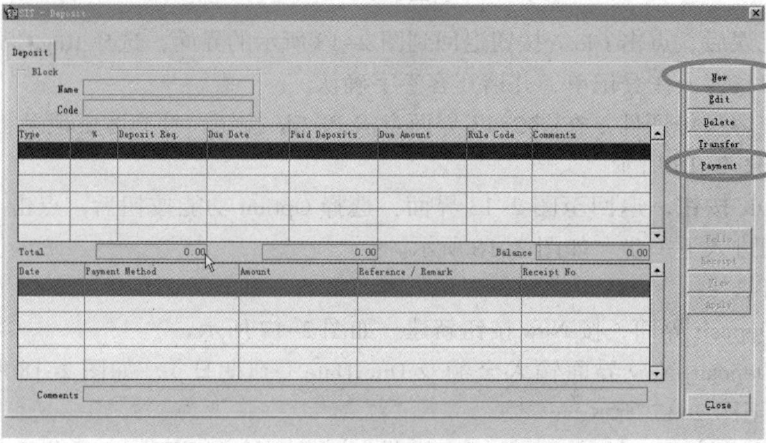

图2–17

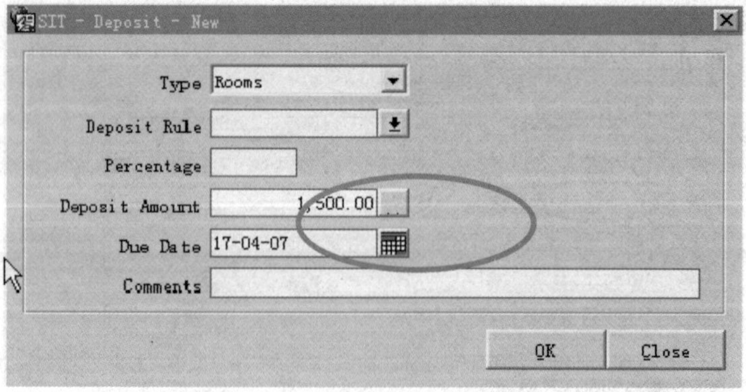

图2–18

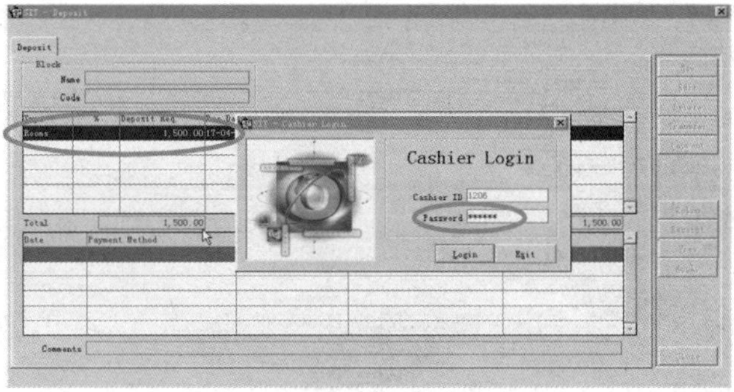

图2-19

（4）在 Reservation Deposit Payments（支付预订押金）界面选择付款方式、输入金额，点击 OK 按钮，收取押金成功。如图 2-20、图 2-21 所示。

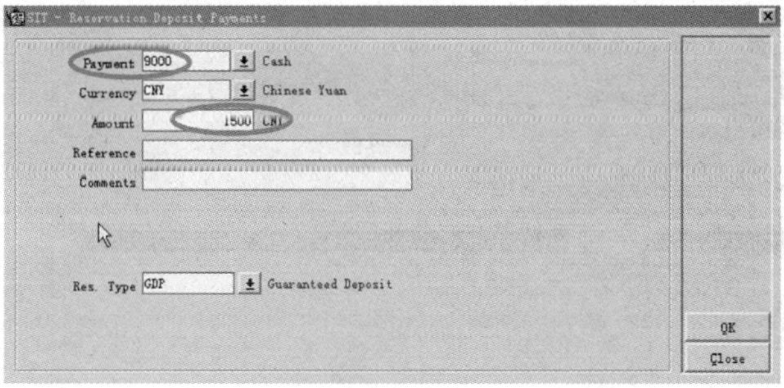

图2-20

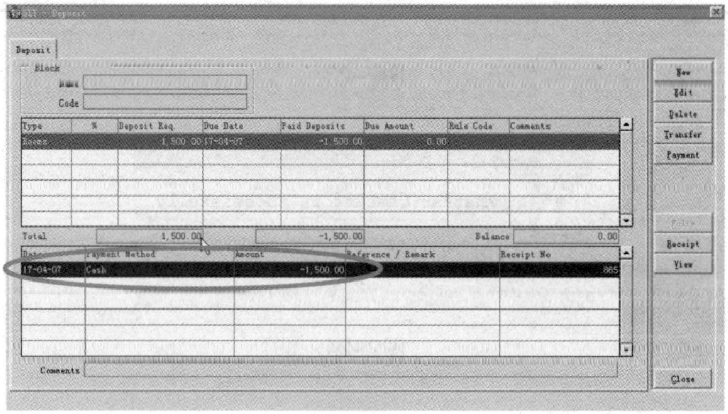

图2-21

（5）在图 2-21 界面，点击 Close 按钮退回至图 2-13 界面，点击 Check In 按钮进入下一步。

8. 分房：在 Payment Method（支付方式）界面电脑可自动分房，如图 2-22 所示；或点击 Room 后小方框（下拉式箭头）进行手工分房，如图 2-23 所示。

9. 在图 2-22 界面，点击 OK 按钮，电脑显示宾客登记入住成功，如图 2-24 所示。

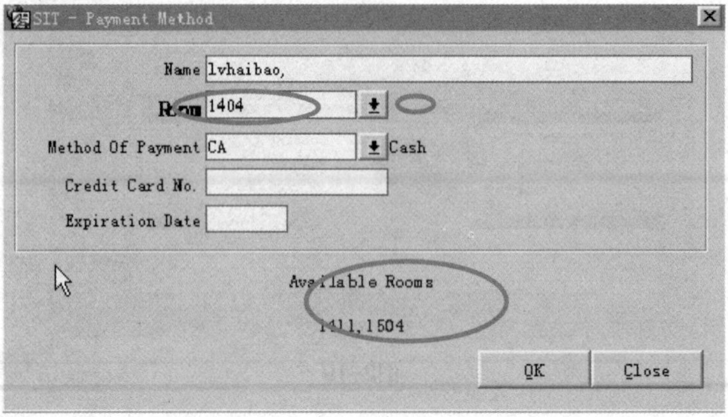

图2-22

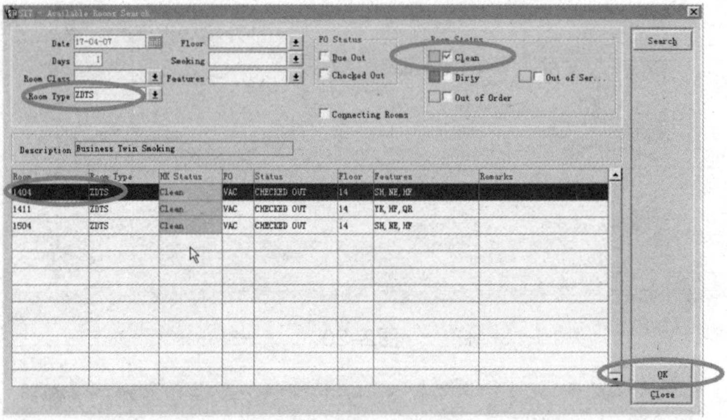

图2-23

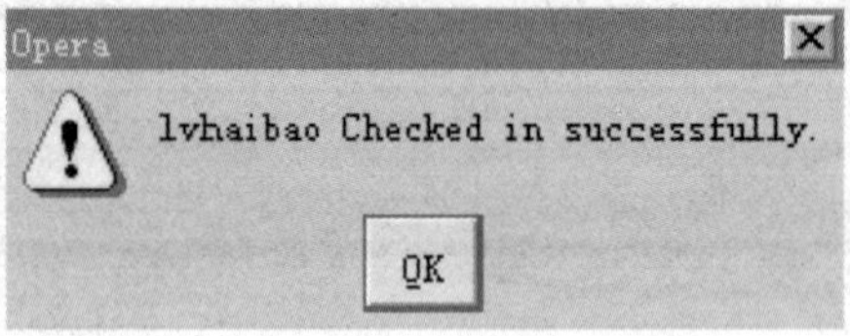

图2-24

2.2.3　习题二

【时间】2007 年 4 月 17 日 14:15

【地点】香榭里拉大酒店前厅部

【模拟岗位】前台接待员 Emily

【工作描述】赵文艳女士到达酒店，Emily 为其办理了登记入住手续。

表 2.2.3

Emily：您好，欢迎光临香榭里拉大酒店，请问您是要入住吗？ 赵文艳：是的。 Emily：请问，您有预订吗？ 赵文艳：有，赵文艳。 Emily：（查询预订）赵女士，您订的是一间标准间，住 1 天，价格是 996 元，包含 1 份早餐，您还有什么要修改的吗？ 赵文艳：没有了。 Emily：赵女士，请出示证件。 Emily：（登记证件）　这是您的证件，请收好。赵女士，您是准备付现金还是信用卡？ 赵文艳：现金。 Emily：赵女士，根据酒店政策，您需支付 1500 元。 Emily：这是您的收据，请收好。 Emily：这是您的房卡，××× 房，早餐在三楼自助餐厅。 赵文艳：谢谢！ Emily：不用谢，请问您是否有贵重物品需要寄存？ 赵文艳：没有。 Emily：感谢您的入住，祝您入住愉快，电梯这边请。

【工作要求】

1. 请在 Opera 上完成相关操作。

2. 客人的证件信息参照自己的身份证件信息。

【成绩考评】

1. 请以截图的方式将该办理登记入住界面保存在桌面，并上传至指定地址。

2. 本题满分 10 分。

【配套习题】2.1.3 → 2.2.3 → 2.3.3

2.2.4　习题三

【时间】2007 年 4 月 17 日 14:30

【地点】香榭里拉大酒店前厅部

【模拟岗位】前台接待员 Emily

【工作描述】

钱亦飞先生到达酒店，Emily 为其办理了登记入住手续。

表 2.2.4

Emily：您好，欢迎光临香榭里拉大酒店，请问您是要入住吗？ 钱亦飞：是的。 Emily：请问，您有预订吗？ 钱亦飞：有，钱亦飞。 Emily：（查询预订）钱先生，您订的是一间单人房，住 1 天，价格是 880 元，包含 1 份早餐，您还有什么要修改的吗？ 钱亦飞：没有了。 Emily：钱先生，请出示证件。

续表

Emily：（登记证件） 这是您的证件，请收好。钱先生，您是准备付现金还是信用卡？ 钱亦飞：现金。 Emily：钱先生，根据酒店政策，您需支付 1200 元。 Emily：这是您的收据，请收好。 Emily：这是您的房卡，××× 房，早餐在三楼自助餐厅。 钱亦飞：谢谢！ Emily：不用谢，请问您是否有贵重物品需要寄存？ 钱亦飞：没有。 Emily：感谢您的入住，祝您入住愉快，电梯这边请。

【工作要求】

1. 请在 Opera 上完成相关操作。
2. 客人的证件信息参照自己的身份证件信息。

【成绩考评】

1. 请以截图的方式将该办理登记入住界面保存在桌面，并上传至指定地址。
2. 本题满分 10 分。

【配套习题】2.1.4 → 2.2.4 → 2.3.4

2.2.5 习题四

【时间】2007 年 4 月 17 日 14:45

【地点】香榭里拉大酒店前厅部

【模拟岗位】前台接待员 Emily

【工作描述】孙强先生到达酒店，Emily 为其办理了登记入住手续。

表 2.2.5

Emily：您好，欢迎光临香榭里拉大酒店，请问您是要入住吗？ 孙强：是的。 Emily：请问，您有预订吗？ 孙强：有，孙强。 Emily：（查询预订）孙先生，您订的是一间单人房，住1天，价格是880元，包含1份早餐，您还有什么要修改的吗？ 孙强：没有了。 Emily：孙先生，请出示证件。 Emily：（登记证件） 这是您的证件，请收好。孙先生，您是准备付现金还是信用卡？ 孙强：现金。 Emily：孙先生，根据酒店政策，您需支付 1200 元。 Emily：这是您的收据，请收好。 Emily：这是您的房卡，××× 房，早餐在三楼自助餐厅。 孙强：谢谢！ Emily：不用谢，请问您是否有贵重物品需要寄存？ 孙强：没有。 Emily：感谢您的入住，祝您入住愉快，电梯这边请。

【工作要求】

1. 请在 Opera 上完成相关操作。

2. 客人的证件信息参照自己的身份证件信息。

【成绩考评】

1. 请以截图的方式将该办理登记入住界面保存在桌面，并上传至指定地址。

2. 本题满分 10 分。

【配套习题】1.1.5 → 1.2.5 → 1.3.5

2.3 退房（Check Out）初步

2.3.1 退房概述

（一）酒店退房时间规定

按照惯例，酒店一般退房时间为次日中午12点（有时可Late C/O至14:00），12:00~18:00期间退房，酒店将加收半天房费。

（二）退房的几种结账方式

1. 现金（Cash）

直接在电脑中用 Cash 平账即可。

2. 现金退还（Cash Refund）

收回押金单，并开 Cash Refund 单给客人签字，如果字迹与押金单上的一致退钱；如果不一致不给退钱，需付款人本人来退，但如果说在押金单上写有凭单退款则可以直接退，之后在电脑中用抛入一笔 Cash Refund 平账。

3. 信用卡（Credit Card）

（1）消费总额 < 预授权，可直接用原预授权进行离线交易（Offline）。

（2）消费总额 > 预授权，使用信用卡进行一般交易（Sale）可取消原预授权。

（3）当有两笔授权时，在 C/O 时，不可分单走 Offline，须走 Sale，并取消原授权。

4. 同城挂账（City Ledger）

（1）该类挂账主要针对费用由公司或旅行社、业主付费的账务；同时也针对 C/O 后 7 天仍未来做 Cash Refund 的现金账。

（2）公司账或旅行社账在挂账之前，须确保订房传真、客人签字的账单、登记单等相应资料齐全，且要确保订房传真的抵店日期、离店日期与实际抵店日期、离店日期相符。

（3）对 C/O 后 7 天仍未来做 Cash Refund 的现金账，须将账单押金单、R/C 准备好复印件，并将原件留在前台，复印件交财务。

（4）业主付费的账目，须将账单送给业主签字后，再将登记单一起放好，但如果是免费房（Room Complimentary）须补到免费券后方可挂账。

5. 返佣金冲账

此情况主要出现于旅行社的部分费用由客人全部自付的订房，该冲账方式为在电脑夜审已抛入的给客人的报价的房费的账单中再抛入一笔 Rebate Room Charge 相应的返佣金额，而 C/O 时，首先按照客人付账方式将给客人的报价平账，然后再将返佣金额的 Rebate Room Charge 用 City Ledger 平账。

（三）退房注意事项

1. 问清退房的房号、Party 代表人的房号是否一起结账。

2. 现金收付时要唱收唱付。

3. 信用卡结账时，要核对卡号、金额、签字样式，有预授权的要使用预授权进行离线交易，换成现金结账或换卡结账时，要将预授权取消并留存。

（四）客人无法出示押金单时的处理方法

1. 询问客人是将押金单遗失，还是押金单在别的客人手中。

2. 押金单遗失的请客人出示证件，请客人在账单上通过文字说明押金单遗失，并签字确认，根据留存押金单核对签字无误后方可结账。

3. 押金单在别处的要婉转地建议客人联系持押金单的客人前来结账。

（五）退房流程

表 2.3.1

项目：退房结账［三星级（含）以上适用］		
	标准—散客退房	备　注
1	热情友好地问候宾客	
2	收回房卡及钥匙，确认宾客房间号	
3	报客房部某房号退房	
4	取出房间文件夹内的所有文档（分户账单等）	
5	确认宾客的所有消费，客房内小酒吧、早餐等	
6	打印账单交宾客核对并签字确认	
7	询问宾客结账方式，并根据宾客提供的结账方式进行结账	
8	根据要求提供发票（发票金额不能超过住店消费总额）	
9	询问宾客入住是否愉快	
10	向宾客致谢并邀请宾客再次光临	

2.3.2　习题一

【时间】2007 年 4 月 18 日 8:00

【地点】香榭里拉大酒店财务部

【模拟岗位】前台收银员 Helen

【工作描述】吕海宝先生至前台退房，Helen 为其办理了退房结账手续。

表 2.3.2

Helen：早上好，先生，您是要退房吗？
吕海宝：是的，1404 房，这是钥匙和押金收据。
Helen：1404 房吕先生（电脑确认）。请稍等，我们要查一下房间，看是否有遗留物品（报房务部查房）。您使用过房间的 Mini-bar 服务吗？
吕海宝：没有。
Helen：吕先生，您还是准备用现金结账吗？
吕海宝：是的。
Helen：请问您开发票有何要求？
吕海宝：没有，如实开票。
（房务部报查房结果 OK）
Helen：（与客人核对账，并打印发票）　吕先生，这是您的发票和退款，请收好。
吕海宝：谢谢！
Helen：不用谢！感谢您的入住，期待着您的再次光临！

【工作要求】请在 Opera 上完成相关操作。

【成绩考评】

1. 请以截图的方式将该退房界面保存在桌面，并上传至指定地址。

2. 本题满分 10 分。

【配套习题】2.1.2 → 2.2.2 → 2.3.2

【操作步骤】

1. 在 Cashiering（收银）模块中选择 Billing（结账）进入下一步。如图 2–25 所示。

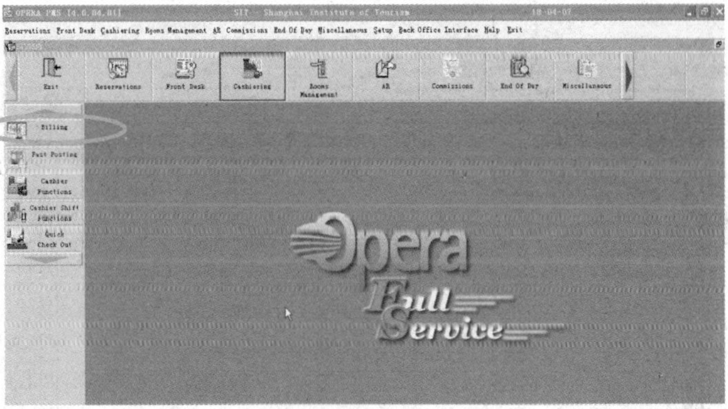

图2–25

2. 在 Cashier Login 界面输入密码，点击 Login 登录。如图 2–26 所示。

3. 在 In House Guest Search（住店客人查询）界面，输入房号后，点击 Search 按钮

查找宾客信息。如图 2–27 所示。

4. 点击 Select 按钮进入下一步。如图 2–28 所示。

5. 点击 Folio（账单）按钮进入 Folio Options 界面，点击 Print 按钮打印客人账单，并交予宾客核对。如图 2–29 所示。

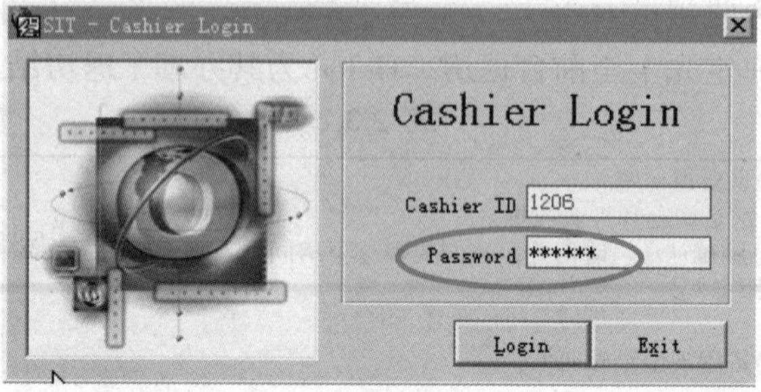

图2–26

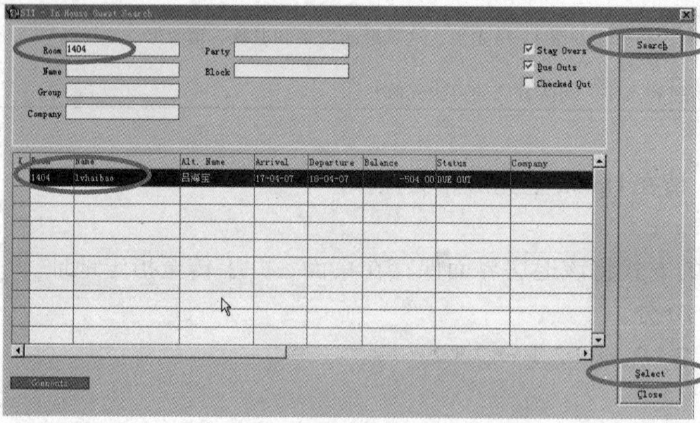

图2–27

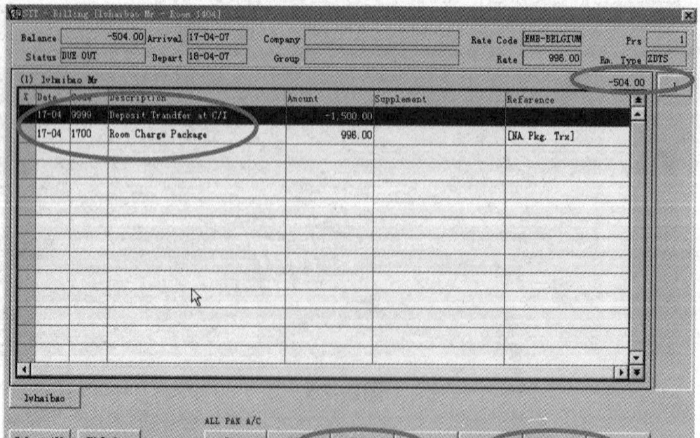

图2–28

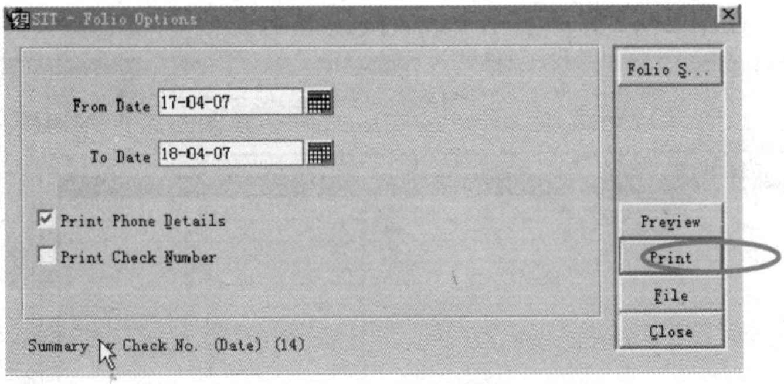

图2–29

6. 在图 2–28 界面，点击 Check Out 按钮进入 Payment 界面。如图 2–30 所示。

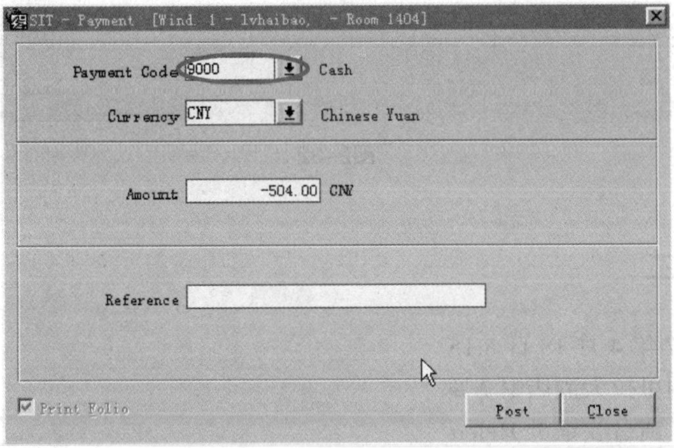

图2–30

7. 在 Payment 界面选择相应的 Payment Code(支付代码) 后，点击 Post(入账) 按钮，打印发票给宾客签字确认。如图 2–31、图 2–32 所示。

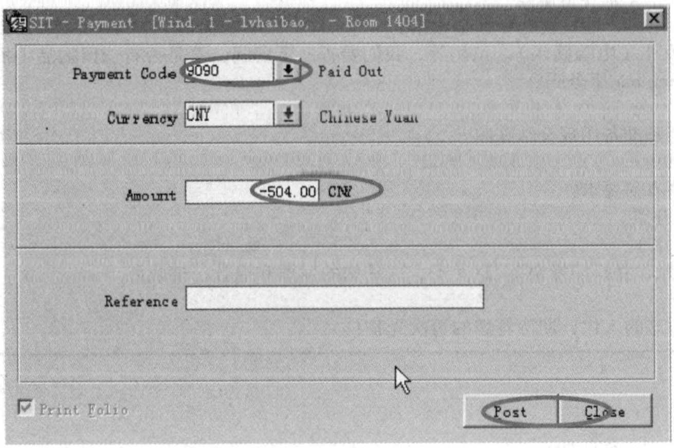

图2–31

8. 结账完成，在图 2-32 界面点击 Close 按钮退出。

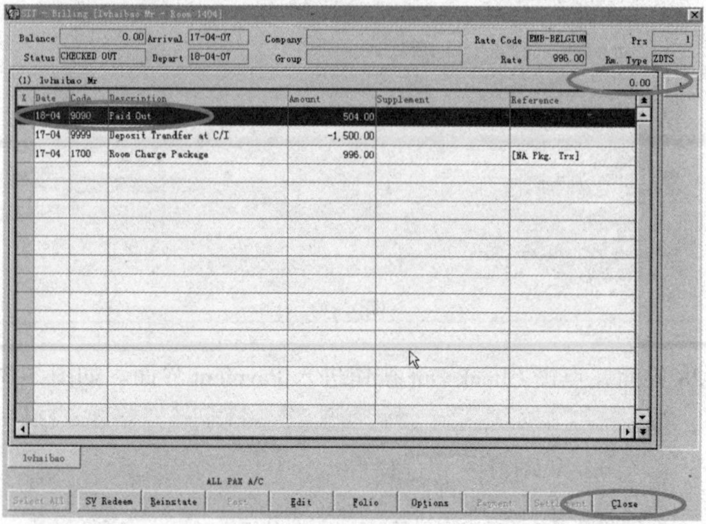

图2-32

2.3.3 习题二

【时间】2007 年 4 月 18 日 8:15

【地点】香榭里拉大酒店财务部

【模拟岗位】前台收银员 Helen

【工作描述】赵文艳女士至前台退房，Helen 为其办理了退房结账手续。

表 2.3.3

Helen：早上好，女士，您是要退房吗？ 赵文艳：是的，××× 房，这是钥匙和押金收据。 Helen：××× 房赵女士（电脑确认）。请稍等，我们要查一下房间，看是否有遗留物品（报房务部查房）。您使用过房间的 Mini-bar 服务吗？ 赵文艳：没有。 Helen：赵女士，您还是准备用现金结账吗？ 赵文艳：是的。 Helen：请问您开发票有何要求？ 赵文艳：没有，如实开票。 （房务部报查房结果 OK） Helen：（与客人核对账，并打印发票） 赵女士，这是您的发票和退款，请收好。 赵文艳：谢谢！ Helen：不用谢！感谢您的入住，期待着您的再次光临！

【工作要求】

请在 Opera 上完成相关操作。

【成绩考评】

1. 请以截图的方式将该 Check Out 界面保存在桌面，并上传至指定地址。

2. 本题满分 10 分。

【配套习题】2.1.3 → 2.2.3 → 2.3.3

2.3.4　习题三

【时间】2007 年 4 月 18 日 8:30

【地点】香榭里拉大酒店财务部

【模拟岗位】前台收银员 Helen

【工作描述】钱亦飞先生至前台退房，Helen 为其办理了退房结账手续。

表 2.3.4

Helen：早上好，先生，您是要退房吗？
钱亦飞：是的，××× 房，这是钥匙和押金收据。
Helen：××× 房钱先生（电脑确认）。请稍等，我们要查一下房间，看是否有遗留物品（报房务部查房）。您使用过房间的 Mini-Bar 服务吗？
钱亦飞：没有。
Helen：钱先生，您还是准备用现金结账吗？
钱亦飞：是的。
Helen：请问您开发票有何要求？
钱亦飞：没有，如实开票。
（房务部报查房结果 OK）
Helen：（与客人核对账，并打印发票）　钱先生，这是您的发票和退款，请收好。
钱亦飞：谢谢！
Helen：不用谢！感谢您的入住，期待着您的再次光临！

【工作要求】请在 Opera 上完成相关操作。

【成绩考评】

1. 请以截图的方式将该退房界面保存在桌面，并上传至指定地址。

2. 本题满分 10 分。

【配套习题】2.1.4 → 2.2.4 → 2.3.4

2.3.5　习题四

【时间】2007 年 4 月 18 日 8:45

【地点】香榭里拉大酒店财务部

【模拟岗位】前台收银员 Helen

【工作描述】孙强先生至前台退房，Helen 为其办理了退房结账手续。

表 2.3.5

Helen：早上好，先生，您是要退房吗？ 孙强：是的，××× 房，这是钥匙和押金收据。 Helen：××× 房孙先生（电脑确认）。请稍等，我们要查一下房间，看是否有遗留物品（报房务部查房）。您使用过房内的其他服务吗？ 孙强：没有。 Helen：孙先生，您还是准备用现金结账吗？ 孙强：是的。 Helen：请问您开发票有何要求？ 孙强：没有，如实开票。 （房务部报查房结果 OK） Helen：（与客人核对账，并打印发票） 孙先生，这是您的发票和退款，请收好。 孙强：谢谢！ Helen：不用谢！感谢您的入住，期待着您的再次光临！

【工作要求】请在 Opera 上完成相关操作。

【成绩考评】

1. 请以截图的方式将该退房界面保存在桌面，并上传至指定地址。
2. 本题满分 10 分。

【配套习题】2.1.5 → 2.2.5 → 2.3.5

第3单元

预订

学习意义 预订是客人接触酒店的第一关，至关重要。如何将高质量、高效率的服务提供给顾客呢？本章将会为您解决这一问题。

内容概述 本章首先介绍了不同预订的流程、相关的注意事项及操作，然后分别讲述了预订过程中常用的一些功能的概念、适用情况及其具体操作。

教学目标

知识目标

1. 了解不同类型预订的操作流程及其注意事项。
2. 了解预订模块中的合住、定金、信用卡、代表人及分账功能的概念及其适用情况。

能力目标

1. 掌握不同类型预订的电脑操作。
2. 熟练使用预订模块中的合住、定金、信用卡、代表人及分账功能。

3.1 散客预订（Foreign Independent Tourist）

3.1.1 散客预订概述

散客预订（Foreign Independent Tourist，F.I.T）是相对于团队预订（Group Independent Tourist,G.I.T）而言，即散客预订的意思。

（一）散客类型

1. 协议公司（Company）散客。
2. 旅行社（T/A）、订房中心（Source）散客。
3. 会员（Membership）。
4. 上门散客（Walk In）。

（二）散客与团队的界定

预订 5 间以上成团或 8 间成团，这取决不同酒店的具体规定。

（三）散客预订的注意事项

1. 了解产品，提供给宾客合适的房型。
2. 控制房价，适时提供增销服务（Upselling）。
3. 通常预订保留时间为 18:00。

（四）散客预订操作流程

参照 2.1.1 预订概述中的预订流程。

3.1.2 习题一

【时间】2007 年 4 月 19 日 9:00

【地点】香榭里拉大酒店预订部

【模拟岗位】预订部员工 Jessica

【工作描述】4 月 19 日上午，Jessica 接到预订电话，电话内容如下：

表 3.1.2

Jessica：您好，香榭里拉大酒店预订部，请问我可以怎么帮您？ 周传杰：你好，我打算订一间客房。 Jessica：请问先生您贵姓？ 周传杰：周，周总理的周。 Jessica：周先生，您有协议号码吗？ 周传杰：没有。

续表

Jessica：周先生，请问您要预订什么时候的客房？ 周传杰：我要订今天的客房，住 1 天。 Jessica：4 月 19 日 1 天，周先生，您打算预订什么房型呢？ 周传杰：一间单人大床房。 Jessica：根据您的要求，单人大床房价格是 880 元，含服务费及 1 份早餐。 周传杰：可以。 Jessica：请问住店客人的姓名？ 周传杰：就是我本人，周传杰。 Jessica：周先生，请您留一个联系方式？ 周传杰：我的手机号是 13541836789。 Jessica：周先生，您预订 4 月 19 日至 4 月 20 日，住 1 天，一间单人大床房，价格是 880 元，含服务费及 1 份早餐，费用前台现付，将您的预订保留至 18:00，您还有什么其他要求？ 周传杰：请帮我安排高楼层的房间，并关闭房内的小酒吧。 Jessica：周先生，我们会根据您的要求给您安排房间，感谢您的预订，我们稍后会用短信把预订确认信息发送给您，预祝您入住快乐。

【工作要求】

1. 请在 Opera 上完成相关操作。

2. 在客人姓名前加上自己的学号并以逗号隔开。

【成绩考评】

1. 请以截图的方式将散客该预订界面保存在桌面，并上传至指定地址。

2. 本题满分 10 分。

【配套习题】3.1.2 → 3.4.2 → 3.8.2 → 4.1.2 → 4.2.2 → 4.7.4 → 6.1.6 → 6.3.6

【操作步骤】

1. 按 F7 新建预订，录入抵 / 离店日期、房数后，在 Name 中输入客人姓名，点击 OK 键。如图 3–1 所示。

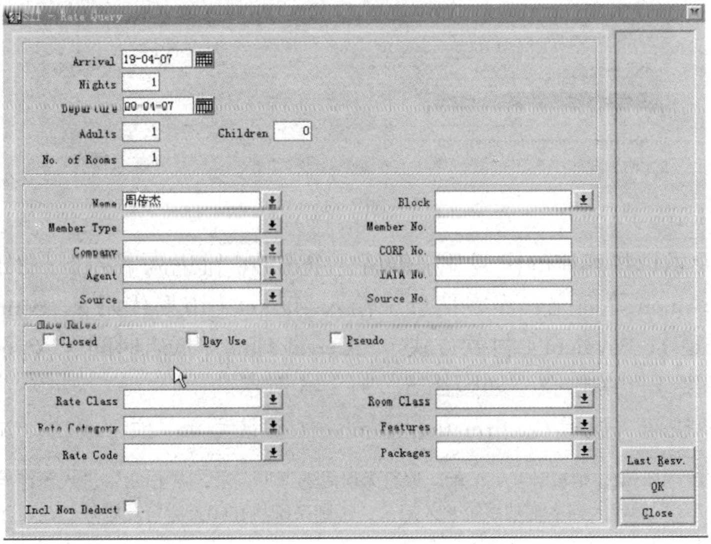

图3–1

2. 在 Profile Search 界面未显示客人客史记录 [1]，则点击 New 功能按钮新建客人客史记录。如图 3–2 所示。

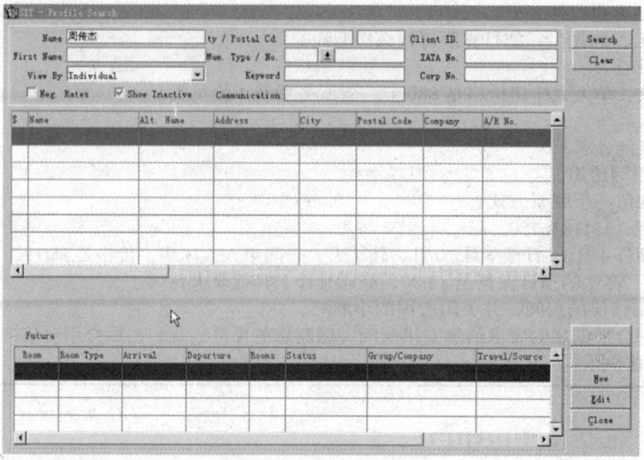

图3–2

3. 在 Individual Profile 界面录入客人基本信息（中英文姓名、性别、国籍、联系方式、History 后打√ [2]）后，点击 OK 键进入下一步。如图 3–3 所示。

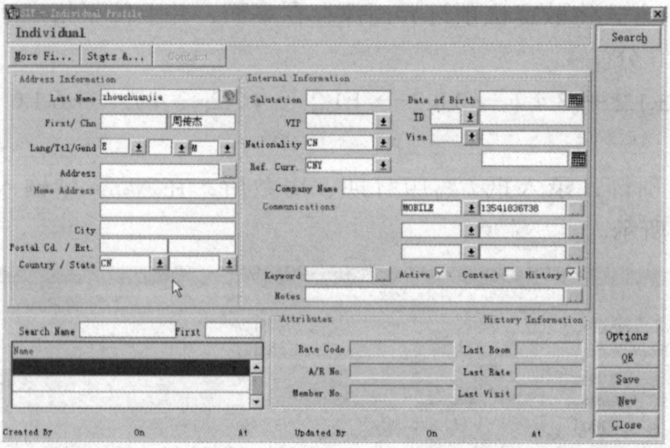

图3–3

4. 按客人要求选择相应的房型及房价后，点击 OK 键进入下一步。如图 3–4 所示。

5. 在 Reservation 界面完善宾客信息：输入 Market（市场代码）、Source（客源地）、Origin（订房渠道）、Payment（付款方式）、Arrival Time（抵店时间）、Comment（备注）、Special [3]（特殊要求）等信息。如图 3–5、图 3–6 所示。

6. 点击 OK 按钮，显示 Confirmation Number（确认号），预订成功。如图 3–7 所示。

① 若客人已有客史记录，则核对客史记录，核对无误后选择该记录，点击OK键进入预订界面。

② History:打“√”后客人档案将被系统永久记录，否则系统将在60天后自动删除。在实际操作中，酒店通常会事先设置好打“√”。

③ Special:选择客人相应要求后，系统提示是否将客人特殊要求保存到客史记录，点击YES即可。

7. 点击 OK 键，逐一退回到 PMS 界面，通过 Update Reservation 功能查找到该预订进行复核。若信息无误，则该预订工作完成。如图 3-8 所示。

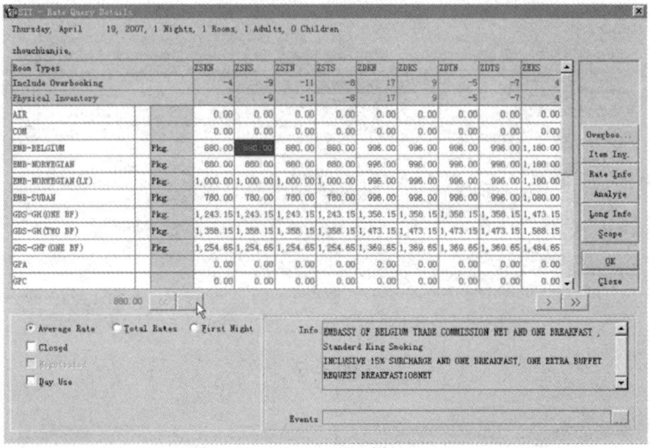

图3-4

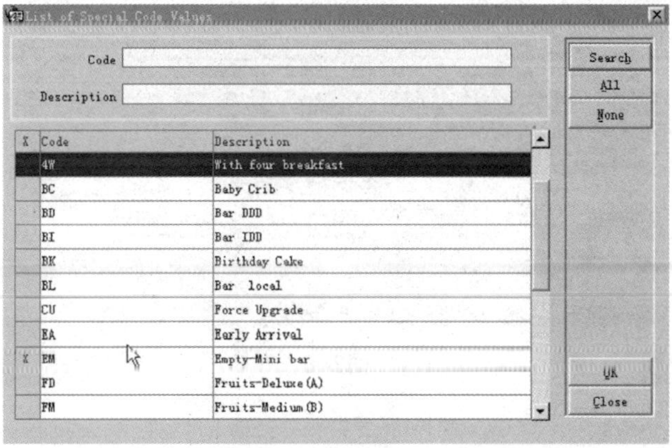

图3-5

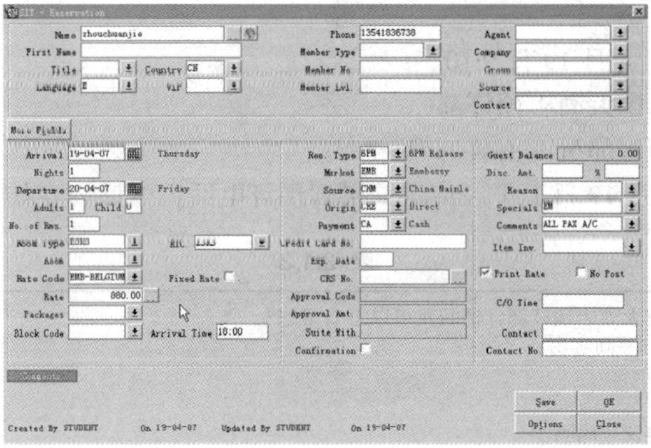

图3-6

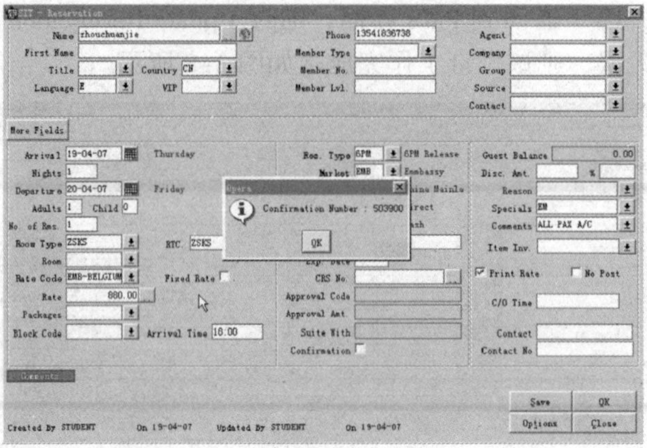

图3–7

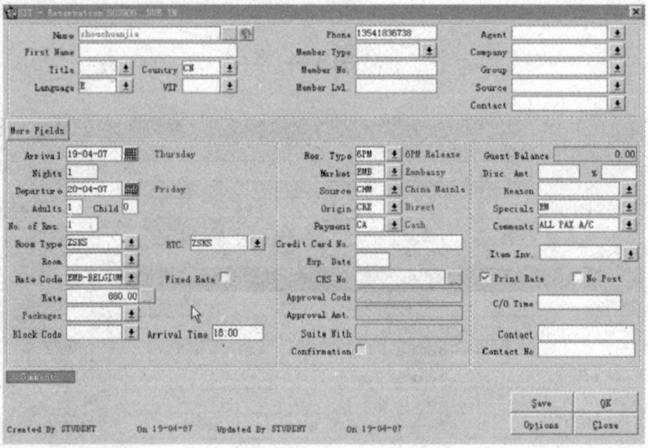

图3–8

3.1.3 习题二

【时间】2007 年 4 月 19 日 9:10

【地点】香榭里拉大酒店预订部

【模拟岗位】预订部员工 Jessica

【工作描述】4 月 19 日上午，Jessica 接到预订电话，电话内容如下：

表 3.1.3

Jessica：您好，香榭里拉大酒店预订部，请问我可以怎么帮您？ 吴仁贵：你好，我打算订一间客房。 Jessica：请问先生您贵姓？ 吴仁贵：吴，口天吴。 Jessica：吴先生，您有协议号码吗？ 吴仁贵：没有。

续表

Jessica：吴先生，请问您要预订什么时候的客房？ 吴仁贵：我要订今天的客房，住 1 天。 Jessica：4 月 19 日 1 天，吴先生，您打算预订什么房型呢？ 吴仁贵：一间单人大床房。 Jessica：根据您的要求，单人大床房价格是 880 元，含服务费及 1 份早餐。 吴仁贵：可以。 Jessica：请问住店客人的姓名？ 吴仁贵：就是我本人，吴仁贵。 Jessica：吴先生，请您留一个联系方式？ 吴仁贵：我的手机号是 13621766789。 Jessica：吴先生，您预订 4 月 19 日至 4 月 20 日，住 1 天，一间单人大床房，价格是 880 元，含服务费及 1 份早餐，费用前台现付，将您的预订保留至 18:00，您还有什么其他要求？ 吴仁贵：请帮我安排远离电梯的房间，并关闭房内长途电话。 Jessica：吴先生，我们会根据您的要求给您安排房间，感谢您的预订，我们稍后会用短信把预订确认信息发送给您，预祝您入住快乐。

【工作要求】

1. 请在 Opera 上完成相关操作。

2. 在客人姓名前加上自己的学号并以逗号隔开。

【成绩考评】

1. 请以截图的方式将该散客预订界面保存在桌面，并上传至指定地址。

2. 本题满分 10 分。

【配套习题】3.1.3 → 3.4.3 → 3.8.2 → 4.1.2 → 4.2.2 → 6.3.6

3.1.4　习题三

【时间】2007 年 4 月 19 日 9:20

【地点】香榭里拉大酒店预订部

【模拟岗位】预订部员工 Jessica

【工作描述】4 月 19 日上午，Jessica 接到预订电话，电话内容如下：

表 3.1.4

Jessica：您好，香榭里拉大酒店预订部，请问我可以怎么帮您？ 郑丽敏：你好，我打算订一间客房。 Jessica：请问女士您贵姓？ 郑丽敏：郑，关耳郑。 Jessica：郑女士，您有协议号码吗？ 郑丽敏：没有。 Jessica：郑女士，请问您要预订什么时候的客房？ 郑丽敏：我要订今天的客房，住 1 天。 Jessica：4 月 19 日 1 天，郑女士，您打算预订什么房型呢？ 郑丽敏：一间单人大床房。 Jessica：根据您的要求，单人大床房价格是 880 元，含服务费及 1 份早餐。 郑丽敏：可以。 Jessica：请问住店客人的姓名？ 郑丽敏：就是我本人，郑丽敏。

续表

Jessica：郑女士，请您留一个联系方式？ 郑丽敏：我的手机号是 13910916789。 Jessica：郑女士，您预订 4 月 19 日至 4 月 20 日，住 1 天，一间单人大床房，价格是 880 元，含服务费及 1 份早餐，费用前台现付，将您的预订保留至 18:00，您还有什么其他要求？ 郑丽敏：请帮我安排无烟的房间，并关闭房内的 VOD 点播。 Jessica：郑女士，我们会根据您的要求给您安排房间，感谢您的预订，我们稍后会用短信把预订确认信息发送给您，预祝您入住快乐。

【工作要求】

1. 请在 Opera 上完成相关操作。

2. 在客人姓名前加上自己的学号并以逗号隔开。

【成绩考评】

1. 请以截图的方式将该散客预订界面保存在桌面，并上传至指定地址。

2. 本题满分 10 分。

【配套习题】3.1.4 → 3.4.4 → 3.8.4 → 4.1.3 → 4.2.3 → 4.7.5 → 6.3.7

3.1.5 习题四

【时间】2007 年 4 月 19 日 9:30

【地点】香榭里拉大酒店预订部

【模拟岗位】预订部员工 Jessica

【工作描述】4 月 19 日上午，Jessica 接到预订电话，电话内容如下：

表 3.1.5

Jessica：您好，香榭里拉大酒店预订部，请问我可以怎么帮您？ 王雪飞：你好，我打算订一间客房。 Jessica：请问先生您贵姓？ 王雪飞：王，三横王。 Jessica：王先生，您有协议号码吗？ 王雪飞：没有。 Jessica：王先生，请问您要预订什么时候的客房？ 王雪飞：我要订今天的客房，住 1 天。 Jessica：4 月 19 日 1 天，王先生，您打算预订什么房型呢？ 王雪飞：一间单人大床房。 Jessica：根据您的要求，单人大床房价格是 880 元，含服务费及 1 份早餐。 王雪飞：可以。 Jessica：请问住店客人的姓名？ 王雪飞：就是我本人，王雪飞。 Jessica：王先生，请您留一个联系方式？ 王雪飞：我的手机号是 13882566789。 Jessica：王先生，您预订 4 月 19 日至 4 月 20 日，住 1 天，一间单人大床房，价格是 880 元，含服务费及 1 份早餐，费用前台现付，将您的预订保留至 18:00，您还有什么其他要求？ 王雪飞：请帮我安排低楼层的吸烟房间，如果是景观房那就更好了。 Jessica：王先生，我们会根据您的要求给您安排房间，感谢您的预订，我们稍后会用短信把预订确认信息发送给您，预祝您入住快乐。

【工作要求】

1. 请在 Opera 上完成相关操作。

2. 在客人姓名前加上自己的学号并以逗号隔开。

【成绩考评】

1. 请以截图的方式将该散客预订界面保存在桌面，并上传至指定地址。

2. 本题满分 10 分。

【配套习题】3.1.5 → 3.4.5 → 3.8.4 → 4.1.3 → 4.2.3 → 6.3.7

3.2　公司预订（Company）

3.2.1　公司预订概述

公司预订：与酒店签订订房协议的公司，以传真等方式预订客房，享受协议约定的价格。协议公司通常是酒店最主要的客源。

（一）公司协议价格的控制

1. 公司传真加盖公司公章的订房传真，享受协议价格。

2. 以电话或直接上门的方式预订房间，须提供公司协议号码享受协议价格。

（二）销售协议与挂账协议的区别

1. 销售协议：公司与酒店签订订房协议，按合同约定可享受协议价格。

2. 挂账协议：酒店根据公司的资信状况，与公司签订挂账协议，以提供公司消费后定期结账的便利。

3. 通常情况下：协议公司不一定可以挂账，而签有挂账协议的公司多数与酒店签有销售合同，享受协议价格。

（三）公司付费的条件

1. 签订挂账协议，即有 A/R No。

2. 附加盖公司公章的订房传真并注明费用由公司支付。

（四）公司订房协议过期情况的处理

1. 公司订房协议到期后，通常会有 1 个月的过渡期留与公司续签合同，在此期间公司预订仍可享受协议价格。

2. 过渡期结束，仍未续签合同的，则不再享受协议价格。

（五）公司预订操作流程

参照 2.1.1 预订概述中的预订流程。

3.2.2 习题一

【时间】2007 年 4 月 19 日 9:40

【地点】香榭里拉大酒店预订部

【模拟岗位】预订部员工 Jessica

【工作描述】4 月 19 日上午，Jessica 收到协议公司订房传真，内容如下：

表 3.2.2

上海生物化学细胞研究所
Shanghai Bio-chemistry Cells Institute, CAS

预订部：

今有冯卫国先生于 4 月 19 日入住贵酒店一晚，请安排 1 间标准间，给予我公司协议价格（996 元 / 间天），费用由客人前台现付。请将房间保留至 18:00，谢谢！

协议号：207022

签章：李小明
2007 年 4 月 19 日

Address: 417, Zhaojiabang Rd, Shanghai, China Tel: 86-21-64716060 Fax: 86-21-64716066

【工作要求】

1. 请在 Opera 上完成相关操作。

2. 在客人姓名前加上自己的学号并以逗号隔开。

【成绩考评】

1. 请以截图的方式将该公司预订界面保存在桌面，并上传至指定地址。

2. 本题满分 10 分。

【配套习题】3.2.2 → 3.5.2 → 3.7.4 → 3.7.5 → 4.1.4 → 4.2.4 → 6.3.8

【操作步骤】

1. 按 F7 新建预订，录入抵 / 离店日期及房数后，在 Company 中输入公司名称，点击 OK 键。如图 3-9 所示。

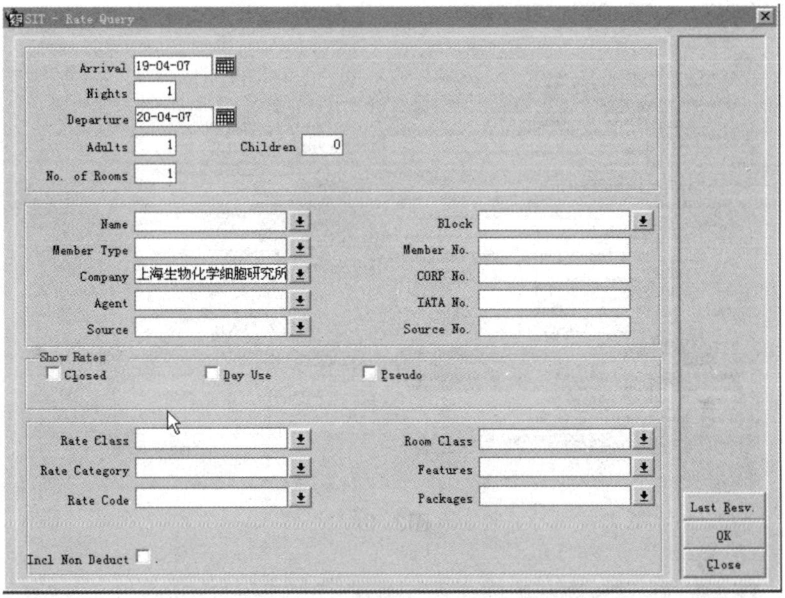

图3–9

2. 在 Profile Search 界面会显示该公司客史记录①，双击该信息条进入下一步。如图 3–10 所示。

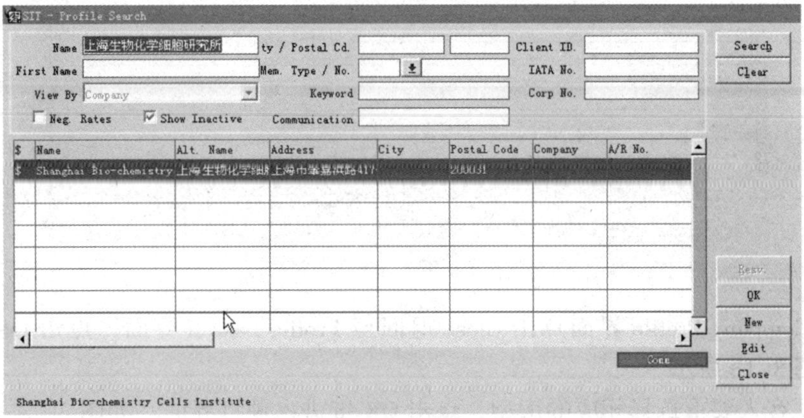

图3–10

3. 在 Company Profile 界面，点击 Neg.Rate（协议价格）红色按钮查询公司协议价格及有效期。如图 3–11 所示。

4. 确认价格无误并在有效期之内后，点击 Close 退回至 Company Profile 界面。如图 3–12 所示。

① 若未能显示公司客史记录，检查公司名称是否录入正确；若录入无误，则说明该公司未与酒店签订协议或者公司刚与销售部门签订协议尚未录入系统，此时需联系销售部门及客人。

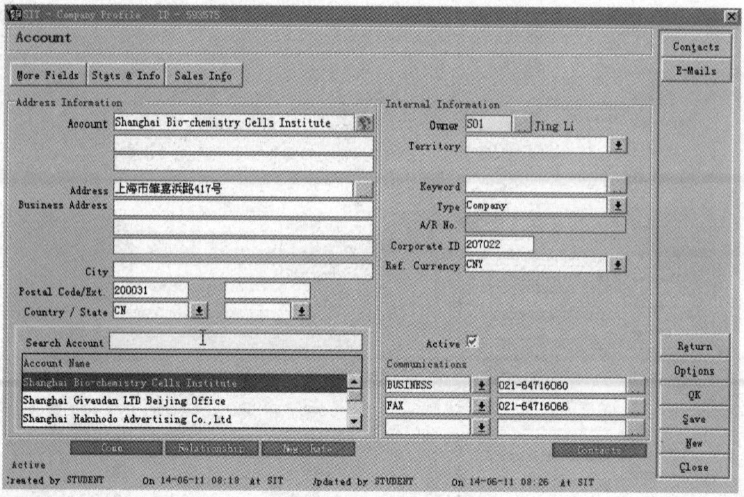

图3-11

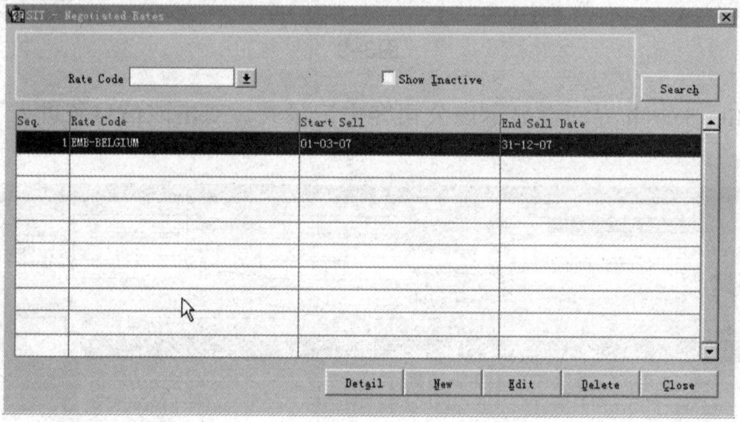

图3-12

5. 在 Company Profile 界面点击 Close 退回至 Profile Search 界面，点击 OK 键进入下一步。如图 3-13 所示。

6. 根据客人要求选择相应的房型，点击 OK 键进入预订界面。如图 3-14 所示。

7. 在预订界面，点击 Name 后的小方框，进入 Profile Search 界面，查找该客人的客史记录，若客人为初次入住，则需新建一个客史记录，建成后点 OK 键返回至预订界面。如图 3-15 所示。

8. 在 Reservation 界面完善宾客信息：输入 Market、Source、Origin、Payment、Arrival Time、Comment 等信息。如图 3-16 所示。

9. 点击 OK 按钮，显示预订确认号，预订成功。如图 3-17 所示。

10. 点击 OK 键，逐一退回到 PMS 界面，通过 Update Reservation 功能查找到该预订进行复核。若信息无误，则该预订工作完成。如图 3-18 所示。

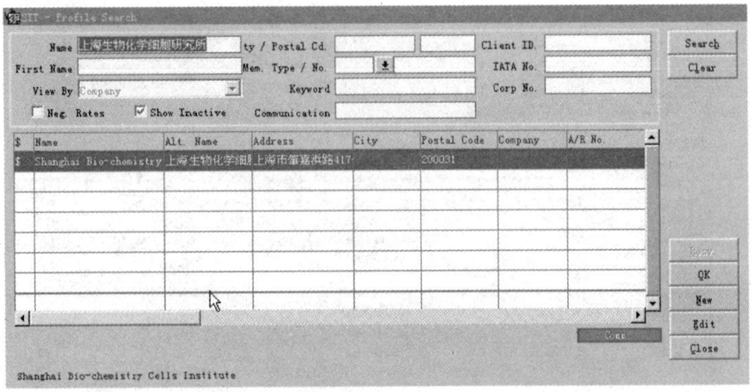

图3-13

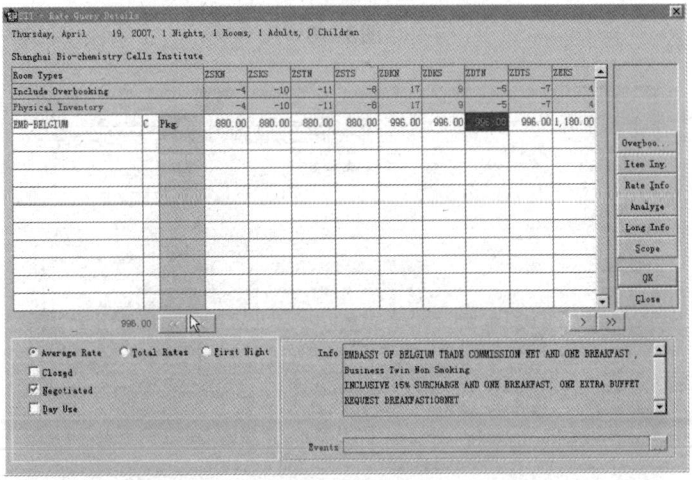

图3-14

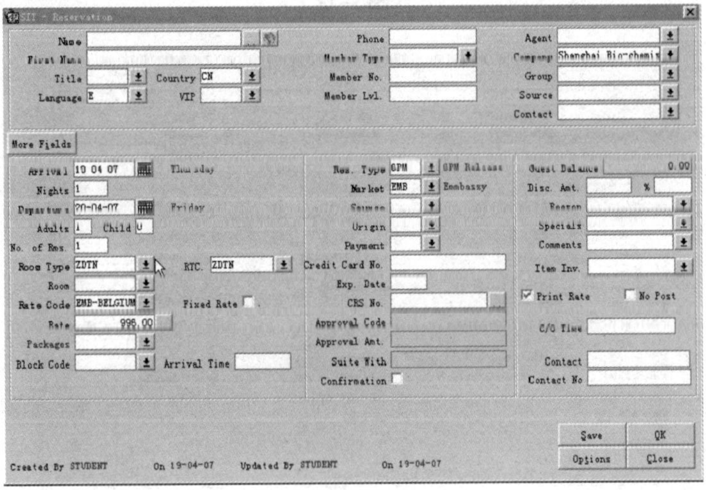

图3-15

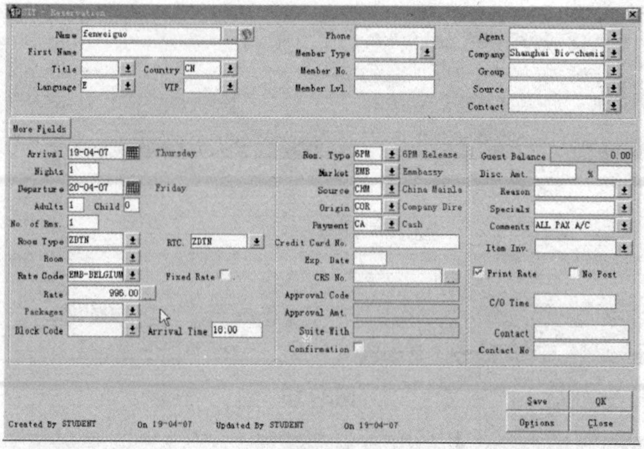

图3-16

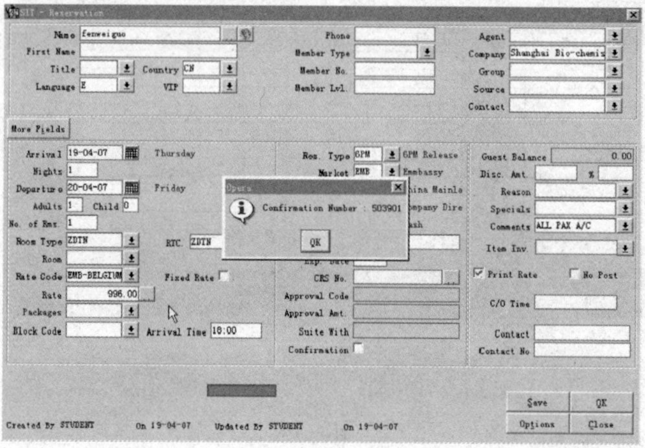

图3-17

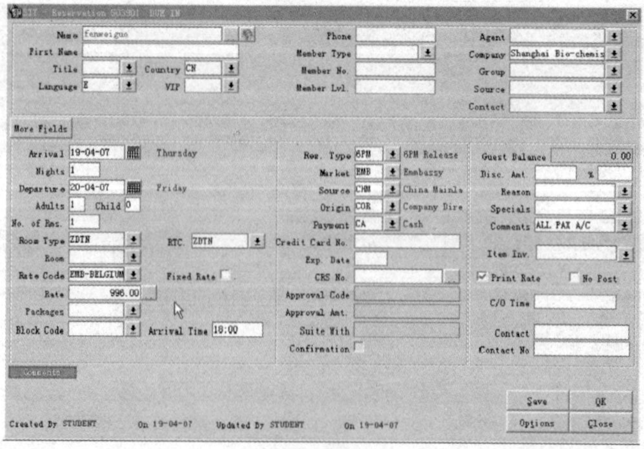

图3-18

3.2.3　习题二

【时间】2007 年 4 月 19 日 9:50

【地点】香榭里拉大酒店预订部

【模拟岗位】预订部员工 Jessica

【工作描述】4 月 19 日上午，Jessica 收到协议公司订房传真，内容如下：

表 3.2.3

上海生物化学细胞研究所

Shanghai Bio-chemistry Cells Institute, CAS

预订部：

今有陈文永先生于 4 月 19 日入住贵酒店一晚，请安排 1 间标准间，给予我公司协议价格（996 元 / 间天），费用由客人前台现付。请将房间保留至 18:00，谢谢！

协议号：207022

签章：李小明

2007 年 4 月 19 日

Address: 417, Zhaojiabang Rd, Shanghai, China　Tel: 86-21-64716060　Fax: 86-21-64716066

【工作要求】

1. 请在 Opera 上完成相关操作。
2. 在客人姓名前加上自己的学号并以逗号隔开。

【成绩考评】

1. 请以截图的方式将该公司预订界面保存在桌面，并上传至指定地址。
2. 本题满分 10 分。

【配套习题】3.2.3 → 3.5.3 → 3.7.5 → 4.1.4 → 4.2.4 → 6.3.8

3.2.4　习题三

【时间】2007 年 4 月 19 日 10:00

【地点】香榭里拉大酒店预订部

【模拟岗位】预订部员工 Jessica

【工作描述】

4 月 19 日上午，Jessica 收到协议公司订房传真，内容如下：

表 3.2.4

上海生物化学细胞研究所

Shanghai Bio-chemistry Cells Institute, CAS

预订部：

今有褚晨女士于 4 月 19 日入住贵酒店一晚，请安排 1 间单人大床房，给予我公司协议价格（880 元 / 间天），费用由客人前台现付。请将房间保留至 18:00，谢谢！

尽量安排无烟房。

协议号：207022

签章：李小明

2007 年 4 月 19 日

上海生化细胞研究所 办公室

Address: 417, Zhaojiabang Rd, Shanghai, China　Tel: 86-21-64716060　Fax: 86-21-64716066

【工作要求】

1. 请在 Opera 上完成相关操作。

2. 在客人姓名前加上自己的学号并以逗号隔开。

【成绩考评】

1. 请以截图的方式将该公司预订界面保存在桌面，并上传至指定地址。

2. 本题满分 10 分。

【配套习题】3.2.4 → 3.5.4 → 3.7.5 → 4.1.4 → 4.2.4 → 6.3.8

3.2.5　习题四

【时间】2007 年 4 月 19 日 10:10

【地点】香榭里拉大酒店预订部

【模拟岗位】预订部员工 Jessica

【工作描述】

4 月 19 日上午，Jessica 收到协议公司订房传真，内容如下：

表 3.2.5

上海生物化学细胞研究所

Shanghai Bio-chemistry Cells Institute, CAS

预订部：

今有卫蕾女士于 4 月 19 日入住贵酒店一晚，请安排 1 间标准间，给予我公司协议价格（996 元 / 间天），费用由客人前台现付。请将房间保留至 18:00，谢谢！

尽量安排无烟房。

协议号：207022

签章：李小明

2007 年 4 月 19 日

Address: 417, Zhaojiabang Rd, Shanghai, China　Tel: 86-21-64716060　Fax: 86-21-64716066

【工作要求】

1. 请在 Opera 上完成相关操作。

2. 在客人姓名前加上自己的学号并以逗号隔开。

【成绩考评】

1. 请以截图的方式将该公司预订界面保存在桌面，并上传至指定地址。

2. 本题满分 10 分。

【配套习题】3.2.5 → 3.5.5 → 3.7.5 → 4.1.4 → 4.2.4 → 6.3.8

3.3　旅行社预订（Travel Agency）

3.3.1　旅行社预订概述

旅行社预订：与酒店签订订房协议的旅行社，以传真方式为宾客预订客房。宾客前台现付房费或事先预付给旅行社，而旅行社按协议约定的价格与酒店结算，其间产生的差价即佣金，通常在次月经由双方核对无误后，由酒店返还给旅行社。

（一）佣金的类型

1. 定额佣金：每销售一间房或某一种房型的房间，合同约定以固定的金额作为佣金返还。

2. 比例佣金：每销售一间房或某一种房型的房间，合同约定按所售房价的一定比例作为佣金返还。

3. 超额累进：按合同约定，每月销售房间的间夜次超过一定数量后，佣金将增加。（是所有房间还是超出部分按照新的佣金金额计算，取决于双方的订房协议。）

（二）注意事项

1. 通常是以传真方式订房，不接受电话或上门预订。

2. 宾客变更预订信息，旅行社须以传真方式更改。

3. 房价保密，避免不必要的投诉：宾客前台现付房价，底价保密；房费由旅行社支付的，房价保密。

（三）旅行社预订操作流程

参照 2.1.1 预订概述中的预订流程。

3.3.2 习题一

【时间】2007 年 4 月 19 日 10:20

【地点】香榭里拉大酒店预订部

【模拟岗位】预订部员工 Jessica

【工作描述】4 月 19 日上午，Jessica 收到协议公司订房传真，内容如下：

表 3.3.2

上海中旅国际旅行社有限公司
Shanghai China Travel International Ltd

预订部：

蒋国华　男　2007 年 4 月 19 日　住一夜　1 间标准间（996 元 / 间天）

费用客人前台现付，保留至 18:00

协议号：307008

特殊要求：关闭小酒吧、关闭长途

请予以安排，谢谢！

签章：Judy Zhang

2007 年 4 月 19 日

Address: 108 Nan Jing West Road，Shanghai, China　Tel: 86-21-63276950　Fax: 86-21-63276951

【工作要求】

1. 请在 Opera 上完成相关操作。

2. 在客人姓名前加上自己的学号并以逗号隔开。

【成绩考评】

1. 请以截图的方式将该旅行社预订界面保存在桌面，并上传至指定地址。

2. 本题满分 10 分。

【配套习题】3.3.2 → 3.6.2 → 3.7.2 → 3.7.3 → 4.1.5 → 4.2.5 → 6.3.9

【操作步骤】

1. 按 F7 新建预订，录入抵 / 离店日期及房数后，在 Agent 中输入旅行社名称，点击 OK 键。如图 3-19 所示。

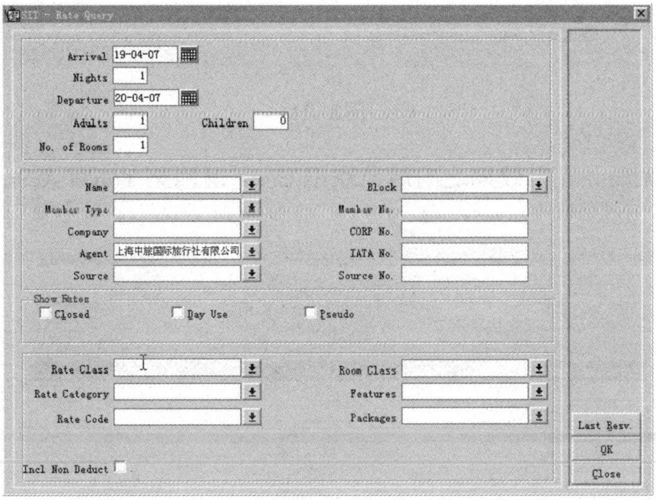

图3 10

2. 在 Profile Search 界面会显示该旅行社客史记录，双击该信息条进入下一步。如图 3-20 所示。

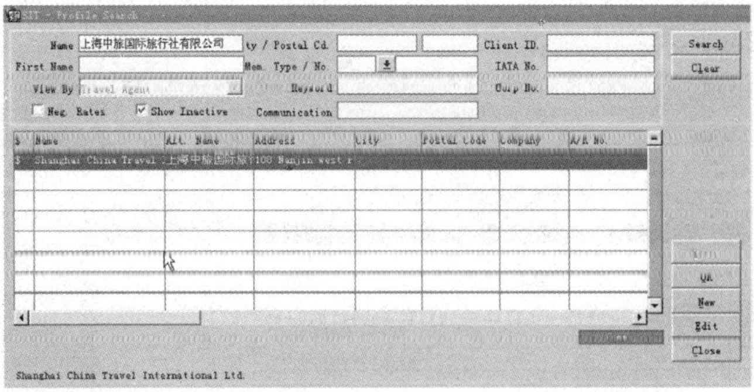

图3-20

3. 在 Travel Agent Profile 界面，点击 Neg.Rate（协议价格）红色按钮查询旅行社协议价格及有效期。如图 3–21 所示。

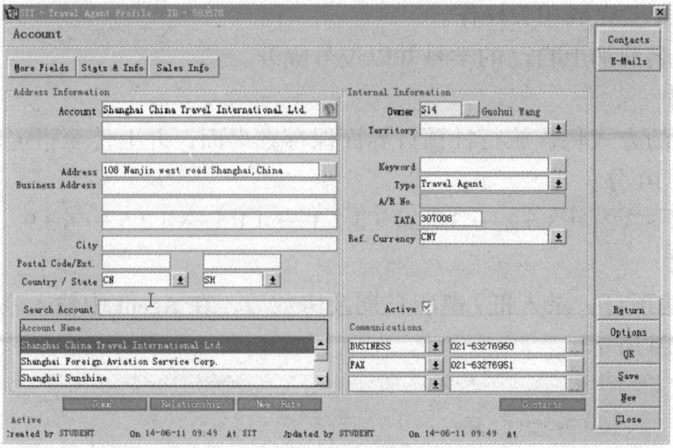

图3–21

4. 确认价格无误并在有效期之内后，点击 Close 退回至 Travel Agent Profile 界面。如图 3–22 所示。

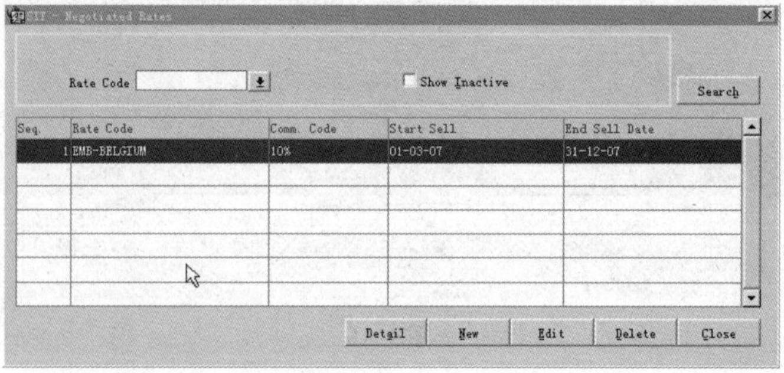

图3–22

5. 在 Travel Agent Profile 界面点击 Close 退回至 Profile search 界面，点击 OK 键进入下一步。如图 3–23 所示。

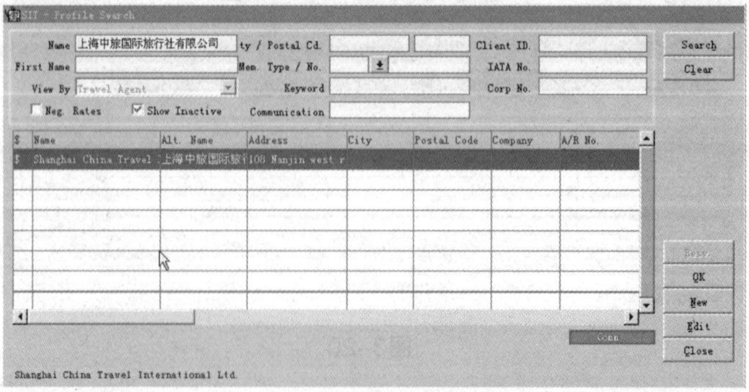

图3–23

6. 根据客人要求选择相应的房型，点击 OK 键进入预订界面。如图 3–24 所示。

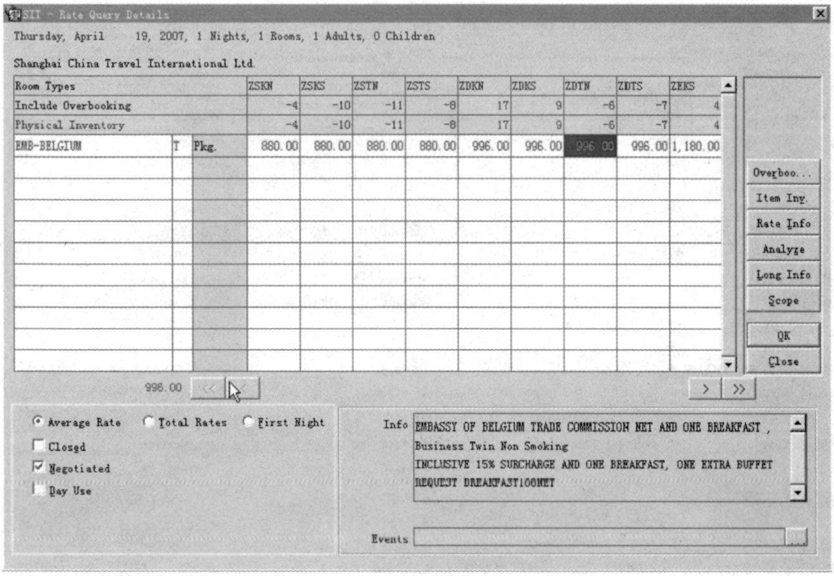

图3–24

7. 在预订界面，点击 Name 后的小方框，进入 Profile Search 界面，查找该客人的客史记录，若客人为初次入住，则需新建一个客史记录，建成后点击 OK 键返回至预订界面。如图 3–25 所示。

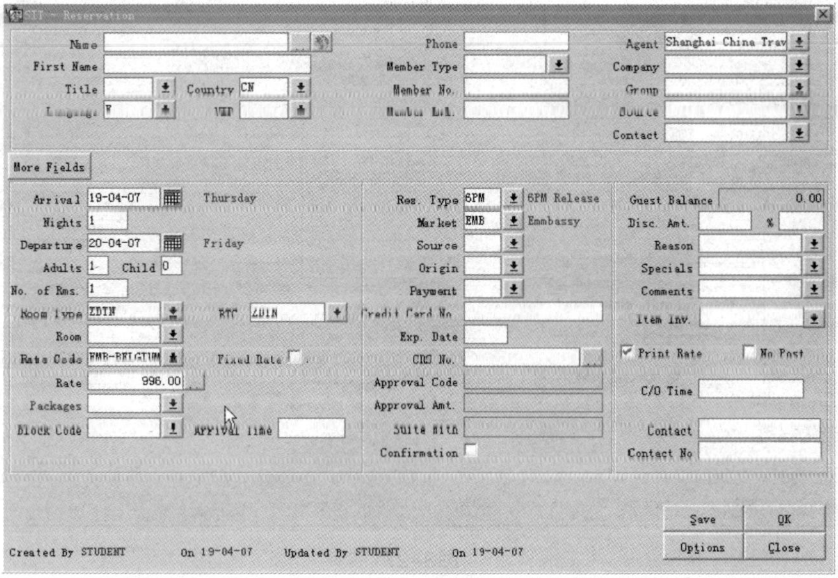

图3–25

8. 在 Reservation 界面完善宾客信息：输入 Market、Source、Origin、Payment、Arrival

Time、Comment、Special 等信息。如图 3–26 所示。

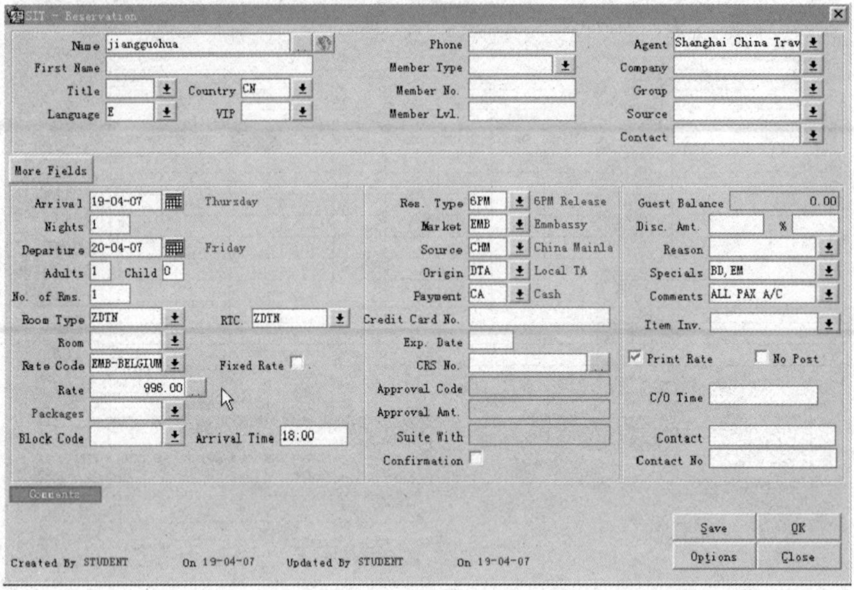

图3–26

9. 点击 OK 按钮，显示预订确认号，预订成功。如图 3–27 所示。

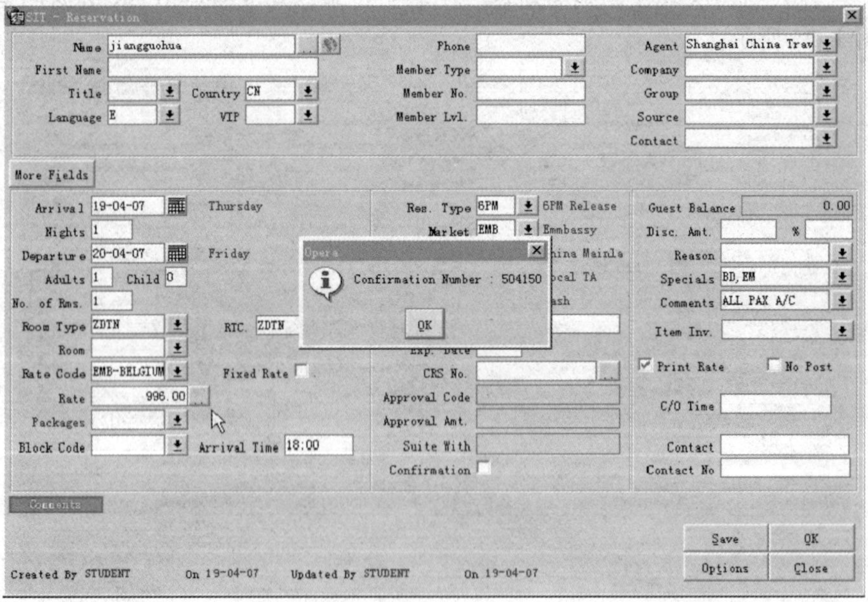

图3–27

10. 点击 OK 键，逐一退回到 PMS 界面，通过 Update Reservation 功能查找到该预订进行复核。若信息无误，则该预订工作完成。如图 3–28 所示。

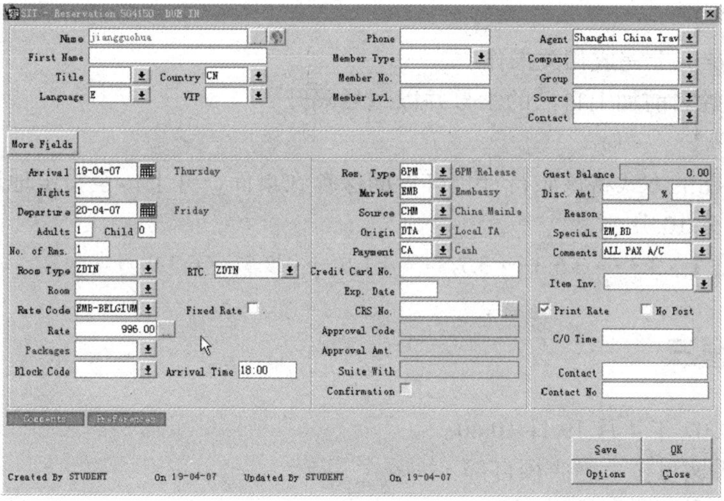

图3-28

3.3.3　习题二

【时间】2007 年 4 月 19 日 10:30

【地点】香榭里拉大酒店预订部

【模拟岗位】预订部员工 Jessica

【工作描述】4 月 19 日上午，Jessica 收到协议公司订房传真，内容如表 3.3.3 所示。

表 3.3.3

上海中旅国际旅行社有限公司

Shanghai China Travel International Ltd

预订部：

沈利萍　女　2007 年 4 月 19 日　住一夜　1 间标准间（996 元 / 间天）

费用客人前台现付，保留至 18:00

协议号：307008

特殊要求：无烟房、关闭小酒吧

请予以安排，谢谢！

签章：Judy Zhang

2007 年 4 月 19 日

上海中旅国际旅行社 办公室

Address: 108 Nan Jing West Road，Shanghai, China　Tel: 86-21-63276950　Fax: 86-21-63276951

【工作要求】

1. 请在 Opera 上完成相关操作。

2. 在客人姓名前加上自己的学号并以逗号隔开。

【成绩考评】

1. 请以截图的方式将该旅行社预订界面保存在桌面，并上传至指定地址。

2. 本题满分 10 分。

【配套习题】3.3.3 → 3.6.3 → 3.7.3 → 4.1.5 → 4.2.5 → 6.3.9

3.3.4 习题三

【时间】2007 年 4 月 19 日 10:40

【地点】香榭里拉大酒店预订部

【模拟岗位】预订部员工 Jessica

【工作描述】4 月 19 日上午，Jessica 收到协议公司订房传真，内容如表 3.3.4 所示。

表 3.3.4

上海中旅国际旅行社有限公司

Shanghai China Travel International Ltd

预订部：

韩平　男　2007 年 4 月 19 日　住一夜　1 间标准间（996 元 / 间天）

费用客人前台现付，保留至 18:00

协议号：307008

特殊要求：高楼层

请予以安排，谢谢！

签章：Judy Zhang

2007 年 4 月 19 日

上海中旅国际旅行社

办公室

Address: 108 Nan Jing West Road，Shanghai, China　Tel: 86-21-63276950　Fax: 86-21-63276951

【工作要求】

1. 请在 Opera 上完成相关操作。

2. 在客人姓名前加上自己的学号并以逗号隔开。

【成绩考评】

1. 请以截图的方式将该旅行社预订界面保存在桌面，并上传至指定地址。

2. 本题满分 10 分。

【配套习题】3.3.4 → 3.6.4 → 3.7.3 → 4.1.5 → 4.2.5 → 6.3.9

3.3.5　习题四

【时间】2007 年 4 月 19 日 10:50

【地点】香榭里拉大酒店预订部

【模拟岗位】预订部员工 Jessica

【工作描述】

4 月 19 日上午，Jessica 收到协议公司订房传真，内容如表 3.3.5 所示。

表 3.3.5

上海中旅国际旅行社有限公司

Shanghai China Travel International Ltd

预订部：

杨一民　男　2007 年 4 月 19 日　住一夜　1 间标准间（996 元 / 间天）

费用客人前台现付，保留至 18:00

协议号：307008

特殊要求：远离电梯

请予以安排，谢谢！

签章：Judy Zhang

2007 年 4 月 19 日

Address: 108 Nan Jing West Road，Shanghai, China　Tel: 86-21-63276950　Fax: 86-21-63276951

【工作要求】

1. 请在 Opera 上完成相关操作。

2. 在客人姓名前加上自己的学号并以逗号隔开。

【成绩考评】

1. 请以截图的方式将该旅行社预订界面保存在桌面，并上传至指定地址。

2. 本题满分 10 分。

【配套习题】3.3.5 → 3.6.5 → 3.7.3 → 4.1.5 → 4.2.5 → 6.3.9

3.4 合住（Share）

3.4.1 合住概述

合住，用于两个或三个客人预订合住一间房。在 Opera 系统中，只要两个客人合住了一间房，就会在每个人的姓名前有“*”显示。

（一）合住的两种类型

1. 从客史（Profile）记录中合住一个房间。
2. 从已有的预订（Reservation）中合住一个房间。

（二）合住房间的房价处理

1. 通常情况下，一人全价，另一位为零。
2. 二人各付一半房费。

（三）注意事项

分开合住（Break Share）时，必须注意两个预订各自房价的正确性。

3.4.2 习题一

【时间】2007 年 4 月 19 日 10:55

【地点】香榭里拉大酒店预订部

【模拟岗位】预订部员工 Jessica

【工作描述】4 月 19 日上午，Jessica 接到预订修改电话，电话内容如表 3.4.2 所示。

表 3.4.2

Jessica：您好，香榭里拉大酒店预订部，请问我可以怎么帮您？ 周传杰：你好，我想改一下预订。 Jessica：请问先生您贵姓？ 周传杰：周，周总理的周。 Jessica：周先生，您是以谁的名字订房？订的什么房间？ 周传杰：周传杰，一间单人大床房。 Jessica：请稍后……周先生，您预订的是 4 月 19 日至 4 月 20 日，住 1 天，一间单人大床房，价格是 880 元，含服务费及 1 份早餐，费用前台现付，保留至 18:00。对吗？ 周传杰：对。 Jessica：周先生，请问您想如何修改预订？ 周传杰：改成一间标准间，再增加一位同事朱国峰，我们俩合住。 Jessica：请稍后，看一下是否还有标准间。周先生，标准间还有，现在房价是 996 元，含服务费及 1 份早餐，您需要吗？ 周传杰：可以。

续表

Jessica：周先生，您还有什么需要变更的吗？
周传杰：没有了。
Jessica：周先生，您现在的预订是 4 月 19 日至 4 月 20 日，住 1 天，一间标准房，价格是 996 元，含服务费及 1 份早餐，费用前台现付，预订保留至 18:00。
周传杰：对，非常感谢！
Jessica：不用谢。周先生，感谢您的来电，我们稍后会用短信把预订变更信息发送给您，预祝您入住快乐。

【工作要求】

1. 请在 Opera 上完成相关操作。

2. 在客人姓名前加上自己的学号并以逗号隔开。

【成绩考评】

1. 请以截图的方式将该预订合住界面保存在桌面，并上传至指定地址。

2. 本题满分 10 分。

【配套习题】3.1.2 → 3.4.2 → 3.8.2 → 4.1.2 → 4.2.2 → 4.7.4 → 6.1.6 → 6.3.6

【操作步骤】

1. 在 Reservation 模块选择 Update Reservation，在 Name 中输入客人姓名后，点击 Search 功能按钮查找客人预订。如图 3-29 所示。

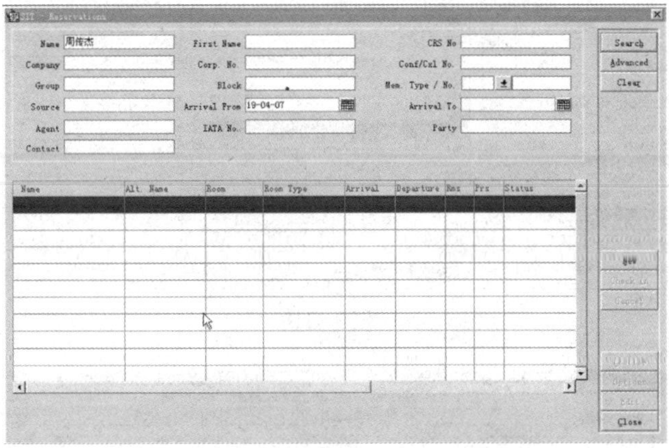

图3-29

2. 显示区域会出现客人预订信息条，选中该信息条后，点击 Edit 键进入下一步。如图 3-30 所示。

3. 在 Reservation 界面，点击 Room Type 方框后的下拉式箭头，根据客人要求修改房型。如图 3-31 所示。

4. 点击 OK 键后，系统提示修改房价。如图 3-32 所示。

5. 点击 OK 键后，修改房价。完成房价修改后，点击 Save 键保存该预订的修改信息。选择 Option 功能键，进入下一步。如图 3-33 所示。

6. 点击 Shares 键进入下一步。如图 3-34 所示。

7. 在 Share 界面，点击 Combine（合并）键进入下一步。如图 3-35 所示。

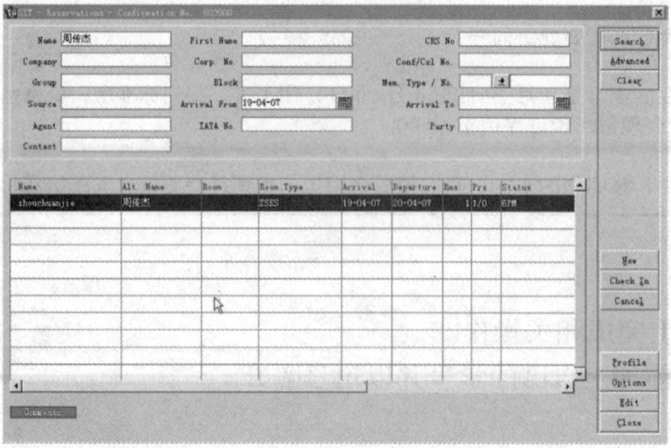

图3-30

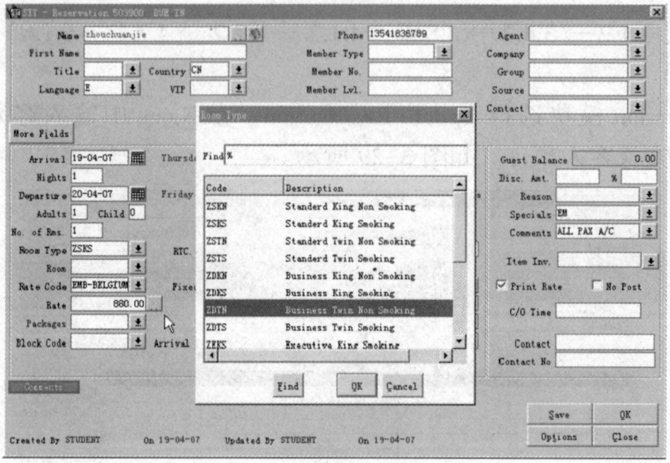

图3-31

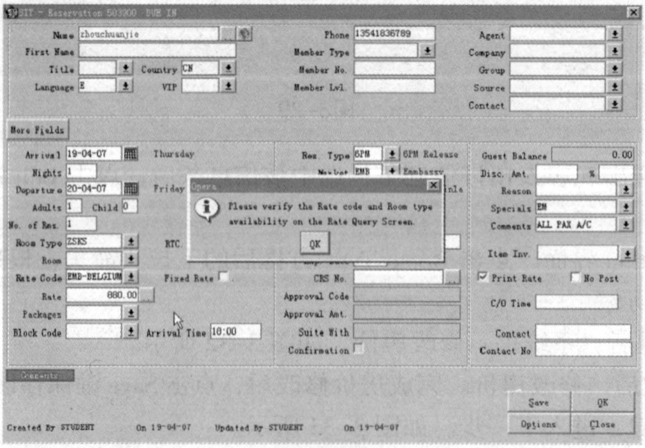

图3-32

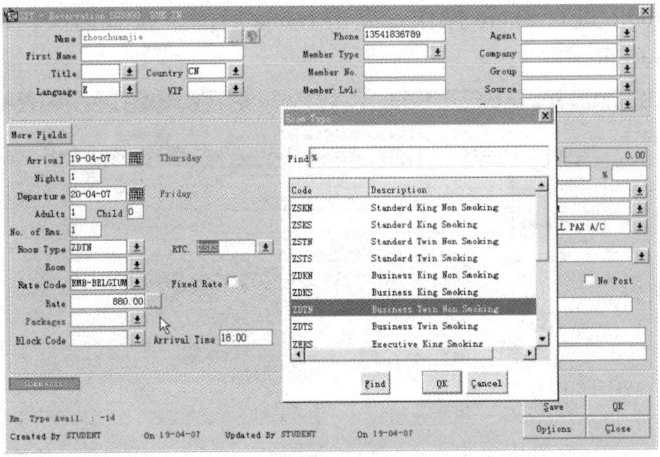

图3-33

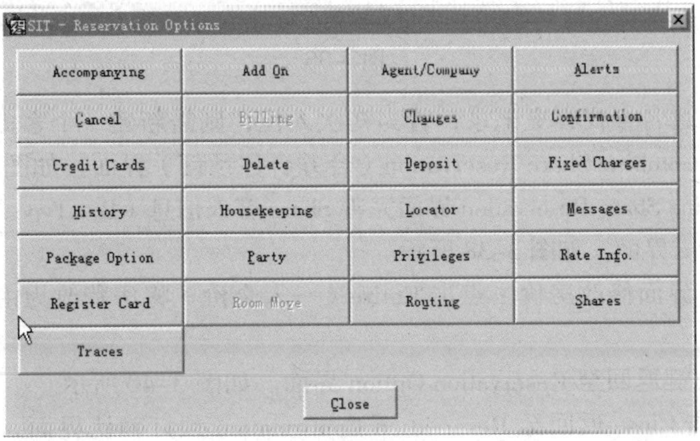

图3-34

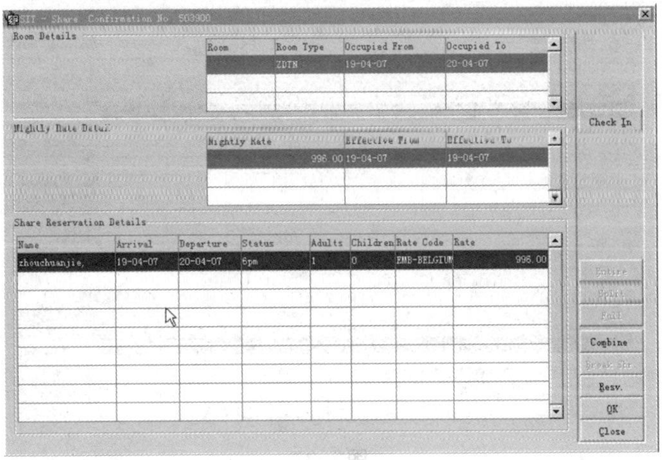

图3-35

8. 选择从 Profile 进行 Share 操作，点击 Name 后的下拉式箭头，进入 Profile Search 界面。如图 3–36 所示。

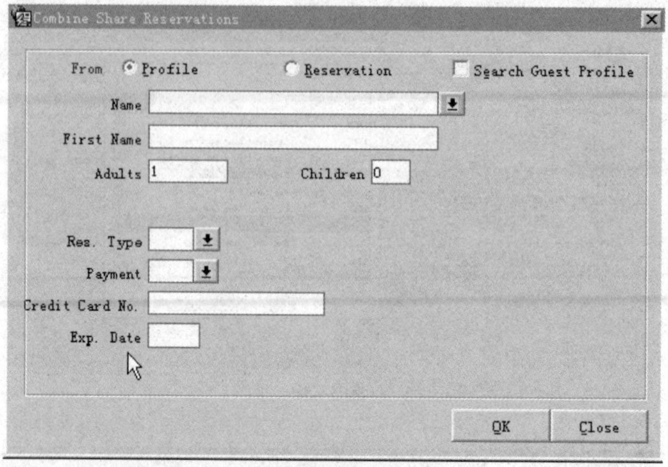

图3–36

9. 根据客人姓名查找客史记录，若为初次入住，则需新建一个客史记录，建完后点击 OK 键返回至 Combine Share Reservation（合并合住预订）界面。如图 3–37 所示。

10. 在 Combine Share Reservation 界面完善 Share 客人信息（Res.Type、Payment），点击 OK 键返回至 Share 界面。如图 3–38 所示。

11. 在 Share 界面修改房价：点击 Entire（一人全价）将房费改为由一人支付。如图 3–39 所示。

12. 点击 OK 键返回至 Reservation Option 界面。如图 3–40 所示。

13. 依次点击 Close 返回至 Reservation Confirmation 预订确认界面，在预订客人姓名前会有“*”号，另会出现红色“Share”字样。说明 Share 成功。如图 3–41 所示。

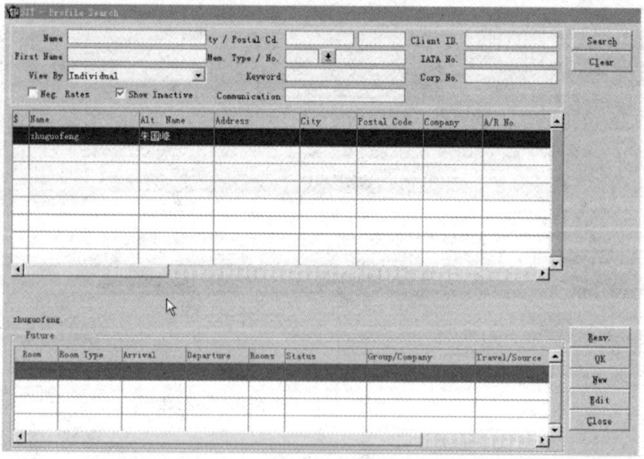

图3–37

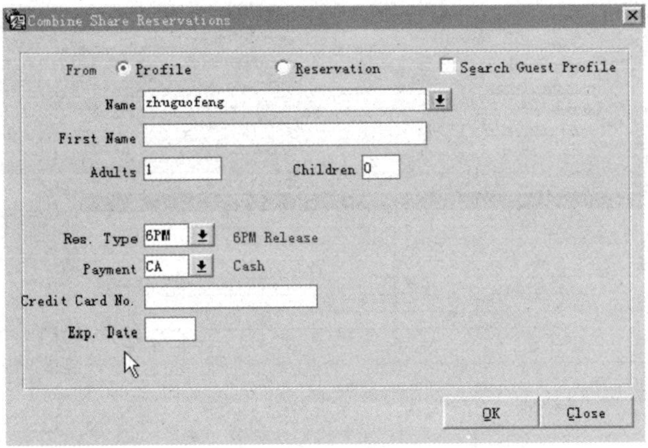

图3–38

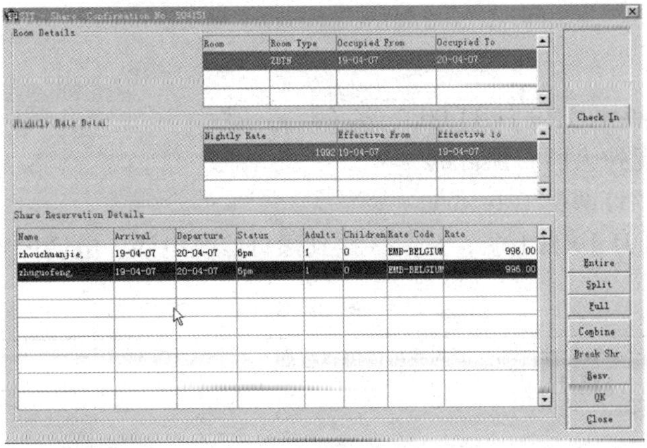

图3–39

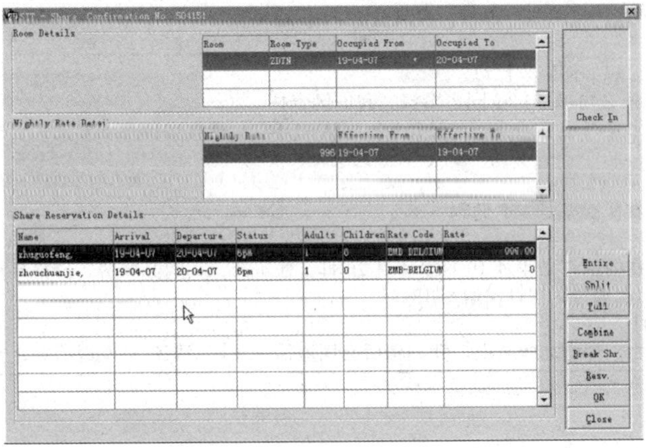

图3–40

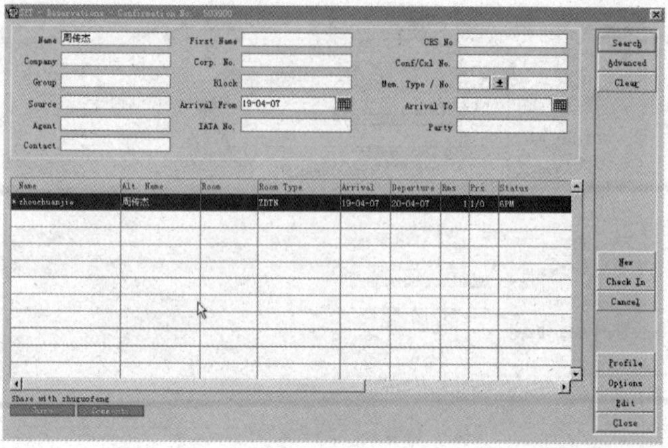

图3–41

3.4.3 习题二

【时间】2007 年 4 月 19 日 11:00

【地点】香榭里拉大酒店预订部

【模拟岗位】预订部员工 Jessica

【工作描述】4 月 19 日上午，Jessica 接到预订修改电话，电话内容如下：

表 3.4.3

Jessica：您好，香榭里拉大酒店预订部，请问我可以怎么帮您？
吴仁贵：你好，我想改一下预订。
Jessica：请问先生您贵姓？
吴仁贵：吴，口天吴。
Jessica：吴先生，您是以谁的名字订房？订的什么房间？
吴仁贵：吴仁贵，一间单人大床房。
Jessica：请稍后……吴先生，您预订的是 4 月 19 日至 4 月 20 日，住 1 天，一间单人大床房，价格是 880 元，含服务费及 1 份早餐，费用前台现付，保留至 18:00。对吗？
吴仁贵：对。
Jessica：吴先生，请问您想如何修改预订？
吴仁贵：改成一间标准间，再增加一位同事秦枫，我们俩合住。
Jessica：请稍后，看一下是否还有标准间。吴先生，标准间还有，现在房价是 996 元，含服务费及 1 份早餐，您需要吗？
吴仁贵：可以。
Jessica：吴先生，您还有什么需要变更的吗？
吴仁贵：没有了。
Jessica：吴先生，您现在的预订是 4 月 19 日至 4 月 20 日，住 1 天，一间标准房，价格是 996 元，含服务费及 1 份早餐，费用前台现付，预订保留至 18:00。
吴仁贵：对，非常感谢！
Jessica：不用谢。吴先生，感谢您的来电，我们稍后会用短信把预订变更信息发送给您，预祝您入住快乐。

【工作要求】

1. 请在 Opera 上完成相关操作。

2. 在客人姓名前加上自己的学号并以逗号隔开。

【成绩考评】

1. 请以截图的方式将该合住预订界面保存在桌面，并上传至指定地址。

2. 本题满分 10 分。

【配套习题】3.1.3 → 3.4.3 → 3.8.2 → 4.1.2 → 4.2.2 → 6.3.6

3.4.4　习题三

【时间】2007 年 4 月 19 日 11:05

【地点】香榭里拉大酒店预订部

【模拟岗位】预订部员工 Jessica

【工作描述】4 月 19 日上午，Jessica 接到预订修改电话，电话内容如表 3.4.4 所示。

表 3.4.4

Jessica：您好，香榭里拉大酒店预订部，请问我可以怎么帮您？
郑丽敏：你好，我想改一下预订。
Jessica：请问女士您贵姓？
郑丽敏：郑，关耳郑。
Jessica：郑女士，您是以谁的名字订房？订的什么房间？
郑丽敏：郑丽敏，一间单人大床房。
Jessica：请稍后……郑女士，您预订的是 4 月 19 日至 4 月 20 日，住 1 天，一间单人大床房，价格是 880 元，含服务费及 1 份早餐，费用前台现付，保留至 18:00。对吗？
郑丽敏：对。
Jessica：郑女士，请问您想如何修改预订？
郑丽敏：改成一间标准间，再增加一位同事尤莉，我们俩合住。
Jessica：请稍后，看一下是否还有标准间。郑女士，标准间还有，现在房价是 996 元，含服务费及 1 份早餐，您需要吗？
郑丽敏：可以。
Jessica：郑女士，您还有什么需要变更的吗？
郑丽敏：没有了。
Jessica：郑女士，您现在的预订是 4 月 19 日至 4 月 20 日，住 1 天，一间标准房，价格是 996 元，含服务费及 1 份早餐，费用前台现付，预订保留至 18:00。
郑丽敏：对，非常感谢！
Jessica：不用谢。郑女士，感谢您的来电，我们稍后会用短信把预订变更信息发送给您，预祝您入住快乐。

【工作要求】

1. 请在 Opera 上完成相关操作。

2. 在客人姓名前加上自己的学号并以逗号隔开。

【成绩考评】

1. 请以截图的方式将该合住预订界面保存在桌面，并上传至指定地址。

2. 本题满分 10 分。

【配套习题】2.1.4 → 2.4.4 → 2.8.4 → 3.1.3 → 3.2.3 → 3.7.5 → 4.3.7

3.4.5 习题四

【时间】2007 年 4 月 19 日 11:10

【地点】香榭里拉大酒店预订部

【模拟岗位】预订部员工 Jessica

【工作描述】4 月 19 日上午，Jessica 接到预订修改电话，电话内容如表 3.4.5 所示。

表 3.4.5

Jessica：您好，香榭里拉大酒店预订部，请问我可以怎么帮您？ 王雪飞：你好，我想改一下预订。 Jessica：请问先生您贵姓？ 王雪飞：王，三横王。 Jessica：王先生，您是以谁的名字订房？订的什么房间？ 王雪飞：王雪飞，一间单人大床房。 Jessica：请稍后……王先生，您预订的是 4 月 19 日至 4 月 20 日，住 1 天，一间单人大床房，价格是 880 元，含服务费及 1 份早餐，费用前台现付，保留至 18:00。对吗？ 王雪飞：对。 Jessica：王先生，请问您想如何修改预订？ 王雪飞：改成一间标准间，再增加一位同事尤莉，我们俩合住。 Jessica：请稍后，看一下是否还有标准间。王先生，标准间还有，现在房价是 996 元，含服务费及 1 份早餐，您需要吗？ 王雪飞：可以。 Jessica：王先生，您还有什么需要变更的吗？ 王雪飞：没有了。 Jessica：王先生，您现在的预订是 4 月 19 日至 4 月 20 日，住 1 天，一间标准房，价格是 996 元，含服务费及 1 份早餐，费用前台现付，预订保留至 18:00。 王雪飞：对，非常感谢！ Jessica：不用谢。王先生，感谢您的来电，我们稍后会用短信把预订变更信息发送给您，预祝您入住快乐。

【工作要求】

1. 请在 Opera 上完成相关操作。
2. 在客人姓名前加上自己的学号并以逗号隔开。

【成绩考评】

1. 请以截图的方式将该合住预订界面保存在桌面，并上传至指定地址。
2. 本题满分 10 分。

【配套习题】3.1.5 → 3.4.5 → 3.8.4 → 4.1.3 → 4.2.3 → 6.3.7

3.5 定金（Deposit）

3.5.1 定金概述

定金：针对保证类预订而言。酒店通常会根据政策，让宾客提供一定金额作为担保，以避免宾客临时取消或放弃预订 No Show 所带来的客房收入损失。同时，酒店在收取宾客的定金后，必须预留宾客的房间至次日中午 12:00。

（一）定金金额

通常为首日房费，具体根据酒店的政策执行。

（二）常见支付方式

1. 现金

（1）宾客前台预付现金。

（2）汇款：酒店以收到银行的汇款凭证回单为依据确认。

2. 信用卡

（1）宾客提供的信用卡属酒店可受理信用卡的范畴。

（2）持卡人承诺付款书面记录。

3. 合同担保

协议合同常以传真方式进行预订担保。

（三）宾客未入住，Opera系统中定金的处理

将宾客的定金转入假房（客房定金），手工录入一笔首日房费，将其结平确认为酒店客房收入。

（四）注意事项

酒店在预订时需告知宾客关于定金的相关政策：金额、付款方式、取消预订或未入住定金处理的相关规定。

3.5.2　习题一

【时间】2007 年 4 月 19 日 11:15

【地点】香榭里拉大酒店财务部

【模拟岗位】前台收银员 Helen

【工作描述】宾客前来预付押金作担保预订，Helen 为其办理了手续。

表 3.5.2

Helen：早上好，请问有什么可以为您效劳？ 李小明：你好，我来帮我的客人付一下定金。 Helen：请问先生您贵姓？ 李小明：李，李小明。 Helen：李先生，您的客人叫什么名字？订的什么房型？ 李小明：冯卫国，一间标准房。 Helen：请稍后……李先生，您订的是：冯卫国，4 月 19 日至 4 月 20 日，住 1 天，一间标准房，价格是 996 元，含服务费及 1 份早餐，费用前台现付，保留至 18:00。对吗？

续表

李小明：对，房间一定要给我留着。我们公司跟你们有协议关系的，房间都不能保留？你们预订小姐还非得让我们来付钱作担保。 Helen：李先生，根据酒店的规定，保留房间超过 18:00 都需要作担保的，感谢您的理解与支持。 李小明：要付多少？ Helen：您是只付房费担保金，还是帮客人将其余消费押金一起支付？ 李小明：一起付吧。 Helen：1500 元。 李小明：给，现金 1500 元。 Helen：李先生，收您 1500 元。这是您的收据，请收好。再次提醒您：如果您的客人未入住，那么一天的房费 996 元将从定金中收取。 李小明：放心吧，一定会来的。 Helen：谢谢您的理解与支持！祝您一切顺利，也期待着您客人的到来！

【工作要求】

1. 请在 Opera 上完成相关操作。

2. 在客人姓名前加上自己的学号并以逗号隔开。

【成绩考评】

1. 请以截图的方式将该定金界面保存在桌面，并上传至指定地址。

2. 本题满分 10 分。

【配套习题】3.2.2 → 3.5.2 → 3.7.4 → 3.7.5 → 4.1.4 → 4.2.4 → 6.3.8

【操作步骤】

1. 在 Reservation 模块选择 Update Reservation，在 Name 中输入客人姓名后，点击 Search 功能按钮查找客人预订。如图 3–42 所示。

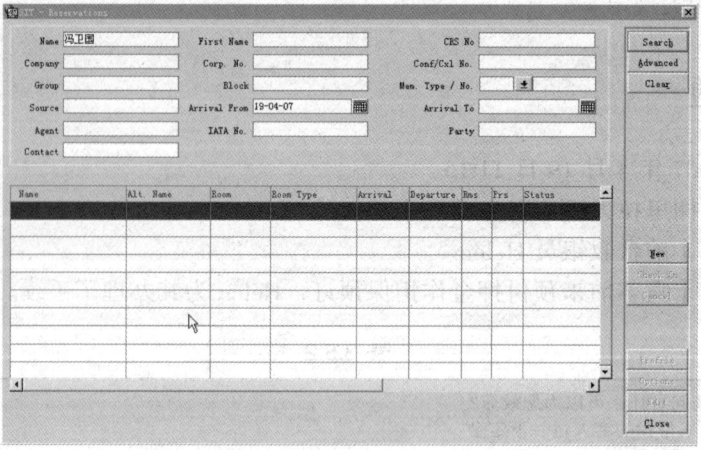

图3–42

2. 在 Reservation Confirmation 界面出现客人预订信息，选中该信息条，点击 Option 进入下一步。如图 3–43 所示。

3. 在 Reservation option 界面点击 Deposit 功能按钮进入下一步。如图 3–44 所示。

4. 在 Deposit 界面，点击 New 键进入下一步。如图 3–45 所示。

5. 设置付款要求（Deposit Amount、Due Date），点击 OK 键返回至 Deposit 界面。如图 3–46 所示。

6. 在 Deposit 界面点击 Payment 进入下一步。如图 3–47 所示。

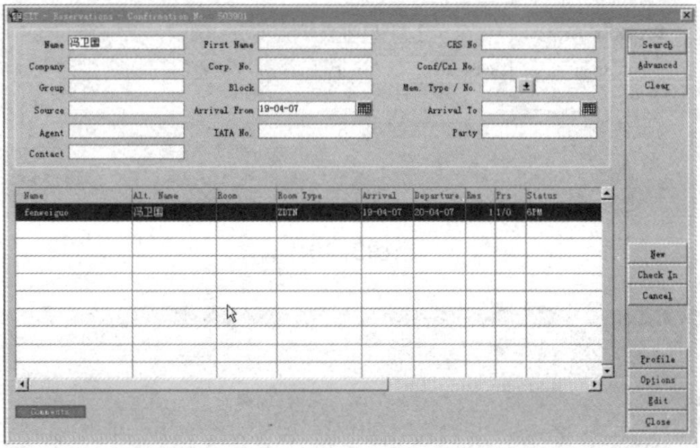

图3–43

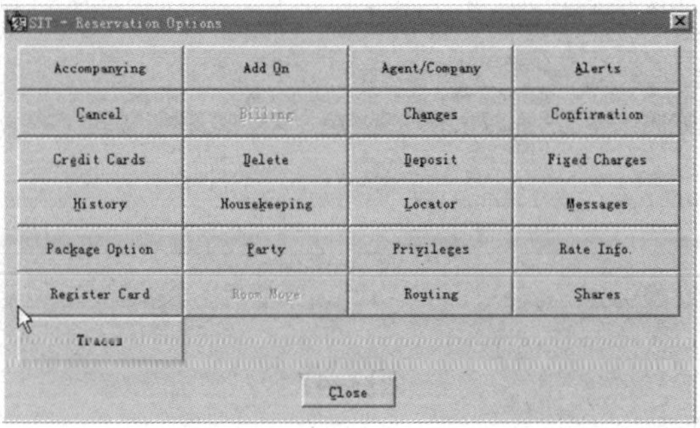

图3–44

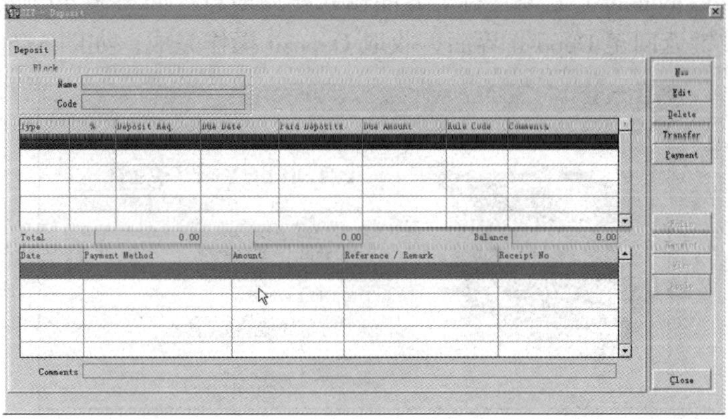

图3–45

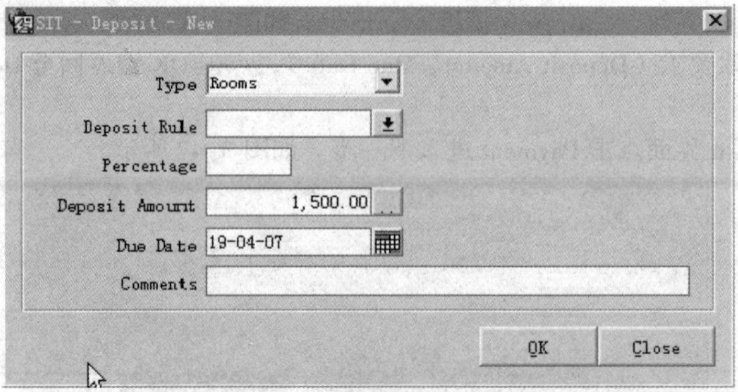

图3–46

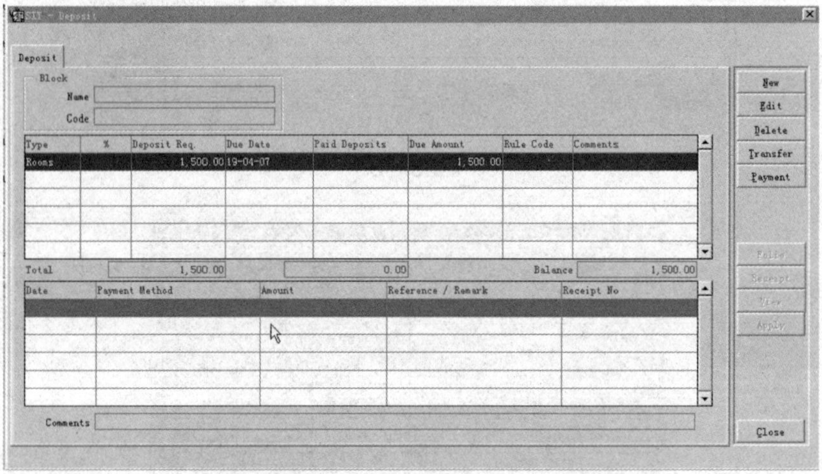

图3–47

7. 输入密码登录 Cashier（收银员）子系统。如图 3–48 所示。

8. 在 Deposit Payment（定金支付）界面输入相关信息。如图 3–49 所示。

9. 点击 OK 键返回至 Deposit 界面，收取 Deposit 操作完成。如图 3–50 所示。

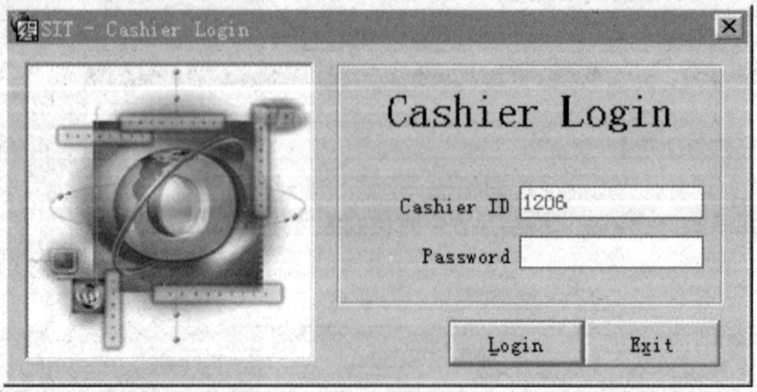

图3–48

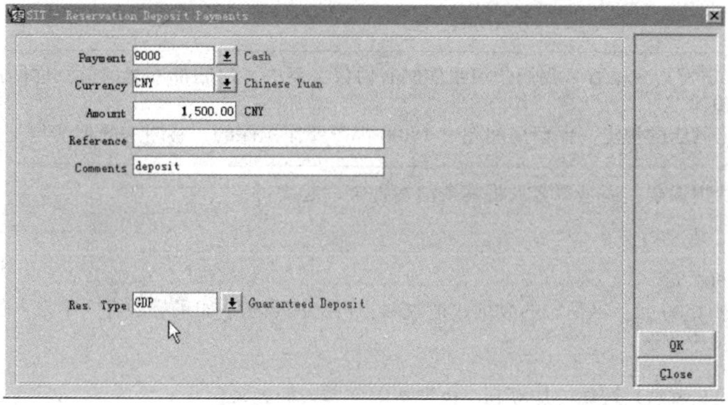

图3–49

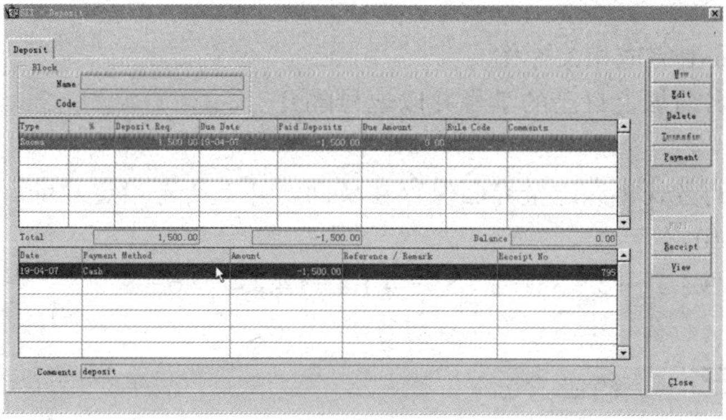

图3–50

3.5.3　习题二

【时间】2007 年 4 月 19 日 11:20

【地点】香榭里拉大酒店财务部

【模拟岗位】前台收银员 Helen

【工作描述】宾客前来预付押金作担保预订，Helen 为其办理了手续。

表 3.5.3

Helen：早上好，请问有什么可以为您效劳？
李小明：你好，我来帮我的客人付一下定金。
Helen：请问先生您贵姓？
李小明：李，李小明。
Helen：李先生，您的客人叫什么名字？订的什么房型？
李小明：陈文永，一间标准房。
Helen：请稍后……李先生，您订的是：陈文永，4 月 19 日至 4 月 20 日，住 1 天，一间标准房，价格是 996 元，含服务费及 1 份早餐，费用前台现付，保留至 18:00。对吗？

续表

李小明：对，房间一定要给我留着。我们公司跟你们有协议关系的，房间都不能保留？你们预订小姐还非得让我们来付钱作担保。
Helen：李先生，根据酒店的规定，保留房间超过 18:00 都需要作担保的，感谢您的理解与支持。
李小明：要付多少？
Helen：您是只付房费担保金，还是帮客人将其余消费押金一起支付？
李小明：一起付吧。
Helen：1500 元。
李小明：给，现金 1500 元。
Helen：李先生，收您 1500 元。这是您的收据，请收好。再次提醒您：如果您的客人不来入住，那么一天的房费 996 元将从定金中收取。
李小明：放心吧，一定会来的。
Helen：谢谢您的理解与支持！祝您一切顺利，也期待着您客人的到来！

【工作要求】

1. 请在 Opera 上完成相关操作。
2. 在客人姓名前加上自己的学号并以逗号隔开。

【成绩考评】

1. 请以截图的方式将该定金界面保存在桌面，并上传至指定地址。
2. 本题满分 10 分。

【配套习题】3.2.3 → 3.5.3 → 3.7.5 → 4.1.4 → 4.2.4 → 6.3.8

3.5.4　习题三

【时间】2007 年 4 月 19 日 11:25

【地点】香榭里拉大酒店财务部

【模拟岗位】前台收银员 Helen

【工作描述】宾客前来预付押金作担保预订，Helen 为其办理了手续。

【工作要求】

1. 请在 Opera 上完成相关操作。
2. 在客人姓名前加上自己的学号并以逗号隔开。

表 3.5.4

Helen：早上好，请问有什么可以为您效劳？
李小明：你好，我来帮我的客人付一下定金。
Helen：请问先生您贵姓？
李小明：李，李小明。
Helen：李先生，您的客人叫什么名字？订的什么房型？
李小明：褚晨，一间单人大床房。
Helen：请稍后……李先生，您订的是：褚晨，4 月 19 日至 4 月 20 日，住 1 天，一间单人大床房，价格是 880 元，含服务费及 1 份早餐，费用前台现付，保留至 18:00。对吗？
李小明：对，房间一定要给我留着。我们公司跟你们有协议关系的，房间都不能保留？你们预订小姐还非得让我们来付钱作担保。
Helen：李先生，根据酒店的规定，保留房间超过 18:00 都需要作担保的，感谢您的理解与支持

续表

李小明：要付多少？ Helen：您是只付房费担保金，还是帮客人将其余消费押金一起支付？ 李小明：一起付吧。 Helen：1200 元。 李小明：给，现金 1200 元。 Helen：李先生，收您 1200 元。这是您的收据，请收好。再次提醒您：如果您的客人不来入住，那么一天的房费 880 元将从定金中收取。 李小明：放心吧，一定会来的。 Helen：谢谢您的理解与支持！祝您一切顺利，也期待着您客人的到来！

【成绩考评】

1. 请以截图的方式将该定金界面保存在桌面，并上传至指定地址。

2. 本题满分 10 分。

【配套习题】3.2.4 → 3.5.4 → 3.7.5 → 4.1.4 → 4.2.4 → 6.3.8

3.5.5　习题四

【时间】2007 年 4 月 19 日 11:30

【地点】香榭里拉大酒店财务部

【模拟岗位】前台收银员 Helen

【工作描述】宾客前来预付押金作担保预订，Helen 为其办理了手续。

【工作要求】

1. 请在 Opera 上完成相关操作。

2. 在客人姓名前加上自己的学号并以逗号隔开。

表 3.5.5

Helen：早上好，请问有什么可以为您效劳？ 李小明：你好，我来帮我的客人付一下定金。 Helen：请问先生您贵姓？ 李小明：李，李小明。 Helen：李先生，您的客人叫什么名字？订的什么房型？ 李小明：卫蕾，一间标准间。 Helen：请稍后……李先生，您订的是：卫蕾，4 月 19 日至 4 月 20 日，住 1 天，一间标准间，价格是 996 元，含服务费及 1 份早餐，费用前台现付，保留至 18:00。对吗？ 李小明：对，房间一定要给我留着。我们公司跟你们有协议关系的，房间都不能保留？你们预订小姐还非得让我们来付钱作担保。 Helen：李先生，根据酒店的规定，保留房间超过 18:00 都需要作担保的，感谢您的理解与支持。 李小明：要付多少？ Helen：您是只付房费担保金，还是帮客人将其余消费押金一起支付？ 李小明：一起付吧。 Helen：1500 元。 李小明：给，现金 1500 元。

续表

Helen：李先生，收您 1500 元。这是您的收据，请收好。再次提醒您：如果您的客人不来入住，那么一天的房费 996 元将从定金中收取。 李小明：放心吧，一定会来的。 Helen：谢谢您的理解与支持！祝您一切顺利，也期待着您客人的到来！

【成绩考评】

1. 请以截图的方式将该定金界面保存在桌面，并上传至指定地址。

2. 本题满分 10 分。

【配套习题】3.2.5 → 3.5.5 → 3.7.5 → 4.1.4 → 4.2.4 → 6.3.8

3.6 信用卡（Credit Cards）

3.6.1 信用卡概述

此功能只限于信用卡的授权的输入（授权金额、授权号）。

信用卡是非现金结算的一种工具，是银行或信用卡公司给个人使用的，证明持卡人身份和信用程度的消费信贷凭证。

（一）信用卡的分类

1. 按使用地域分为：国际卡、地区卡。

2. 按清偿方式分为：借记卡、贷记卡。

3. 按发卡对象分为：公司卡（商务卡）、个人卡（主卡、附属卡）。

4. 按持卡人的信誉、地位、收入的情况分为；普通卡、金卡、白金卡。

（二）常见信用卡

1. 外卡：VISA 卡、MASTER 卡、运通卡（American Express）、JCB 卡、大莱卡（Diners）。

2. 内卡（银联卡）：中行长城卡、工行牡丹卡、建行龙卡、农行金穗卡、交行太平洋卡、招行卡、浦发卡等。

（三）受理信用卡的三大要素

1. 压印。

2. 授权。

3. 签名。

（四）受理信用卡的三种方式

1. 手工受理信用卡

2. EDC 受理信用卡

（1）电子清算（Electronic Data Capture，简称 EDC），目前被广泛使用。

（2）EDC 主要功能：预授权、消费、预授权完成 / 离线、结算等。

3.BMP 系统受理信用卡

BMP（Bank Merchant Pos）系统，俗称软 POS。

（五）签购单一式两联

1. 商户存根。

2. 持卡人存根。

（六）注意事项

1. 借记卡不能预授权，只能直接消费。

2. 严禁分单交易。

（七）信用卡操作流程

表 3.6.1

项目：信用卡［三星级（含）以上适用］		
	标准—办理登记入住	备　注
1	收卡时注意信用卡的种类、有效期、是否持卡人本人使用	
2	核对客人签名与信用卡上的签名是否一致	
3	非持卡人住店，须留下非持卡人姓名、身份证号码、联系电话	
4	预授权交易，请客人输入密码，打印授权单，归还信用卡	
5	在授权单上记录持卡人姓名、房号、信用卡有效期	
6	将授权单上的卡号、种类、有效期、授权日期、授权金额正确输入电脑	
	标准—退房付账	备　注
7	按实际消费金额，在 POS 机上做预授权完成交易 / 离线	
8	请客人在预授权完成交易单上签字确认，核对信用卡签名	
9	客人改用现金结账，须发传真至信用卡授权中心，取消客人原有的授权	

2.6.2　习题一

【时间】2007 年 4 月 19 日 11:35

【地点】香榭里拉大酒店预订部

【模拟岗位】预订部员工 Jessica

【工作描述】4 月 19 日上午，Jessica 收到信用卡担保传真，内容如下：

表 3.6.2

上海中旅国际旅行社有限公司
Shanghai China Travel International Ltd

预订部：

蒋国华　男　2007 年 4 月 19 日　住一夜　1 间标准间（996 元 / 间天）
费用客人前台现付，保留至 18:00
协议号：307008
特殊要求：关闭小酒吧、关闭长途

请予以安排，谢谢！
变更内容：将房间保留至次日 12:00，若客人未入住，愿承担首日房费。
信用卡：长城卡
持卡人：蒋国华
卡号：6222 4000 1234 5678
有效期：12/14

签章：Judy Zhang
2007 年 4 月 19 日

上海中旅国际旅行社
办公室

Address: 108 Nan Jing West Road，Shanghai, China　Tel: 86-21-63276950　Fax: 86-21-63276951

【工作要求】

1. 请在 Opera 上完成相关操作。

2. 信用卡手工预授权 1 天房费。

【成绩考评】

1. 请以截图的方式将该信用卡界面保存在桌面，并上传至指定地址。

2. 本题满分 10 分。

【配套习题】3.3.2 → 3.6.2 → 3.7.2 → 3.7.3 → 4.1.5 → 4.2.5 → 6.3.9

【操作步骤】

1. 在 Reservation 模块选择 Update Reservation，在 Name 中输入客人姓名后，点击 Search 功能按钮查找客人预订。如图 3-51 所示。

2. 在 Reservation Confirmation 界面出现客人预订信息，选中该信息条，点击 Edit 进入下一步。如图 3-52 所示。

3. 在 Reservation 界面修改付款方式。如图 3-53 所示。

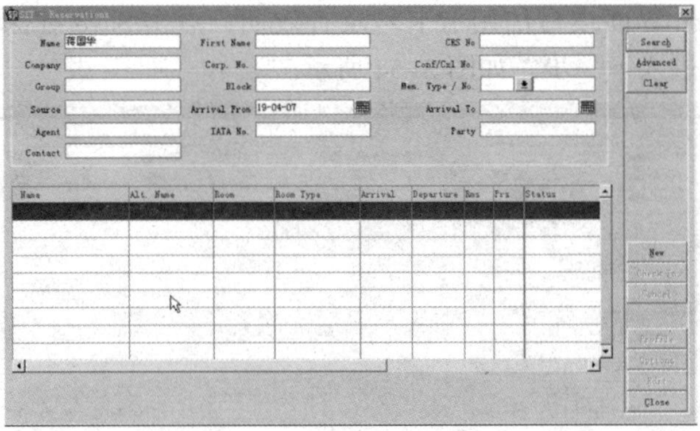

图3-51

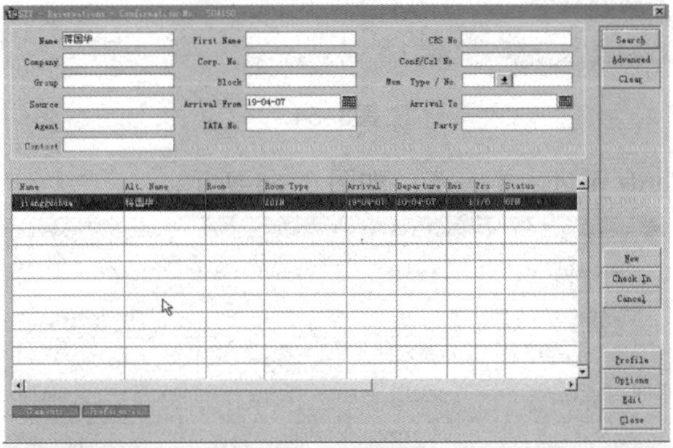

图3-52

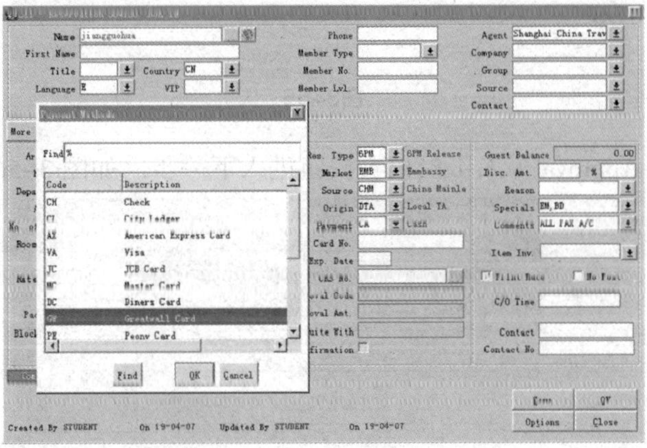

图3-53

4. 在 Reservation 界面填写信用卡卡号及有效期，点击 Save 键保存修改信息后，选择 Option 功能按钮进入下一步。如图 3–54 所示。

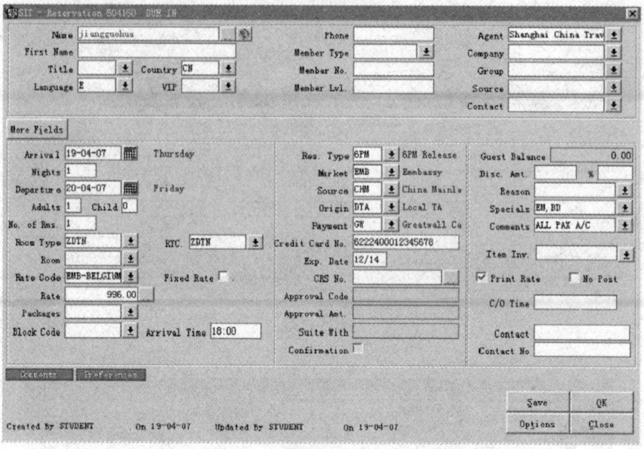

图3–54

5. 点击 Credit Cards 键进入下一步。如图 3–55 所示。

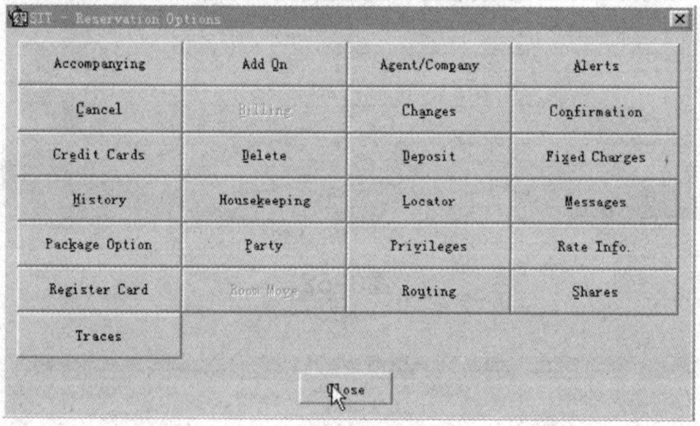

图3–55

6. 点击 Manual Approval（人工授权）按钮进入下一步。如图 3–56 所示。

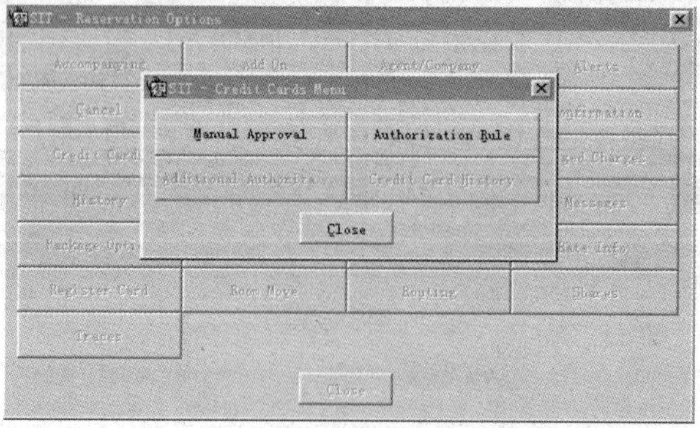

图3–56

7. 在 Manual Approval 界面输入预授权金额及号码后，点击 OK 键返回。如图 3–57 所示。

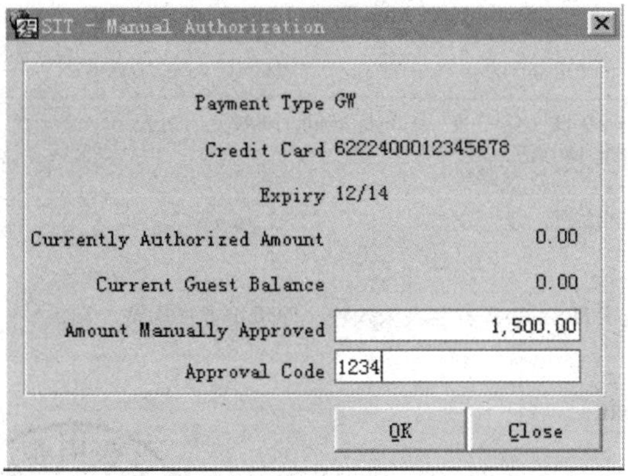

图3–57

8. 点击 Close 键依次返回至 Reservation 预订界面，客人预授权金额及号码显示在预订信息内，说明操作成功。如图 3–58 所示。

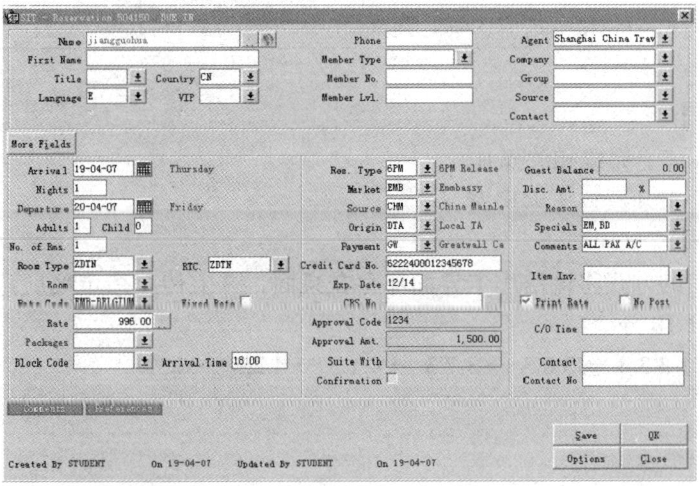

图3–58

9. 点击 Close 键退出。

3.6.3　习题二

【时间】2007 年 4 月 19 日 11:40

【地点】香榭里拉大酒店预订部

【模拟岗位】预订部员工 Jessica

【工作描述】4 月 19 日上午，Jessica 收到信用卡担保传真，内容如表 3.6.3 所示。

表 3.6.3

上海中旅国际旅行社有限公司

Shanghai China Travel International Ltd

预订部：

沈莉萍　女　2007 年 4 月 19 日　住一夜　1 间标准间（996 元 / 间天）

费用客人前台现付，保留至 18:00

协议号：307008

特殊要求：无烟房、关闭小酒吧

请予以安排，谢谢！

变更内容：将房间保留至次日 12:00，若客人未入住，愿承担首日房费。

信用卡：长城卡

持卡人：沈莉萍

卡号：6222 5412 3456 7890

有效期：04/13

上海中旅国际旅行社 办公室

签章：Judy Zhang

2007 年 4 月 19 日

Address: 108 Nan Jing West Road，Shanghai, China　Tel: 86-21-63276950　Fax: 86-21-63276951

【工作要求】

1. 请在 Opera 上完成相关操作。

2. 信用卡手工预授权 1 天房费。

【成绩考评】

1. 请以截图的方式将该信用卡界面保存在桌面，并上传至指定地址。

2. 本题满分 10 分。

【配套习题】3.3.3 → 3.6.3 → 3.7.3 → 4.1.5 → 4.2.5 → 6.3.9

3.6.4　习题三

【时间】2007 年 4 月 19 日 11:45

【地点】香榭里拉大酒店预订部

【模拟岗位】预订部员工 Jessica

【工作描述】4 月 19 日上午，Jessica 收到信用卡担保传真，内容见表 2.6.4。

【工作要求】

1. 请在 Opera 上完成相关操作。

2. 信用卡手工预授权 1 天房费。

【成绩考评】

1. 请以截图的方式将该信用卡界面保存在桌面，并上传至指定地址。

2. 本题满分 10 分。

【配套习题】3.3.4 → 3.6.4 → 3.7.3 → 4.1.5 → 4.2.5 → 6.3.9

表 3.6.4

上海中旅国际旅行社有限公司

Shanghai China Travel International Ltd

预订部：

韩平　男　2007 年 4 月 19 日　住一夜　1 间标准间（996 元 / 间天）

费用客人前台现付，保留至 18:00

协议号：307008

特殊要求：高楼层

请予以安排，谢谢！

变更内容：将房间保留至次日 12:00，若客人未入住，愿承担首日房费。

信用卡：长城卡

持卡人：韩平

卡号：6222 3763 1234 9801

有效期：09/13

上海中旅国际旅行社 办公室

签章：Judy Zhang

2007 年 4 月 19 日

Address: 108 Nan Jing West Road，Shanghai, China　Tel: 86-21-63276950　Fax: 86-21-63276951

3.6.5　习题四

【时间】2007 年 4 月 19 日 11:50

【地点】香榭里拉大酒店预订部

【模拟岗位】预订部员工 Jessica

【工作描述】4 月 19 日上午，Jessica 收到信用卡担保传真，内容见表 3.6.5。

【工作要求】

1. 请在 Opera 上完成相关操作。

2. 信用卡手工预授权 1 天房费。

【成绩考评】

1. 请以截图的方式将该信用卡界面保存在桌面，并上传至指定地址。

2. 本题满分 10 分。

【配套习题】3.3.5 → 3.6.5 → 3.7.3 → 4.1.5 → 4.2.5 → 6.3.9

表 3.6.5

上海中旅国际旅行社有限公司

Shanghai China Travel International Ltd

预订部：

杨一民　男　2007 年 4 月 19 日　住一夜　1 间标准间（996 元 / 间天）

费用客人前台现付，保留至 18:00

协议号：307008

特殊要求：远离电梯

请予以安排，谢谢！

变更内容：将房间保留至次日 12:00，若客人未入住，愿承担首日房费。

信用卡：长城卡

持卡人：杨一民

卡号：6222 3456 5023 1258

有效期：07/14

上海中旅国际旅行社 办公室

签章：Judy Zhang

2007 年 4 月 19 日

Address: 108 Nan Jing West Road，Shanghai, China　Tel: 86–21–63276950　Fax: 86–21–63276951

3.7　代表人（Party）

3.7.1　代表人概述

代表人：通常用于一人订多间房和来自同一公司客人订房，使用此功能可方便查询。

代表人的两种类型：客人预订两间以上房间，可选一个代表人；两个独立的预订也可选择其中一人作为代表人。

3.7.2　习题一

【时间】2007 年 4 月 19 日 11:55

【地点】香榭里拉大酒店预订部

【模拟岗位】预订部员工 Jessica

【工作描述】4 月 19 日上午，Jessica 收到增加订房传真，内容如下：

表 3.7.2

上海中旅国际旅行社有限公司
Shanghai China Travel International Ltd

预订部：
蒋国华　男　2007 年 4 月 19 日　住一夜　1 间标准间（996 元 / 间天）
费用客人前台现付，保留至 18:00
协议号：307008
特殊要求：关闭小酒吧、关闭长途

请予以安排，谢谢！
变更内容：增加 1 间标准间（996 元 / 间天）

客人姓名：何　旭　男　2007 年 4 月 19 日　住一夜
费用客人前台现付，保留至 18:00

上海中旅国际旅行社 办公室
签章：Judy Zhang
2007 年 4 月 19 日

Address: 108 Nan Jing West Road，Shanghai, China　Tel: 86–21–63276950　Fax: 86–21–63276951

【工作要求】

1. 请在 Opera 上完成相关操作。

2. 在客人姓名前加上自己的学号并以逗号隔开。

【成绩考评】

1. 请以截图的方式将该代表人界面保存在桌面，并上传至指定地址。

2. 本题满分 10 分。

【配套习题】3.3.2 → 3.7.2

【操作步骤】

1. 在 Reservation 模块选择 Update Reservation 功能，根据客人姓名查找客人预订信息，点击 Edit 键进入下一步。如图 3–59 所示。

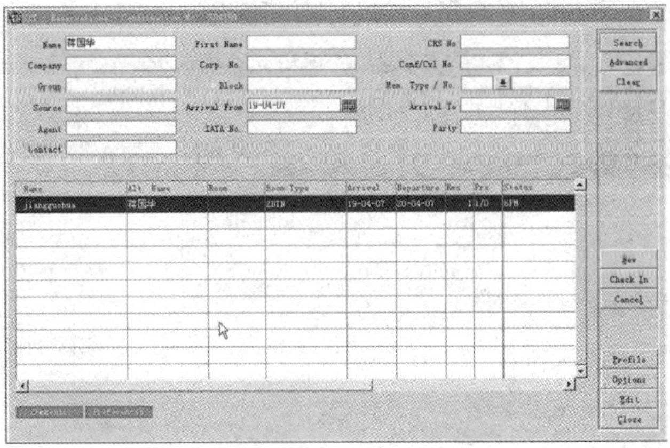

图3–59

2. 在 Reservation 界面将 No.of Rms（层间号）改为 2，点击 Save 键保存修改信息。如图 3–60 所示。

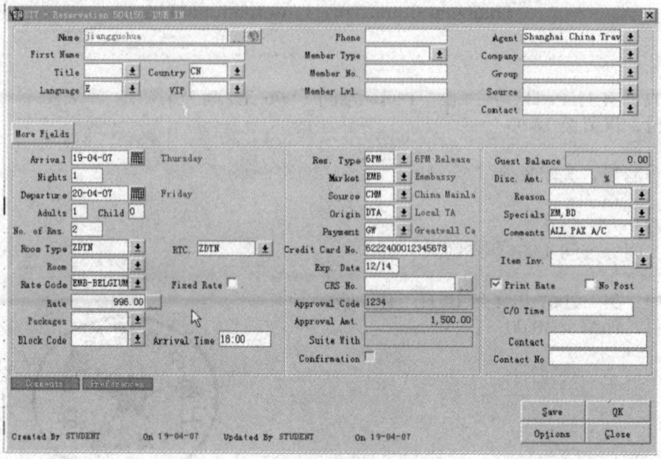

图3–60

3. 点击 Option，选择 Party 功能按钮进入下一步。如图 3–61 所示。

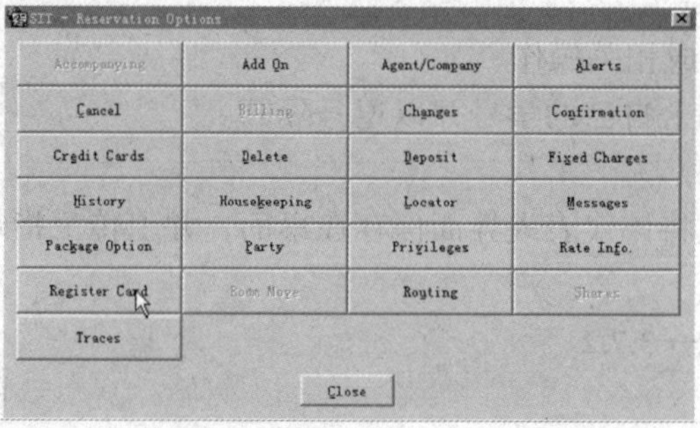

图3–61

4. 在 Party 界面点击 Split（拆分）键进行房间拆分。如图 3–62 所示。

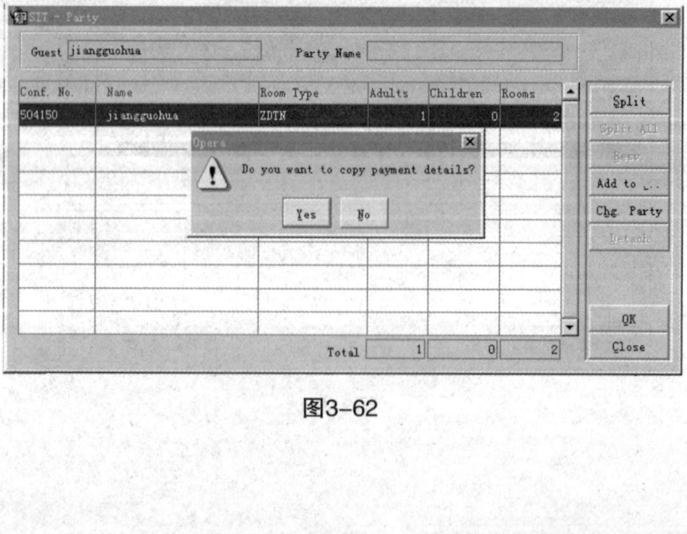

图3–62

5. 完成拆分后，点击 OK 键退出。如图 3–63 所示。

6. 点击 Close 键依次退回至 Reservation 界面，选中客人信息条后，点击 Edit 进入下一步。如图 3–64 所示。

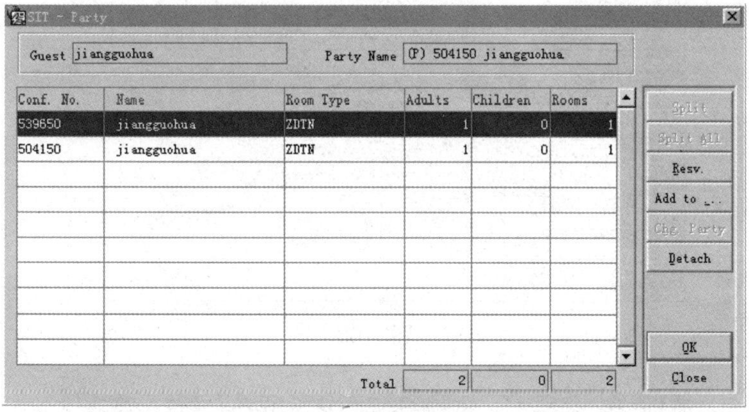

图3–63

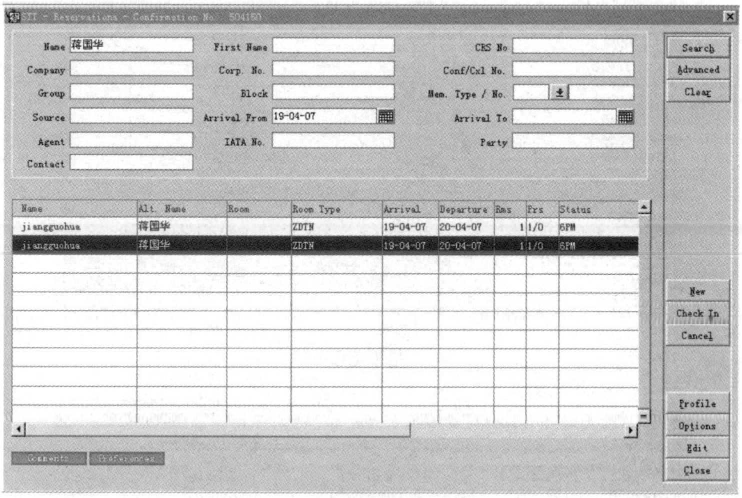

图3–64

7. 修改客人姓名：在 Reservation 界面点击 Name 后的小方框[1]进入个人档案界面。如图 3–65 所示。

8. 点击 New 键新建个人档案，如图 3–66 所示。

9. 完成新建档案后，保存并退回至 Reservation 界面，点击 OK 键保存本次姓名修改并退出。如图 3–67、图 3–68 所示。

10. 在 Reservation Confirmation 界面，按 Party 号查找预订。如图 3–69 所示。

11. 显示 Party 成员预订信息条，操作完成。点击 Close 键退出即可。

① 在图3–65预订界面直接修改客人姓名，将覆盖前一客人的个人档案。

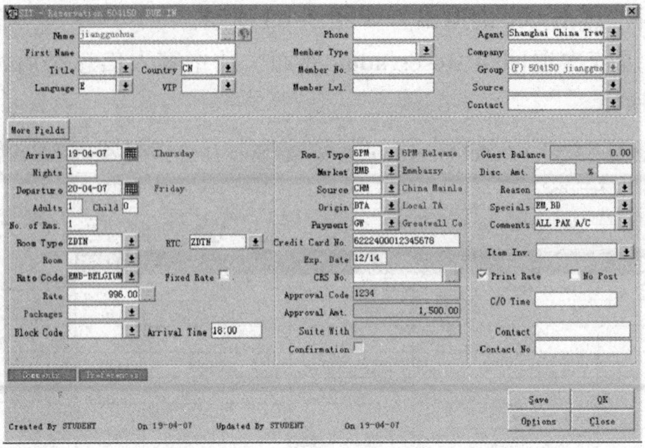

图3-65

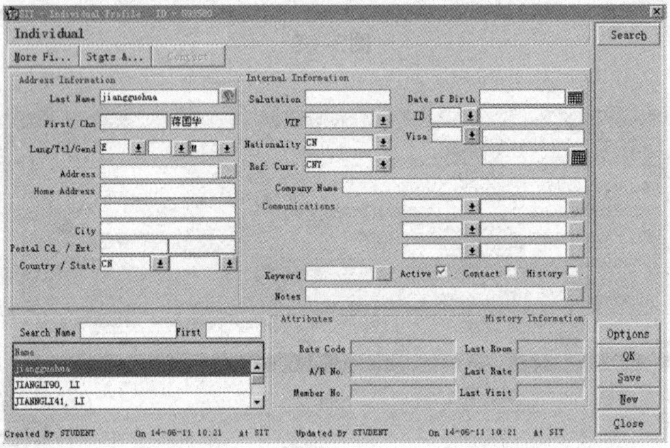

图3-66

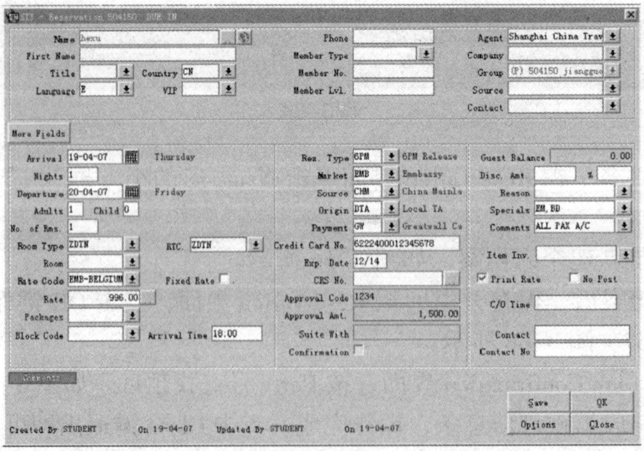

图3-67

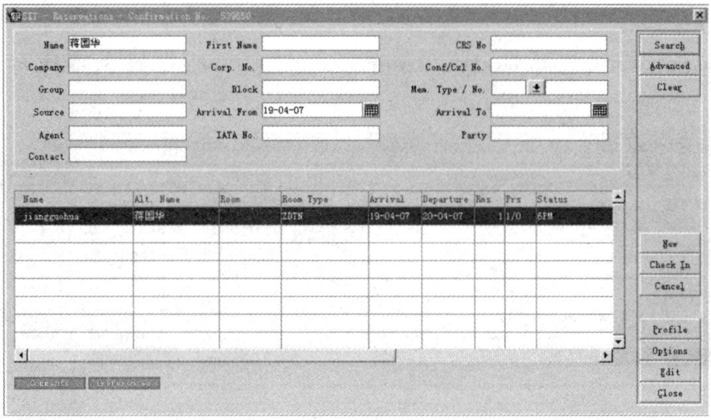

图3–68

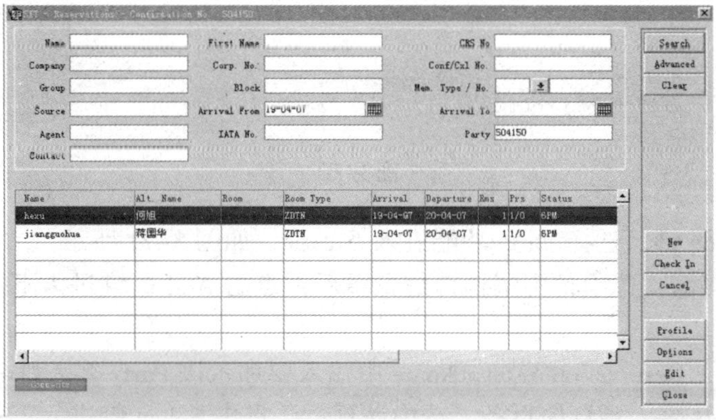

图3–69

3.7.3　习题二

【时间】2007 年 4 月 19 日 11:55

【地点】香榭里拉大酒店预订部

【模拟岗位】预订部员工 Jessica

【工作描述】4 月 19 日上午，Jessica 将上海中旅国际旅行社有限公司的其余订房加入到 Party（以蒋国华为代表人），将何旭剔除出该 Party。

【工作要求】

1. 请在 Opera 上完成相关操作。

2. 在客人姓名前加上自己的学号并以逗号隔开。

【成绩考评】

1. 请以截图的方式将该代表人界面保存在桌面，并上传至指定地址。

2. 本题满分 10 分。

【配套习题】3.3.2/3.3.3/3.3.4/3.3.5 → 3.7.2 → 3.7.3

【操作步骤】

1. 在 Reservation 模块选择 Update Reservation 功能，根据姓名查找客人预订信息。如图 3–70 所示。

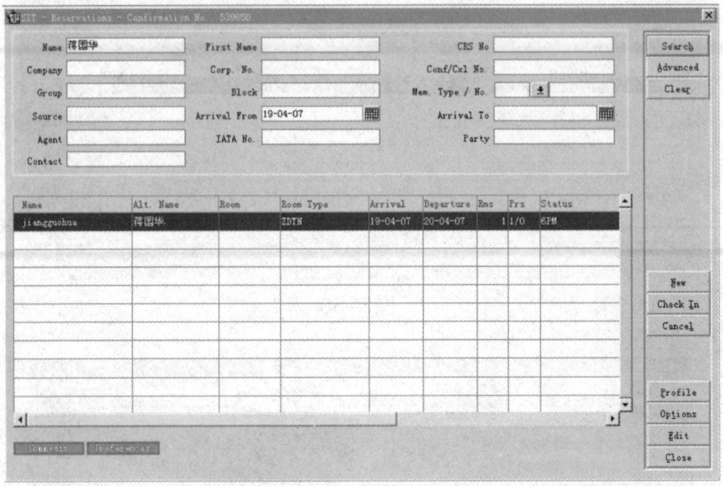

图3–70

2. 点击 Option 键，选择 Party 功能进入下一步。如图 3–71 所示。

3. 在 Party 界面，选中蒋国华预订信息条后，点击 Add to 键进入下一步。如图 3–72 所示。

4. 在 Combine Reservation 界面，Name 中输入要加入该 Party 客人姓名后，按回车键，显示区域会出现该客人预订信息条，选中该预订，点击 Select 键进入下一步。如图 3–73 所示。

5. 按照上述方法依次将上海中旅国际旅行社有限公司的其余订房加入到该 Party。如图 3–74 所示。

6. 在 Party 界面，选中何旭的预订信息条后，点击 Detach（剔除）键，将何旭剔除出该 Party。如图 3–75 所示。

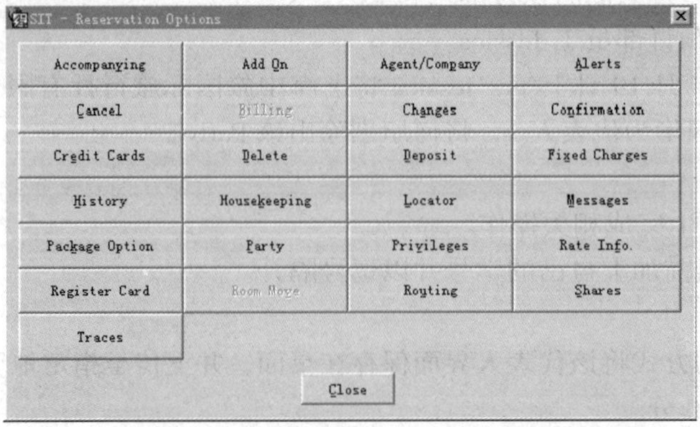

图3–71

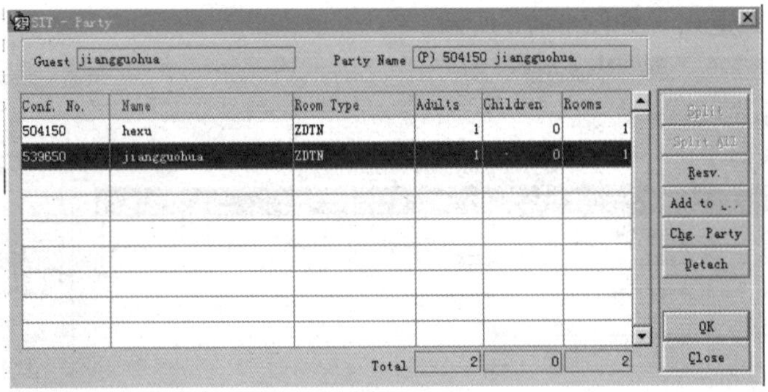

图3–72

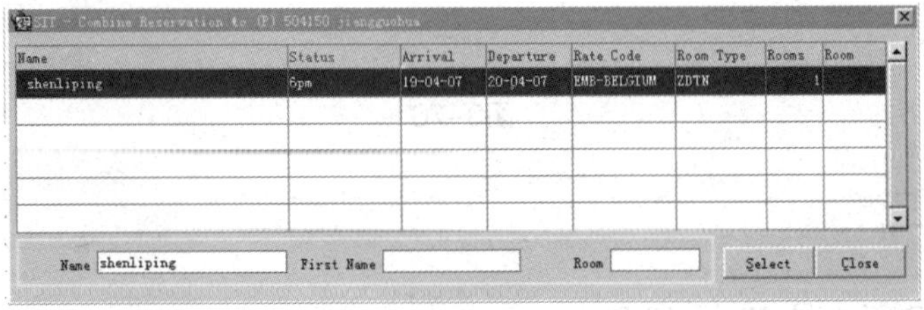

图3–73

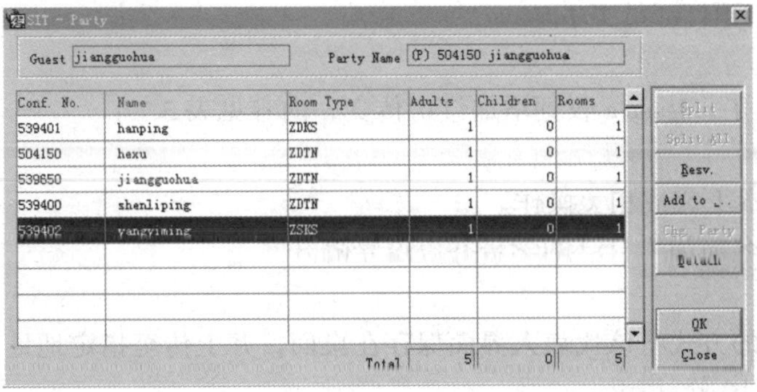

图3–74

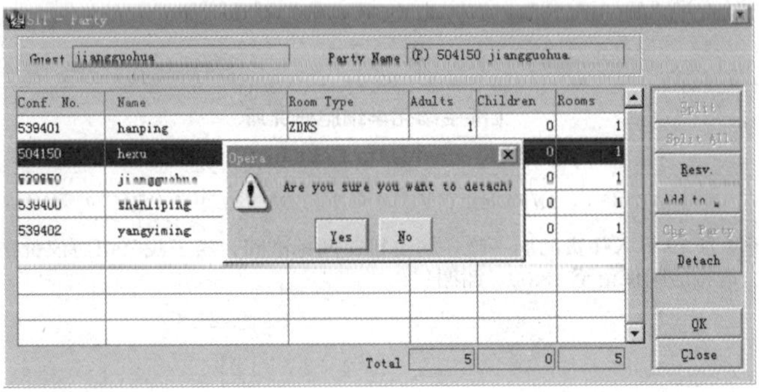

图3–75

7. 操作完成，退出。如图 3–76 所示。

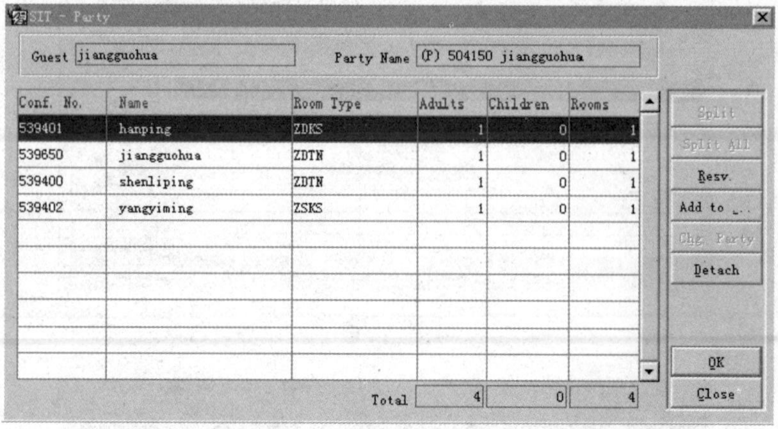

图3–76

3.7.4 习题三

【时间】2007 年 4 月 19 日 12:00

【地点】香榭里拉大酒店预订部

【模拟岗位】预订部员工 Jessica

【工作描述】

4 月 19 日上午，Jessica 收到增加订房传真，内容见表 3.7.4。

【工作要求】

1. 请在 Opera 上完成相关操作。
2. 在客人姓名前加上自己的学号并以逗号隔开。

【成绩考评】

1. 请以截图的方式将该代表人界面保存在桌面，并上传至指定地址。
2. 本题满分 10 分。

【配套习题】3.2.2 → 3.7.4

表 3.7.4

上海生物化学细胞研究所

Shanghai Bio-chemistry Cells Institute, CAS

预订部：

今有冯卫国先生于 4 月 19 日入住贵酒店一晚，请安排 1 间标准间，给予我公司协议价格（996 元 / 间天），费用由客人前台现付。请将房间保留至 18:00。谢谢！

协议号：207022

变更内容：增加 1 间标准间，客人姓名：吕毅，4 月 19 日一晚，费用由客人前台现付，请保留至 18:00

续表

上海生化细胞研究所
办公室

签章：李小明
2007 年 4 月 19 日

Address: 417, Zhaojiabang Rd, Shanghai, China　Tel: 86–21–64716060　Fax: 86–21–64716066

3.7.5　习题四

【时间】2007 年 4 月 19 日 12:00

【地点】香榭里拉大酒店预订部

【模拟岗位】预订部员工 Jessica

【工作描述】4 月 19 日上午，Jessica 将上海生物化学细胞研究所的其余订房加入到 Party（以冯卫国为代表人），将吕毅剔除出该 Party。

【工作要求】

1. 请在 Opera 上完成相关操作。
2. 在客人姓名前加上自己的学号并以逗号隔开。

【成绩考评】

1. 请以截图的方式将该代表人界面保存在桌面，并上传至指定地址。
2. 本题满分 10 分。

【配套习题】3.2.2/3.2.3/3.2.4/3.2.5 → 3.7.4 → 3.7.5

3.8　分账（Routing）

3.8.1　分账概述

分账功能，主要用于以账目的种类来分账。

（一）分账的类型

1. 账目转其他房间或团队账

相应房间宾客的承诺付款书。

2. 账目转公司

（1）公司与酒店必须有挂账协议，即有 A/R NO。

（2）付费方式是挂公司账（让公司传真盖有公司公章的订房传真并注明费用由公司支付）。

（二）分账时间段的选择

例如：一个客人是在 2 月 2 日到 2 月 5 日入住酒店。

若 2 月 3 日的房费是由公司支付，那么做账时所选择的时间段是 2 月 3 日到 2 月 3 日；

若 2 月 3 日到 2 月 4 日两天的房费都由公司支付，那么做分账时所选择的时间段是 2 月 3 日到 2 月 4 日。

（三）注意事项

分账设置前已发生的账目，系统无法自动分账。若该账目亦需分账，则要在收银模块通过转账（Transfer）功能完成。

3.8.2 习题一

【时间】2007 年 4 月 19 日 12:05

【地点】香榭里拉大酒店预订部

【模拟岗位】预订部员工 Jessica

【工作描述】4月19日中午，Jessica接到宾客修改付费方式电话，内容如表3.8.2所示。

表 3.8.2

Jessica：您好，香榭里拉大酒店预订部，请问我可以怎么帮您？ 周传杰：你好，我今天订过两间房，请你关照前台：这两间房的所有费用由我一起支付，千万不要向客人收取押金。 Jessica：请问先生您贵姓？ 周传杰：周，周总理的周。 Jessica：周先生，您是以谁的名字订房？订的什么房间？ 周传杰：周传杰、朱国峰，吴仁贵、秦枫，两间标准间。 Jessica：请稍后……周先生，您预订的是：4 月 19 日至 4 月 20 日，住 1 天，周传杰、朱国峰，吴仁贵、秦枫，两间标准房，价格是 996 元 / 间天，含服务费及 1 份早餐，费用前台现付，保留至 18:00。对吗？ 周传杰：对。 Jessica：周先生，您是准备提前预付押金还是入住时支付。 周传杰：前台现付。 Jessica：周先生，您会提早入住吗？如果您的客人提早到达酒店的话，根据酒店规定，我们将会向客人收取押金，待您入住支付押金后，我们再退还客人预付金。 周传杰：我们是同一航班，会同时到酒店，我会现付的。一定不要向客人收取押金，他们是我的客户，非常重要。 Jessica：周先生，我会通知前台的，请放心。请问您还有什么需要关照的吗？ 周传杰：没有了，谢谢！ Jessica：不用谢。周先生，感谢您的来电，期待着您的光临！

【工作要求】

1. 请在 Opera 上完成相关操作。

2. 在客人姓名前加上自己的学号并以逗号隔开。

【成绩考评】

1. 请以截图的方式将该预订合住界面保存在桌面，并上传至指定地址。

2. 本题满分 10 分。

【配套习题】3.1.2/3.1.3 → 3.4.2/3.4.3 → 3.8.2

【操作步骤】

1. 在 Reservation 模块选择 Update Reservation 功能，根据客人姓名查找预订信息。如图 3–77 所示。

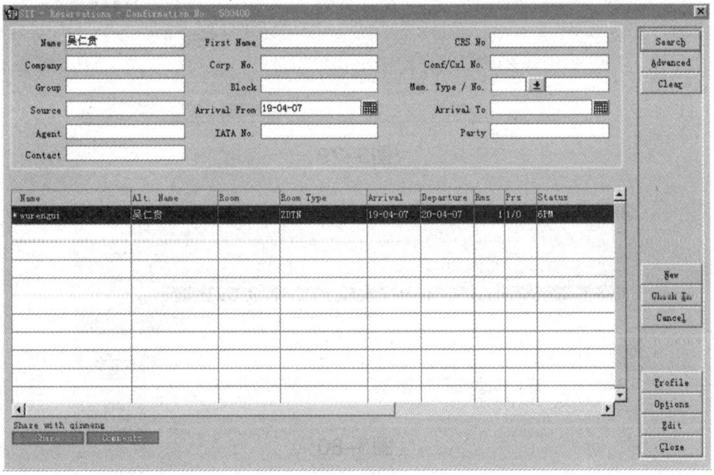

图3–77

2. 点击 Option 键，选择 Routing 功能进入下一步。如图 3–78 所示。

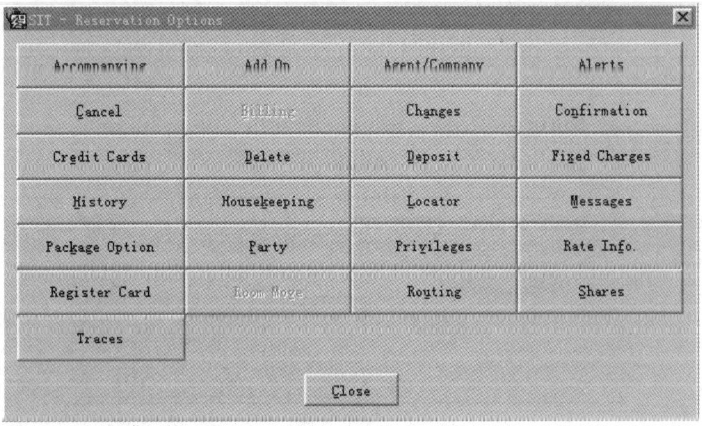

图3–78

3. 在 Routing Instructions（分账指令）界面，点击 Route to Room（分账至房间）后面的下拉式箭头进入下一步。如图 3–79 所示。

4. 在 Charge Routing 界面，Name 中输入房费支付人姓名，按回车键，显示区域出现该客人预订信息条，选中后点击 OK 键。如图 3–80 所示。

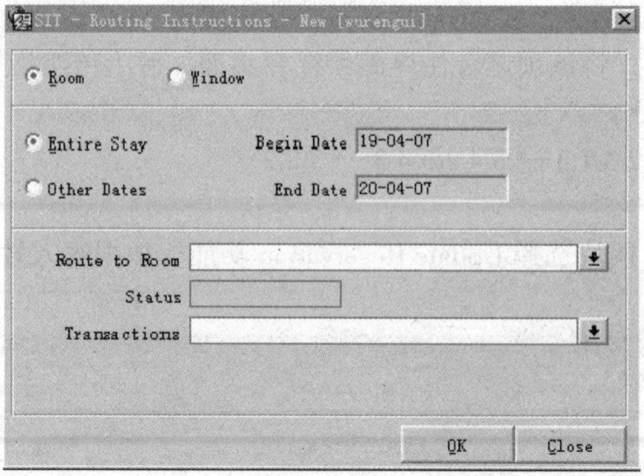

图3-79

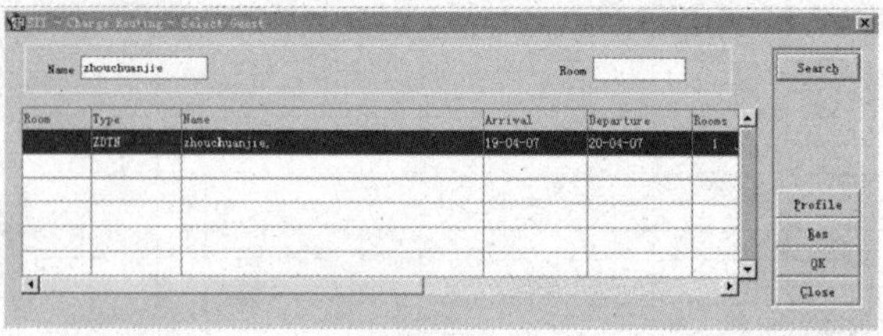

图3-80

5. 在 Routing Instructions 界面，点击 Transactions 后面的下拉式箭头进入下一步。如图 3-81 所示。

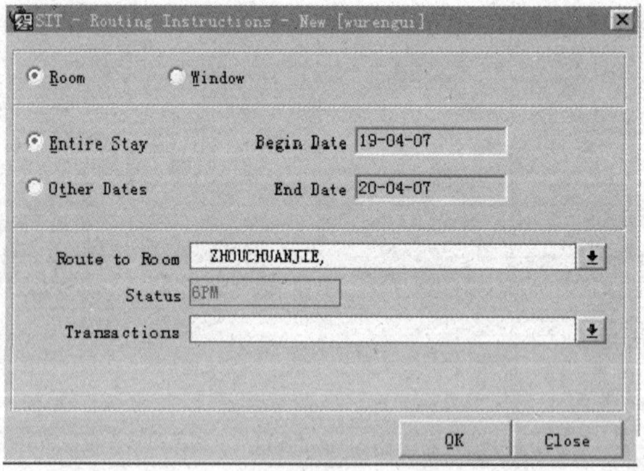

图3-81

6. 在 Transaction Codes（交易代码）界面，按题目要求，选择需要转移费用的代码（点击图示上半区的 All 键，选中所有交易代码后，点击 Add 键；点击下半区的 All 键，再次选中所有交易代码后，点击 OK 键）。如图 3-82 所示。

7. 在 Routing Instructions 界面，点击 OK 键。如图 3-83 所示。

8. 点击 Close 键依次退回至 Reservation Confirmation 界面，点击 Edit 键进入下一步。如图 3–84 所示。

9. 在 Reservation 界面，修改 Comments 内容后，点击 OK 键保存退出即可。如图 3–85 所示。

10. 按照上述方法，设置秦枫的 Routing 操作。如图 3–86 所示。

11. 选择 Update Reservation 功能，根据姓名查找周传杰的预订信息，点击 Edit 键进入下一步。如图 3–87 所示。

12. 在 Reservation 界面，修改 Comments 内容后，点击 OK 键退出。如图 3–88 所示。

13.Routing 操作完成，依次点击 Close 键退出即可。

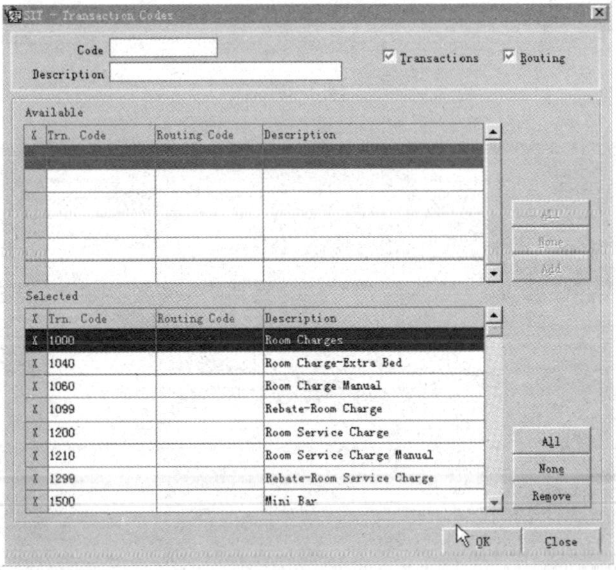

图3–82

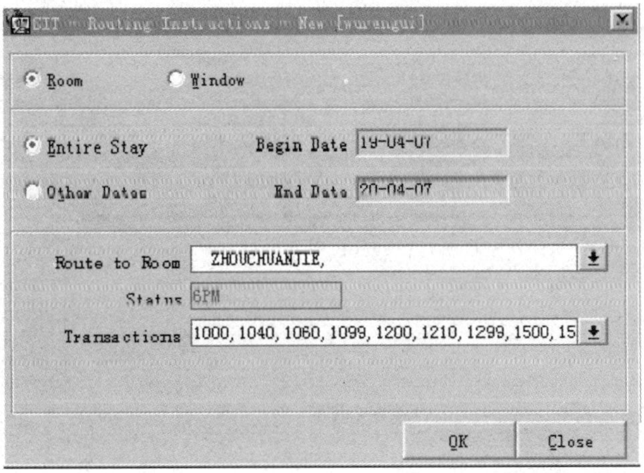

图3–83

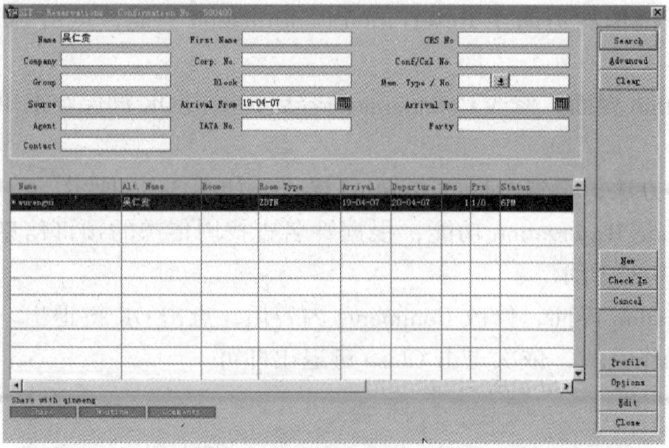

图3–84

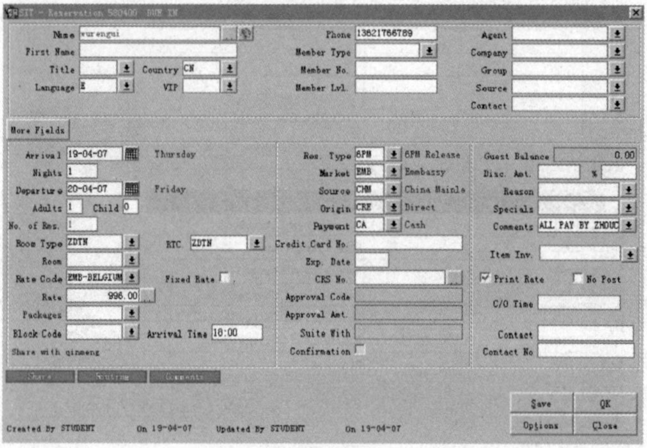

图3–85

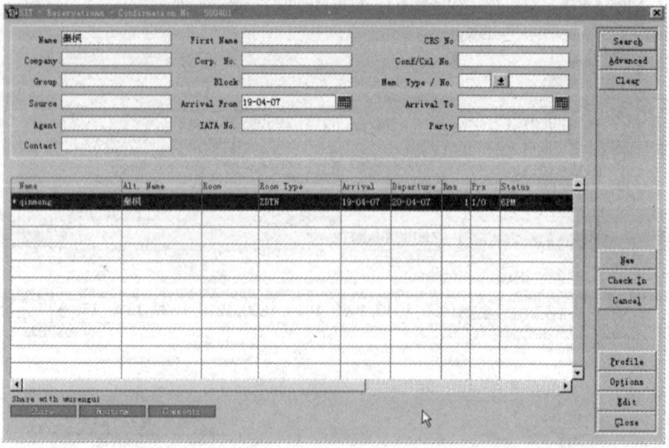

图3–86

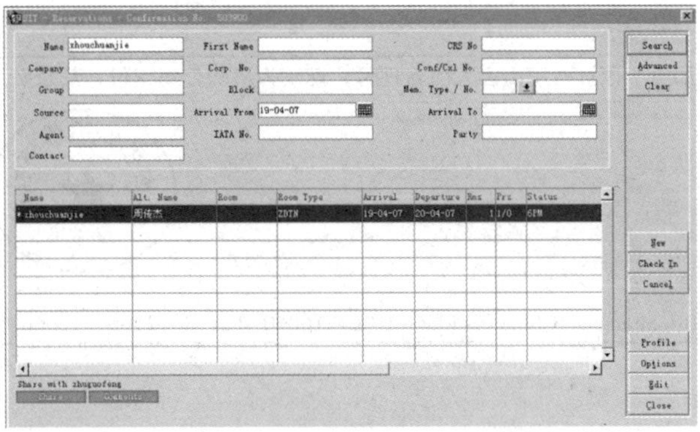

图3–87

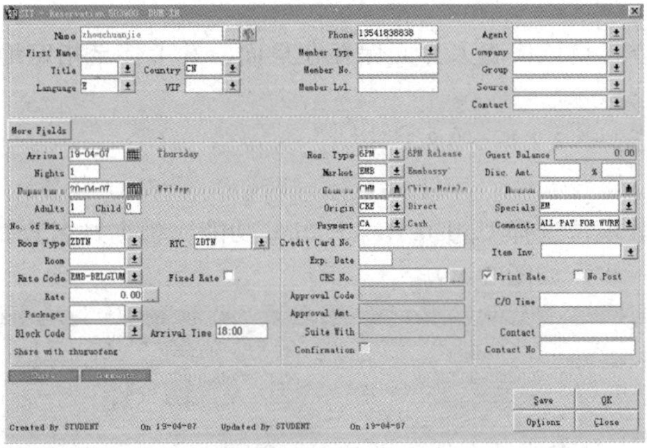

图3–88

3.8.3　习题二

【时间】2007 年 4 月 19 日 12:10

【地点】香榭里拉大酒店预订部

【模拟岗位】预订部员工 Jessica

【工作描述】4 月 19 日中午，Jessica 收到公司付款担保传真，内容如下：

表 3.8.3

上海生物化学细胞研究所

Shanghai Bio-chemistry Cells Institute, CAS

预订部：

吕毅先生于 4 月 19 日入住贵酒店一晚，请安排 1 间标准间，给予我公司协议价格（996 元 / 间天），费用由客人前台现付。请将房间保留至 18:00。谢谢！

协议号：207022

续表

房间已订，变更内容如下：原订费用由客人前台现付，现改为房费公司支付，其余费用由客人前台现付。 上海生化细胞研究所 办公室 签章：李小明 2007 年 4 月 19 日 Address: 417, Zhaojiabang Rd, Shanghai, China　Tel: 86-21-64716060　Fax: 86-21-64716066

【工作要求】

1. 请在 Opera 上完成相关操作。

2. 在客人姓名前加上自己的学号并以逗号隔开。

【成绩考评】

1. 请以截图的方式将该代表人界面保存在桌面，并上传至指定地址。

2. 本题满分 10 分。

【配套习题】3.2.2 → 3.7.4 → 3.8.3

【操作步骤】

1. 在 Reservation 模块选择 Update Reservation 功能，根据姓名查找客人预订信息，点击 Option 键进入下一步。如图 3-89。

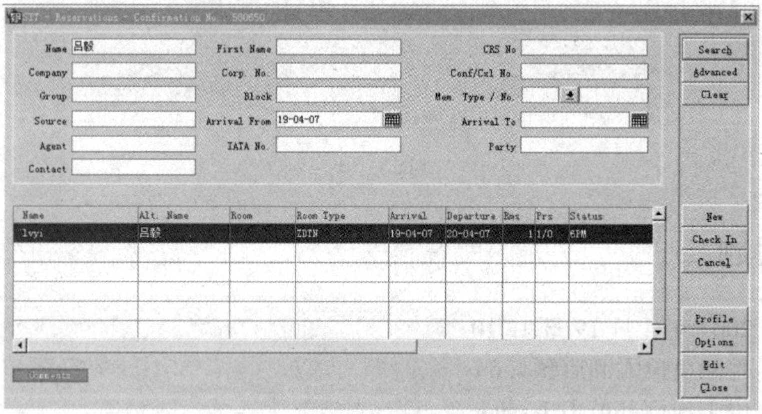

图3-89

2. 选择 Routing 功能进入下一步。如图 3-90 所示。

3. 在 Routing Instructions 界面，选择 Window（费用转公司选择 window）后，点击 Name 后的下拉式箭头进入下一步。如图 3-91 所示。

4. 在 List of Profiles（档案列表）界面，输入公司名称查找协议公司，选中该公司信息条后，点击 OK 键。如图 3-92 所示。

5. 在 Routing Instructions 界面，点击 Transaction 后的下拉式箭头进入下一步。如图 3-93 所示。

6. 在 Transaction Codes 界面，按题目要求选择需要转移费用的代码后，点击 OK 键。

如图 3–94 所示。

7. 在 Transaction Codes 界面，点击 OK 键。如图 3–95 所示。

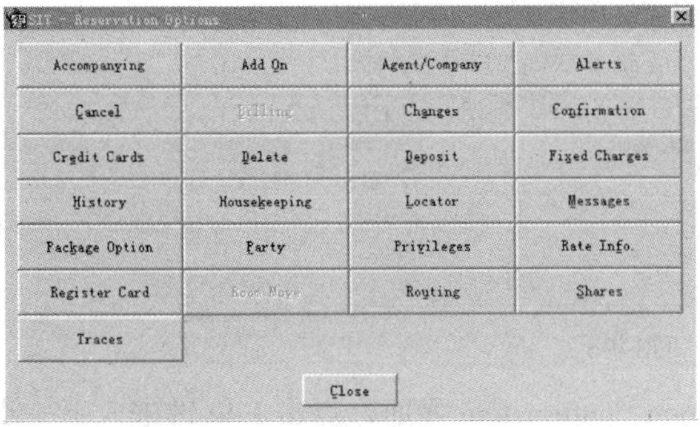

图3–90

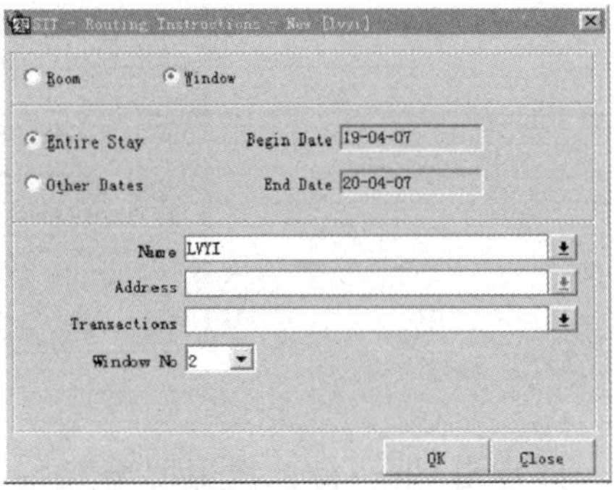

图3–91

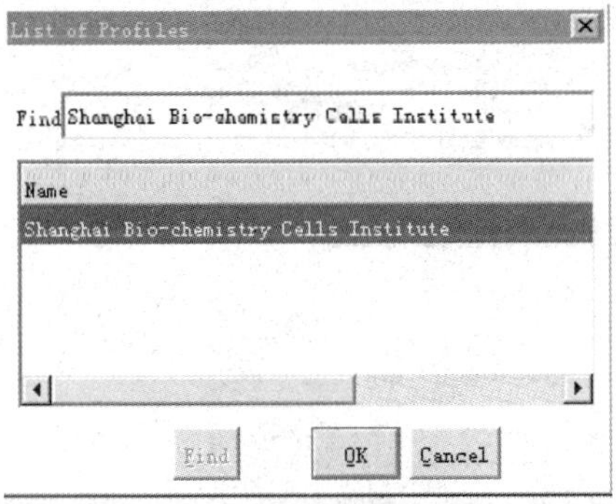

图3–92

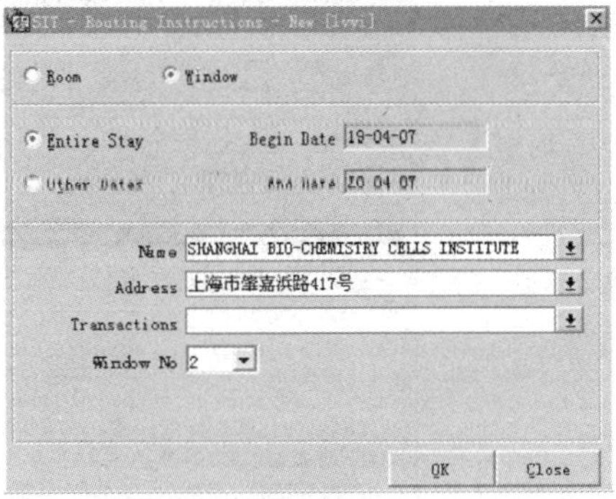

图3–93

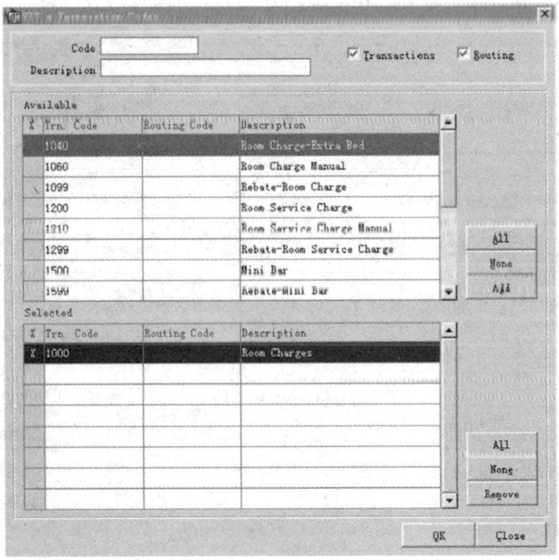

图3–94

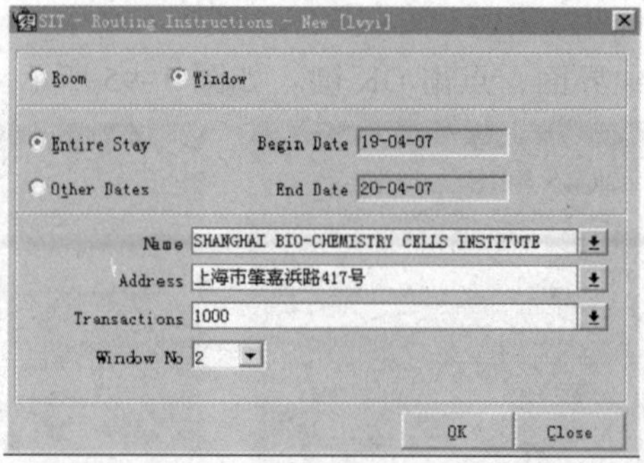

图3-95

8. 点击 Close 键依次退回至 Reservation Confirmation 界面，点击 Edit 键进入下一步。如图 3-96 所示。

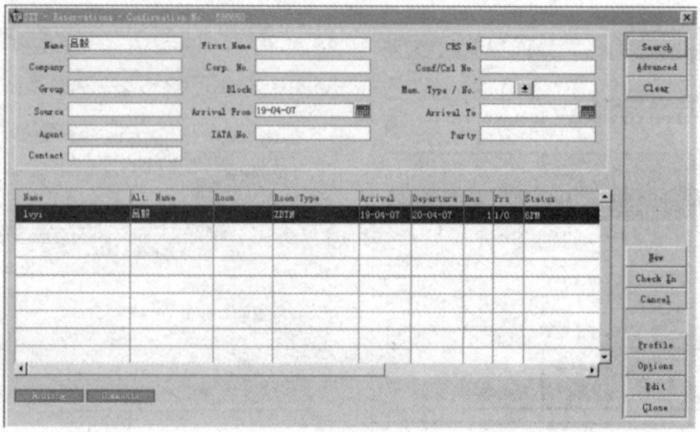

图3-96

9. 在 Reservation 界面，修改 Comments 内容后，点击 OK 键。如图 3-97 所示。

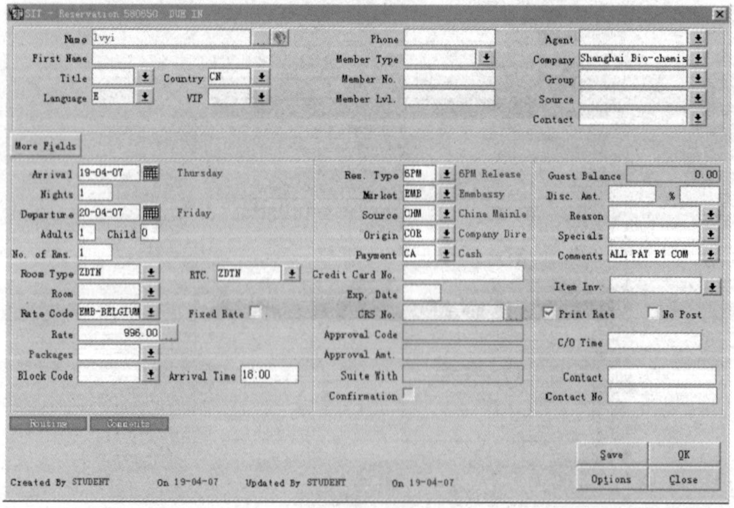

图3-97

10.Routing 操作完成，依次点击 Close 键退出即可。

3.8.4　习题三

【时间】2007年4月19日12:15

【地点】香榭里拉大酒店预订部

【模拟岗位】预订部员工Jessica

【工作描述】4月19日中午，Jessica接到客人修改付费方式电话，内容如表3.8.4所示。

表 3.8.4

Jessica：您好，香榭里拉大酒店预订部，请问我可以怎么帮您？
郑丽敏：你好，我今天订过两间房，请你关照前台：这两间房的所有费用由我一起支付，千万不要向客人收押金。
Jessica：请问女士您贵姓？
郑丽敏：郑，关耳郑。
Jessica：郑女士，您是以谁的名字订房？订的什么房间？
郑丽敏：郑丽敏、尤莉，王雪飞、许诺，两间标准间。
Jessica：请稍后……郑女士，您预订的是：4 月 19 日至 4 月 20 日，住 1 天，郑丽敏、尤莉，王雪飞、许诺，两间标准间，价格是 996 元 / 间天，含服务费及 1 份早餐，费用前台现付，保留至 18:00。对吗？
郑丽敏：对。
Jessica：郑女士，您是准备提前预付押金还是入住时支付。
郑丽敏：前台现付。
Jessica：郑女士，你会提早入住吗？如果您的客人提早到达酒店的话，根据酒店规定，我们将会向客人收取押金，待您入住支付押金后，我们再退还客人预付金。
郑丽敏：我们是同一航班，会同时到酒店，我会现付的。一定不要向客人收取押金，他们是我的客户，非常重要。
Jessica：郑女士，我会通知前台的，请放心。请问您还有什么需要关照的吗？
郑丽敏：没有了，谢谢！
Jessica：不用谢。郑女士，感谢您的来电，期待着您的光临！

【工作要求】

1. 请在 Opera 上完成相关操作。
2. 在客人姓名前加上自己的学号并以逗号隔开。

【成绩考评】

1. 请以截图的方式将该预订合作界面保存在桌面，并上传至指定地址。
2. 本题满分 10 分

【配套习题】3.1.4/3.1.5 → 3.4.4/3.4.5 → 3.8.4

3.8.5　习题四

【时间】2007 年 4 月 19 日 12:20

【地点】香榭里拉大酒店预订部

【模拟岗位】预订部员工 Jessica

【工作描述】

4 月 19 日中午，Jessica 收到旅行社担保付款传真，内容如表 3.8.5 所示。

【工作要求】

1. 请在 Opera 上完成相关操作。
2. 在客人姓名前加上自己的学号并以逗号隔开。

【成绩考评】

1. 请以截图的方式将该代表人界面保存在桌面，并上传至指定地址。
2. 本题满分 10 分。

【配套习题】2.3.2 → 2.7.2 → 2.8.5

表 3.8.5

上海中旅国际旅行社有限公司
Shanghai China Travel International Ltd

预订部：

何旭　男　2007 年 4 月 19 日　住一夜 1 间标准间（996 元 / 间天）
费用客人前台现付，保留至 18:00
协议号：307008
特殊要求：关闭小酒吧、关闭长途

请予以安排，谢谢！

房间已订，现变更内容如下：原费用客人前台现付，现改为房费由旅行社支付，其余费用由客人前台现付。

签章：Judy Zhang
2007 年 4 月 19 日

上海中旅国际旅行社
办公室

Address: 108 Nan Jing West Road, Shanghai, China　Tel: 86-21-63276950　Fax: 86-21-63276951

3.9　综合例题

3.9.1　习题一

【时间】2007 年 4 月 19 日 12:30

【地点】香榭里拉大酒店预订部

【模拟岗位】预订部员工 Jessica

【工作描述】4 月 19 日中午，Jessica 收到协议公司订房传真，内容如表 3.9.1 所示。10 分钟后，施安平先生让其秘书到前台支付押金 4000 元，作担保预订。

【工作要求】

1. 请在 Opera 上完成相关操作。
2. 在客人姓名前加上自己的学号并以逗号隔开。

【成绩考评】

1. 请以截图的方式将该预订界面保存在桌面，并上传至指定地址。
2. 本题满分 10 分。

【配套习题】3.9.1 → 4.10.1 → 6.5.1

表 3.9.1

上海生物化学细胞研究所

Shanghai Bio-chemistry Cells Institute, CAS

预订部：

请预订 3 个标准房，4 月 19 日一晚，给予我公司协议价格（996 元 / 间天）。

施安平先生 1 间

张鹏、孔丽娜夫妇 1 间

曹昆、严静雯夫妇 1 间

以上房间要求关闭长途，房费由施安平先生统一支付，请将房间保留至 18:00。

协议号：207022

签章：李小明

2007 年 4 月 19 日

Address: 417, Zhaojiabang Rd，Shanghai, China　Tel: 86-21-64716060　Fax: 86-21-64716066

3.9.2　习题二

【时间】2007 年 4 月 19 日 12:40

【地点】香榭里拉大酒店预订部

【模拟岗位】预订部员工 Jessica

【工作描述】4 月 19 日中午，Jessica 收到协议公司订房传真，内容如表 3.9.2 所示。

表 3.9.2

上海生物化学细胞研究所

Shanghai Bio-chemistry Cells Institute, CAS

预订部：

请预订 3 间房间，4 月 19 日一晚，给予我公司协议价格。

华刚、金海燕夫妇 1 间标准间　996 元 / 间天

魏伟、陶爱梅夫妇 1 间标准间　996 元 / 间天

姜瑜 女士 1 间单人大床房（无烟房间）880 元 / 间天

以上房间要求关闭长途，房费由华刚先生统一支付，请将房间保留至 18:00。

协议号：207022

谢谢！

签章：李小明

2007 年 4 月 19 日

上海生化细胞研究所 办公室

Address: 417, Zhaojiabang Rd, Shanghai, China　Tel: 86-21-64716060　Fax: 86-21-64716066

10 分钟后，华刚先生让其秘书到前台支付押金 4500 元，作担保预订。

【工作要求】

1. 请在 Opera 上完成相关操作。

2. 在客人姓名前加上自己的学号并以逗号隔开。

【成绩考评】

1. 请以截图的方式将该预订界面保存在桌面，并上传至指定地址。

2. 本题满分 10 分。

【配套习题】3.9.2 → 4.9.2 → 6.5.2

第4单元

登记入住

学习意义 登记入住是酒店前厅工作中最为核心的一部分内容。为客人安排适合的房间、确保押金的收讫、接待工作的效率等都是登记入住工作的重要环节。通过本章的学习，这些工作将变得简单而轻松。

内容概述 本章首先介绍了分房和假房的一些基础知识和操作，然后讲述了不同类型客人登记入住的流程及其操作，最后分别介绍登记入住过程中常用的一些功能的概念及各自的操作。

教学目标

知识目标

1. 了解分房的原则及技巧。
2. 了解假房的类型及适用情况。
3. 了解不同类型客人登记入住的流程及注意事项。
4. 了解登记入住模块中的换房、留言及跟办事宜等功能的概念与适用情况。

能力目标

1. 熟练掌握分房操作。
2. 掌握不同类型客人登记入住的电脑操作。
3. 熟练使用登记入住模块中的换房、留言及跟办事宜等功能。

4.1　分房（Room Assignment）

4.1.1　分房概述

分房，亦称排房，即根据宾客住宿的时间需求，考虑到宾客的心理特征及酒店可供出租的客房状况，尽可能将适合的客房分配给客人。通常由前台接待主管、领班负责分房工作，有电脑自动分房、手工分房两种方法。

（一）分房原则

1. 严格按照公司合同及客人订房要求安排房间。

2. 避免不同地区客人的忌讳：我国港澳台及内地客人避免“4”；日本客人避免“4”“9”；欧美客人避免“13”等。

3. 按内外宾楼层安排客人。

4. 团队客人尽量安排同一楼层。

5. 预订房型若缺，应升级，升级必须经部门经理签字认可。

6. 房价高的预订应分配较好的房间（位置、装修、朝向、楼层）。

（二）分房技巧

1. 了解订房信息

（1）仔细阅读资料：团队接待通知单、VIP 接待通知单、预订单、特殊喜好报告等。

（2）熟悉电脑中的客房状况，在排房时做到心中有数。

2. 分配房间

（1）坚持“先 VIP 后一般客人、先团队后散客、先大团后小团”的原则。

（2）安排有特殊要求的房间：早到客人、需事先布置房间、特别朝向、指定房号及楼层等。

（3）按订房要求安排入住时间较长的客人。

（4）排三间房以上的同行客人。

（5）安排普通订房客人：淡季尽量安排干净房，旺季为下午到的客人安排走客房，干净房留给上午进店的客人。

4.1.2　习题一

【时间】2007 年 4 月 19 日 13:00

【地点】香榭里拉大酒店前厅部

【模拟岗位】前台接待领班 Catherine

【工作描述】Catherine 按预订要求，为周传杰、朱国峰、吴仁贵、秦枫四人分配了两间标准间。

【工作要求】请在 Opera 上完成相关操作。

【成绩考评】

1. 请以截图的方式将该分房界面保存在桌面，并上传至指定地址。

2. 本题满分 10 分。

【配套习题】3.1.2/3.1.3 → 3.4.2/3.4.3 → 3.8.2 → 4.1.2

【操作步骤】

1. 在 Front Desk 模块选择 Room Assignment 功能，Name 中输入客人姓名后，点击 Search 按钮查找客人预订信息。如图 4–1 所示。

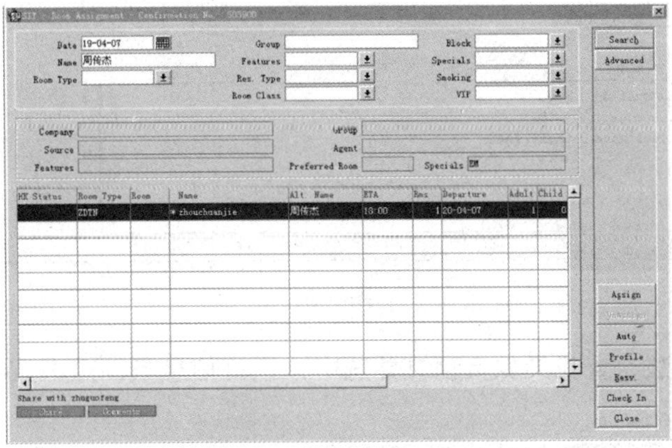

图4–1

2. 选中预订信息条后点击 Auto 按钮进入下一步。如图 4–2 所示。

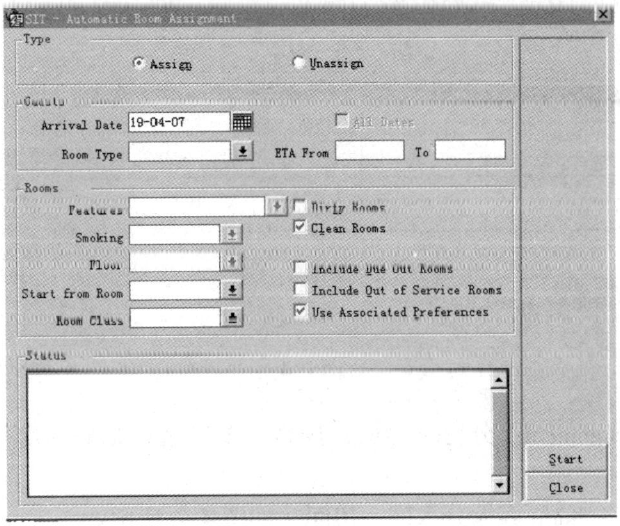

图4–2

3. 在 Automatic Room Assignment 界面，点击 Start 进行自动分房，完成后点击 Close 按钮退出。如图 4–3 所示。

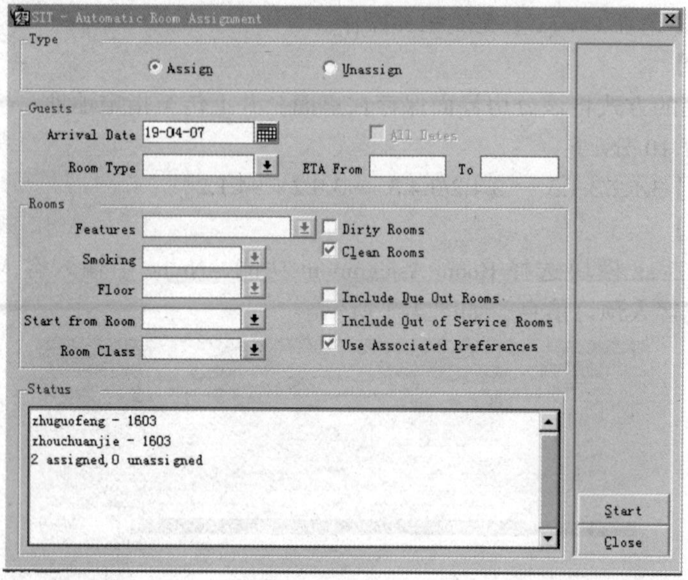

图4–3

4. 按步骤 1 方法，查找吴仁贵预订并选中该预订信息条，点击 Assign 按钮进行人工分房。如图 4–4 所示。

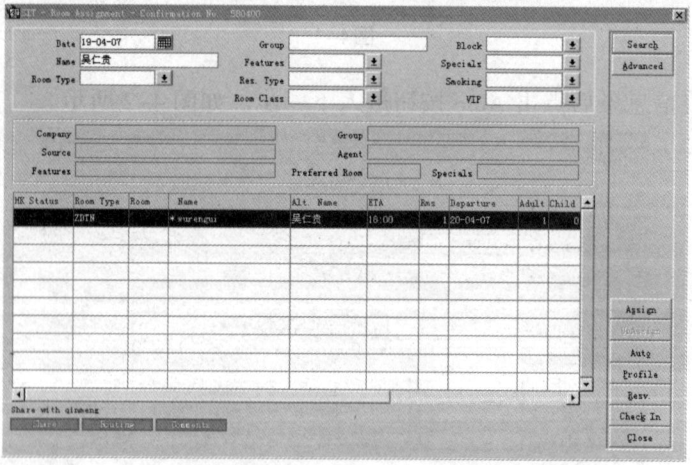

图4–4

5. 在 Room Assignment（分房）界面，按客人要求选择相应的房号，点击 OK 按钮。如图 4–5 所示。

6. 点击 Yes，将 Share 客人分入同一房间。如图 4–6 所示。

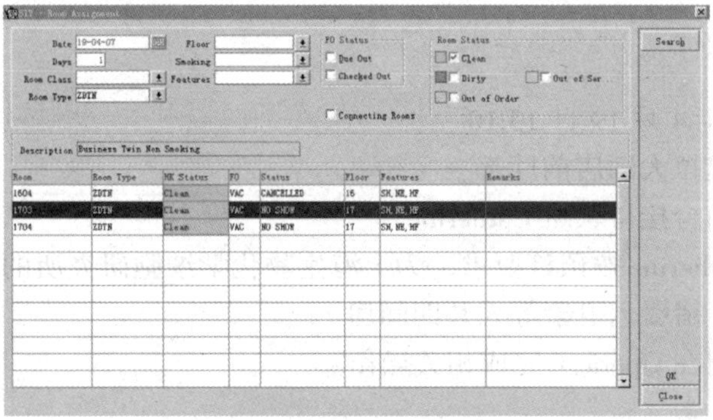

图4-5

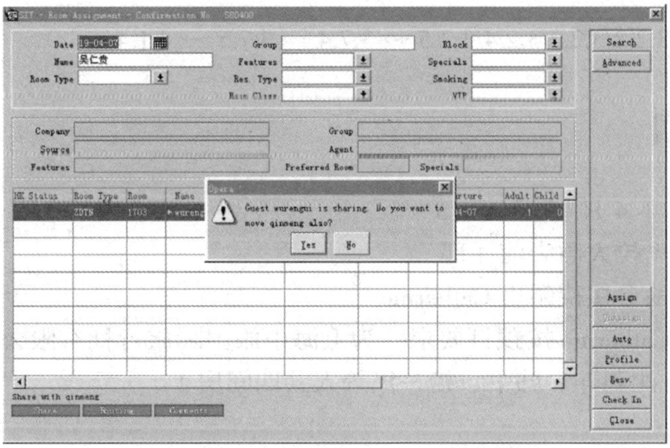

图4-6

4.1.3 习题二

【时间】2007 年 4 月 19 日 13:05

【地点】香榭里拉大酒店前厅部

【模拟岗位】前台接待领班 Catherine

【工作描述】Catherine 按预订要求，为郑丽敏、尤莉、王雪飞、许诺四人分配了两间标准间。

【工作要求】请在 Opera 上完成相关操作。

【成绩考评】

1. 请以截图的方式将该分房界面保存在桌面，并上传至指定地址。
2. 本题满分 10 分。

【配套习题】3.1.4/3.1.5 → 3.4.4/3.4.5 → 3.8.4 → 4.1.3

4.1.4　习题三

【时间】2007 年 4 月 19 日 13:10

【地点】香榭里拉大酒店前厅部

【模拟岗位】前台接待领班 Catherine

【工作描述】Catherine 按预订要求，为上海生物化学细胞研究所的 Party 预订分配房间（冯卫国、陈文永、褚晨、卫蕾等人共四间房）。

【工作要求】请在 Opera 上完成相关操作。

【成绩考评】

1. 请以截图的方式将该分房界面保存在桌面，并上传至指定地址。
2. 本题满分 10 分。

【配套习题】3.2.2/3.2.3/3.2.4/3.2.5 → 3.7.4 → 3.7.5 → 4.1.4

4.1.5　习题四

【时间】2007 年 4 月 19 日 13:15

【地点】香榭里拉大酒店前厅部

【模拟岗位】前台接待领班 Catherine

【工作描述】Catherine 按预订要求，为上海中旅国际旅行社有限公司的 Party 预订分配房间（蒋国华、沈莉萍、韩平、杨一民等人共四间房）。

【工作要求】

请在 Opera 上完成相关操作。

【成绩考评】

1. 请以截图的方式将该分房界面保存在桌面，并上传至指定地址。
2. 本题满分 10 分。

【配套习题】3.4.2/3.4.3/3.4.4/3.4.5 → 3.7.2 → 3.7.3 → 4.1.5

4.2　有预订散客登记入住（Reserved Guests C/I）

4.2.1　有预订散客登记入住概述

（一）注意事项

1. 凡是房价由旅行社付费、非自付或房价需要保密的客人，则不应在登记单（Registration Cards, RC）及房卡上写明房价。

2. 正常办理登记入住手续时间不超过三分钟。

（二）有预订客人登记入住流程

有预订客人登记入住流程如表 4.2.1 所示。

表 4.2.1

项目：有预订客人登记入住［三星级（含）以上适用］				
序号	标　准　步　骤	达　到	未达到	备　注
1	问候客人，询问客人以何种方式预订，并找出相应预订单	1	0	
2	复述客人的要求，与客人确认房型、房数、房价、天数等	1	0	
3	找不到客人预订单不能轻易说无此预订，应逐张仔细查找	1	0	
4	确实找不到时，根据当天住房情况，先行安排入住	1	0	
5	登记证件信息、填写登记单让客人签字确认	1	0	
6	收取预付款	1	0	
7	制作房卡及分发钥匙、介绍用餐情况	1	0	
8	询问是否需要行李服务、贵重物品寄存服务	1	0	
9	感谢客人入住、指明电梯方向	1	0	
10	通知客房服务中心报客人入住并整理登记单等资料	1	0	
11	资料输入电脑并归档	1	0	

4.2.2　习题一

【时间】2007 年 4 月 19 日 14:00

【地点】香榭里拉大酒店前厅部

【模拟岗位】前台接待员 Emily

【工作描述】周传杰一行四人到达酒店，Emily 为其办理了入住登记手续（表 4.2.2）。

表 4.2.2

Emily：您好，欢迎光临香榭里拉大酒店，请问是要入住吗？
周传杰：是的。
Emily：请问，您有预订吗？
周传杰：有，周传杰、吴仁贵，两间标准间。
Emily：（查询预订）周先生，你们订的是两间标准间，住一天，价格是 996 元，包含一份早餐，您还有什么要修改的吗？
周传杰：没有了。
Emily：请各位出示证件。
Emily：（登记证件）这是你们的证件，请收好。周先生，这两间房的费用由您统一支付，您是准备付现金还是信用卡？
周传杰：现金。
Emily：周先生，根据酒店规定，您需支付 3000 元。这是您的收据，请收好。这是你们的房卡，××× 房，早餐在三楼自助餐厅。
周传杰：谢谢！
Emily：不用谢，请问你们是否有贵重物品需要寄存？
周传杰：没有。
Emily：感谢各位的入住，祝各位入住愉快。电梯在这边。

【工作要求】

1. 请在 Opera 上完成相关操作。

2. 客人的证件信息参照自己的身份证件信息。

【成绩考评】

1. 请以截图的方式将该登记入住界面保存在桌面，并上传至指定地址。

2. 本题满分 10 分。

【配套习题】3.1.2/3.1.3 → 3.4.2/3.4.3 → 3.8.2 → 4.1.2 → 4.2.2

【操作步骤】

1. 在 Front Desk 模块选择 Arrivals 功能，根据姓名查找客人预订信息。如图 4–7 所示。

2. 选中客人预订信息条，点击 Profile 按钮，登记客人身份证件。完成后点击 OK 按钮返回至 Arrivals 界面。如图 4–8 所示。

3. 选中客人预订信息条，点击 Check In 按钮，进入下一步。如图 4–9 所示。

4. 依次点击 OK 按钮、Yes 按钮将 Share 客人登记入住。如图 4–10 所示。

5. 按步骤 1~4 为吴仁贵及秦枫登记入住。

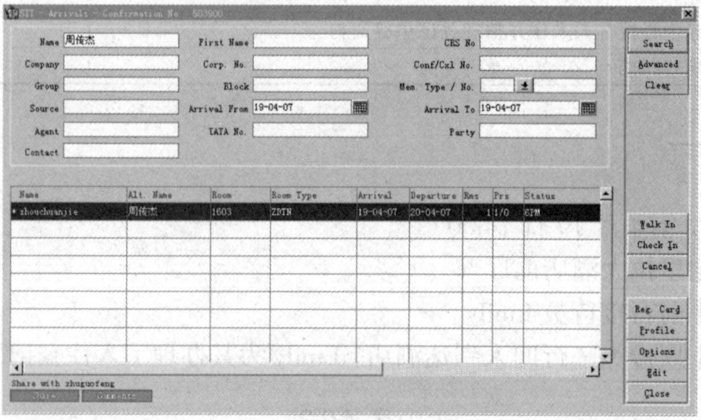

图4–7

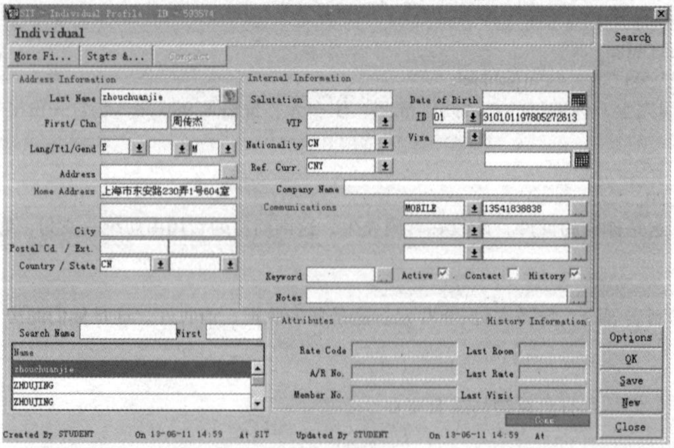

图4–8

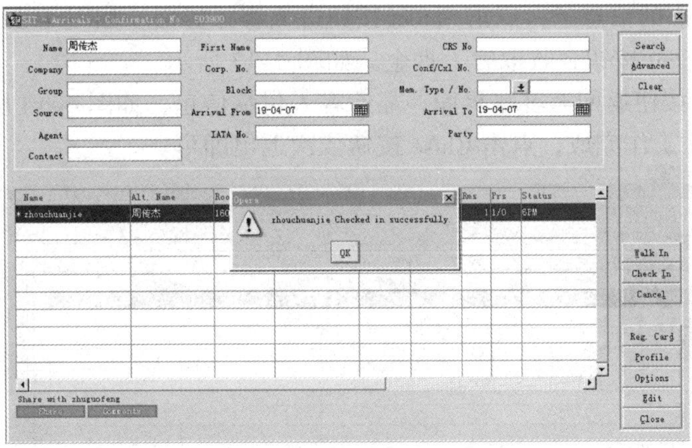

图4–9

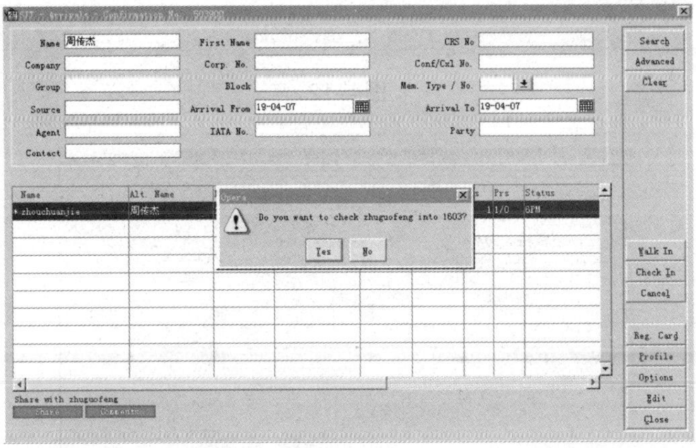

图4–10

6. 在 Cashiering 模块选择 Billing 功能，输入密码登录后，按房号查找客人。如图 4–11 所示。

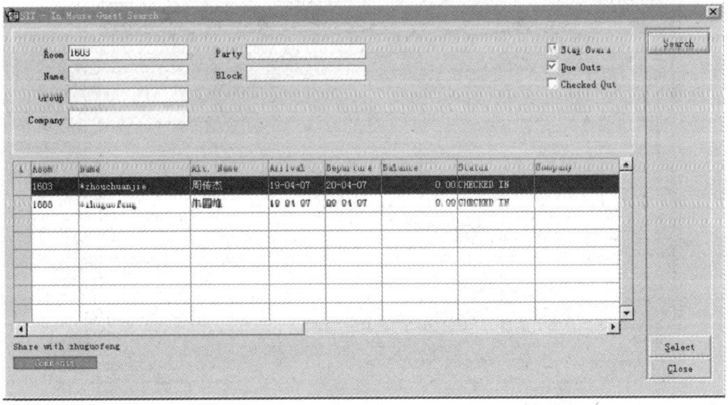

图4–11

7. 选中周传杰的信息条，点击 Select 按钮进入客账界面。如图 4-12 所示。
8. 点击 Payment 按钮，收取客人押金。如图 4-13 所示。
9. 点击 Post 按钮返回至客账界面，显示客人付款信息。如图 4-14 所示。
10. 登记入住工作完成，点击 Close 按钮依次退出即可。

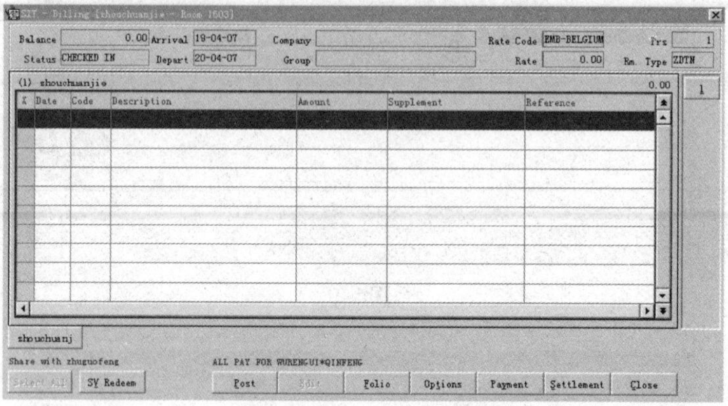

图4-12

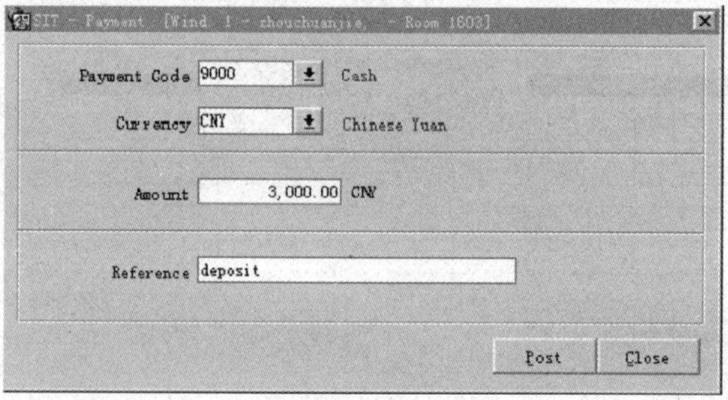

图4-13

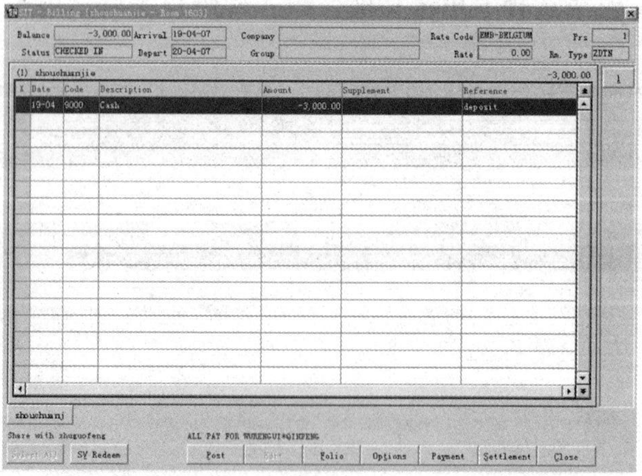

图4-14

4.2.3　习题二

【时间】2007 年 4 月 19 日 14:30

【地点】香榭里拉大酒店前厅部

【模拟岗位】前台接待员 Emily

【工作描述】郑丽敏一行四人到达酒店，Emily 为其办理了入住登记手续（表 4.2.3）。

表 4.2.3

Emily：您好，欢迎光临香榭里拉大酒店，请问是要入住吗？ 郑丽敏：是的。 Emily：请问，您有预订吗？ 郑丽敏：有，郑丽敏、王雪飞，两间标准间。 Emily：（查询预订）郑女士，你们订的是两间标准间，住一天，价格是 996 元，包含一份早餐，您还有什么要修改的吗？ 郑丽敏：没有了。 Emily：请各位出示证件。 Emily：（登记证件） 这是你们的证件，请收好。郑女士，这两间房的费用由您统一支付，您是准备付现金还是信用卡？ 郑丽敏：信用卡，这是我的长城卡。 Emily：郑女士，根据酒店规定，需要预授权 3000 元。郑女士，请您在预授权单上签字，这是您的预授权单，请收好。这是你们的房卡，××× 房，早餐在三楼自助餐厅。 郑丽敏：谢谢！ Emily：不用谢，请问你们是否有贵重物品需要寄存？ 郑丽敏：没有。 Emily：感谢各位的入住，祝各位入住愉快。电梯在这边。

【工作要求】

1. 请在 Opera 上完成相关操作。

2. 客人的证件信息参照自己的身份证件信息。

【成绩考评】

1. 请以截图的方式将该登记入住界面保存在桌面，并上传至指定地址。

2. 本题满分 10 分。

【配套习题】3.1.4/3.1.5 → 3.4.4/3.4.5 → 3.8.4 → 4.1.3 → 4.2.3

4.2.4　习题三

【时间】2007 年 4 月 19 日 15:00

【地点】香榭里拉大酒店前厅部

【模拟岗位】前台接待员 Emily

【工作描述】上海生物化学细胞研究所的代表人 (Party) 预订：冯卫国等四人到达酒店，Emily 为其办理了入住登记手续（表 4.2.4）。

表 4.2.4

Emily：您好，欢迎光临香榭里拉大酒店，请问是要入住吗？ 冯卫国：是的。 Emily：请问，您有预订吗？ 冯卫国：有，冯卫国，上海生物化学细胞研究所的代表人（Party）预订。 Emily：（查询预订）冯先生，你们订的是三间标准间，价格是 996 元，一间单人大床房，价格是 880 元，各住一天，包含一份早餐。您还有什么要修改的吗？ 冯卫国：没有了。 Emily：请各位出示证件。（登记证件） 这是你们的证件，请收好。 冯卫国：小姐，押金要付多少？ Emily：冯先生，贵公司的李先生已经为各位支付了押金，所以各位不用再付了。这是你们的房卡，× × × 房，早餐在三楼自助餐厅。 冯卫国：谢谢！ Emily：不用谢，请问你们是否有贵重物品需要寄存？ 冯卫国：没有。 Emily：感谢各位的入住，祝各位入住愉快。电梯在这边。

【工作要求】

1. 请在 Opera 上完成相关操作。

2. 客人的证件信息参照自己的身份证件信息。

【成绩考评】

1. 请以截图的方式将该登记入住界面保存在桌面，并上传至指定地址。

2. 本题满分 10 分。

【配套习题】3.2.2/3.2.3/3.2.4/3.2.5 → 3.7.4 → 2.7.5 → 4.1.4 → 4.2.4

4.2.5 习题四

【时间】2007 年 4 月 19 日 15:30

【地点】香榭里拉大酒店前厅部

【模拟岗位】前台接待员 Emily

【工作描述】上海中旅国际旅行社有限公司的代表人（Party）预订：蒋国华等四人到达酒店，Emily 为其办理了入住登记手续（表 4.2.5）。

表 4.2.5

Emily：您好，欢迎光临香榭里拉大酒店，请问是要入住吗？ 蒋国华：是的。 Emily：请问，您有预订吗？ 蒋国华：有，蒋国华，上海中旅国际旅行社的代表人（Party）预订。 Emily：（查询预订） 蒋先生，你们订的是三间标准间，价格是 996 元，一间单人大床房，价格是 880 元，各住一天，包含一份早餐。您还有什么要修改的吗？ 蒋国华：没有了。 Emily：请各位出示证件。（登记证件）这是你们的证件，请收好……各位在预订时均使用信用卡进行过担保，请各位再出示一下本人的信用卡。 蒋国华：我们已经做过担保了，为什么还要信用卡？这是我们的信用卡…… Emily：预订时只是提供一天的房费担保，根据酒店规定，宾客住店期间还需要提供其他消费押金……每位预授权 800 元，这是各位的预授权单，请签字……这是你们的房卡，× × × 房，早餐在三楼自助餐厅。

续表

蒋国华：谢谢！ Emily：不用谢，请问你们是否有贵重物品需要寄存？ 蒋国华：没有。 Emily：感谢各位的入住，祝各位入住愉快。电梯在这边。

【工作要求】

1. 请在 Opera 上完成相关操作。
2. 客人的证件信息参照自己的身份证件信息。

【成绩考评】

1. 请以截图的方式将该登记入住界面保存在桌面，并上传至指定地址。
2. 本题满分 10 分。

【配套习题】3.4.2/3.4.3/3.4.4/3.4.5 → 2.7.2 → 3.7.3 → 4.1.5 → 4.2.5

4.3　无预订散客登记入住（Walk In Guests C/I）

4.3.1　无预订散客登记入住概述

无预订散客即通常所讲的 Walk In 客人。通常无预订客人的房价较高。

无预订客人登记入住流程如表 4.3.1 所示。

表 4.3.1

项目：无预订客人登记入住［三星级（含）以上适用］				
序号	无房时的标准步骤	达　到	未达到	备　注
1	根据预订情况，礼貌地拒绝客人委婉致歉	1	0	
2	说明因房间订满而无法安排，争取客人的理解	1	0	
3	可给客人合理化建议，如推荐其他酒店等，给其留下良好印象	1	0	
	有房时的标准步骤	达　到	未达到	备　注
1	询问客人是否有公司协议价；若无，与客人确认房价	1	0	
2	登记证件信息、填写登记单并让客人签字确认	1	0	
3	收取预付款	1	0	
4	制作房卡及钥匙、介绍用餐情况	1	0	
5	询问是否需要行李服务、贵重物品寄存服务	1	0	
6	感谢客人入住、指明电梯方向	1	0	
7	通知客房服务中心报客人入住并整理登记单等资料	1	0	
8	资料输入电脑并归档	1	0	

4.3.2　习题一

【时间】2007 年 4 月 19 日 16:10

【地点】香榭里拉大酒店前厅部

【模拟岗位】前台接待员 Emily

【工作描述】无预订散客客人苏云龙先生到达酒店前台，Emily 进行了接待（表 4.3.2）。

表 4.3.2

Emily：您好，欢迎光临香榭里拉大酒店，请问您是要入住吗？
苏云龙：是的。
Emily：请问，您有预订吗？
苏云龙：没有，我们公司和贵酒店有协议，协议号是 207022，这是我的名片。
Emily：苏所长，您好！您需要什么房间，住几天？
苏云龙：一间单人大床房，住一天。
Emily：请稍后……（查看房间及协议价格）苏所长，根据您公司的协议价，单人大床房 880 元 / 间天，含一份早餐，请出示一下证件。（登记证件）这是您的证件，请收好。苏所长，您是准备付现金还是用信用卡？
苏云龙：所有费用由公司支付。
Emily：（核对该公司可签单人名单并核对签名）所长，这是您的房卡，××× 房，早餐在三楼自助餐厅。
苏云龙：谢谢！
Emily：不用谢，请问您是否有贵重物品需要寄存？
苏云龙：没有。
Emily：感谢您的入住，祝您入住愉快，电梯在这边。

【工作要求】

1. 请在 Opera 上完成相关操作。

2. 客人的证件信息参照自己的身份证件信息。

【成绩考评】

1. 请以截图的方式将该登记入住界面保存在桌面，并上传至指定地址。

2. 本题满分 10 分。

【配套习题】4.3.2 → 4.5.2 → 4.8.2 → 4.9.2 → 6.1.2 → 6.4.2

【操作步骤】

1. 在 Front Desk 模块选择 Arrivals 功能，点击 Walk In 进入下一步。如图 4–15 所示。

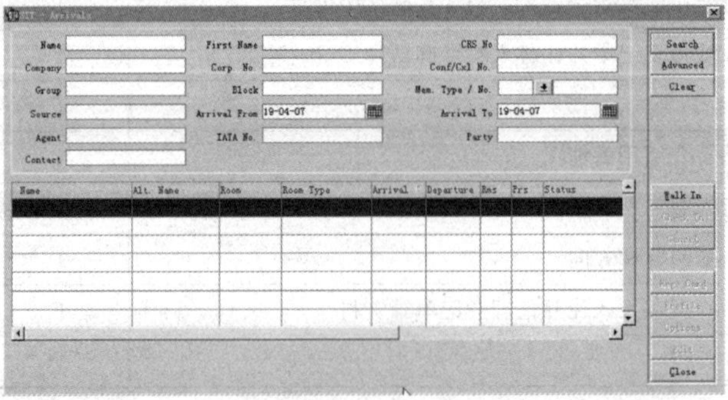

图4–15

2. 在Rate Query界面，输入公司协议号码后，点击OK按钮进入下一步。如图4–16所示。

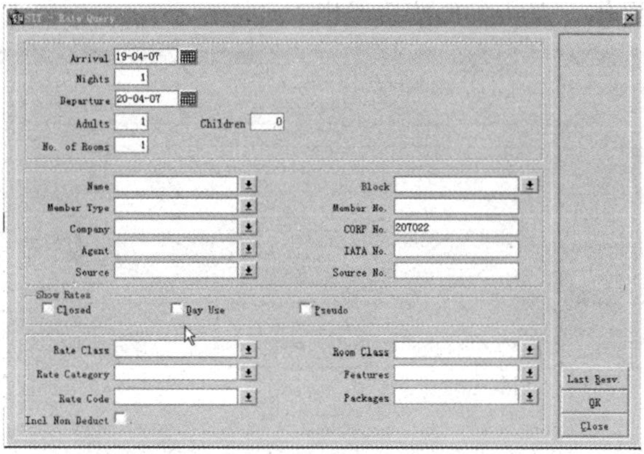

图4–16

3. 根据要求选择相应的房型后，点击 OK 按钮进入下一步。如图 4–17 所示。

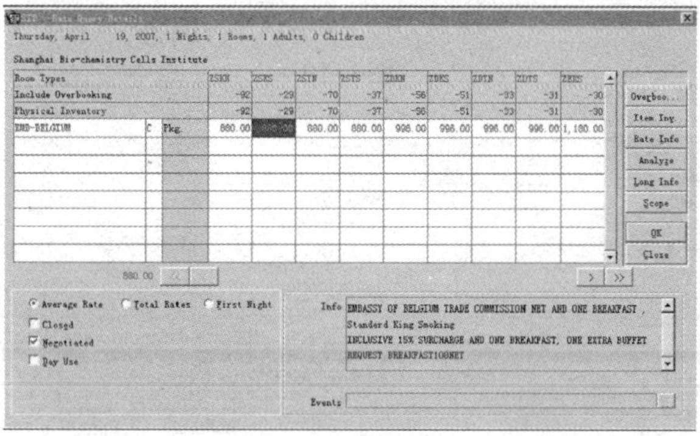

图4–17

4. 在 Reservation 界面，点击 Name 后面的小方框，查找客史记录，若无则新建一个客史（根据客人提供的有效证件），建成后返回至 Rcservation 界面，完成相应的住店信息，并分配房间。如图 4–18 所示。

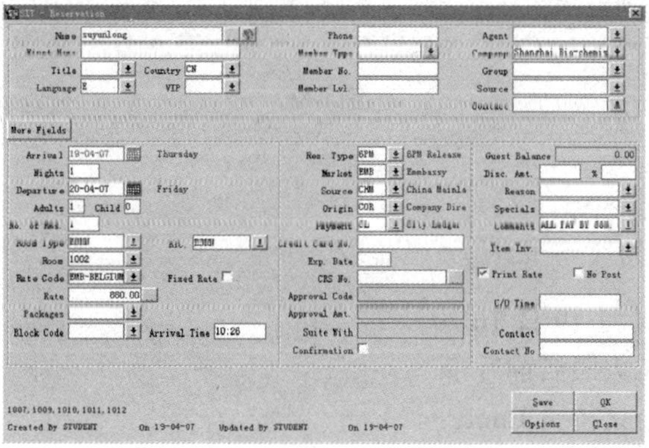

图4–18

5. 点击 OK 按钮进入客人登记入住界面。如图 4–19 和图 4–20 所示。

6. 完成 Walk In 操作，点击 OK 按钮退出。

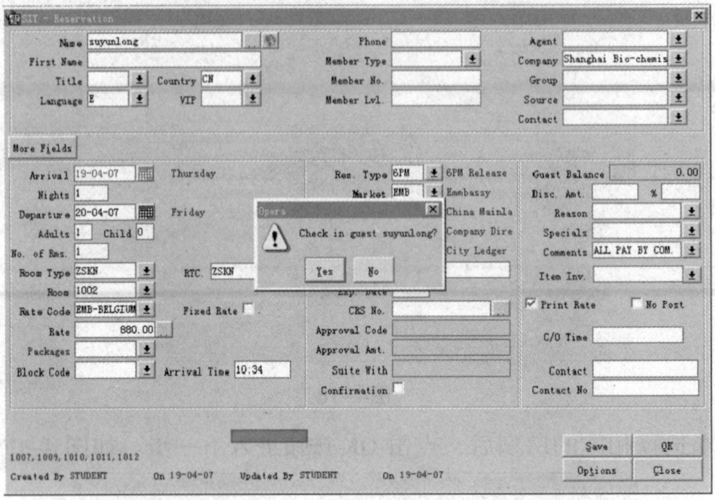

图4–19

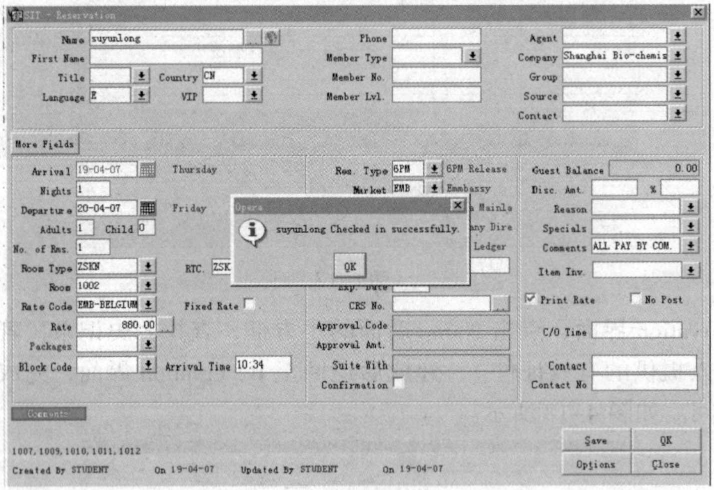

图4–20

4.3.3 习题二

【时间】2007 年 4 月 19 日 16:20

【地点】香榭里拉大酒店前厅部

【模拟岗位】前台接待员 Emily

【工作描述】无预订散客客人方昕女士到达酒店前台，Emily 进行了接待（表 4.3.3）。

表 4.3.3

Emily：您好，欢迎光临香榭里拉大酒店，请问您是要入住吗？ 方昕：是的。 Emily：请问，您有预订吗？ 方昕：没有。 Emily：这是我们的房价表，标准房 996 元 / 间天，单人大床房 880 元 / 间天，均含一份早餐，您需要哪一种？ 方昕：一间单人大床房，请安排不吸烟的房间。 Emily：请问您要住几天？ 方昕：一天。 Emily：请出示您的证件。（登记证件）这是您的证件，请收好。方女士，您是准备付现金还是用信用卡？ 方昕：现金。 Emily：方女士，根据酒店政策，您需支付 1500 元押金……这是您的收据，请收好……方女士，这是您的房卡，×××房，早餐在三楼自助餐厅。 方昕：谢谢！ Emily：不用谢，请问您是否有贵重物品需要寄存？ 方昕：没有。 Emily：感谢您的入住，祝您入住愉快，电梯在这边。

【工作要求】

1. 请在 Opera 上完成相关操作。
2. 客人的证件信息参照自己的身份证件信息。

【成绩考评】

1. 请以截图的方式将该办理登记入住界面保存在桌面，并上传至指定地址。
2. 本题满分 10 分。

【配套习题】4.3.2 → 4.5.3 → 4.8.3 → 4.9.3 → 6.1.3 → 6.4.3

4.3.4　习题三

【时间】2007 年 4 月 19 日 16:30

【地点】香榭里拉大酒店前厅部

【模拟岗位】前台接待员 Emily

【工作描述】无预订散客客人邵文彬先生到达酒店前台，Emily 进行了接待（表 4.3.4）。

表 4.3.4

Emily：您好，欢迎光临香榭里拉大酒店。请问您是要入住吗？ 邵文彬：是的。 Emily：请问您有预订吗？ 邵文彬：没有。 Emily：这是我们的房价表，标准间 996 元 / 间天，单人大床房 880 元 / 间天，均含一份早餐，您需要哪一种？ 邵文彬：一间标准间。 Emily：请问您要住几天？ 邵文彬：一天。 Emily：请出示您的证件。（登记证件）这是您的证件，请收好。邵先生，您是准备付现金还是用信用卡？ 邵文彬：信用卡…… Emily：对不起，邵先生，您这是借记卡，不能预授权，但可以在结账时使用，您能换一张吗？ 邵文彬：这张长城卡可以吗？ Emily：谢谢！邵先生，根据酒店政策，需要预授权支付 1500 元。这是您的信用卡预授权单，请签字。邵先生，这是您的房卡，×××房，早餐在三楼自助餐厅。

续表

邵文彬：谢谢！ Emily：不用谢，请问您是否有贵重物品需要寄存？ 邵文彬：没有。 Emily：感谢您的入住，祝您入住愉快。电梯在这边。

【工作要求】

1. 请在 Opera 上完成相关操作。
2. 客人的证件信息参照自己的身份证件信息。

【成绩考评】

1. 请以截图的方式将该登记入住界面保存在桌面，并上传至指定地址。
2. 本题满分 10 分。

【配套习题】4.3.4 → 4.5.4 → 4.8.4 → 4.9.4 → 6.1.4 → 6.4.4

4.3.5 习题四

【时间】2007 年 4 月 19 日 16:40

【地点】香榭里拉大酒店前厅部

【模拟岗位】前台接待员 Emily

【工作描述】无预订散客客人石磊先生到达酒店前台，Emily 进行了接待（表 4.3.5）。

表 4.3.5

Emily：您好，欢迎光临香榭里拉大酒店。请问您是要入住吗？ 石磊：是的。 Emily：请问您有预订吗？ 石磊：没有，我上周刚住过你们酒店。 Emily：先生您贵姓？ 石磊：石磊，四块石头，哈哈…… Emily：（微笑），请稍后……（查看客人历史记录）石先生，您上次住的是一间单人大床房，价格是 880 元 / 间天，含一份早餐。您这次还是一样吗？打算住几天？ 石磊：一样，住一天。 Emily：请出示您的证件。（登记证件）这是您的证件，请收好。石先生，您是准备付现金还是用信用卡？ 石磊：现金。 Emily：石先生，根据酒店政策，您需支付 1500 元押金。这是您的收据，请收好。石先生，这是您的房卡，××× 房，早餐在三楼自助餐厅。 石磊：谢谢！ Emily：不用谢，请问您是否有贵重物品需要寄存？ 石磊：没有。 Emily：感谢您的再次入住，祝您入住愉快。电梯在这边。

【工作要求】

1. 请在 Opera 上完成相关操作。
2. 客人的证件信息参照自己的身份证件信息。

【成绩考评】

1. 请以截图的方式将该登记入住界面保存在桌面，并上传至指定地址。

2. 本题满分 10 分。

【配套习题】4.3.5 → 4.5.5 → 4.8.5 → 4.9.5 → 6.1.5 → 6.4.5

4.4　客人撤销入住（Cancel C/I）

4.4.1　客人撤销入住概述

撤销客人入住，通常适用于将未到的客人预订误登记入住。

4.4.2　习题一

【时间】2007 年 4 月 19 日 13:05

【地点】香榭里拉大酒店前厅部

【模拟岗位】前台接待领班 Catherine

【工作描述】Emily 在接待上海生物化学细胞研究所代表人时，误将未到客人吕毅登记入住，接待领班 Catherine 核对后，撤销吕毅的入住恢复至预订状态。

【工作要求】请在 Opera 上完成相关操作。

【成绩考评】

1. 请以截图的方式将该撤销客人入住界面保存在桌面，并上传至指定地址。

2. 本题满分 10 分。

【配套习题】3.2.2 → 3.7.4 → 4.4.2

【操作步骤】

1. 在 Front Desk 模块选择 In-house Guests 功能，按房号查找客人住店信息。如图 4-21 所示。

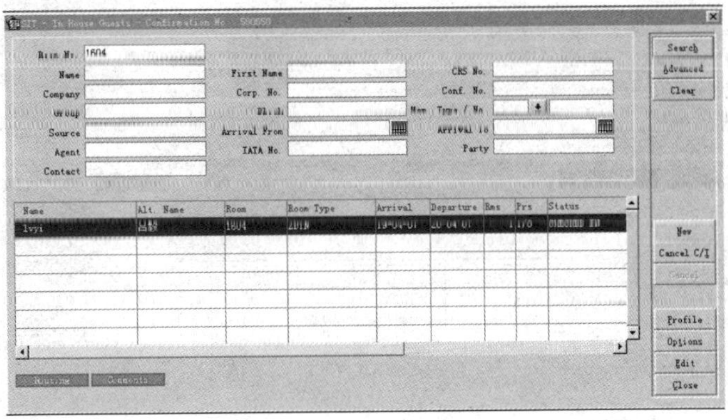

图4-21

2. 选中客人信息条，点击 Cancel C/I 按钮，显示对话框。如图 4–22 所示。

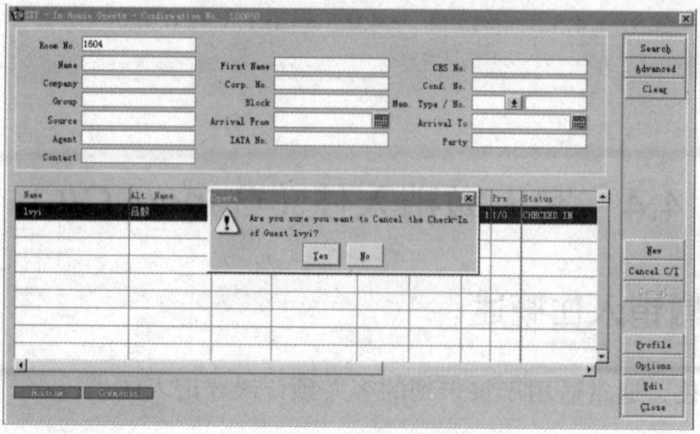

图4–22

3. 点击 Yes 后，出现对话框询问是否需要锁房。如图 4–23 所示。

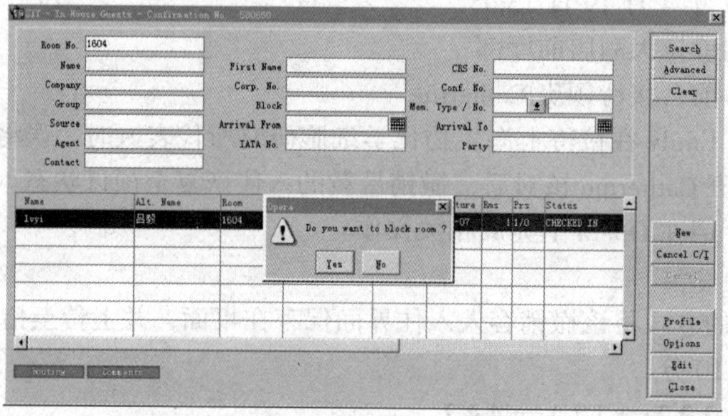

图4–23

4. 点击 Yes 或 No 按钮后，出现对话框询问修改房态。如图 4–24 所示。

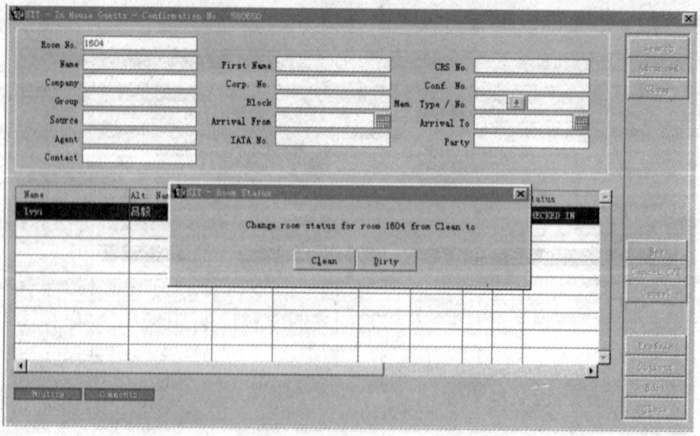

图4–24

4.4.3　习题二

【时间】2007 年 4 月 19 日 13:35

【地点】香榭里拉大酒店前厅部

【模拟岗位】前台接待领班 Catherine

【工作描述】Emily 在接待上海中旅国际旅行社有限公司代表人时，误将未到客人何旭办理登记入住，接待领班 Catherine 核对后，撤销何旭入住恢复至预订状态。

【工作要求】请在 Opera 上完成相关操作。

【成绩考评】

1. 请以截图的方式将该撤销客人入住界面保存在桌面，并上传至指定地址。

2. 本题满分 10 分。

【配套习题】3.4.2 → 3.7.2 → 4.4.3

4.5　换房（Room Move）

4.5.1　换房概述

换房是指宾客住店后，因为对酒店客房的设施设备不满意或由于个人某些主观原因不愿住原来的房间，而向酒店提出更换房间要求。

（一）常见换房原因

（1）客观原因。对客房设施设备不满。如因设施设备出现问题需要换房时，要先向客人表示歉意，并根据客人要求为其换房（尽量让管家部或工程部解决或维修）。

（2）主观原因。①宾客的喜好和习惯（如楼层、房号、无烟等）；②入住的房间与预订有出入；③原本订单间，后又有朋友来同住要求换标间。

（二）注意事项

（1）向宾客确认新房号与新房价，避免结账时房价结算不清。

（2）及时收回并注销原房卡，防止客人拿房卡进入原房间。

（3）避免出现行李漏送的现象。

（4）费用由公司支付的，因换房产生房费差价，需公司另行传真确认或请宾客自行支付差价。

（5）因酒店原因造成换房，而当时又无同类型房间，则请示领导是否做升级处理。

（6）客人来电要求酒店帮助其换房的情况：换房时必须有大堂副理、楼层主管、安保人员、行李员在场。

（三）换房操作流程

换房操作流程如表 4.5.1 所示。

表 4.5.1

项目：换房［三星级（含）以上适用］				
序号	标准—换房	达　到	未达到	备　注
1	倾听客人要求并做相应记录（包括房号及换房原因）	1	0	
2	向客人确认房型、房价、付款方式等细节	1	0	
3	接受换房，填写换房单并让客人签字确认	1	0	
4	与客人确认原房间是否还有行李	1	0	
5	更改房卡及钥匙（收回并注销原房卡）	1	0	
6	在电脑中作换房操作，修改相关信息（房价、付款方式等）	1	0	
7	通知相关部门（总机、客房服务中心等）	1	0	
8	做好记录	1	0	

4.5.2　习题一

【时间】2007 年 4 月 19 日 16:15

【地点】香榭里拉大酒店前厅部

【模拟岗位】前台接待员 Emily

【工作描述】苏云龙先生入住后不久便来到前台要求换房，Emily 再次进行了接待（表 4.5.2）。

表 4.5.2

Emily：您好，苏所长，我可以为您做点什么吗？ 苏云龙：您好，我想换个房间。 Emily：苏所长，能告诉我换房的原因吗？ 苏云龙：这个房间有点小，等会儿我有个重要客人要过来谈点事，这个房间不太适合。 Emily：苏所长，我们有一种套房，协议价格是 1600 元含早餐，我觉得挺符合您的要求。建议您试一下，或者您先去看一下房间，然后再决定？ 苏云龙：不用了，我相信你，直接换吧。 Emily：请稍后……（通知客房部查房）苏所长，这是您新的房卡，××× 房。（收回原房卡）苏所长，您的房费是 1600 元，所有费用仍由贵公司支付，请在换房单上签字，谢谢！ 苏云龙：谢谢！ Emily：苏所长，楼层服务员正在原来房间等您，行李员会帮您将行李搬到新的房间。 苏云龙：非常感谢！ Emily：乐意为您效劳！

【工作要求】请在 Opera 上完成相关操作。

【成绩考评】

1. 请以截图的方式将该换房界面保存在桌面，并上传至指定地址。

2. 本题满分 10 分。

【配套习题】4.4.2 → 4.5.2

【操作步骤】

1. 在 Front Desk 模块选择 In–house Guests 功能，按房号查找客人信息。如图 4–25 所示。

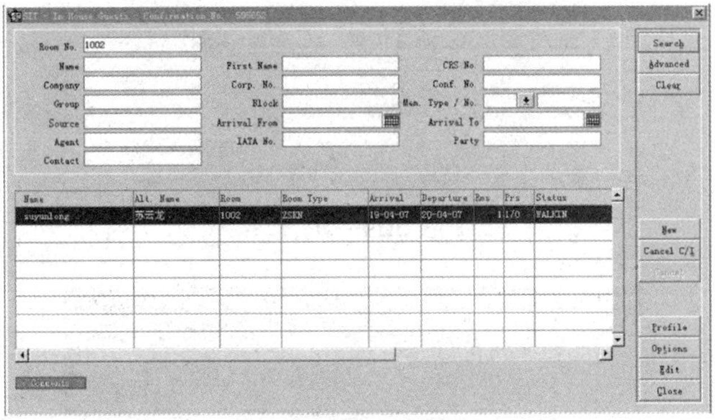

图4–25

2. 选中客人信息条，点击 Option 按钮，选择 Room Move 进入下一步。如图 4–26 所示。

3. 在 Room Move 对话框内直接输入房号，或点击下拉式箭头根据客人要求查找新的房间。如图 4–27 和图 4–28 所示。

4. 选中相应的房间后，点击 OK 按钮返回至 Room Move 界面，点击 OK 按钮进入下一步。如图 4–29 所示。

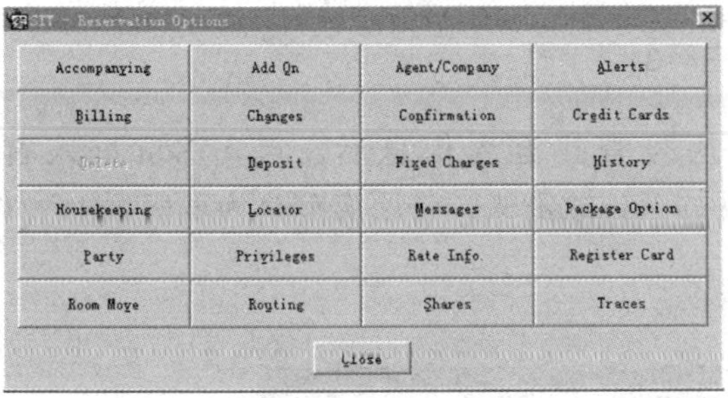

图4–26

图4–27

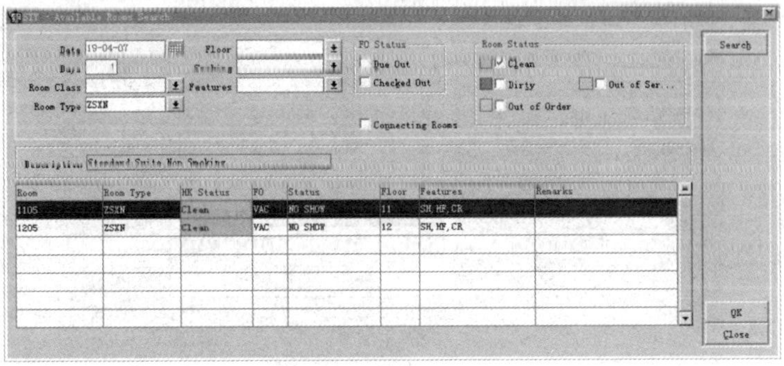

图4–28

5. 出现对话框提示修改原房间房态，点击 Dirty（脏房）。如图 4–30 所示。

6. 出现对话框，点击 Yes 按钮继续。如图 4–31 所示。

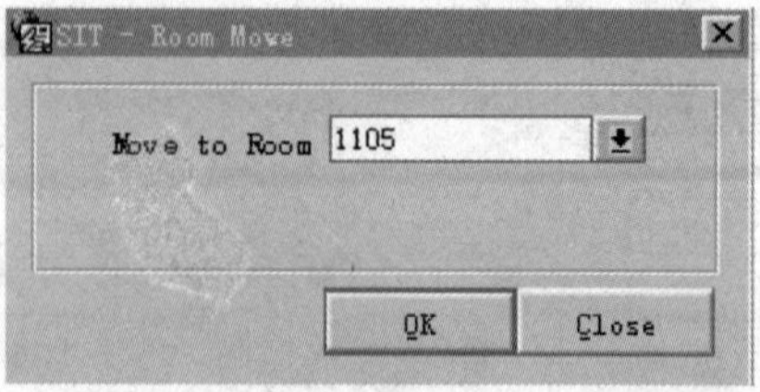

图4–29

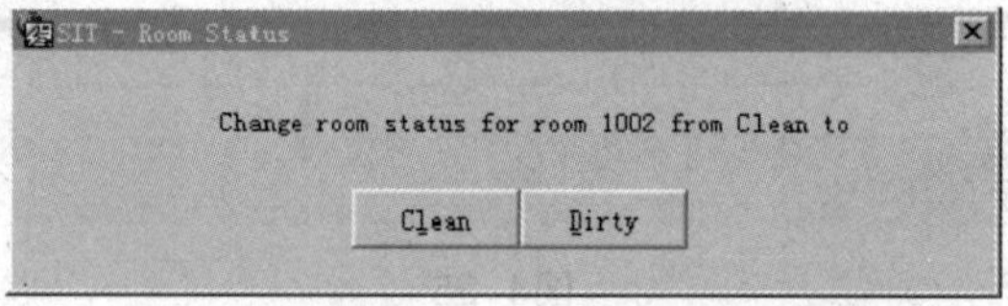

图4–30

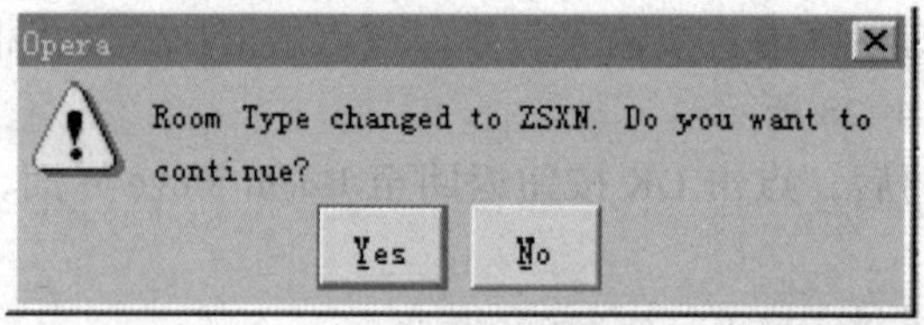

图4–31

7. 选择 In–house Guests 功能，按新房号查找客人信息后，点击 Edit 进入客人 Reservation 界面，修改房价（点击 RTC 后的下拉式箭头，将原房型改为现房型）。如图 4–32 所示。

8. 点击 OK 按钮依次退出。换房操作完成。

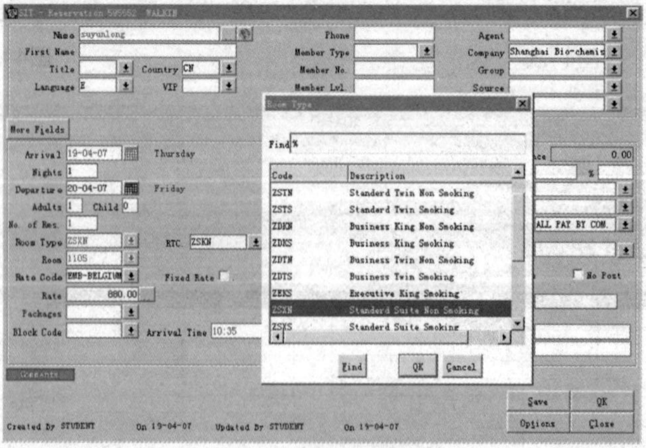

图4–32

4.5.3　习题二

【时间】2007 年 4 月 19 日 16:25

【地点】香榭里拉大酒店前厅部

【模拟岗位】前台接待员 Emily

【工作描述】方昕女士入住后不久便来到前台要求换房，Emily 再次进行了接待（表 4.5.3）。

表 4.5.3

Emily：您好，方女士，我可以为您做点什么？
方昕：你好，我要换房间，这个房间有烟味，我对烟味过敏，入住的时候我就要求不吸烟的房间。
Emily：是的，方女士，您确实说要求无烟房。请稍后……（通知客房部查房后得知房间确有烟味）对不起，方女士，这是我们的工作失误，对此给您带来不便我表示抱歉。我现在通知客房部为您找一间同类型无烟的房间。（客房部报出房号），方女士，这是您新的房卡，××× 房。（收回原房卡）方女士，请在换房单上签字，谢谢！
方昕：小姐，我有两个行李箱，你能不能让人帮我搬一下？
Emily：当然可以，我会让行李员帮您将行李搬到新的房间……方女士，楼层服务员正在原来的房间等您。另外，我们会有一份免费的水果赠送给您，祝您入住期间一切顺利。
方昕：非常感谢！
Emily：不用谢，再次向您表示我们的歉意！

【工作要求】请在 Opera 上完成相关操作。

【成绩考评】

1. 请以截图的方式将该换房界面保存在桌面，并上传至指定地址。

2. 本题满分 10 分。

【配套习题】4.3.3 → 4.5.3

4.5.4　习题三

【时间】2007 年 4 月 19 日 16:35

【地点】香榭里拉大酒店前厅部

【模拟岗位】前台接待员 Emily

【工作描述】邵文彬先生入住后不久便来到前台要求换房，Emily 再次进行了接待（表 4.5.4）。

表 4.5.4

Emily：您好，邵先生，我可以为您做点什么？
邵文彬：您好，我想换个房间。
Emily：邵先生，能告诉我换房的原因吗？
邵文彬：房间的床有点小，我想要一张大床的房间。
Emily：邵先生，我们有一种套房，大床，协议价格是 1600 元含早餐，建议您试一下。
邵文彬：价格有点高，你们有没有单人大床房？
Emily：请稍后……目前还有，单人大床房，房价是 880 元 / 间天，含一份早餐。
邵文彬：太好了，就这个房间吧。

续表

Emily：（通知客房部查房）邵先生，这是您新的房卡，××× 房。（收回原房卡）邵先生，请在换房单上签字，谢谢！ 邵文彬：谢谢！ Emily：邵先生，楼层服务员正在原来的房间等您，行李员会帮您将行李搬到新的房间。 邵文彬：不用了，我没什么行李。非常感谢你！ Emily：不用谢，乐意为您效劳！

【工作要求】请在 Opera 上完成相关操作。

【成绩考评】

1. 请以截图的方式将该换房界面保存在桌面，并上传至指定地址。
2. 本题满分 10 分。

【配套习题】4.3.4 → 4.5.4

4.5.5 习题四

【时间】2007 年 4 月 19 日 16:45

【地点】香榭里拉大酒店前厅部

【模拟岗位】前台接待员 Emily

【工作描述】石磊先生入住后不久便来到前台要求换房，Emily 再次进行了接待（表 4.5.5）。

表 4.5.5

Emily：您好，石先生，我可以为您做点什么吗？ 石磊：你好，我想换个标准间。 Emily：石先生，能告诉我换房的原因吗？ 石磊：刚接到朋友电话，他可能过来跟我合住。不好意思，给你们添麻烦了！ Emily：没关系！石先生，我们现在的标准间价格是 996 元 / 间天，含一份早餐，您需要吗？ 石磊：要，当然要。 Emily：请稍候……（通知客房部查房） 石先生，这是您新的房卡，××× 房。（收回原房卡）石先生，您换了一间标准间，房费是 996 元 / 间天，请在换房单上签字，谢谢！ 石磊：谢谢！ Emily：石先生，楼层服务员正在原来的房间等您。行李员会帮您将行李搬到新的房间。 石磊：非常感谢！ Emily：乐意为您效劳！

【工作要求】请在 Opera 上完成相关操作。

【成绩考评】

1. 请以截图的方式将该换房界面保存在桌面，并上传至指定地址。
2. 本题满分 10 分。

【配套习题】4.3.5 → 4.5.5

4.6　续住（Extended Stay）

4.6.1　续住概述

续住（Extended Stay）是指住店客人因各种原因不能按原定日期结账离店，而延迟退房日期。

（一）付款方式

1. 用信用卡结账，需要客人用信用卡追加预授权。

2. 用现金结账，需要客人续交押金。

3. 由旅行社结账，房费由旅行社支付，如果客人续住，需要向旅行社领队或导游确认，并有旅行社的传真确认函。

4. 由公司付费，需要销售部与公司联系获得延住确认传真，公司将延住确认传真发到酒店前台。如果未收到传真，销售部要决定客人延住费用是由客人付费，还是由公司付费。

（二）注意事项

1. 注意酒店“可用房”情况，若所续房型不足，则建议客人换房，客人不同意换房时，切忌赶客人走。

2. 关注客人押金是否不足，及时让客人续交押金。

3. 提醒客人重制钥匙（更改离店日期或时间）。

（三）续住操作流程

续住操作流程如表 4.6.1 所示。

表 4.6.1

项目：续住［三星级（含）以上适用］				
序号	标准—续住	达　到	未达到	备　注
1	在中午接近 12:00（或 14:00 时），如果客人不退房间，要及时询问客人是否要续住	1	0	
2	如果客人续住，需要确认有足够的房间给客人，要优先分配给住店客人房间	1	0	
3	如果房间已被分配给其他预订客人入住，要考虑需要给预订客人换房或为在住客人换房	1	0	
4	与客人核实房型、房号、房价、续住日期、退房时间等信息	1	0	
5	查看客人付款方式，客人押金是否足够，如不足，需要请客人续交押金	1	0	
6	在酒店信息系统中办理续住操作	1	0	
7	告知客人到前台更新房卡	1	0	
8	更改入住登记单	1	0	

4.6.2 习题一

【时间】2007 年 4 月 20 日 10:30

【地点】香榭里拉大酒店前厅部

【模拟岗位】前台接待员 Emily

【工作描述】1518 房客人李晨至酒店前台，要求续住一天。Emily 查看可用房情况后，为客人办理续住手续，并让客人补付押金 1000 元。

【工作要求】请在 Opera 上完成相关操作。

【操作步骤】

1. 在 Front Desk 模块选择 In House Guests 功能，按房号查找客人信息。如图 4–33 所示。

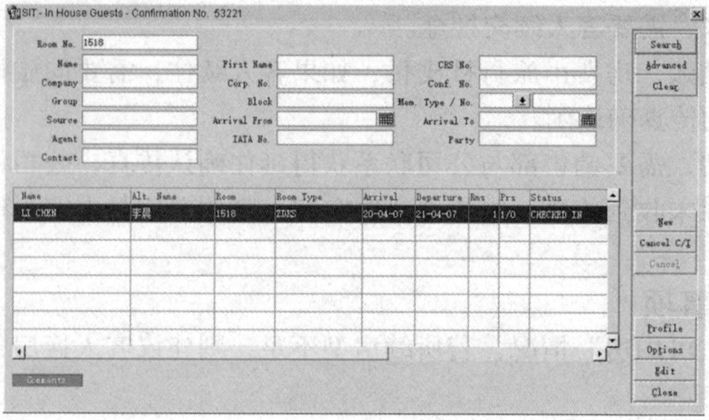

图4–33

2. 双击客人信息栏或点击 Edit 按钮进入 Reservation 界面，按要求修改客人离店日期后，点击 Save 按钮保存，出现 Opera 提示框，要求检查房价代码和可用房情况。如图 4–34 所示。

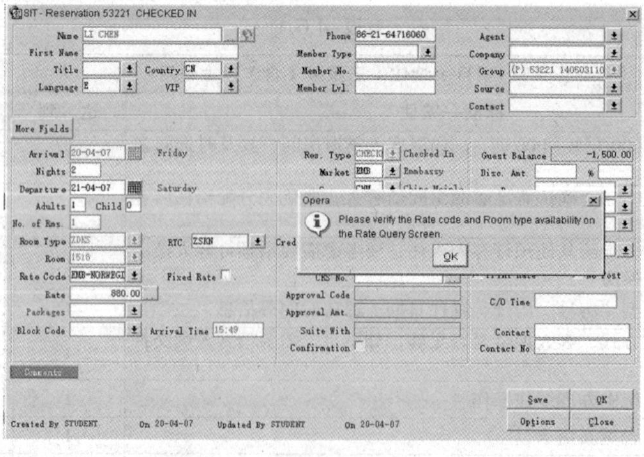

图4–34

3. 点击 OK 按钮退回至 Reservation 界面，然后点击 Option 功能按钮，选择 Billing 功能，输入密码后点击 Login 进入 Billing 界面。如图 4–35、图 4–36 和图 4–37 所示。

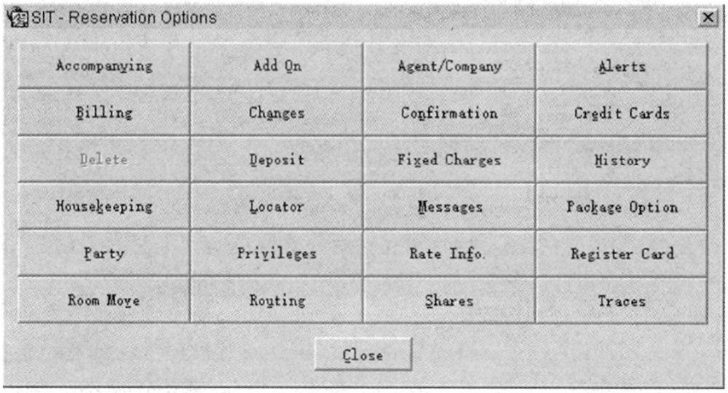

图4–35

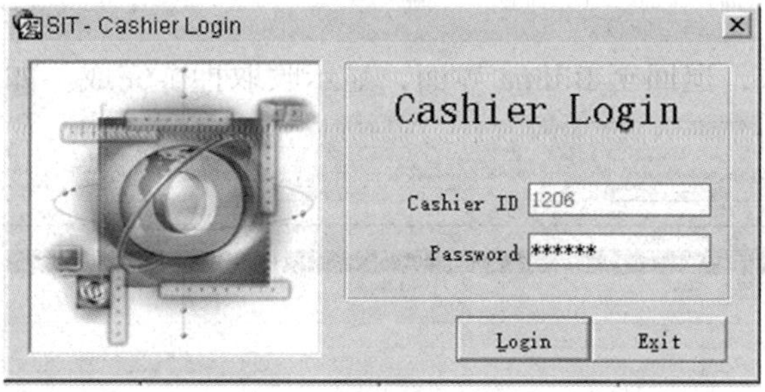

图4–36

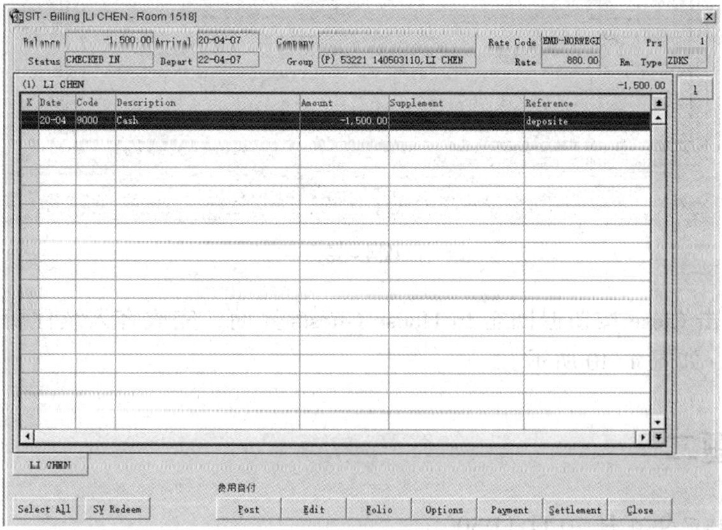

图4–37

4. 在客人 Billing 界面，点击 Payment 按钮进入 Payment 界面，录入付款代码、金额、备注说明。如图 4–38 所示。

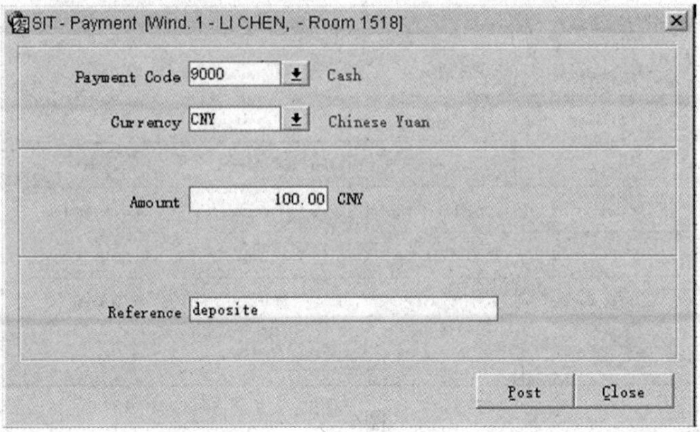

图4–38

5. 点击 Post 入账，退回至 Billing 界面，显示收取押金完成。如图 4–39 所示。

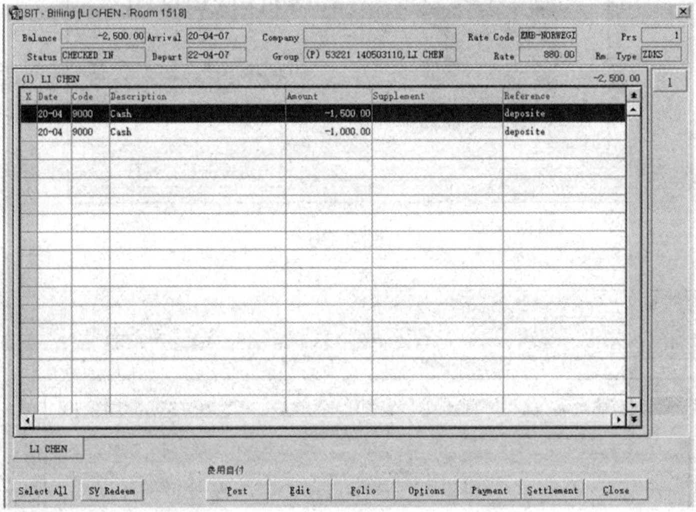

图4–39

6. 依次点击 Close 按钮退回至 In House Guests 界面，完成客人续住所有操作（重新制卡操作略）。如图 4–40 所示。

4.6.3 习题二

【时间】2007 年 4 月 20 日 11:30

【地点】香榭里拉大酒店前厅部

【模拟岗位】前台接待员 Emily

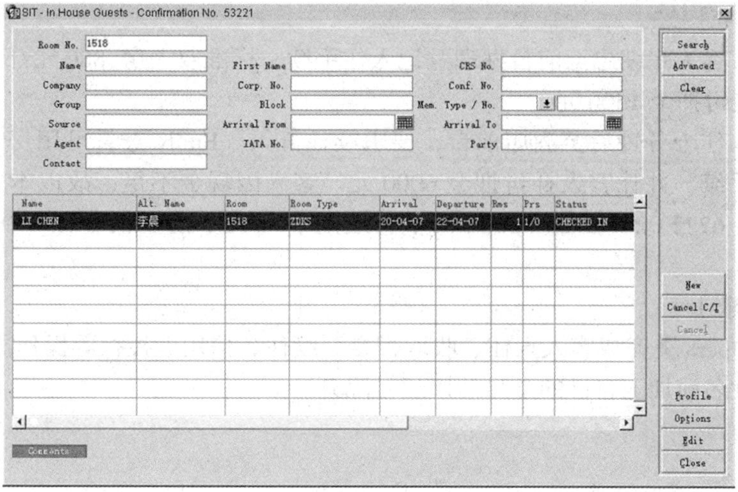

图4-40

【工作描述】1616房客人鲁昕至酒店前台，要求续住一天。Emily查看可用房情况后，为客人办理续住手续，并让客人补付押金1000元。

【工作要求】请在Opera上完成相关操作。

4.6.4　习题三

【时间】2007年4月20日13:30

【地点】香榭里拉大酒店前厅部

【模拟岗位】前台接待员Emily

【工作描述】

1.Walk In客人张朝忠至前台办理登记入住手续：标准双人房，880元/间天，住一天，费用自付，支付押金1500元。

2.客人入住十分钟后至酒店前台，要求续住一天。Emily查看可用房情况后，为客人办理续住手续，并让客人补付押金1000元。

【工作要求】

1.请在Opera上完成客人入住、收取押金、续住、补交押金等操作。

2.客人姓名前加上自己的学号并以逗号隔开。

4.6.5　习题四

【时间】2007年4月20日14:30

【地点】香榭里拉大酒店前厅部

【模拟岗位】前台接待员Emily

【工作描述】

1.Walk In 客人张朝忠至前台办理登记入住手续：标准双人房,880元/间天，住一天，费用自付，支付押金 1500 元。

2. 客人入住十分钟后至酒店前台，要求续住五天。Emily 查看可用房情况后，为客人办理续住手续，并让客人补付押金 6000 元。客人因现金不足，故以本人长城卡支付押金（卡号：6222 0287 8768 3200 266；有效期：04/16；预授权金额 6000 元；授权号 8765）。

【工作要求】

1. 请在 Opera 上完成客人入住、收取押金、续住、信用卡授权等操作。

2. 客人姓名前加上自己的学号并以逗号隔开。

4.7　加床（Extra Bed）

4.7.1　加床概述

加床（Extra Bed）服务是酒店应客人要求在原有房间加一张床。通常情况下所加的床为折叠式的(两折)，海绵垫，带轮子的，尺寸一般为 1.95 米 ×0.9 米，但海绵垫尺寸有很多，厚度一般为 7 厘米和 18 厘米。总体而言，舒适感不会很强。

（一）注意事项

1. 提醒客人加床服务需收取加床费。

2. 加床通常不提供额外免费早餐。

（二）加床操作流程

加床操作流程如表 4.7.1 所示。

表 4.7.1

项目：加床［三星级（含）以上适用］				
序号	标准—加床	达　到	未达到	备　注
1	在客人提出加床要求时，应提醒客人注意每张加床每晚的收费	1	0	
2	客人确认加床后，询问客人房间号及合适的加床时间	1	0	
3	当得知加床的准确时间后，通知客房服务员为客人安排加床服务	1	0	
4	在电脑系统中录入加床服务，并按天收取客人费用	1	0	
5	当客人取消加床时，通知客房服务员撤销加床服务，并在电脑系统中删除加床服务，不再收取客人费用	1	0	

4.7.2　习题一

【时间】2007 年 4 月 20 日 13:35

【地点】香榭里拉大酒店前厅部

【模拟岗位】前台接待员 Emily

【工作描述】

1.Walk In 客人张云龙至前台办理登记入住手续：标准双人房,880 元/间天，住一天，一切费用自付，支付押金 2500 元。

2. 客人入住半小时后至酒店前台，提出加床（同意支付加床费 150 元/天），并要求服务员 15:00 前在其房间加床。

【工作要求】请在 Opera 上完成相关操作。

1. 完成 Walk In 客人登记入住操作。

2. 完成加床服务相应电脑操作。

3. 在客人姓名前加上自己的学号并以逗号隔开。

【操作步骤】

1. 按前述 Walk In 客人登记入住流程，为张云龙办理 Check In。如图 4–41 所示。

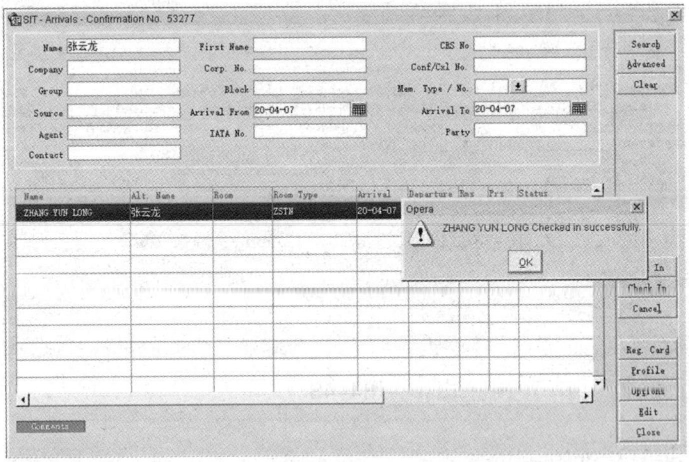

图4–41

2. 在 Front Desk 模块选择 In House Guests 功能，按房号查找住店客人信息，并双击客人信息栏（或点击 Edit 按钮）进入客人 Reservation 界面。如图 4–42 和图 4–43 所示。

3. 点击 Option 按钮进入 Reservation Option 界面，选择 Fixed Charges 功能进入下一步。如图 4–44 所示。

4. 在 Reservation Option–New 界面，录入加床相应交易代码、加床费金额以及备注说明后，点击 OK 按钮进入 Fixed Charges 界面，再点击 Close 按钮返回至 Reservation Option 界面，最后点击 Close 按钮退回至客人 Reservation 界面（此时界面左下方会出现红色 Fixed Charges 提示框，表明完成加床费设置操作）。如图 4–45~ 图 4–48 所示。

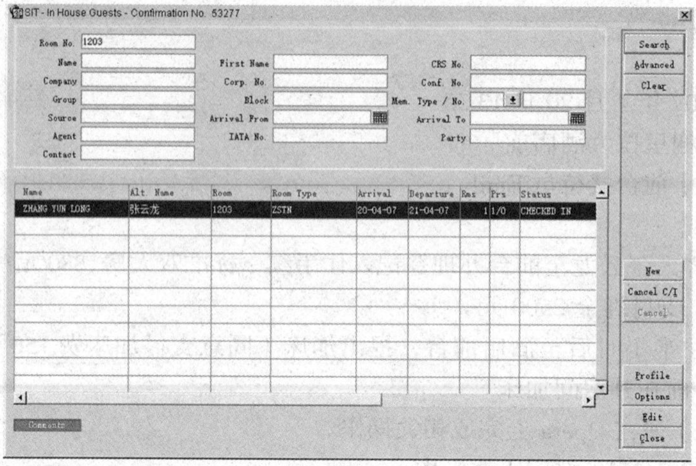

图4–42

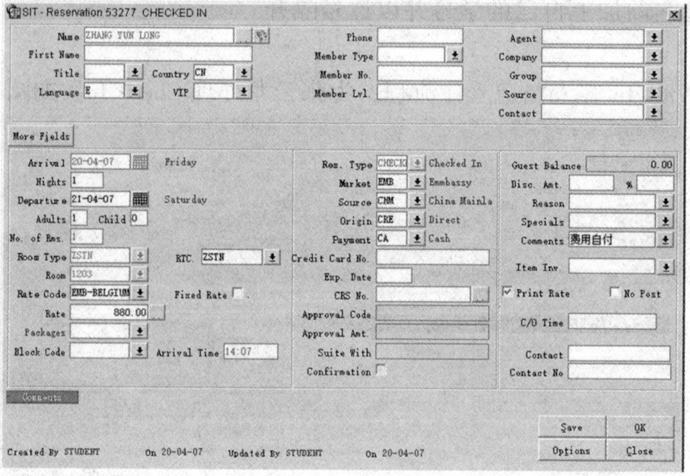

图4–43

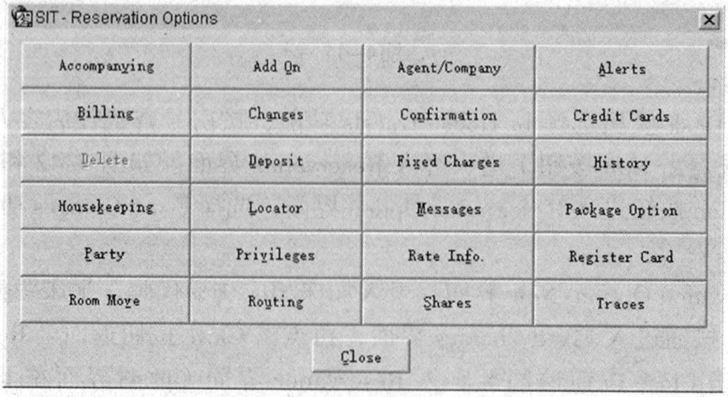

图4–44

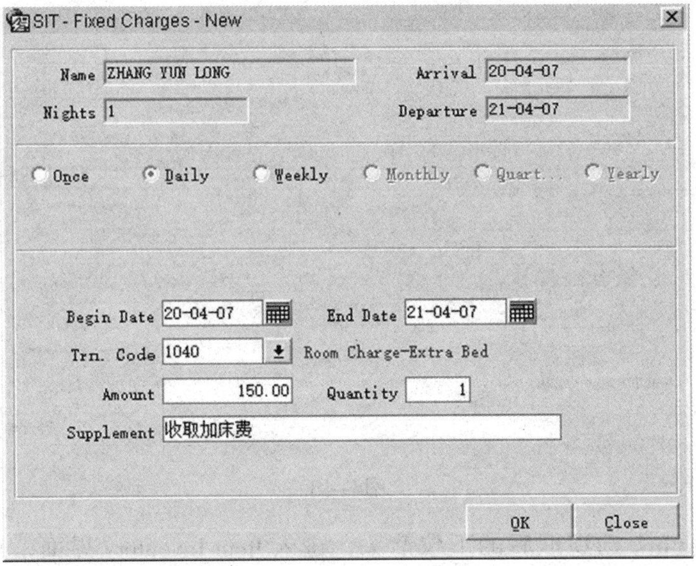

图4–45

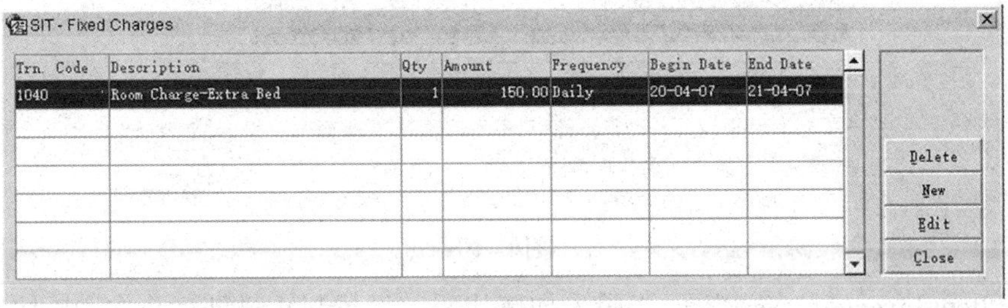

图4 46

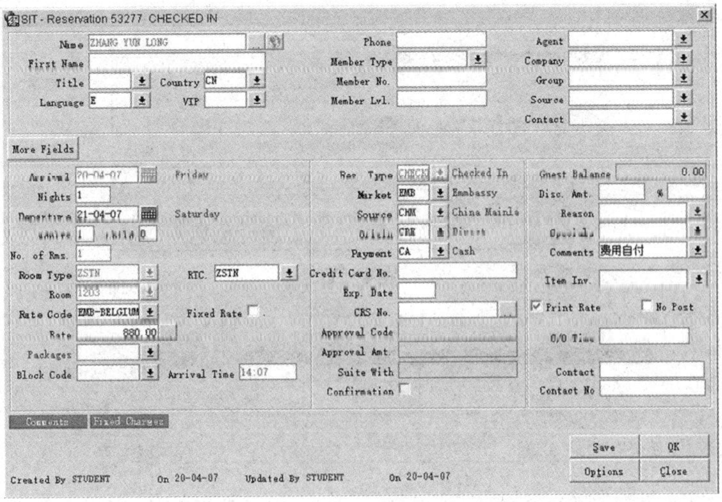

图4–47

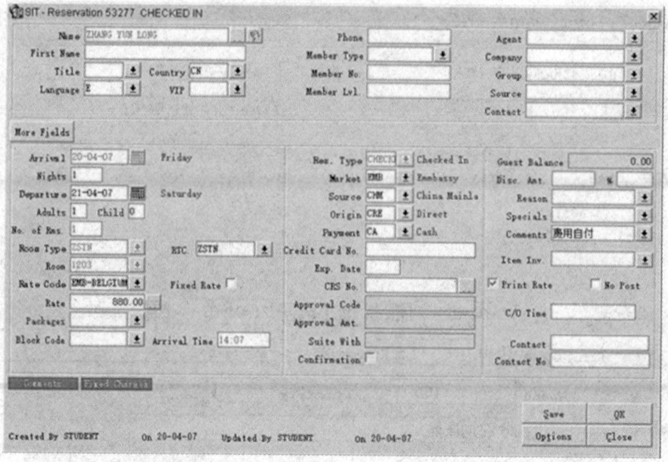

图4-48

5. 点击 Item Inv. 选项框后的下拉箭头，进入 Item Inventory 界面，点击 New 新建。如图 4-49 所示。

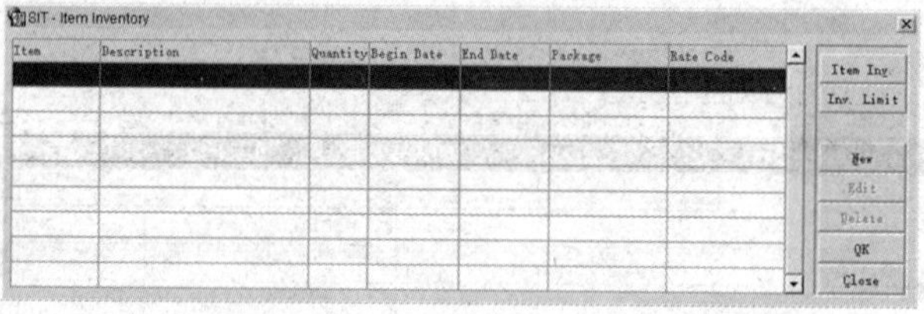

图4-49

6. 在 Item Inventory-New 界面，录入加床代码，设置起止日期后点击 OK 按钮退回至 Item Inventory 界面，再次点击 OK 按钮退回至客人 Reservation 界面。如图 4-50 和图 4-51 所示。

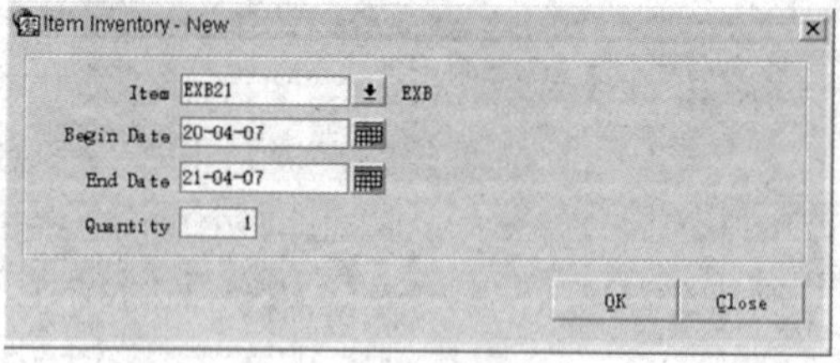

图4-50

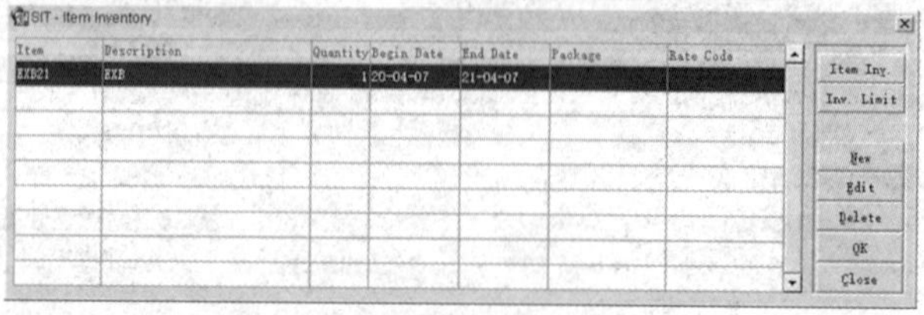

图4-51

7. 在客人 Reservation 界面，点击 OK 按钮出现 Opera 提示，询问是否要创建 Trace，点击 Yes 进入下一步。如图 4-52 所示。

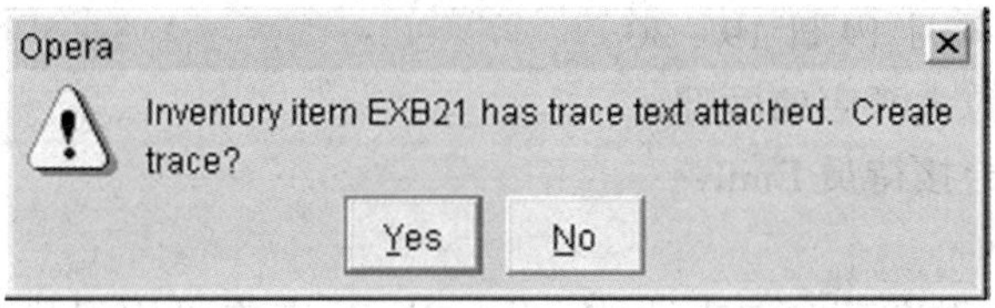

图4-52

8. 在 Trace-New 界面，录入相应信息（部门代码、文本信息等）后，点击 OK 按钮退回至 In House Guests 界面（此时界面左下方会出现红色 Trace 提示框，表明通知客房部加床事宜操作完成）。如图 4-53 和图 4-54 所示。

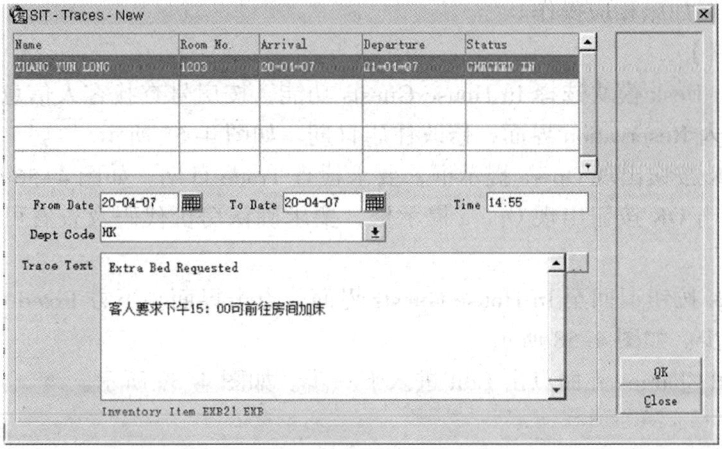

图4-53

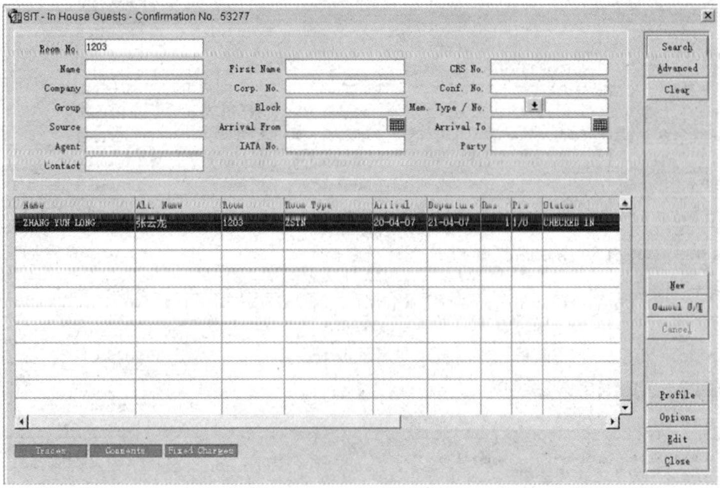

图4-54

4.7.3　习题二

【时间】2007 年 4 月 19 日 19：30

【地点】香榭里拉大酒店前厅部

【模拟岗位】前台接待员 Emily

【工作描述】

1. 住店客人张云龙至前台要求续住一天，Emily 查看可用房状态后，为客人办理续住手续（因客人入住时支付押金 2000 元，故不需再另付押金）。

2. 客人提出第二天取消加床服务。

【工作要求】请在 Opera 上完成相关操作。

1. 完成续住操作。

2. 完成取消加床相应操作。

【操作步骤】

1. 在 Front Desk 模块选择 In House Guests 功能，按房号查找客人信息，并双击客人信息栏进入客人 Reservation 界面，修改住店日期。如图 4–55 所示。

2. 点击 OK 按钮出现 Opera 提示框，要求检查 Trace 日期。如图 4–56 所示。

3. 再次点击 OK 按钮出现 Opera 提示框，要求确认房价代码及查看可用房状态。如图 4–57 所示。

4. 点击 OK 按钮退回至 In House Guests 界面，点击界面左下方 Fixed Charges 红色提示框进入下一步。如图 4–58 所示。

5. 在 Fixed Charges 界面点击 Edit 进入下一步。如图 4–59 所示。

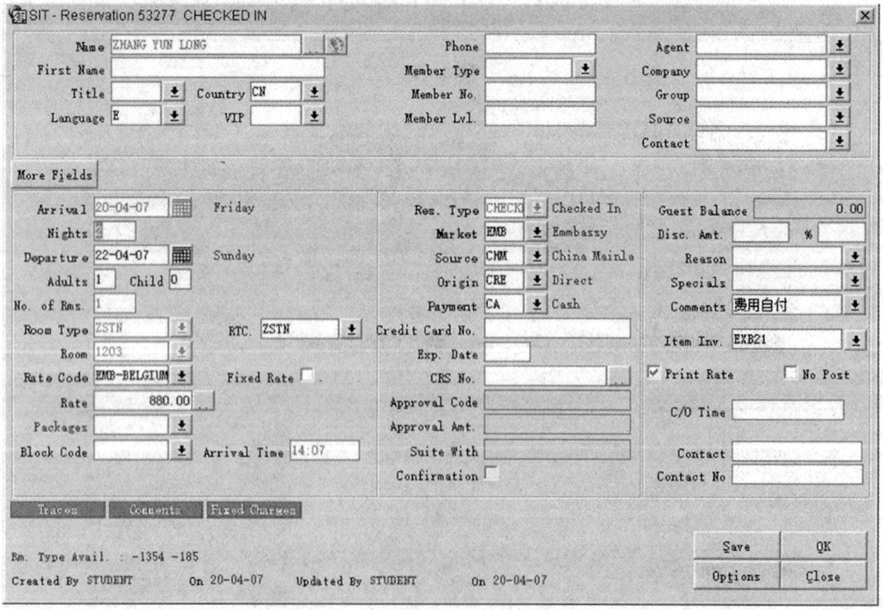

图4–55

图4–56

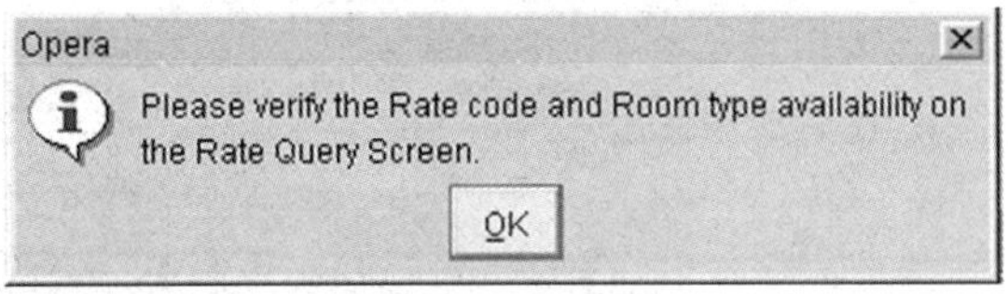

图4–57

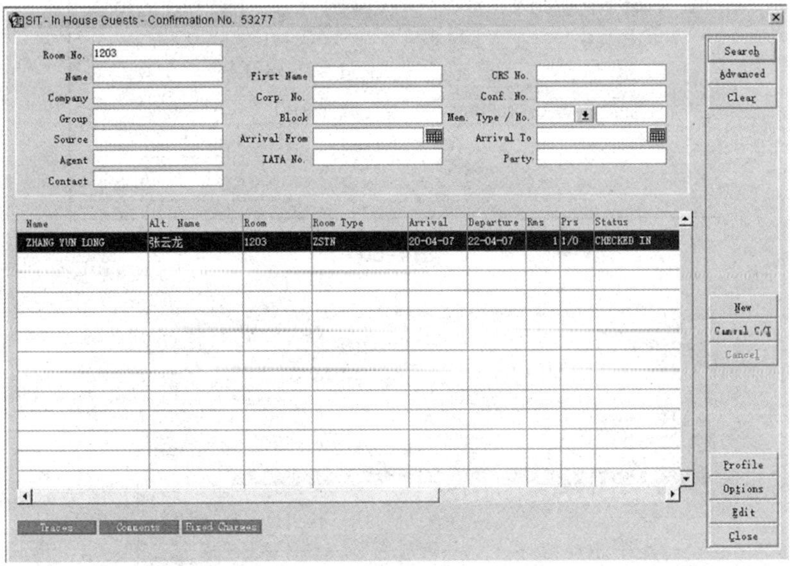

图4–58

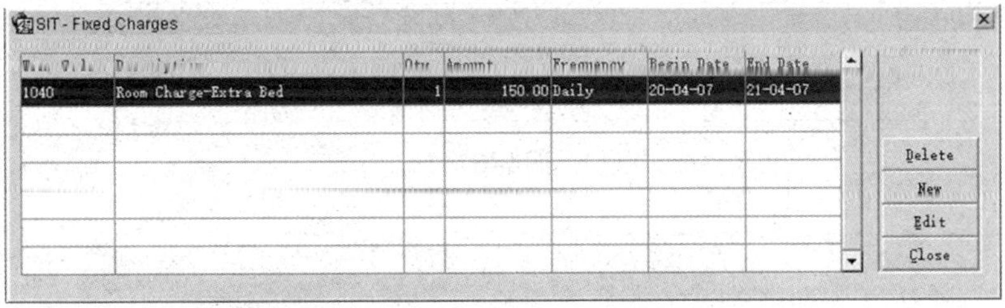

图4–59

6. 在 Fixed Charges–Edit 界面，录入加床起止日期、加床费金额，以及备注说明（加床费起止日期采用“算头算尾”的方法：本例中客人加床一天，因此起止日期均为 4 月 20 日；但若客人只住一天，则结束日期设为 21 日也无妨）。点击 OK 按钮退回至 Fixed Charges 界面。如图 4–60 和图 4–61 所示。

7. 点击 Close 按钮退回至图 4–58 所示 In House Guests 界面，点击左下方 Trace 提示框进入下一步。如图 4–62 所示。

8. 点击 New 按钮进入 Traces–New 界面，录入部门代码和具体交办事宜后，点击 OK 按钮退回至 Trace 界面。如图 4–63 和图 4–64 所示。

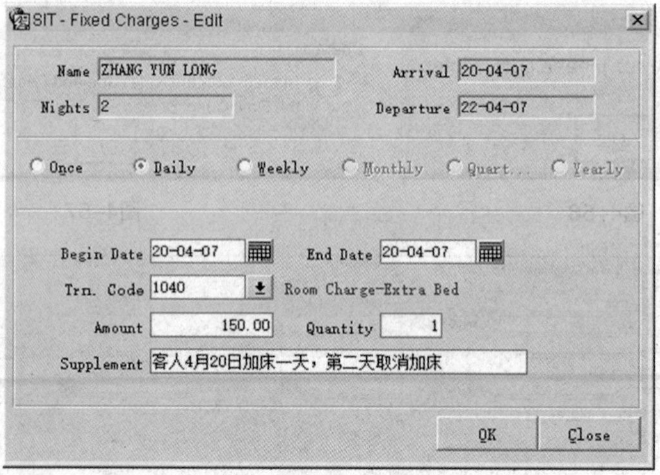

图4-60

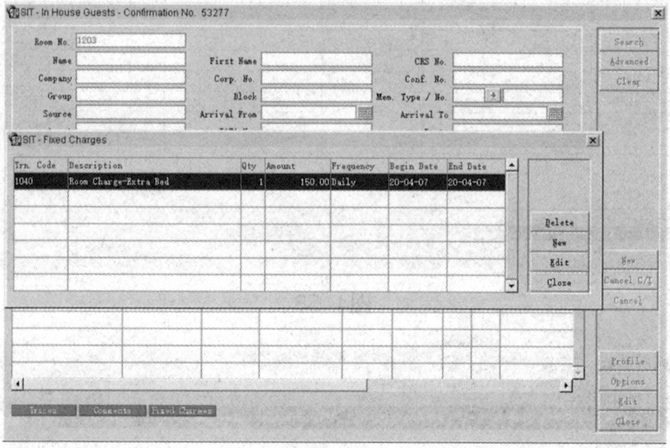

图4-61

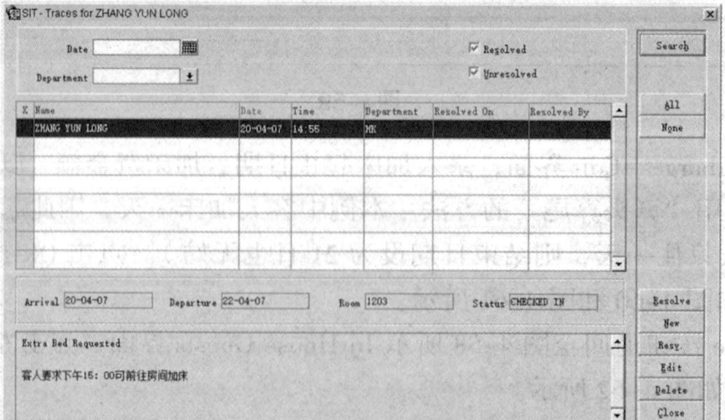

图4-62

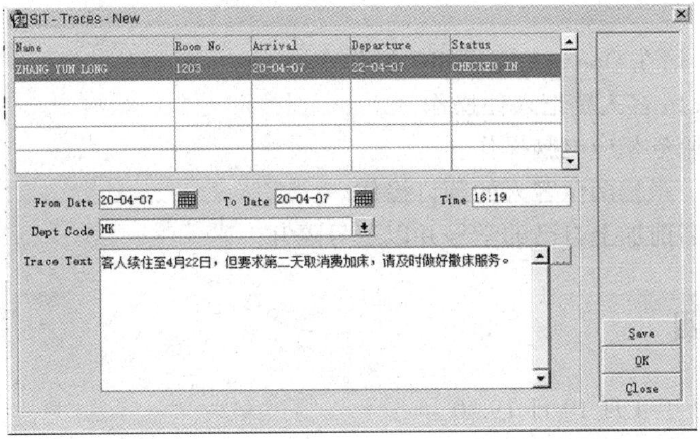

图4–63

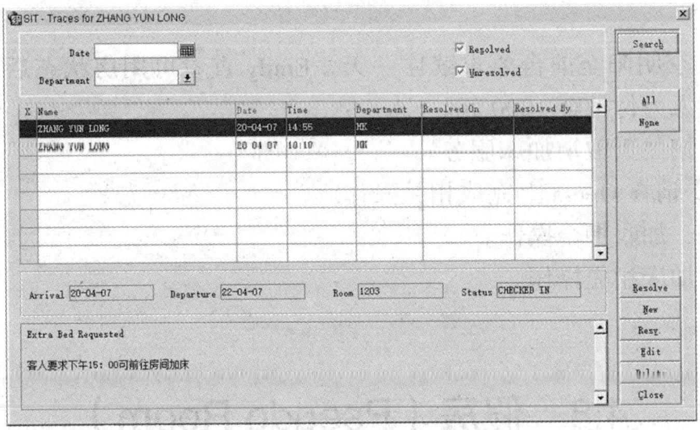

图4–64

9. 点击 Close 按钮退回至图 4–58 所示 In House Guests 界面，完成所有操作。

4.7.4　习题三

【时间】2007 年 4 月 20 日 16:30

【地点】香榭里拉大酒店前厅部

【模拟岗位】前台接待员 Emily

【工作描述】

1.Walk In 客人李明阳至前台办理登记入住手续：标准双人房，880 元 / 间天，住一天，一切费用自付，支付押金 1500 元。

2. 客人入住半小时后至酒店前台，要求加床（同意支付加床费 150 元 / 天），并且要求服务员尽快到其房间提供加床服务。

3. 李先生告知前台另外两位客人（李诚、张鹏）将于 18:00 入住酒店，要求做好预订。

【工作要求】请在 Opera 上完成相关操作。

1. 完成 Walk In 客人登记入住操作。

2. 完成加床服务相应电脑操作。

3. 完成李诚、张鹏两位客人的预订操作。

4. 在客人姓名前加上自己的学号并以逗号隔开。

4.7.5 习题四

【时间】2007 年 4 月 19 日 19:30

【地点】香榭里拉大酒店前厅部

【模拟岗位】前台接待员 Emily

【工作描述】

1. 住店客人李明阳至前台要求续住一天，Emily 查看可用房状态后，为客人办理续住手续，并让客人另付押金 1000 元。

2. 客人提出第二天取消加床服务。

【工作要求】请在 Opera 上完成相关操作。

1. 完成续住、加收押金操作。

2. 完成取消加床相应操作。

4.8 假房（Pseudo Room）

4.8.1 假房概述

假房，又称哑房，即酒店前台为非住客房设立的账户，一般用于审计账目的调整。通常还适用于“应付未付”的账户，因为没有相关协议，未能挂入应收账款的，但客人已经离店，也可做假房 / 哑房来挂账使用。假房房号通常以 9 开头。

（一）假房的种类

1. 专门用于团队账目调整的 PM 房，即团队主单。

2. 专门用于财务调账的 PF 房。常用的有：客人定金的 PF 房；客人离店账未结的 PF 房；丢失账的 PF 房；垃圾账的 PF 房。

3. 专用于宴会的 Catering（宴会调账假房）。

（二）注意事项

1. 假房通常由收银的主管、领班根据需要设立。

2. 假房不计入酒店的收入。

完成使用后，需要做退房操作。通常酒店只会设立极少数的永久假房。

4.8.2　习题一

【时间】2007 年 4 月 19 日 10：00

【地点】香榭里拉大酒店前厅部

【模拟岗位】前台收银领班 Susan

【工作描述】上海均瑶集团在酒店举办会议（涉及餐厅、会场等收入，但无住房），Susan 为其建立一个假房，便于入账与结账。

【工作要求】

1. 请在 Opera 上完成相关操作。
2. 在公司名称前加上自己的学号并以逗号隔开。

【成绩考评】

1. 请以截图的方式将假房界面保存在桌面，并上传至指定地址。
2. 本题满分 10 分。

【操作步骤】

1. 在 Front Desk 模块选择 Accounts 功能进入下一步。如图 4–65 所示。
2. 点击 Name 后的小方框，查找该公司客史记录，若无则需新建一个公司客史，建成后点击 OK 按钮返回至 Accounts 界面。如图 4–66 所示。

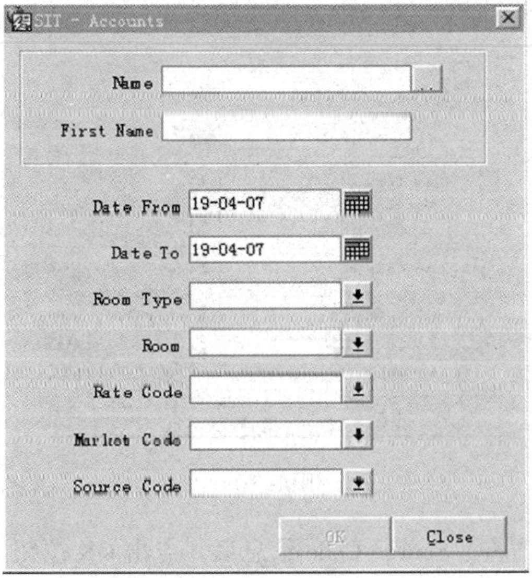

图4–65

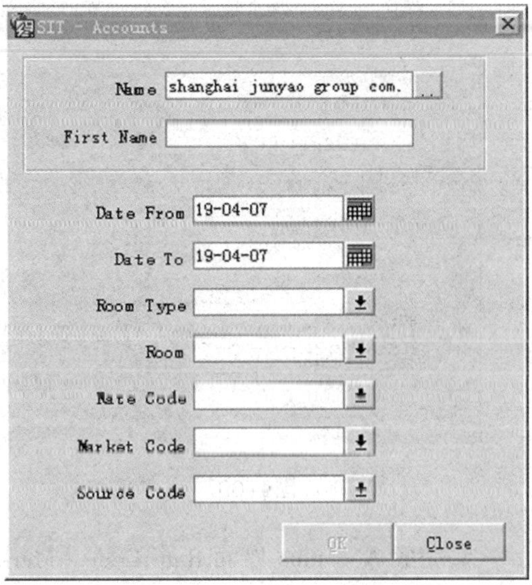

图4–66

3. 选择假房的启用与结束日期（根据会议日程设定）。如图 4–67 所示。

4. 点击 Room Types 后的下拉式箭头，选择相应的假房类型，并点击 OK 按钮返回至 Accounts 界面，电脑会自动产生假房号。如图 4–68 和图 4–69 所示。

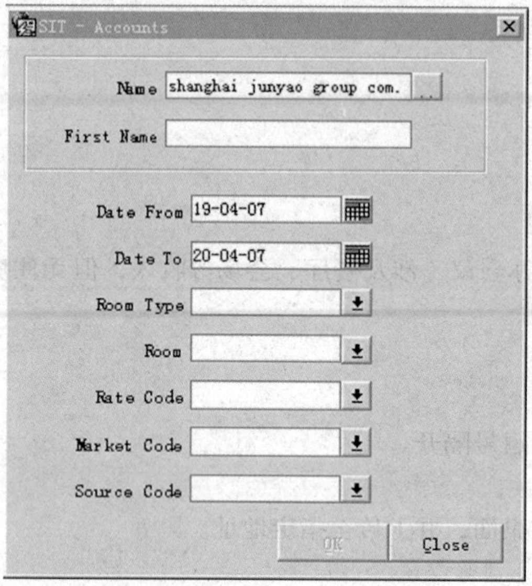

图4–67

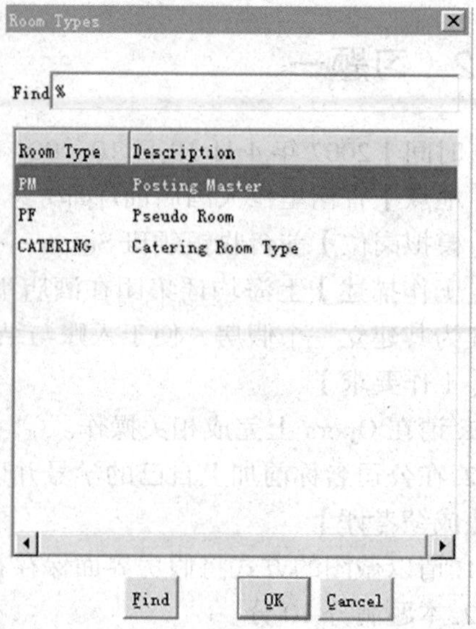

图4–68

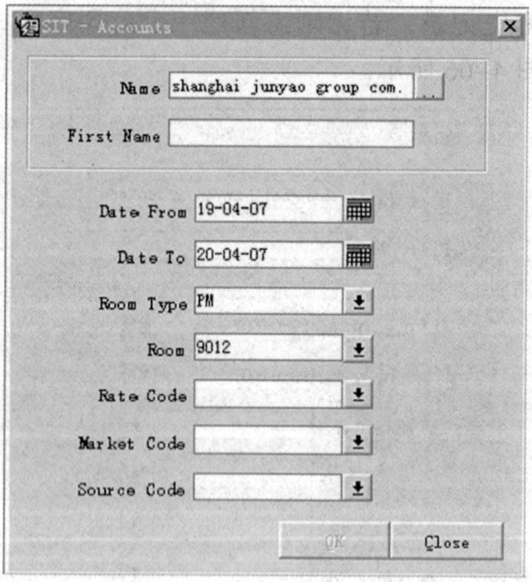

图4–69

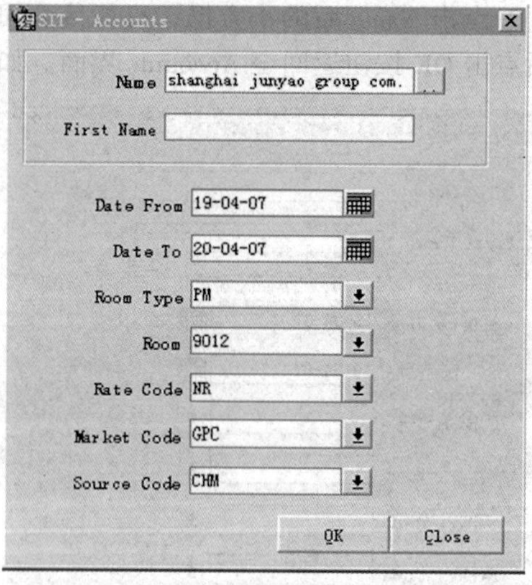

图4–70

5. 完成 Accounts 界面 Rate Code、Market Code、Source Code 信息后，点击 OK 按钮。如图 4–70 所示。

6. 出现对话框，选择 Yes。如图 4–71 所示。

7. 显示假房入住成功，点击 OK 按钮退出。如图 4–72 所示。

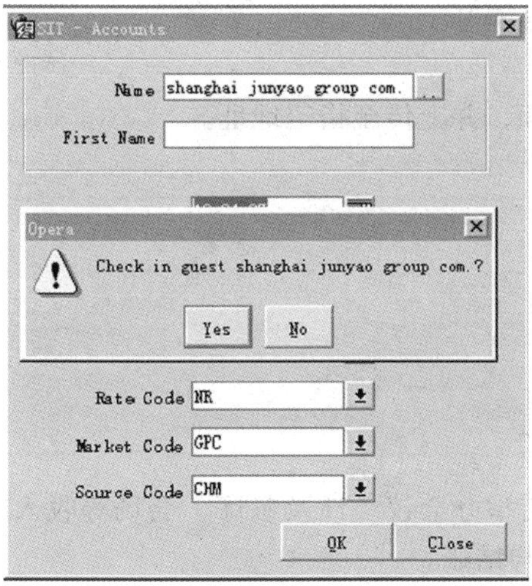

图1-71

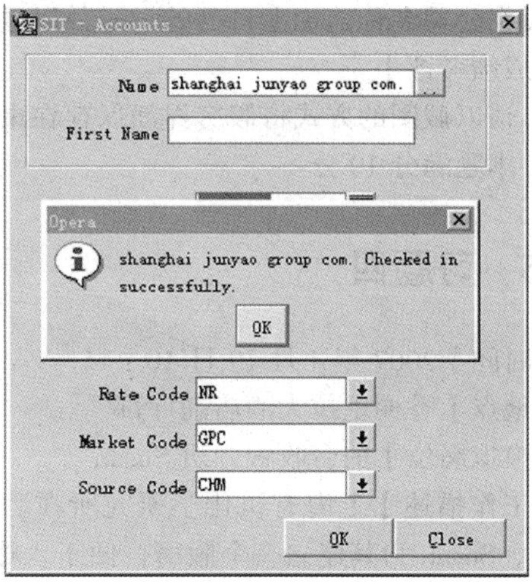

图1-72

4.8.3　习题二

【时间】2007 年 4 月 19 日 10:05

【地点】香榭里拉大酒店前厅部

【模拟岗位】前台收银领班 Susan

【工作描述】上海影响力公司在酒店举办培训班（涉及餐厅、会场等收入，但无住房），Susan 为其建立一个假房，便于入账与结账。

【工作要求】

1. 请在 Opera 上完成相关操作。

2. 在公司名称前加上自己的学号并以逗号隔开。

【成绩考评】

1. 请以截图的方式将假房界面保存在桌面，并上传至指定地址。

2. 本题满分 10 分。

4.8.4　习题三

【时间】2007 年 4 月 19 日 10：10

【地点】香榭里拉大酒店前厅部

【模拟岗位】前台收银领班 Susan

【工作描述】上海中山医院在酒店举办研讨会（涉及餐厅、会场等收入，但无住房），Susan 为其建立一个假房，便于入账与结账。

【工作要求】

1. 请在 Opera 上完成相关操作。

2. 在公司名称前加上自己的学号并以逗号隔开。

【成绩考评】

1. 请以截图的方式将假房界面保存在桌面，并上传至指定地址。

2. 本题满分 10 分。

4.8.5 习题四

【时间】2007 年 4 月 19 日 10：15

【地点】香榭里拉大酒店前厅部

【模拟岗位】前台收银领班 Susan

【工作描述】上海有机化学研究所在酒店举办会议（涉及餐厅、会场等收入，但无住房），Susan 为其建立一个假房，便于入账与结账。

【工作要求】

1. 请在 Opera 上完成相关操作。

2. 在公司名称前加上自己的学号并以逗号隔开。

【成绩考评】

1. 请以截图的方式将假房界面保存在桌面，并上传至指定地址。

2. 本题满分 10 分。

4.9 综合例题

4.9.1 习题一

【时间】2007 年 4 月 19 日

【地点】香榭里拉大酒店前厅部

【模拟岗位】前台接待员 Emily、接待领班 Catherine、礼宾部员工 Andy、大堂副理 Anthony

【工作描述】

1. 10:00，Catherine为施安平，张鹏、孔丽娜夫妇，曹昆、严静雯夫妇的预订分配房间。

2. 12:00，礼宾部收到张鹏先生的一份快递，Andy 给张先生留了一个 Message。

3. 13:00，大堂副理 Anthony 致电前台，要求在施安平先生入住时务必通知他前来接待，Emily 为其做了个 Trace。

4. 17:30，施安平，张鹏、孔丽娜夫妇一行入住酒店，Emily 为他们办理了入住手续。

5. Emily 通知大堂副理 Anthony 前来接待客人（做 Trace 已处理操作），并告知张鹏先生礼宾部有其快递。

6. 17:35，Emily 误将曹昆、严静雯夫妇的房间 C/I 后，向接待领班报告，接待领班

Catherine 进行了撤销入住操作。

7. 17:40，张鹏先生至礼宾部取快递，Andy 办理转交手续，做 Message 已处理操作。

8. 17:50，施安平先生进房后不久便返回前台，要求换一间单人大床房，Emily 通知客房部查房后，为其办理了换房手续（房价为公司协议价：880 元 / 间天）。

9. 18:30，曹昆、严静雯夫妇入住酒店，Emily 为他们办理了入住手续。

【工作要求】请在 Opera 上完成相关操作。

【成绩考评】

1. 请以截图的方式将该操作界面保存在桌面，并上传至指定地址。

2. 本题满分 10 分。

【配套习题】3.9.1 → 4.9.1 → 6.5.1

4.9.2　习题二

【时间】2007 年 4 月 19 日

【地点】香榭里拉大酒店前厅部

【模拟岗位】前台接待员 Emily、接待领班 Catherine、礼宾部员工 Andy、大堂副理 Anthony

【工作描述】

1. 10:00，Catherine 为华刚、金海燕夫妇，魏伟、陶爱梅夫妇，姜瑜的预订分配房间。

2. 12:00，礼宾部收到魏伟先生的一份快递，Andy 给魏先生留了一个 Message。

3. 13:00，大堂副理 Anthony 致电前台，要求在华刚先生入住时务必通知他前来接待，Emily 为其做了个 Trace。

4. 17:30，华刚、金海燕夫妇和魏伟、陶爱梅夫妇一行入住酒店，Emily 为他们办理了入住手续。

5. Emily 通知大堂副理 Anthony 前来接待客人（做 Trace 已处理操作），并告知魏伟先生礼宾部有其快递。

6. 17:35，Emily 误将姜瑜的房间 C/I 后，向接待领班报告，接待领班 Catherine 进行了撤销入住操作。

7. 17:40，魏伟先生至礼宾部取快递，Andy 办理转交手续，做 Message 已处理操作。

8. 18:30，姜瑜女士入住酒店，Emily 为其办理了入住手续。

9. 18:35，姜瑜女士进房后不久便返回前台，要求换一间标准间，Emily 通知客房部查房后，为其办理了换房手续（房价为公司协议价：996 元 / 间天）。

【工作要求】请在 Opera 上完成相关操作。

【成绩考评】

1. 请以截图的方式将该操作界面保存在桌面，并上传至指定地址。

2. 本题满分 10 分。

【配套习题】3.9.2 → 4.9.2 → 6.5.2

第5单元

住店期间服务

学习意义 住店期间服务是酒店对客服务全过程的重中之重。提供高效优质的住店期间服务，不仅可以增强客人的满意度，提升酒店的整体形象和服务水平，而且可以培养员工宾客至上的服务意识。本章内容，能够使学生熟知客人住店期间各种服务的基本概念及流程，并熟练掌握基础的电脑操作，同时有利于培养学生的职业素养。

内容概述 本章分别介绍了查询、问询、留言、转交物品、租借物品、外币兑换、贵重物品寄存的概念、流程、注意事项及基础操作。

教学目标

知识目标

1 了解住店期间服务的主要内容。

2 了解住店期间各种服务的概念、操作流程及注意事项。

能力目标

1 熟练掌握住店期间服务的电脑操作。

5.1　查询客人（Search Guests）

5.1.1　查询客人概述

查询客人（Search Guests）是指住店或店外客人通过来电及至酒店前台查询客人预订、住店、离店等相关信息时，服务人员认真查询酒店信息系统中的客人信息，及时、准确、迅速地提供信息与服务。

（一）查询客人类型

1. 客人档案查询。
2. 客人预订查询。
3. 住客客人查询。

（二）无法查询到客人信息的原因

1. 查询条件输入有误，如姓名输错。
2. 非本人姓名预订（团队、公司、他人姓名代订）。
3. 客人预订已取消。
4. 非当日预订（No Show 等）。
5. 客人已入住，但未在前台办理登记入住（发现此情况，应让客人补办登记手续）。
6. 客人已结账离店。
7. 其他原因。

（三）查询客人信息的渠道

1.Reservation 模块中的 Profile 功能查询客人档案。
2.Reservation 模块中的 Update Reservation 功能查询客人预订信息。
3.Front Desk 模块中的 Arrivals 功能查询客人预订信息。
4.Front Desk 模块中的 In House Guests 功能查询住店客人信息。
5.Cashiering 模块中的 Billing 功能查询住店客人、已离店客人信息。
6.Dashboard 功能查询客人档案、预订、住店、离店信息。

（四）注意事项

1. 熟练使用通配符“%”功能。
2. 注意保护客人隐私，未经允许不得轻易泄露客人的相关信息。
3. 应充分考虑各种可能原因查询客人信息，不可武断地回答酒店无法查找到的客人。

（五）查询客人操作流程

查询客人操作流程如表 5.1.1 所示。

表5.1.1

项目：查询［三星级（含）以上适用］				
序号	标准—预订查询	达　到	未达到	备　注
1	接到电话或上门查询客人，主动问候	1	0	
2	询问预订客人的相关信息（姓名等）	1	0	
3	在酒店信息系统中录入相应条件查询	1	0	
4	查询时应充分考虑各种可能因素，迅速准确查找	1	0	
5	查到客人预订后，告知客人预订状态。询问客人是否需要留言	1	0	
6	查不到客人预订时，建议来电、来访者电话联系客人	1	0	
7	微笑着与客人告别	1	0	
序号	标准—住店客人查询	达　到	未达到	备　注
1	接到电话或上门查询客人，主动问候	1	0	
2	报出客人房号的情况下，直接在系统中录入房号查询	1	0	
3	不知道房号的，要问清客人姓名，在系统中按姓名索引查询	1	0	
4	查不到客人信息时，不可武断地回答无此人。因为有可能是酒店的原因而没有查到，可以说："目前，电脑中没有这个名字的记录，建议您通过其他的途径再联系一下客人。"	1	0	
5	查到客人的信息后，发现是保密的，则不可以告知	1	0	
6	原则上客人的房号是不可以告知查询人的	1	0	
7	查到客人后，房间电话无人接通的（起码试两次，有可能客人暂时不方便），建议查询者稍后再次查询或帮其留言	1	0	
8	微笑着与客人告别	1	0	

5.1.2　习题一

【时间】2007 年 4 月 20 日 10：00

【地点】香榭里拉大酒店前厅部

【模拟岗位】前台接待员 Emily

【工作描述】查询协议公司"上海石基信息技术有限公司"预订、住店、离店客人的相关信息。

【工作要求】请在 Opera 上完成相关操作。

【操作步骤】

1. 在 PMS 界面按热键"Ctrl+F4"进入 Dashboard 界面。如图 5-1 所示。

2. 在 Dashboard 界面，点击 Advanced 功能键进行高级查询，在查询条件公司栏中录入"上海石基信息技术有限公司"后，点击 Search 按钮查找。如图 5-2 和图 5-3 所示。

3. 在图 5-3 界面中，点击 Status 可将查询结果按"状态"排序。如图 5-4 所示。

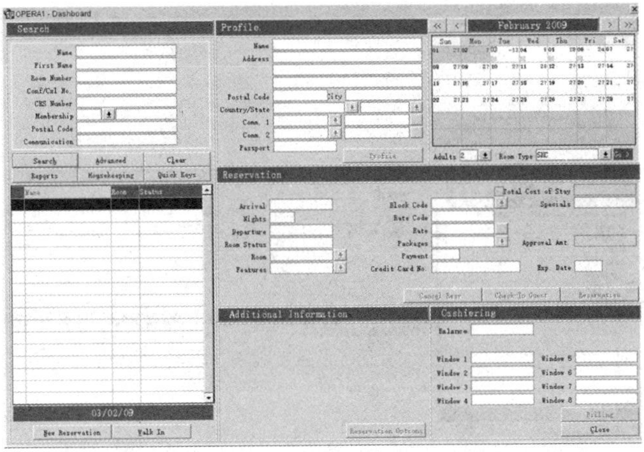
OPERA1 - Dashboard
Search
Profile
February 2009
Reservation
Additional Information
Cashiering
03/02/09
New Reservation
Walk In

图5–1

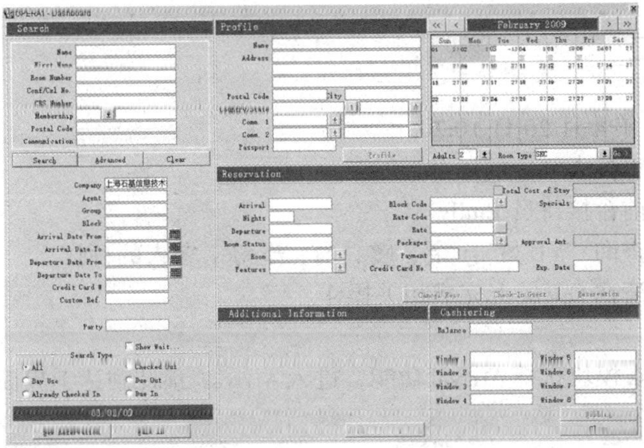
OPERA1 - Dashboard
Search
Profile
February 2009
Reservation
Additional Information
Cashiering
上海石基信息技术
03/02/09

图5–2

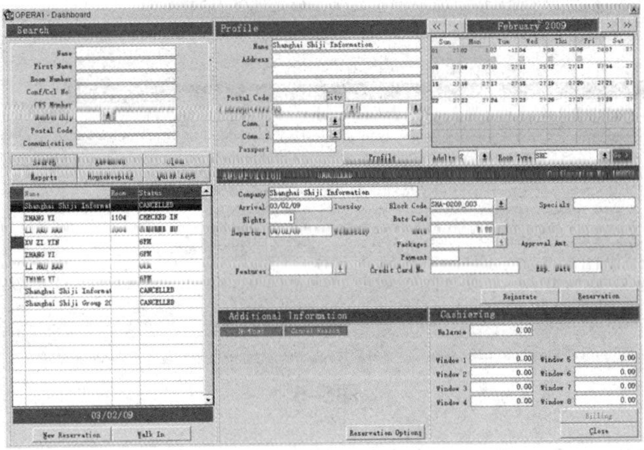
OPERA1 - Dashboard
Search
Profile
February 2009
Shanghai Shiji Information
Additional Information
Cashiering
03/02/09
New Reservation
Walk In

图5–3

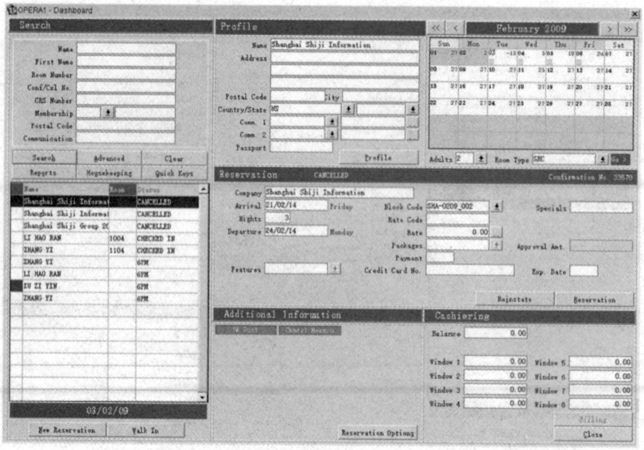

图5-4

5.1.3　习题二

【时间】2007 年 4 月 20 日 10:20

【地点】香榭里拉大酒店前厅部

【模拟岗位】前台接待员 Emily

【工作描述】查询“YU 姓”（余、虞、俞、于等）客人的预订。

【工作要求】请在 Opera 上完成相关操作。

【操作步骤】

1. 在 Front Desk 模块选择 Arrival 功能，进入 Arrival（预计到达）界面。如图 5-5 所示。

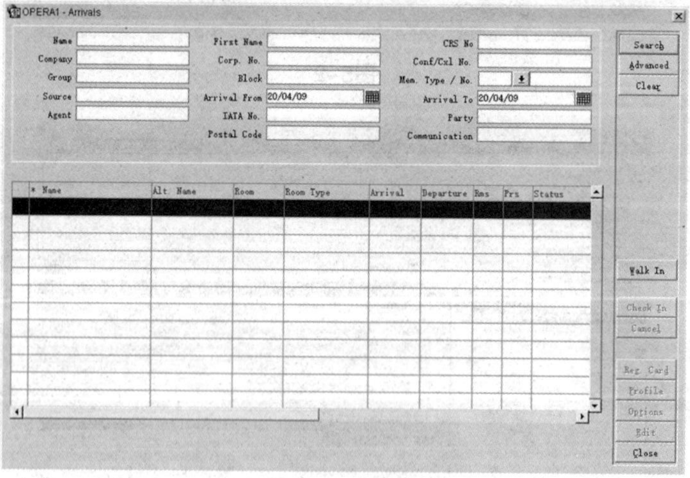

图5-5

2. 在 Arrival 界面，录入相应查询条件（Name：%YU，Arrival To 框中的具体日期去掉）后，点击 Search 键查找。如图 5–6 所示。

3. 显示查询结果，完成操作。如图 5–7 所示。

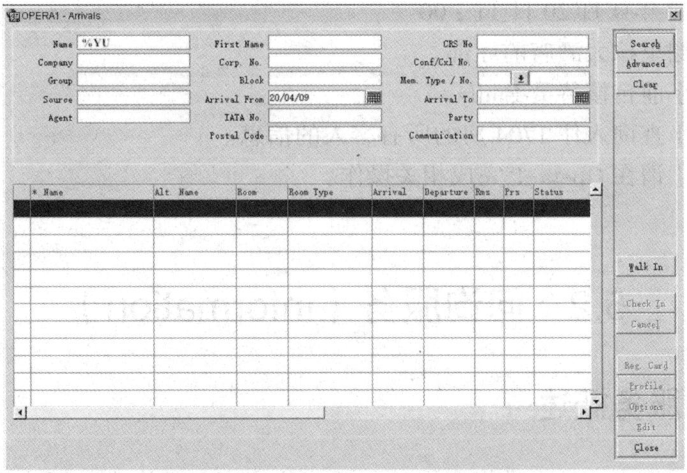

图5–6

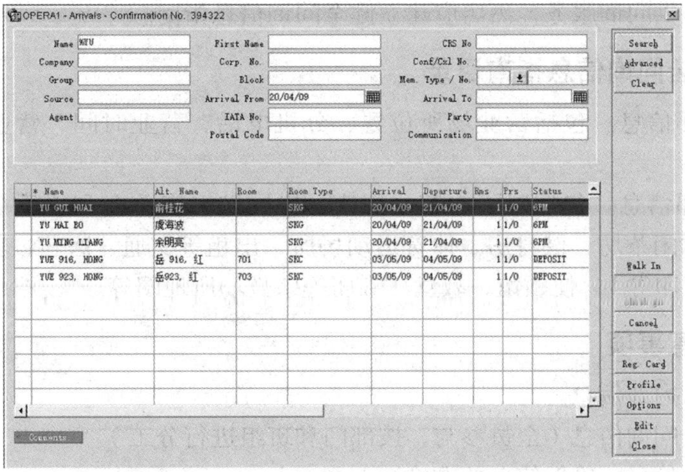

图5–7

5.1.4 习题三

【时间】2007 年 4 月 20 日 10：50

【地点】香榭里拉大酒店前厅部

【模拟岗位】前台接待员 Emily

【工作描述】查询 4 月 21 日当天所有预订客人的信息。

【工作要求】请在 Opera 上完成相关操作。

5.1.5 习题四

【时间】2007 年 4 月 20 日 11：00

【地点】香榭里拉大酒店前厅部

【模拟岗位】前台接待员 Emily

【工作描述】查询入住 1704 房的所有客人的信息。

【工作要求】请在 Opera 上完成相关操作。

5.2 问询服务（Information）

5.2.1 问询服务概述

问询服务（information）是指客人（包括非住店客）问询有关酒店内部及酒店外部信息时，酒店服务人员以友善热情的态度为客人提供准确、及时、全面的信息服务。为更好地向客人提供问询服务，酒店应建立健全问询信息指南。

（一）酒店问询信息指南目录

1. 酒店内部信息。包括营业场所位置、分机电话、营业时间、营业特色、收费标准等。

2. 酒店外部信息。包括以下内容：酒店、影剧院、夜总会和娱乐场所、商场、餐厅、咖啡厅、休闲茶坊、健身房、体育运动场所、出租等交通、医药、美容美发、商务服务（打字、复印等）、使领馆、教堂、寺庙等宗教场所地图等。

（二）注意事项

1. 熟记酒店内部信息。

2. 建立健全问询信息（全员参与，按部门和班组进行分工）。

3. 定期更新信息，确保信息的准确性。

（三）问询服务操作流程

问询服务操作流程如表 5.2.1 所示。

表 5.2.1

项目：问询［三星级（含）以上适用］				
序号	标　准	达　到	未达到	备　注
1	主动问候客人	1	0	
2	仔细聆听客人问询的问题，并复述加以确认	1	0	
3	迅速查阅有关资料后回答客人，回答客人问题时要做到耐心细致，百问不厌	1	0	

续表

序号	标 准	达 到	未达到	备 注
4	若客人的问题不能立即解答，须向客人表示歉意，请客人稍候	1	0	
5	必要时，可帮助客人写下来（或打印）	1	0	
6	询问客人是否还有其他问题，表示愿意提供帮助	1	0	
7	微笑着与客人告别	1	0	

5.2.2 习题一

【时间】2007 年 4 月 20 日 10：20

【地点】香榭里拉大酒店前厅部

【模拟岗位】礼宾部服务员 Johnson

【工作描述】客人至礼宾部询问“Hanna”餐厅的相关信息。

【工作要求】请在 Opera 上完成相关操作。

【操作步骤】

1. 在 PMS 界面按热键“Shift+F7”，进入 Telephone Book（电话簿）界面。如图 5–8 所示。

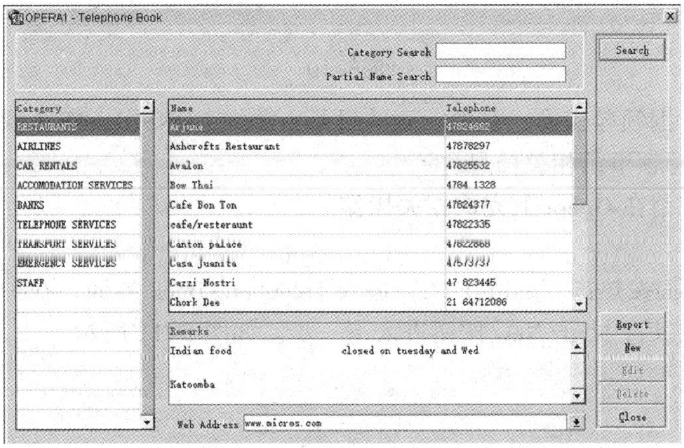

图5–8

2. 在 Telephone Book 界面，录入相应查询条件（Category：选择 RESTAURANTS，Partial Name Search 框中录入 Hanna）后，点击 Search 按钮查找。如图 5–9 所示。

3. 显示查询结果，完成操作。如图 5–10 所示。

5.2.3 习题二

【时间】2007 年 4 月 20 日 14：30

【地点】香榭里拉大酒店前厅部

【模拟岗位】前台问询员 Susana

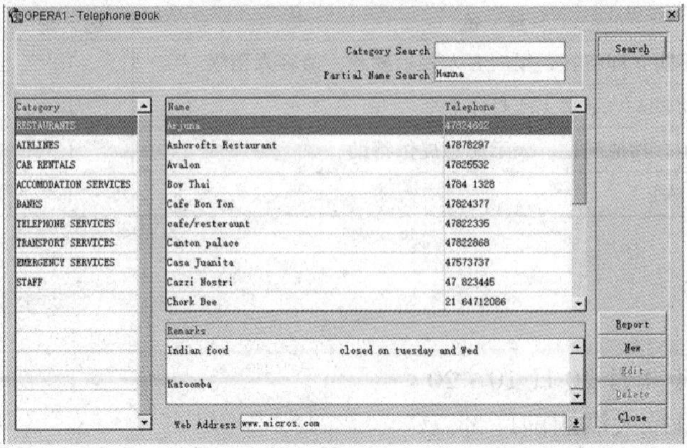

图5–9

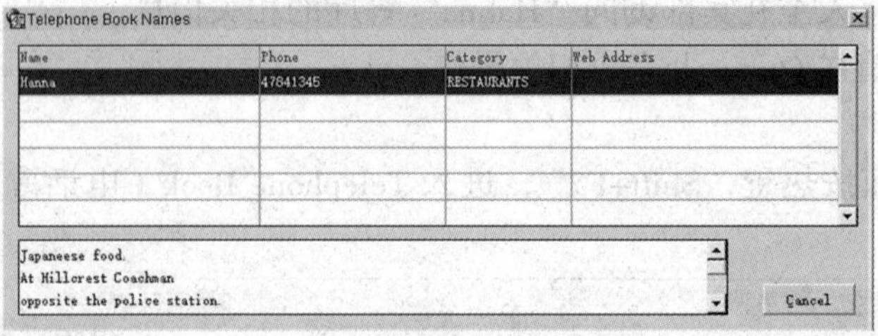

图5–10

【工作描述】据领导安排，在电话簿的目录中添加 CONSULATE（领事馆）大类，并录入美国驻上海总领事馆相关信息。

【工作要求】请在 Opera 上完成相关操作。

【操作步骤】

1. 在 PMS 界面按热键“Shift+F7”，进入 Telephone Book 界面，在种类目录中点击任意一个种类信息栏后，点击 New 按钮进入下一步。如图 5–11 所示。

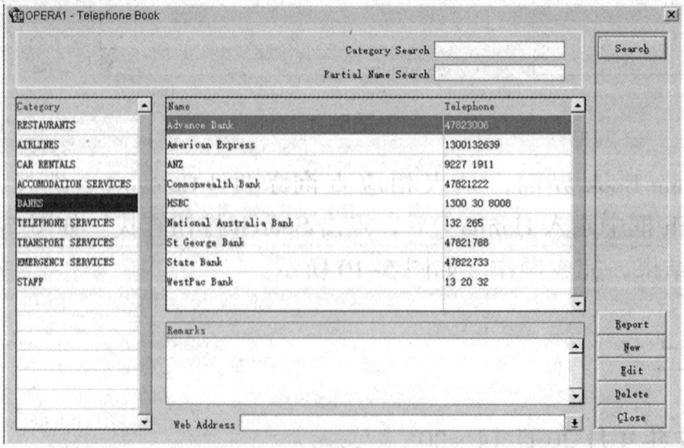

图5–11

2. 在 Telephone Category-Add 界面，录入相应信息（种类名称、描述）后，点击 OK 按钮退回至 Telephone Book 界面。如图 5-12 所示。

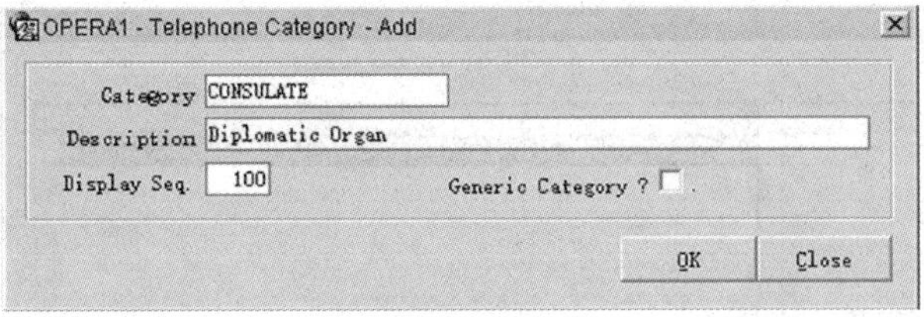

图5-12

3. 在 Telephone Book 界面，选择 Consulate 种类，并点击界面右边空白显示框内的空白处，点击 New 按钮进入下一步。如图 5-13 所示。

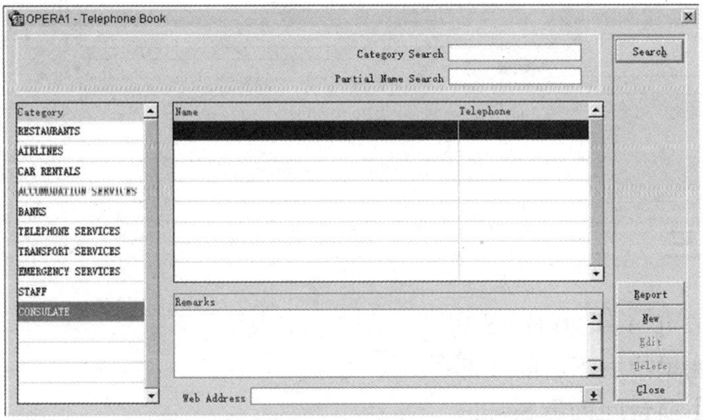

图5-10

4. 在 Telephone Entry-New 界面，录入美国驻上海总领事馆的相关信息后，点击 OK 按钮返回。如图 5-14 所示。

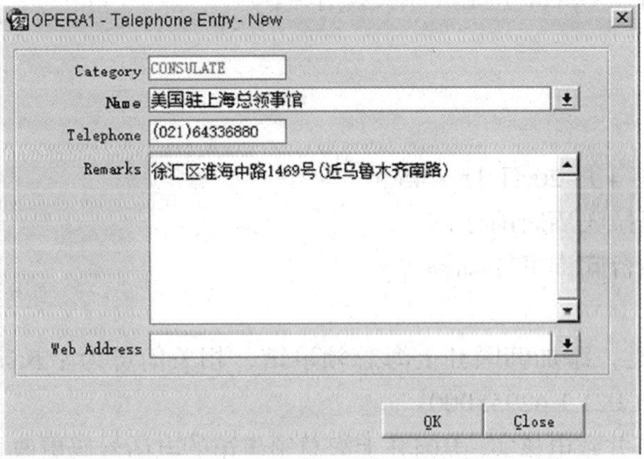

图5-14

5. 在Telephone Book界面显示美国总领事馆信息栏，完成相关操作。如图5-15所示。

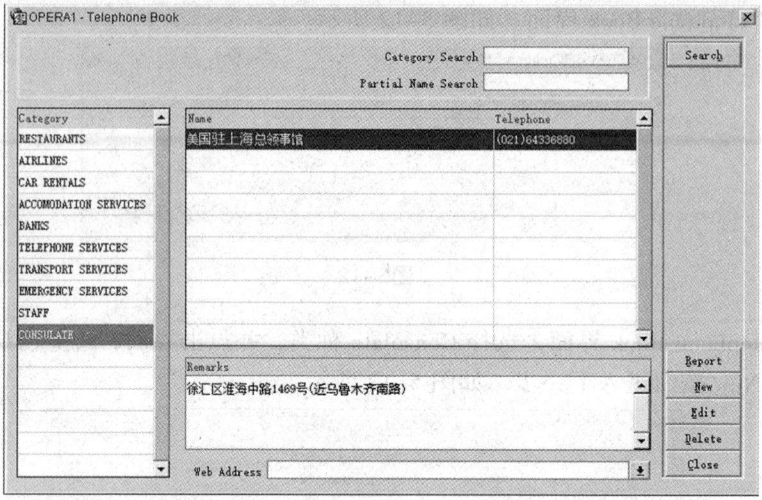

图5-15

5.2.4 习题三

【时间】2007 年 4 月 20 日 15:30

【地点】香榭里拉大酒店前厅部

【模拟岗位】前台问询员 Susana

【工作描述】据领导安排，在电话簿的目录中添加NIGHTLIFE（夜生活）大类，并录入Bar Blue（蓝吧），相关信息为：Sun-Thu:4pm-2am，Fri-Sat:4pm-4am；No.1288 SiNan Rd，Shanghai. 上海市思南路1288号。

【工作要求】请在 Opera 上完成相关操作。

5.2.5 习题四

【时间】2007 年 4 月 20 日 15：45

【地点】香榭里拉大酒店前厅部

【模拟岗位】前台问询员 Susana

【工作描述】

1. 在领事馆大类，添加韩国驻上海总领事馆，相关信息为：长宁区万山路 60 号（近娄山关路），电话：(021）62955000。

2. 根据客人反馈并致电核实，美国驻上海总领事馆的电话号码更改为：(021）64336660。

【工作要求】请在 Opera 上完成相关操作。

5.3　留言（Message）

5.3.1　留言概述

留言（Message）有广义和狭义之分，此节所讲留言主要是指狭义留言，包括访客留言和住店客留言。访客留言是指来访客人给住店客人留言的情况。如客人不在房间时，有找他的电话或者是有他的传真、信件等，都可以通过留言的方式通知客人；住店客留言是指住店客人给来访客人留言的情况。

（一）广义的留言内容

1. 客人留言（Message）。
2. 酒店通知（Hotel Notice）。
3. 客人某一时间段的去向（Locater）。
4. 需要跟办的事情（Trace）。

（二）留言的方式

1. 手工填写留言单。
2. 电脑留言：如有相应的接口，客人房内电话上的指示灯会有提示，或者消息会直接发送到房间电视显示屏幕上。

（三）留言操作流程

留言操作流程如表 5.3.1 所示。

表5.3.1

项目：留言［三星级（含）以上适用］				
序号	标准—留言	达到	未达到	备注
1	问候客人	1	0	
2	询问客人留言对象，并在电脑中查找核对	1	0	
3	记录留言内容	1	0	
4	复述客人留言内容	1	0	
5	留下客人姓名及联系方式	1	0	
6	在电脑中作留言操作	1	0	

5.3.2　习题一

【时间】2007 年 4 月 19 日 16：50

【地点】香榭里拉大酒店前厅部

【模拟岗位】前台接待员 Emily

【工作描述】上海生物化学细胞所李先生致电前台要求留言，电话内容如表 5.3.2 所示。

表5.3.2

Emily：您好，香榭里拉大酒店前台，我可以为您做点什么吗？ 李小明：你好，小姐。帮我查一下上海生化细胞研究所的吕毅先生入住了没有。 Emily：请问先生您贵姓？ 李小明：李小明。 Emily：请稍等（查看电脑核对客人信息）李先生，吕毅先生目前还没有办理入住登记手续，您是否需要留言？ 李小明：好的，请你在他入住时转告：明天早晨 7：30，我会在酒店大堂接他去浦东机场。 Emily：李先生，请留下您的联系方式。 李小明：18812566996。 Emily：李先生，明天早晨 7：30，您会在酒店大堂接吕先生去浦东机场，手机号码是 18812566996。我们会在客人入住时立即转达。 李小明：好的，谢谢！ Emily：不用谢，感谢您的来电！

【工作要求】请在 Opera 上完成相关操作。

【成绩考评】

1. 请以截图的方式将留言界面保存在桌面，并上传至指定地址。

2. 本题满分 10 分。

【配套习题】3.2.2 → 3.7.4 → 5.3.2

【操作步骤】

1. 在 Front Desk 模块选择 Arrivals 功能，根据姓名查找客人信息。如图 5-16 所示。

2. 选中客人信息条，点击 Option 选择 Messages 进入下一步。如图 5-17 所示。

3. 在 Messages 界面输入留言者相关信息及留言内容。如图 5-18 所示。

4. 点击 OK 按钮进入下一步。如图 5-19 所示。

5. 点击 Close 按钮返回至 Arrivals 界面，客人信息条下方有“Message”字样显示，留言成功。如图 5-20 所示。

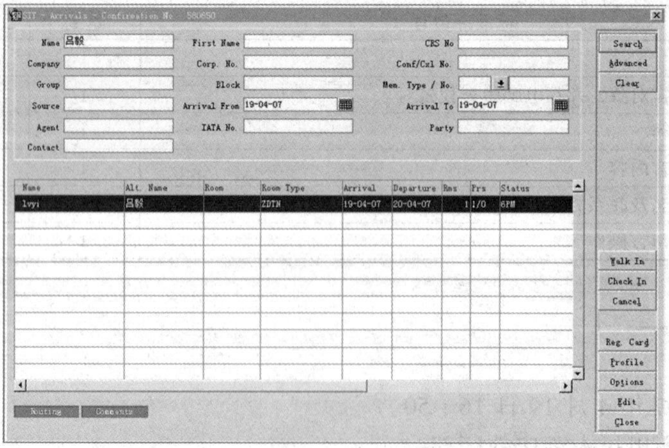

图5-16

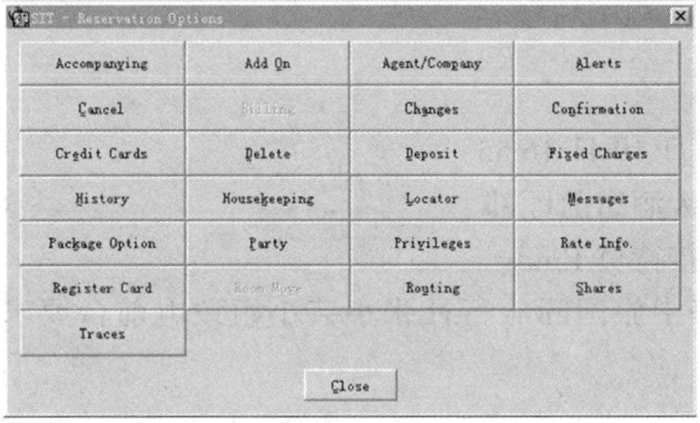

图5-17

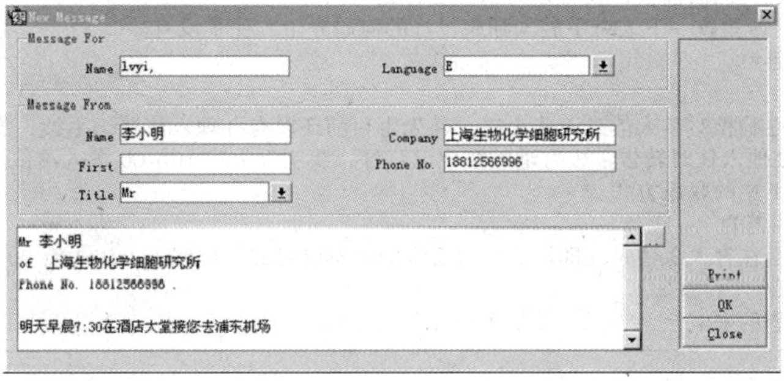

图5-18

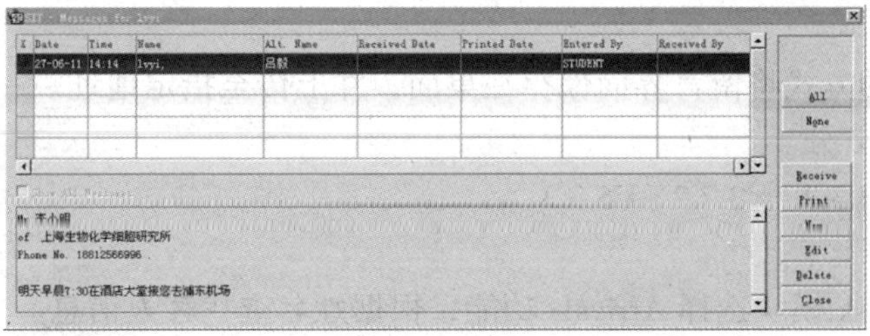

图5-19

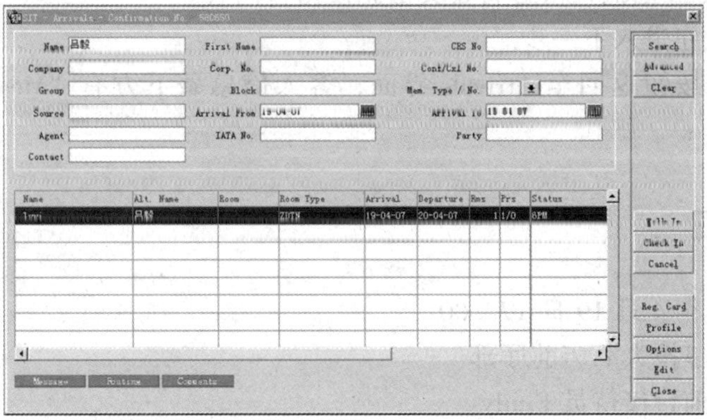

图5-20

5.3.3 习题二

【时间】2007 年 4 月 19 日 16:55

【地点】香榭里拉大酒店前厅部

【模拟岗位】前台接待员 Emily

【工作描述】上海中旅国际旅行社张小芸小姐致电前台要求留言，电话内容如表 5.5.3 所示。

表5.3.3

Emily：您好，香榭里拉大酒店前台，我可以为您做点什么吗？ 张小芸：你好，小姐。帮我查一下上海中旅国际旅行社的何旭先生入住了没有。 Emily：请问小姐您贵姓？ 张小芸：张小芸。 Emily：请稍等（查看电脑核对客人信息）张小姐，何先生目前还没有办理入住登记手续，您是否需要留言？ 张小芸：好的，请你在他入住时转告：去香港的机票已订好，我明天上午 10：00 派人给他送去。 Emily：张小姐，请留下您的联系方式。 张小芸：不用留，他知道的。 Emily：张小姐，我们会在客人入住时立即转达：去香港的机票已订好，您明天上午 10：00 派人给他送来。 张小芸：对，谢谢！ Emily：不用谢，感谢您的来电！

【工作要求】请在 Opera 上完成相关操作。

【成绩考评】

1. 请以截图的方式将留言界面保存在桌面，并上传至指定地址。
2. 本题满分 10 分。

【配套习题】3.3.2 → 3.7.2 → 5.3.3

【操作步骤】

1. 在 Front Desk 模块选择 Arrivals 功能，根据姓名查找客人信息。
2. 选中客人信息条，点击 Option 选择 Messages 进入下一步。
3. 在 Messages 界面输入留言者相关信息及留言内容。
4. 点击 OK 按钮进入下一步。
5. 点击 Close 按钮返回至 Arrivals 界面，客人信息条下方有“Message”字样显示，留言成功。

5.3.4 习题三

【时间】2007 年 4 月 19 日 17：00

【地点】香榭里拉大酒店前厅部

【模拟岗位】前台接待员 Emily

【工作描述】董建忠先生来到前台要求留言，Emily 进行了接待（表 5.3.4）。

表5.3.4

Emily：您好，我可以为您做些什么吗？ 董建忠：你好，小姐。帮我给 ××× 房间的周传杰留言。 Emily：请问先生您贵姓？ 董建忠：董建忠。 Emily：请稍等（查看电脑核对房号及客人姓名）董先生，我可以帮您拨打他的房间电话。 董建忠：不用，我已去过他房间了，人不在。请你在他回来的时候转告他，就说我来过酒店，他不在房间，请他回电给我。 Emily：董先生，请留下您的电话号码。 董建忠：13916882858。 Emily：董先生，我们会尽快转告客人：您已来过酒店，请客人回来后速回电给您。 董建忠：对，谢谢！ Emily：不用谢，乐意为您效劳！

【工作要求】请在 Opera 上完成相关操作。

【成绩考评】

1. 请以截图的方式将留言界面保存在桌面，并上传至指定地址。

2. 本题满分 10 分。

【配套习题】3.1.2 → 5.3.4

5.3.5　习题四

【时间】2007 年 4 月 19 日 17：05

【地点】香榭里拉大酒店前厅部

【模拟岗位】礼宾部员工 Andy

【工作描述】礼宾部收到 ××× 房郑丽敏女士快递一份，Andy 为其留言，告知：礼宾部有您快递一份，请回来后速取。

【工作要求】请在 Opera 上完成相关操作。

【成绩考评】

1. 请以截图的方式将留言界面保存在桌面，并上传至指定地址。

2. 本题满分 10 分。

【配套习题】3.1.4 → 5.3.5

5.4　需要跟办的事情（Trace）

5.4.1　需要跟办的事情概述

需要跟办的事情，用于需要酒店内部其他部门员工来跟办、完成的工作。

1. 需要跟办的事情的处理方式

（1）电脑系统自动生成：如固定费用中的加床等，系统会自动生成一个 Trace 至客房部。

（2）手工生成：员工将需要跟办的事情输入电脑。

2. 注意事项

团队中的需要跟办的事情，建议留在 PM 房中。

5.4.2 习题一

【时间】2007 年 4 月 19 日 17：05

【地点】香榭里拉大酒店前厅部

【模拟岗位】前台接待员 Emily

【工作描述】大堂副理 Anthony 致电前台：住客苏云龙退房时务必通知大堂副理到前台接待。

【工作要求】请在 Opera 上完成相关操作。

【成绩考评】

1. 请以截图的方式将需要包办的事情界面保存在桌面，并上传至指定地址。

2. 本题满分 10 分。

【配套习题】3.3.2 → 3.5.2 → 5.4.2

【操作步骤】

1. 在 Front Desk 界面选择 In House Guests 功能，按房号或姓名查找客人信息。如图 5-21 所示。

2. 选中客人信息条，点击 Option 按钮选择 Traces 进入下一步。如图 5-22 所示。

3. 在 Traces 界面录入相应信息（日期、部门、内容）。如图 5-23 所示。

4. 点击 OK 按钮进入下一步。如图 5-24 所示。

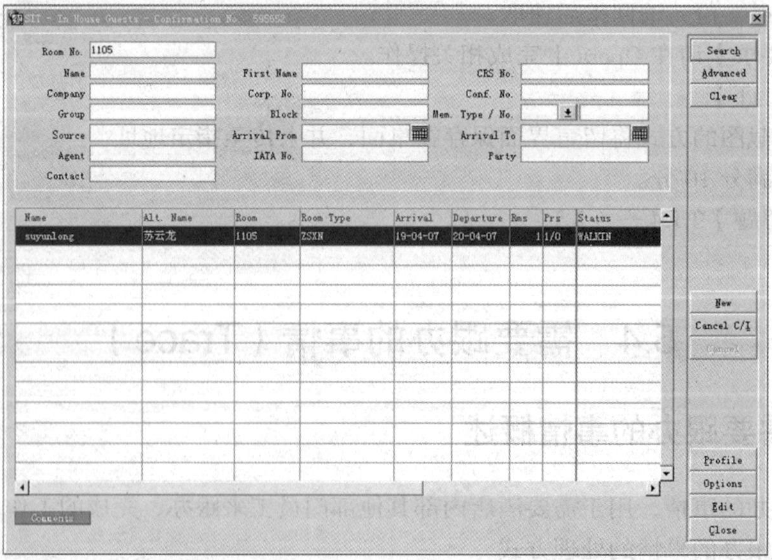

图5-21

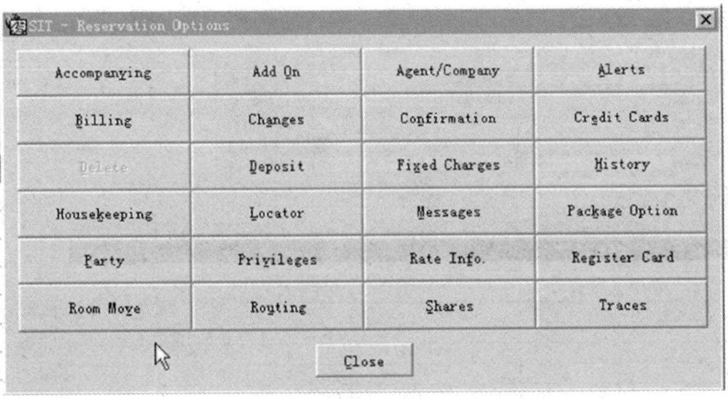

图5-22

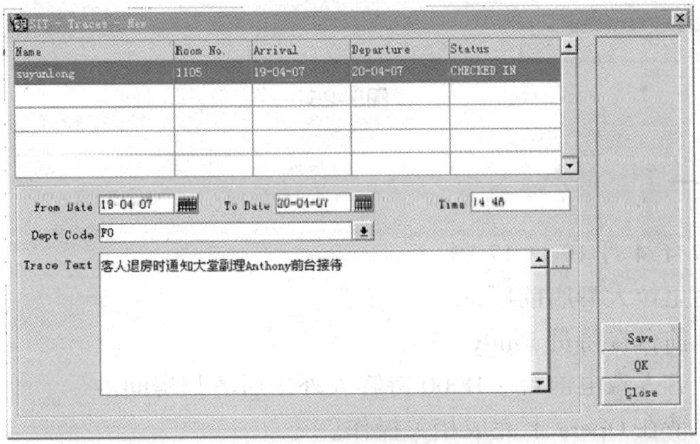

图5-23

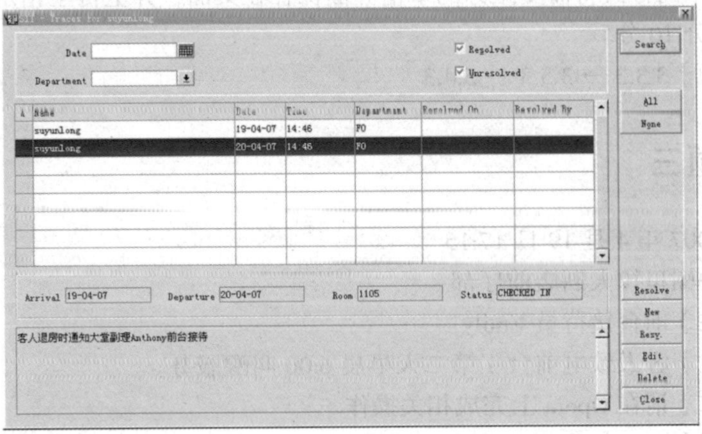

图5-24

5. 点击 Close 按钮返回至 In House Guests 界面，客人信息条下方有“Traces”字样显示，则操作成功。如图 5-25 所示。

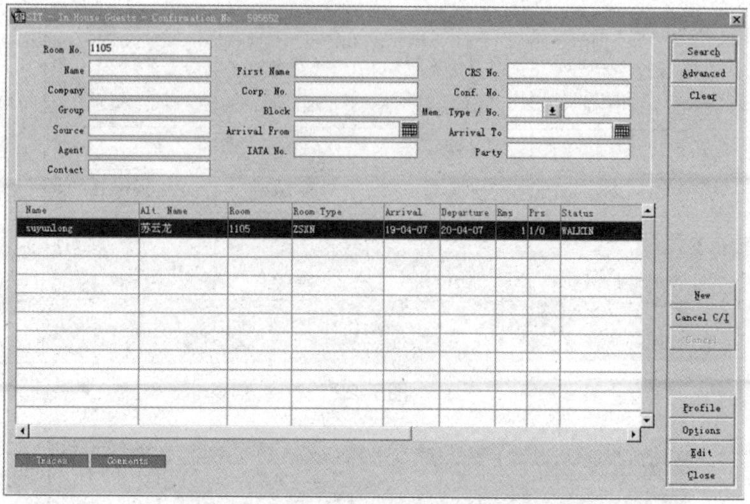

图5–25

5.4.3　习题二

【时间】2007 年 4 月 19 日 17:10

【地点】香榭里拉大酒店前厅部

【模拟岗位】前台接待员 Emily

【工作描述】客人致电前台：18:00 待客人外出后清扫房间。

【工作要求】请在 Opera 上完成相关操作。

【成绩考评】

1. 请以截图的方式将需要跟办的事情界面保存在桌面，并上传至指定地址。
2. 本题满分 10 分。

【配套习题】3.3.3 → 3.5.3 → 5.4.3

5.4.4　习题三

【时间】2007 年 4 月 19 日 17:15

【地点】香榭里拉大酒店前厅部

【模拟岗位】前台接待员 Emily

【工作描述】客人致电前台：第二天早晨 6:00 叫醒服务。

【工作要求】请在 Opera 上完成相关操作。

【成绩考评】

1. 请以截图的方式将需要跟办的事情界面保存在桌面，并上传至指定地址。
2. 本题满分 10 分。

【配套习题】3.3.4 → 3.5.4 → 5.4.4

5.4.5　习题四

【时间】2007 年 4 月 19 日 17:20
【地点】香榭里拉大酒店前厅部
【模拟岗位】前台接待员 Emily
【工作描述】客人致电前台：预订第二天 7:00 去浦东国际机场的一辆出租车。
【工作要求】请在 Opera 上完成相关操作。
【成绩考评】
1. 请以截图的方式将需要跟办的事情界面保存在桌面，并上传至指定地址。
2. 本题满分 10 分。
【配套习题】3.3.5 → 3.5.5 → 5.4.5

5.5　客人某一段时间的去向（Locator）

5.5.1　客人某一段时间的去向概述

客人某一段时间的去向，用来确定客人当时在酒店所处的位置。如果在店客人给相关部门留言，称他某个时间段会在酒店的某个地方，如果有客人来找他，即可告知去该地点找到他。

注意，过了客人告知的时间段，要在电脑中取消 Locator。

5.5.2　习题一

【时间】2007 年 4 月 19 日 17:05
【地点】香榭里拉大酒店前厅部
【模拟岗位】前台接待员 Emily
【工作描述】住店宾客苏云龙先生致电前台要求 Locator，Emily 进行了接待（表 5.5.2）。

表5.5.2

Emily：您好，香榭里拉大酒店前台，请问我可以为您做什么？
苏云龙：你好，我是 ××× 房苏先生。17:30~18:00 我会在三楼自助餐厅用餐，如果有人找我，请让他直接到餐厅或将电话转至餐厅。
Emily：请稍后（查看电脑核对房号姓名）（复述）苏先生，17：30~18：00，您在三楼自助餐厅用餐，如果有客人找您，我们一定会告知的。请问苏先生，还有什么可以为您效劳？
苏云龙：没有了，谢谢！
Emily：不用谢！

【工作要求】请在 Opera 上完成相关操作。

【成绩考评】

1. 请以截图的方式将 Locator 界面保存在桌面，并上传至指定地址。

2. 本题满分 10 分。

【配套习题】3.3.2 → 3.5.2 → 3.8.2 → 5.5.2

【操作步骤】

1. 在 Front Desk 模块选择 In House Guests 功能，按房号或姓名查找客人信息。如图 5–26 所示。

2. 选中客人信息条，点击 Option 选择 Locator 进入下一步。如图 5–27 所示。

3. 在 Locators 界面输入相关内容（日期、时间段、客人所处方位）。如图 5–28 所示。

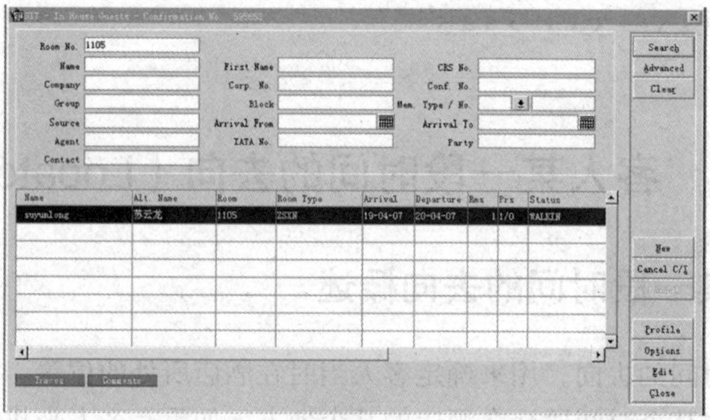

图5–26

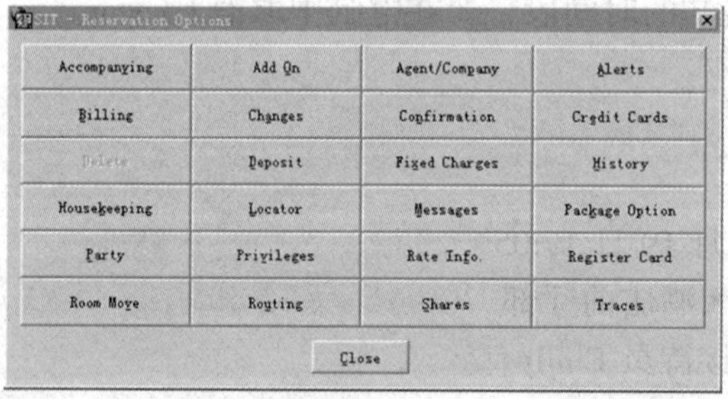

图5–27

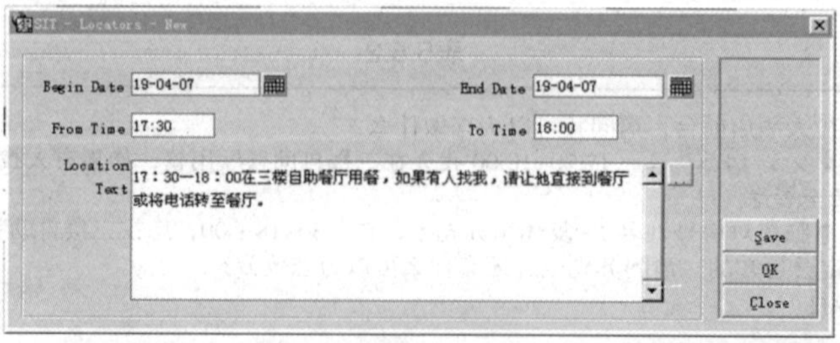

图5–28

4. 点击 OK 按钮进入下一步。如图 5-29 所示。

5. 点击 Close 按钮返回至 In house guests 界面，客人信息条下方有“Locator”字样显示，操作成功。如图 5-30 所示。

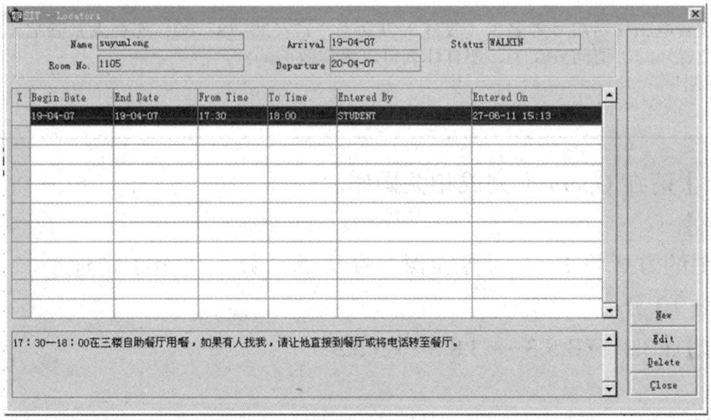

图5-29

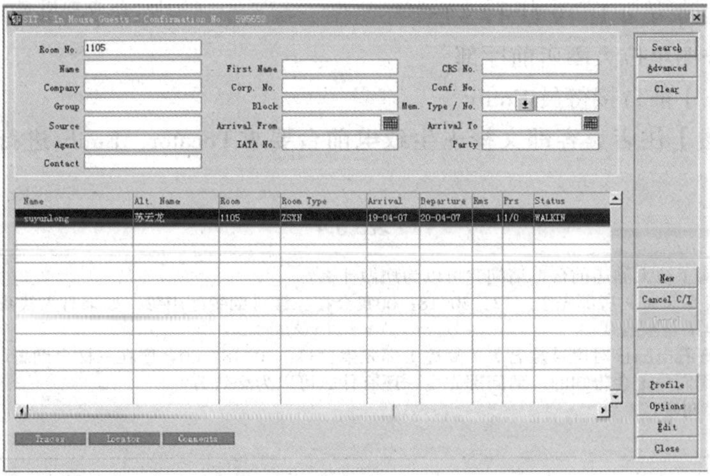

图5-30

5.5.3　习题二

【时间】2007 年 4 月 19 日 17：10

【地点】香榭里拉大酒店前厅部

【模拟岗位】前台接待员 Emily

【工作描述】住店宾客方昕女士致电前台要求 Locator，Emily 进行了接待，如表 5.5.3 所示。

表5.5.3

Emily：您好，香榭里拉大酒店前台，请问我可以为您做什么？ 方昕：你好，我是×××房方女士。17:30~18:00我会在大堂酒吧，如果有人找我，请让他直接到大堂酒吧或将电话转过去。 Emily：请稍后（查看电脑核对房号姓名）（复述）方女士，17：30~18：00，您在大堂酒吧，如果有客人找您，我们一定会告知的。请问方女士，还有什么可以为您效劳的？ 方昕：没有了，谢谢！ Emily：不用谢！

【工作要求】请在 Opera 上完成相关操作。

【成绩考评】

1. 请以截图的方式将 Locator 界面保存在桌面，并上传至指定地址。

2. 本题满分 10 分。

【配套习题】3.3.3 → 3.5.3 → 3.8.3 → 5.5.3

5.5.4　习题三

【时间】2007 年 4 月 19 日 17：15

【地点】香榭里拉大酒店前厅部

【模拟岗位】前台接待员 Emily

【工作描述】住店宾客邵文彬先生致电前台要求 Locator，Emily 进行了接待，如表 5.5.4 所示

表5.5.4

Emily：您好，香榭里拉大酒店前台，请问我可以为您做什么？ 邵文彬：你好，我是×××房邵先生。17：30~18：00我会在三楼自助餐厅用餐，如果有人找我，请让他直接到餐厅或将电话转至餐厅。 Emily：请稍后（查看电脑核对房号姓名）（复述）邵先生，17：30~18：00，您在三楼自助餐厅用餐，如果有客人找您，我们一定会告知的。请问邵先生，还有什么可以为您效劳？ 邵文彬：没有了，谢谢！ Emily：不用谢！

【工作要求】请在 Opera 上完成相关操作。

【成绩考评】

1. 请以截图的方式将 Locator 界面保存在桌面，并上传至指定地址。

2. 本题满分 10 分。

【配套习题】3.3.4 → 3.5.4 → 3.8.4 → 5.5.4

5.5.5　习题四

【时间】2007 年 4 月 19 日 17:20

【地点】香榭里拉大酒店前厅部

【模拟岗位】前台接待员 Emily

【工作描述】住客宾客石磊先生致电前台要求 Locator，Emily 进行了接待，如表 5.5.5 所示。

表5.5.5

Emily：您好，香榭里拉大酒店前台，请问我可以为您做什么？ 石磊：你好，我是×××房石先生。17：30~18：00我会在大堂酒吧，如果有人找我，请让他直接到大堂酒吧或将电话转过去。 Emily：请稍后（查看电脑核对房号姓名）（复述）石先生，17：30~18：00，您在大堂酒吧，如果有客人找您，我们一定会告知的。请问石先生，还有什么可以为您效劳？ 石磊：没有，谢谢！ Emily：不用谢！

【工作要求】请在 Opera 上完成相关操作。

【成绩考评】

1. 请以截图的方式将 Locator 界面保存在桌面，并上传至指定地址。

2. 本题满分 10 分。

【配套习题】3.3.5 → 3.5.5 → 3.8.5 → 5.5.5

5.6　警告（Alerts）

5.6.1　警告概述

警告是指通过弹出窗口的方式提醒用户注意相关信息。进行相应的警告设置后，弹出窗口可以在预订、登记入住、退房结账等不同的位置显示。

5.6.2　习题一

【时间】2007 年 4 月 20 日 12:30

【地点】香榭里拉大酒店前厅部

【模拟岗位】前台接待员 Emily

【工作描述】

1. 接大堂副理 Anderson 电话：预订客人吴亦凡入住酒店时，立即通知其至酒店前台迎接客人。

2.10 分钟后客人入住，电脑显示警告信息提示框，Emily 通知大堂副理 Anderson 至酒店前台，并取消 Alert 设置。

【工作要求】请在 Opera 上完成相关操作。

【操作步骤】

1. 在 Front Desk 模块选择 Arrival 功能，录入客人姓名查找客人。如图 5-31 所示。

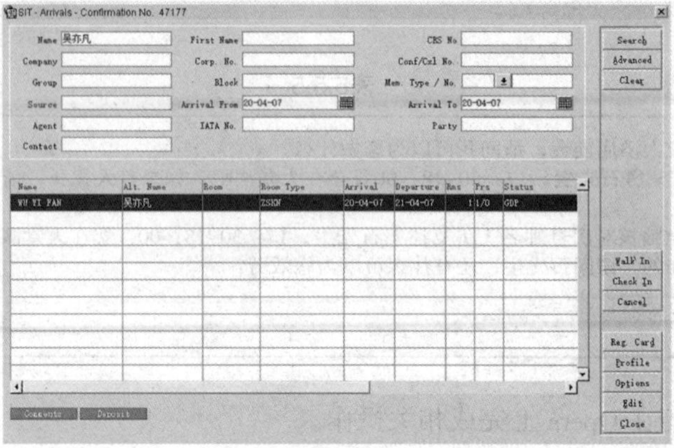

图5-31

2. 点击 Option 功能键进入 Reservation Options 界面，选择 Alerts 按钮进入下一步。如图 5-32 所示。

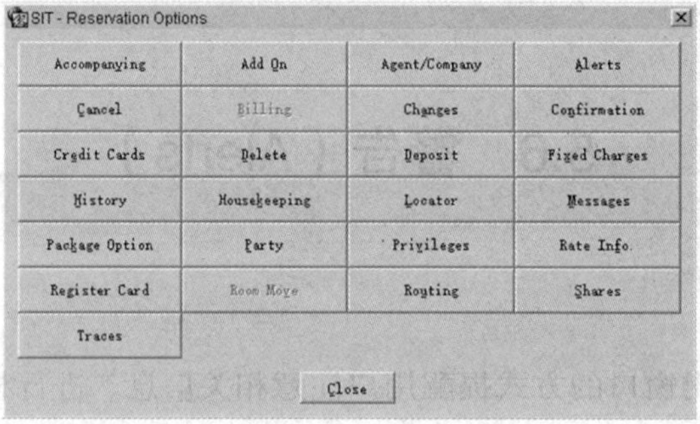

图5-32

3. 在 Alert Input 界面录入相应信息（Code：AM，Area：Check-In）后，点击 OK 按钮进入 Alerts 界面。如图 5-33 所示。

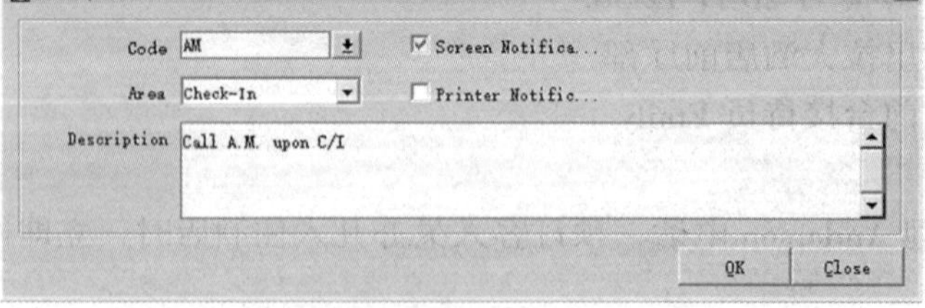

图5-33

4. 在 Alerts 界面，点击 Close 按钮退回至图 5-32 所示 Reservation Options 界面，再次点击 Close 按钮退回至客人预计到达界面。如图 5-34 所示。

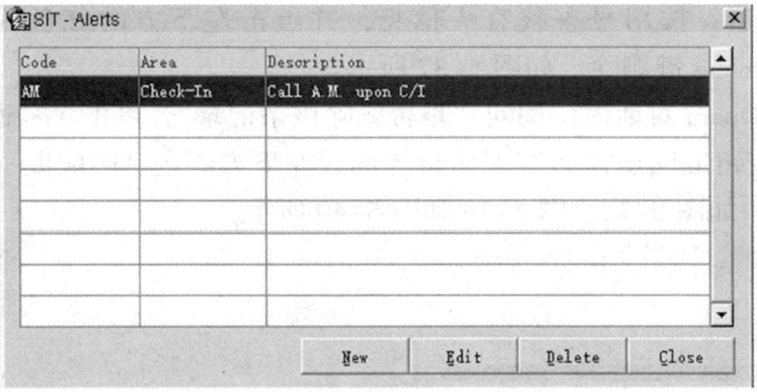

图5-34

5. 在客人预计到达界面左下方，出现红色 Alerts 提示框，表明设置成功。如图 5-35 所示。

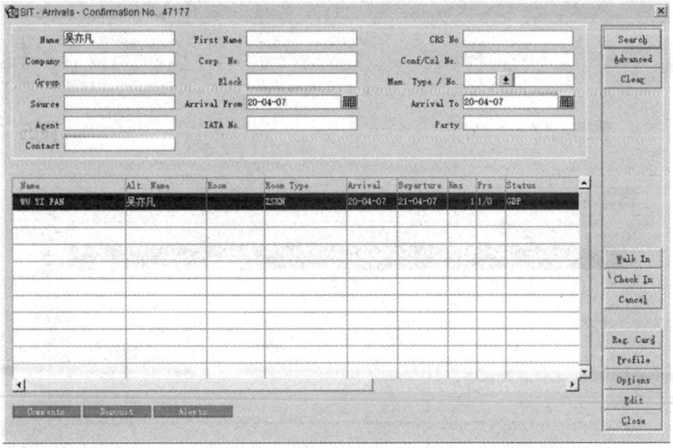

图5-35

6. 客人入住时，点击 Check In 功能键后显示警告信息提示框。如图 5-36 所示。

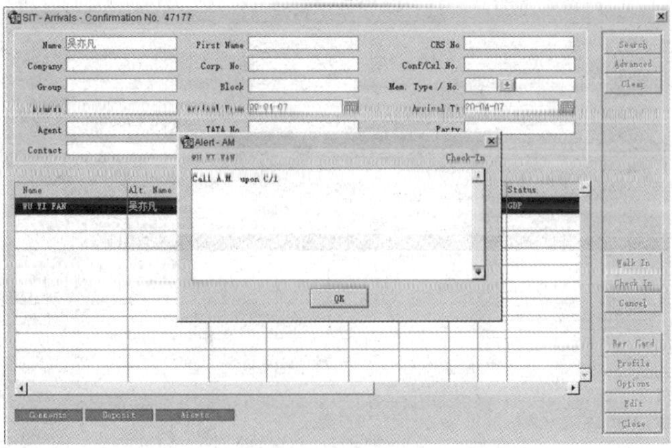

图5-36

7. 客人入住后，按房号查找客人信息，并点击左下方的红色 Alerts 提示框进入 Alerts 界面，按 Delete 键删除。如图 5-37 所示。

8. 系统弹出 Opera 对话框，询问“是否删除该条记录”，点击 Yes 退回至 Alert 界面，再次点击 Close 按钮退回至住店客人信息界面，左下方红色 Alerts 提示框消失，表明警告取消设置完成。如图 5-38、图 5-39 和图 5-40 所示。

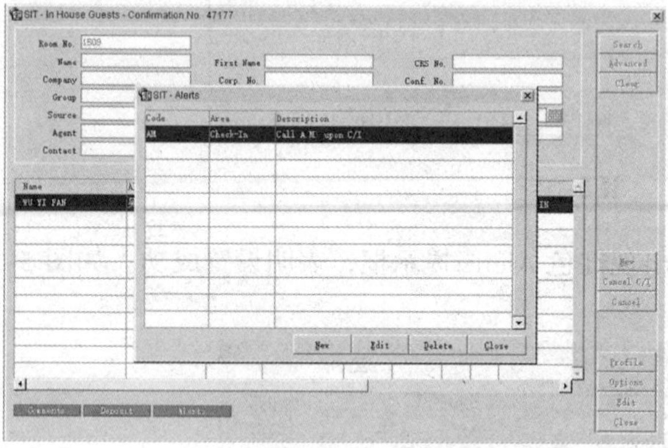

图5-37

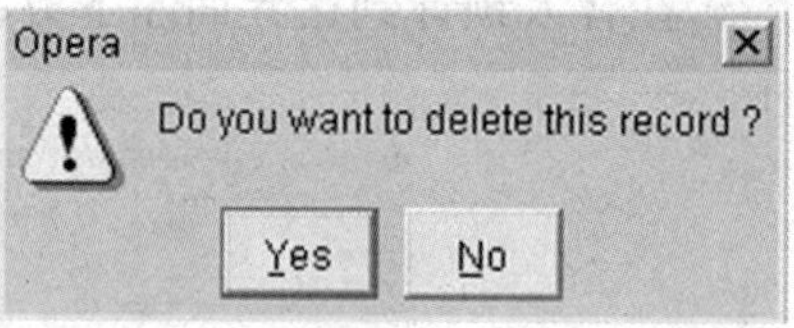

图5-38

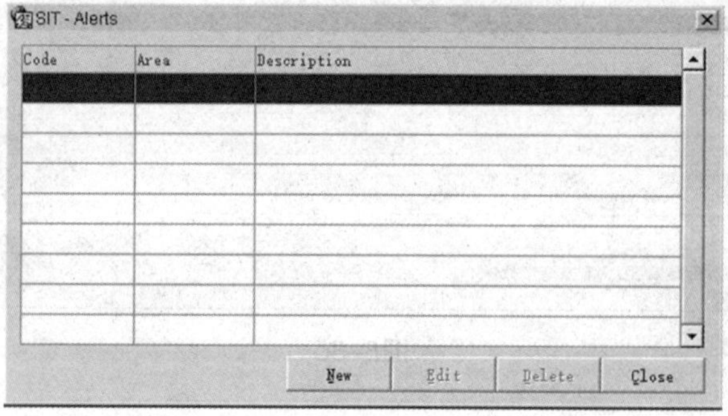

图5-39

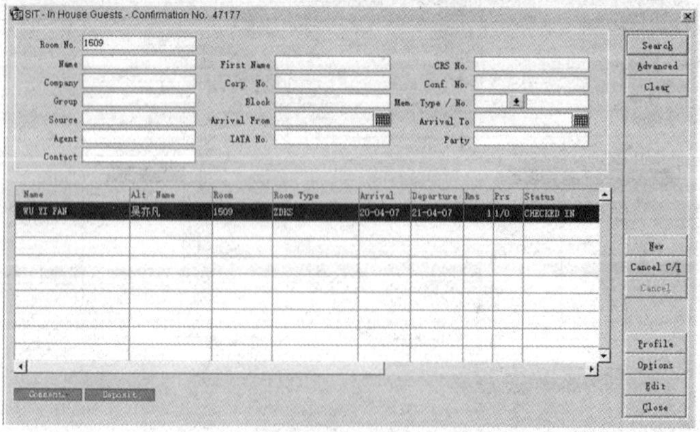

图5-40

5.6.3　习题二

【时间】2007 年 4 月 20 日 12:30

【地点】香榭里拉大酒店前厅部

【模拟岗位】前台接待员 Emily

【工作描述】

1. 接大堂副理 Anderson 电话，为其朋友做一个预订：张非凡，男，4 月 20 日入住一天，ZSTN 房，房价 880 元 / 间天，费用自付，保留到 18：00。

2. 要求前台人员在客人入住时，通知 Anderson 至前台亲自接待客人。

【工作要求】

1. 请在 Opera 上完成预订、Alert 设置操作。

2. 在客人姓名前加上自己的学号并以逗号隔开。

【配套习题】5.6.3 → 5.6.4 → 5.6.5

5.6.4　习题三

【时间】2007 年 4 月 20 日 16:40

【地点】香榭里拉大酒店前厅部

【模拟岗位】前台接待员 Emily

【工作描述】

1. 客人入住酒店，Emily 电话通知 Anderson 至前台接待客人，并及时为客人办理登记入住手续，收取押金 2000 元。

2. 取消 Alert 设置。

【工作要求】请在 Opera 上完成相关操作。

【配套习题】5.6.3 → 5.6.4 → 5.6.5

5.6.5　习题四

【时间】2007 年 4 月 20 日 18:30

【地点】香榭里拉大酒店前厅部

【模拟岗位】前台接待员 Emily

【工作描述】

1. 接大堂副理 Anderson 电话：住店客人张非凡退房结账时，立即通知其至酒店前台送别客人。

2. 21：00，客人因故提前离店，Emily 通知 Anderson 至前台，并及时为客人办理退房结账手续（客人无其他消费，仍以现金结算，房费按一天收取）。

【工作要求】请在 Opera 上完成相关操作。

【配套习题】5.6.3 → 5.6.4 → 5.6.5

5.7 转交物品（Articles Delivery）

5.7.1 转交物品概述

转交物品是指酒店向住店客人提供物品转交的服务。转交原则包括：住店客人转交店外客人、店外客人转交住店客人、住店客人转交住店客人。本小节主要讲述当他人给住店客人转交物品时，以及客人至前台取走物品后，前台人员在Opera系统中应如何设置。

1. 注意事项

（1）转交物品通常和留言、警告等功能配合使用。

（2）易燃、易爆、贵重、易碎、易腐蚀、新鲜食品等建议客人亲自转交。

2. 转交物品流程

转交物品流程如表 5.7.1 所示。

表5.7.1

项目：转交物品［三星级（含）以上适用］

序号	标准—他人将物品转交给住店客人	达到	未达到	备注
1	主动问候客人			
2	核对客人的房号与姓名，若转交人十分肯定房号但又与电脑中的客人信息不一致时，在转交单上记录下此情况			
3	填写转交单：住店客人姓名、房号；转交物品人姓名、联系电话，并让其签字确认；接待员签字，让转交单与物品合并。放在指定地方			
4	接待员开一张“留言单”，将“留言单”交于行李员及时送至客人房间，请行李员在“留言单签收簿”上签字			
5	客人凭“留言单”来前台取物品时，收回“留言单”，请他在“转交物品登记单”上签字，并将物品给客人			
6	将“转交物品登记单”存档，备查			
7	若客人当日将 C/O，请在收银员的“来宾通知单”上注明有转交物品，以杜绝客人因时间差而未能取物品			

5.7.2 习题一

【时间】2007 年 4 月 20 日 12:30

【地点】香榭里拉大酒店前厅部

【模拟岗位】前台接待员 Emily

【工作描述】

1. 张先生至酒店前台，要求将一份包裹转交给预订客人李洪仁。

2.10 分钟后，预订客人李洪仁至酒店前台办理登记入住，Emily 及时转交物品。

【工作要求】请在 Opera 上完成相关操作。

【操作步骤】

1. 在 Front Desk 模块选择 Arrival 功能，录入客人姓名查找客人。如图 5-41 所示。

2. 点击 Option 功能键进入 Reservation Options 界面，选择 Alerts 按钮进入下一步。如图 5-42 所示。

3. 在 Alert Input 界面录入相应信息（Code：OT，Area：Check-In，Description：前台有客人转交物品，在客人入住时转交）后，点击 OK 按钮进入 Alerts 界面。如图 5-43 所示。

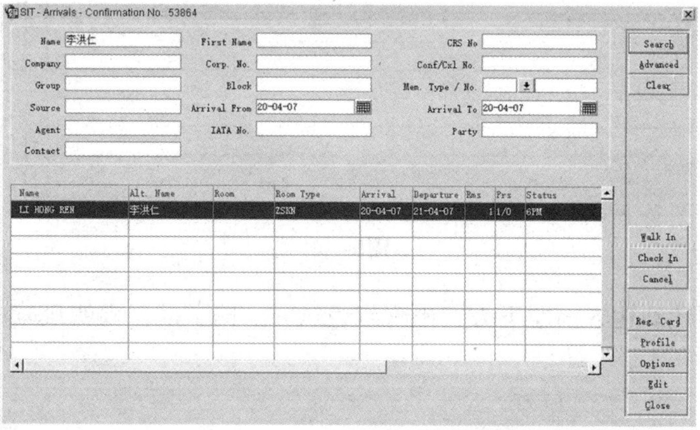

图5-41

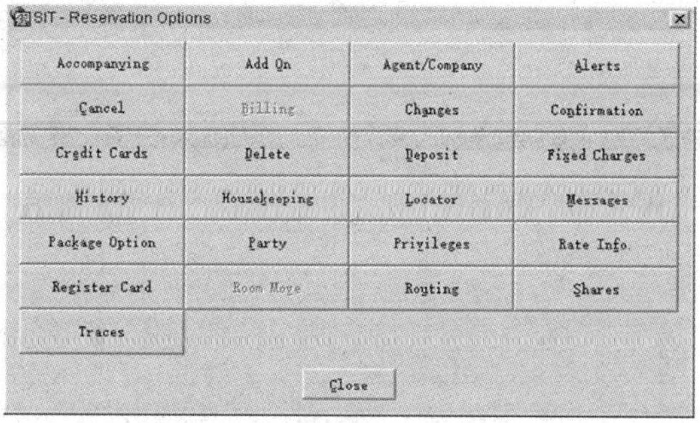

图5-42

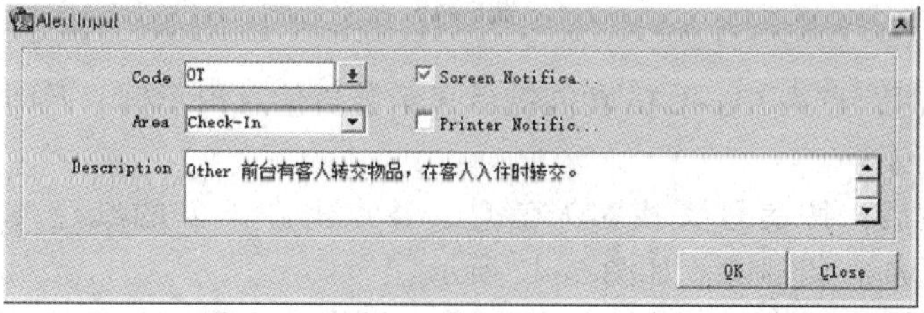

图5-43

4. 在 Alerts 界面，点击 Close 按钮退回至图 5-42 所示 Reservation Options 界面，再

次点击 Close 按钮退回至客人预计到达界面。如图 5-44 所示。

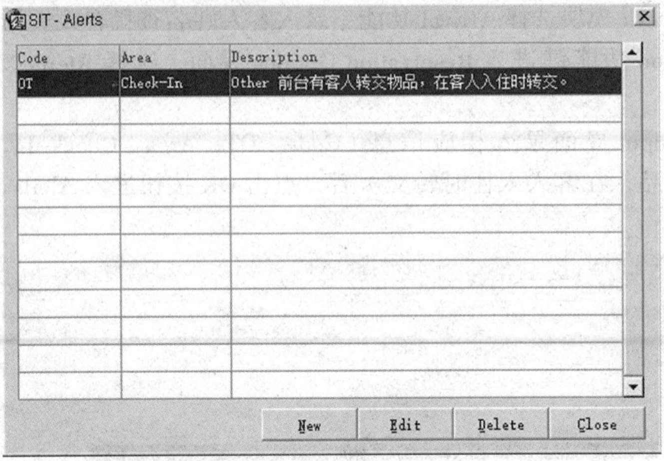

图5-44

5. 在客人预计到达界面左下方，出现红色 Alerts 提示框，表明设置成功。如图 5-45 所示。

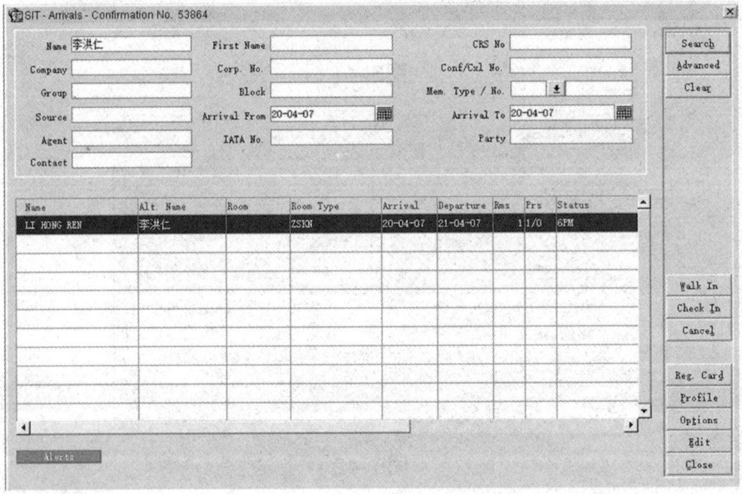

图5-45

6. 客人入住时，点击 Check In 功能键后显示警告信息提示框，及时将物品转交给客人。如图 5-46 所示。

7. 客人入住后，按房号查找客人信息，并点击左下方的红色 Alerts 提示框进入 Alerts 界面，按 Delete 键删除。如图 5-47 所示。

8. 系统弹出 Opera 对话框，询问“是否删除该条记录”，点击 Yes 按钮退回至 Alert 界面，再次点击 Close 按钮退回至住店客人信息界面，左下方红色 Alerts 提示框消失，表明警告取消设置完成。如图 5-48、图 5-49 和图 5-50 所示。

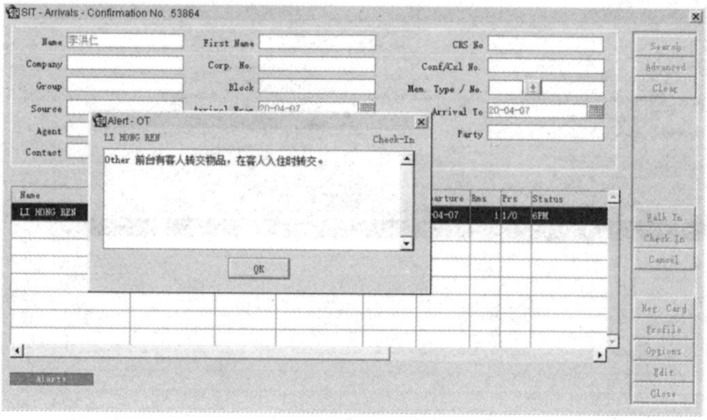

图5–46

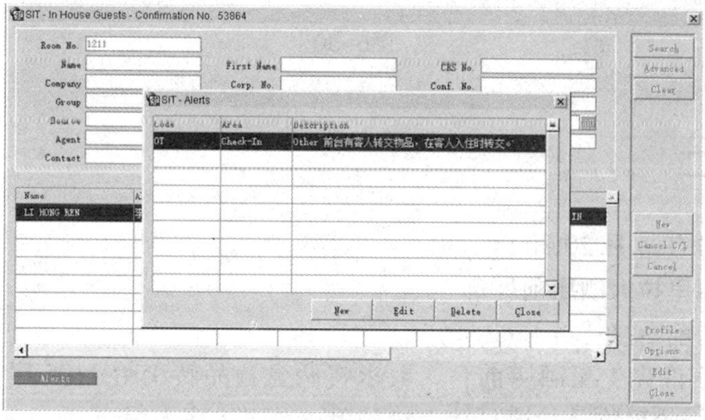

图5–47

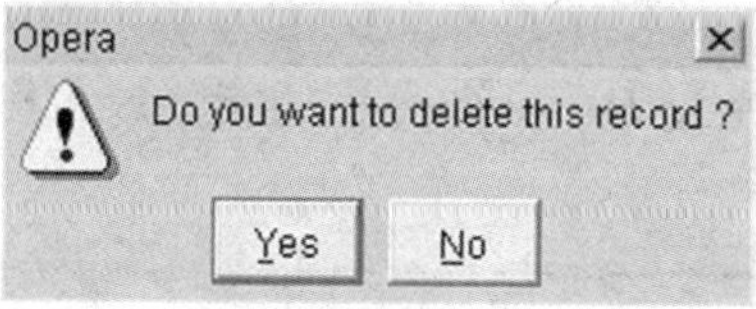

图5–48

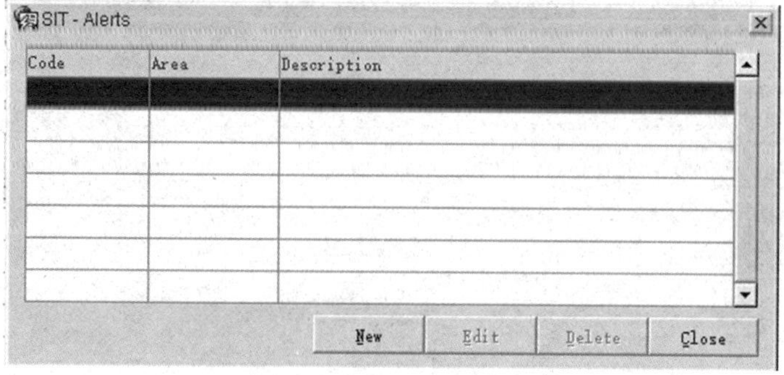

图5–49

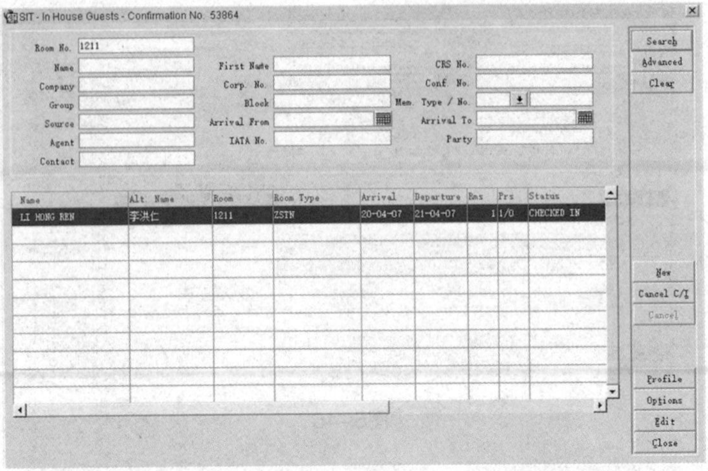

图5–50

5.7.3　习题二

【时间】2007 年 4 月 20 日 14：30

【地点】香榭里拉大酒店前厅部

【模拟岗位】前台接待员 Emily

【工作描述】许先生至酒店前台，要求将两盒食品转交给 1105 房客人李夏。Emily 核对相关信息后，收妥物品并填写转交物品单，及时给客人留言。

【工作要求】请在 Opera 上完成相关操作。

【操作步骤】

1. 在 Front Desk 模块选择 In House Guests 功能，录入房号查找并核对客人信息。如图 5–51 所示。

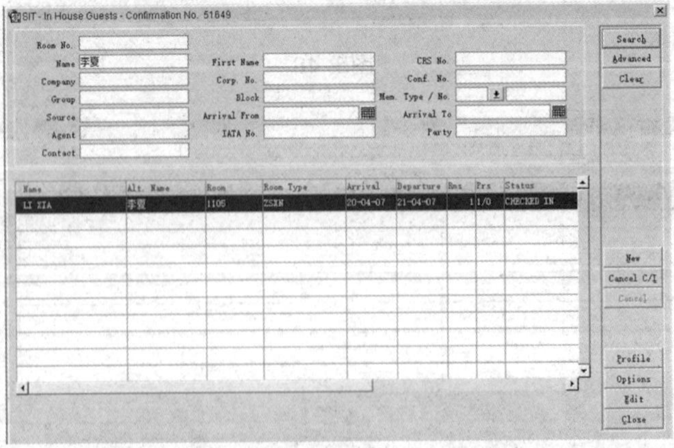

图5–51

2. 点击 Option 功能键进入 Reservation Options 界面，选择 Messages 按钮进入下一步。如图 5-52 所示。

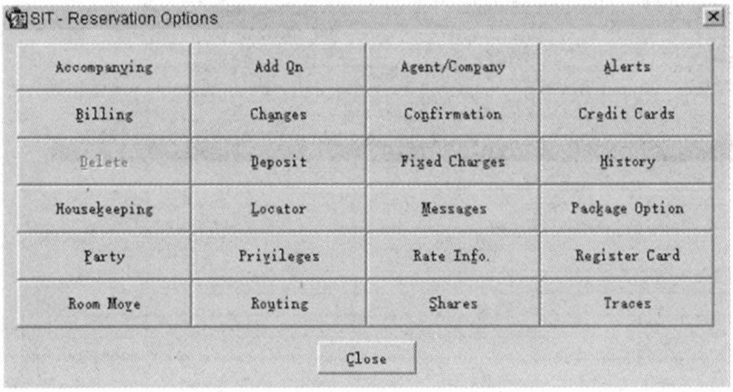

图5-52

3. 在 New Message 界面录入相应信息后，点击 OK 按钮进入下一步。如图 5-53 所示。

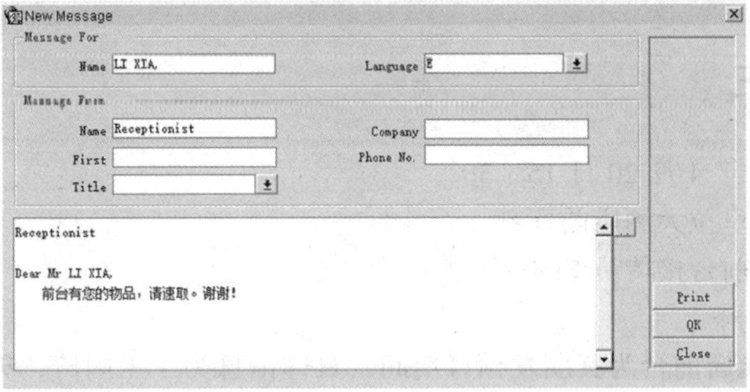

图5-53

4. 在 Messages 界面，点击 Close 按钮退回至图 5-52 所示的 Reservation Options 界面，再次点击 Close 按钮退回至住店客人信息界面。如图 5-54 所示。

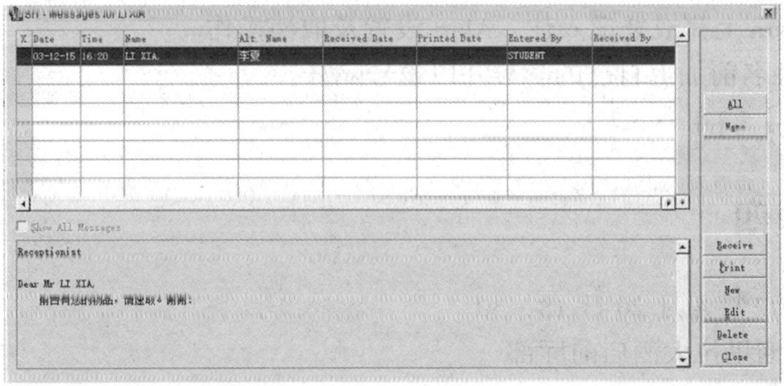

图5-54

5. 在住店客人信息界面左下方，出现红色 Messages 提示框，表明留言设置成功。如图 5-55 所示。

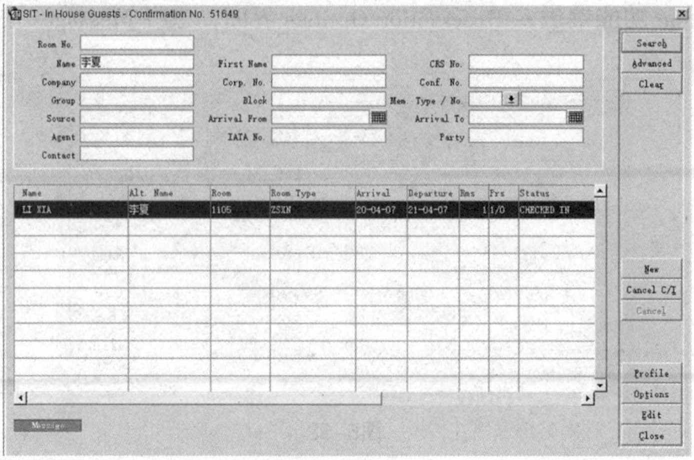

图5–55

5.7.4 习题三

【时间】2007 年 4 月 20 日 15：30

【地点】香榭里拉大酒店前厅部

【模拟岗位】前台接待员 Emily

【工作描述】

1. 李先生至酒店前台为其朋友预订房间，具体信息为：王国涛，男，4 月 20 日入住一天，ZSKN 房，房费 880 元 / 间天，保留至 17:30，费用由客人自付，要求将一份包裹转交给预订客人王国涛。

2. 10 分钟后，预订客人王国涛至酒店前台办理登记入住，Emily 及时转交物品。

【工作要求】

1. 请在 Opera 上完成登记入住、Alert 设置及取消操作。

2. 在客人姓名前加上自己的学号并以逗号隔开。

【配套习题】5.7.4 → 5.7.5

5.7.5 习题四

【时间】2007 年 4 月 20 日 18：30

【地点】香榭里拉大酒店前厅部

【模拟岗位】前台接待员 Emily

【工作描述】

1. 李小姐前往总台办理物品转交手续，要求将一份文件转交住店客人王国涛。Emily 收妥物品并填写转交物品单，及时给王国涛先生留言。

2. 王国涛先生收到总台留言并前往总台取物品，Emily 核对信息后及时转交，并在电脑中对留言信息进行处理。

【工作要求】请在 Opera 上完成相关操作。

【配套习题】5.7.4 → 5.7.5

5.8　租借物品（Rented Item）

5.8.1　租借物品概述

租借物品是指住店客人向酒店相关部门租借物品使用，并在使用后及时将租借物品归还酒店的行为。租借物品包括暂借物品和暂租物品。暂借物品通常为免费使用(有时会收取部分押金)，如多功能插座、电熨斗等；而暂租物品多数为有偿服务，如麻将桌等。

（一）注意事项

1. 住店客人租借物品时，要设置“Item Inv.”项目。
2. 租借和收回环节均要检查物品有无损毁情况。
3. 租借物品常和“Trace”功能配合使用，通知相关部门及时提供客人所需物品。
4. 当租借物品为有偿服务时，需设置“Fixed Charges”收取相应费用。

（二）租借物品流程

租借物品流程如表 5.8.1 所示。

表 5.8.1

项目：租借物品［三星级（含）以上适用］				
序号	标准—租借物品	达　到	未达到	备　注
1	接听电话，主动问候			
2	询问客人租借物品的名称、租借时间等信息，确认客人房号			
3	领取租借用品，检查有无损毁情况			
4	将所借用物品迅速或在客人约定的时间送至客人房间			
5	做好相应记录			
6	当客人离店时，应检查有无租借物品及有无归还等			
7	客人归还租借物品时，服务员应做好记录			
8	将物品还至服务中心			

5.8.2 习题一

【时间】2007 年 4 月 20 日 11：00

【地点】香榭里拉大酒店前厅部、客房部

【模拟岗位】前台接待员 Emily、房务中心文员 Nancy

【工作描述】

1.1219 房何智洋先生致电总台，要求酒店服务人员 10 分钟内送一台电吹风到其房间。Emily 查看了租借物品库存情况后，给客人肯定答复，并进行后续设置。

2. 房务中心文员 Nancy 安排楼层服务员将电吹风及时送给客人后，处理 Trace 设置。

【工作要求】请在 Opera 上完成相关操作。

【操作步骤】

1. 在 Front Desk 模块选择 In House Guests 功能，录入客人房号查找核对客人信息后，点击 Edit 按钮进入客人预订信息界面。如图 5–56 所示。

2. 点击“Item Inv.”后面的下拉箭头进入 Item Inventory 界面。如图 5–57 所示。

3. 点击界面右上角 Item Inv. 功能键进行入 Item Inventory Availability 界面，录入租借物品名称，点击 Search 按钮查询显示租借物品可用情况。如图 5–58 所示。

4. 点击 Close 按钮退回至图 5–57 所示 Item Inventory 界面，然后点击 New 按钮进入 Item Inventory–New 界面，录入相应信息（租借物品名称、开始日期、结束日期、借用数量）。如图 5–59 所示。

5. 点击 OK 按钮退回至 Item Inventory 界面，再次点击 OK 按钮退回至客人预订信息界面。如图 5–60 和图 5–61 所示。

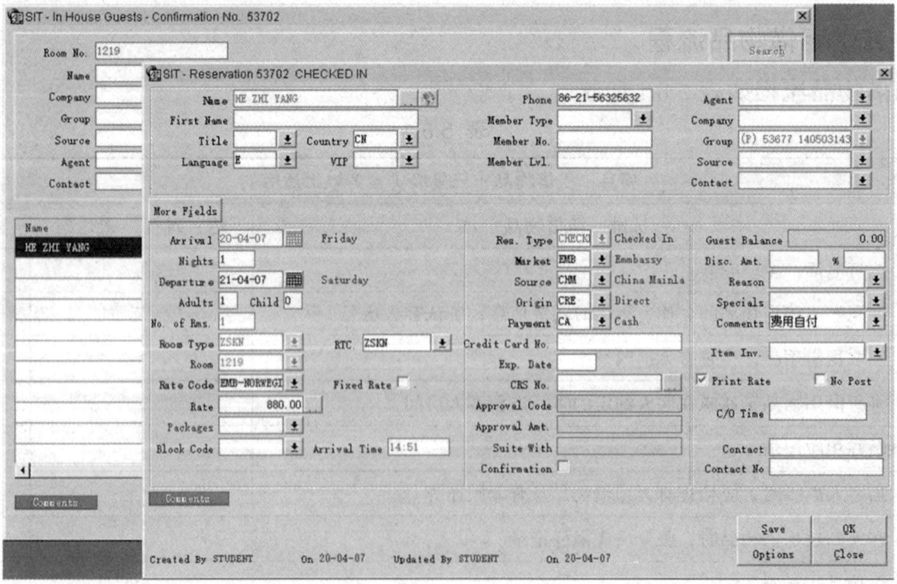

图5–56

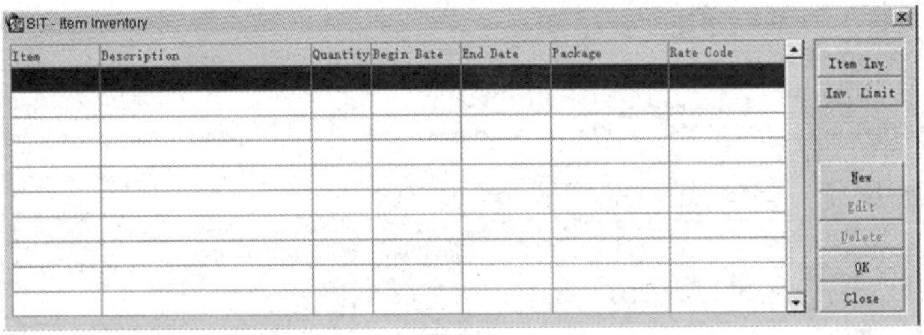

图5–57

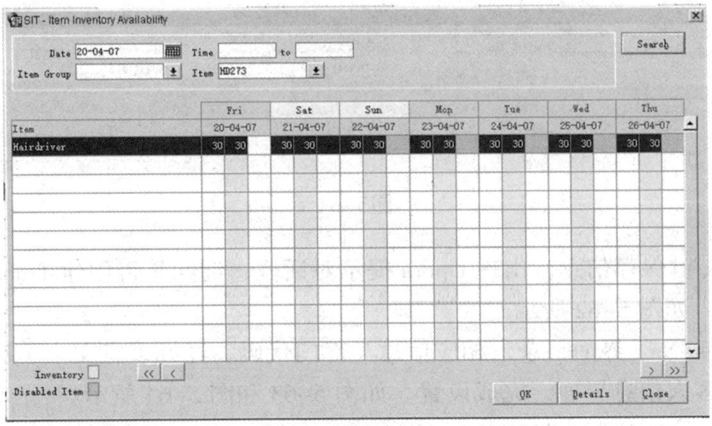

图5–58

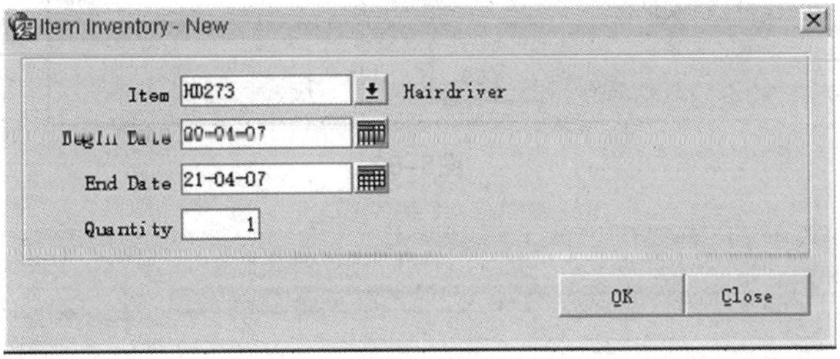

图5–59

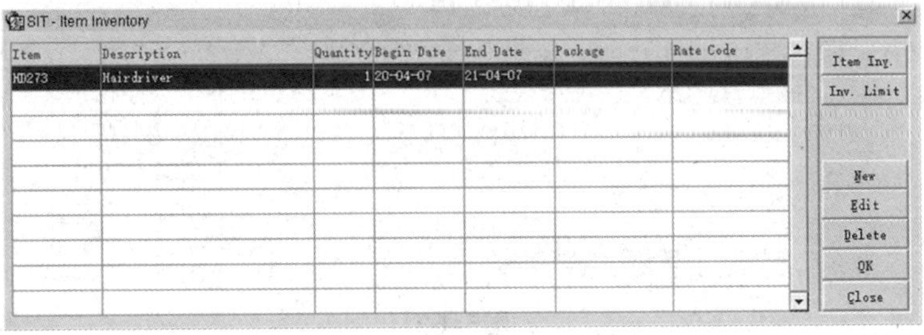

图5–60

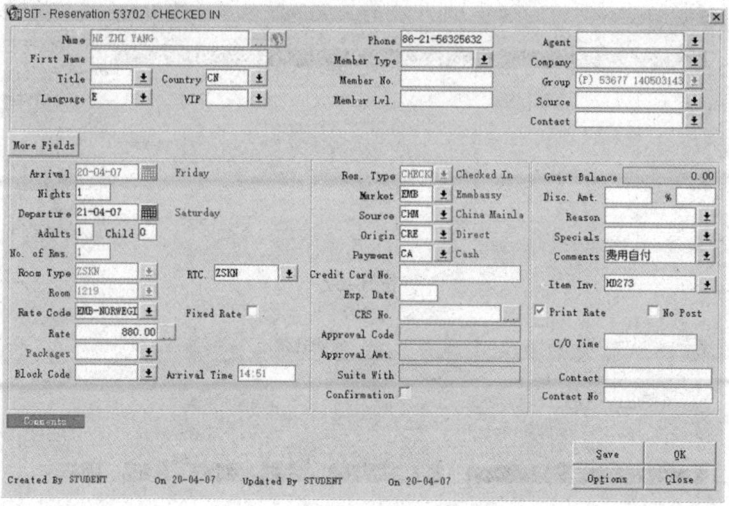

图5-61

6. 点击 OK 键保存信息，出现 Opera 提示对话框，询问是否创建 Trace，点击 Yes 按钮进入下一步。如图 5-62 所示。

7. 在 Traces-New 界面，录入相应信息（部门代码、经办事宜文本）后，点击 OK 按钮退回至住店客人信息界面，完成设置。如图 5-63 和图 5-64 所示。

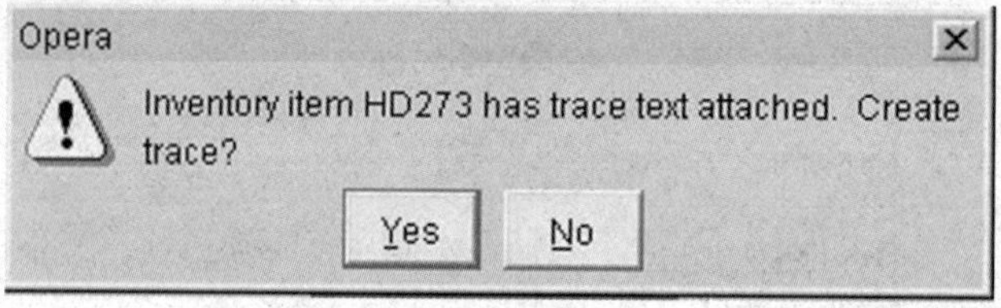

图5-62

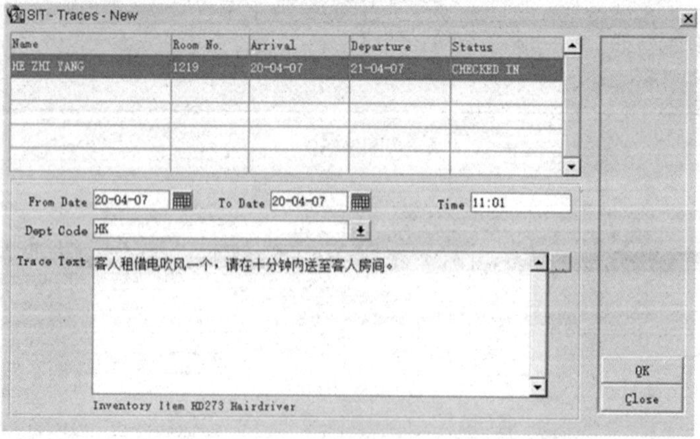

图5-63

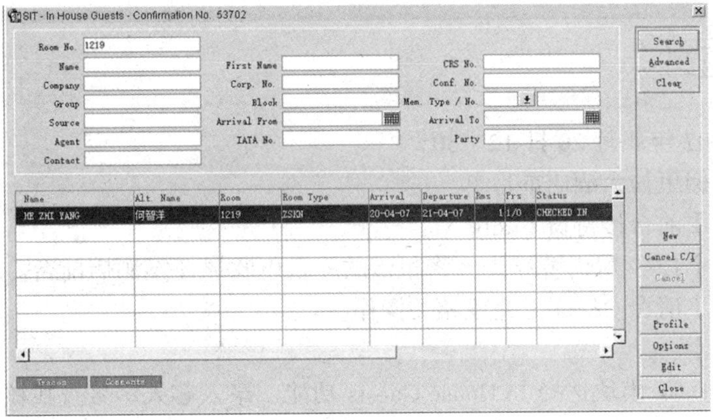

图5-64

8. 在 Front desk 模块选择 Trace 功能进入 Trace 界面（注：亦可通过点击住店客人信息界面左下方的 Trace 红色提示框来完成此操作），录入部门信息后，点击 Search 按钮查询。如图 5-65 所示。

9. 在Trace界面显示结果中，选中客人信息栏点击Resolve按钮，完成操作。如图5-66所示。

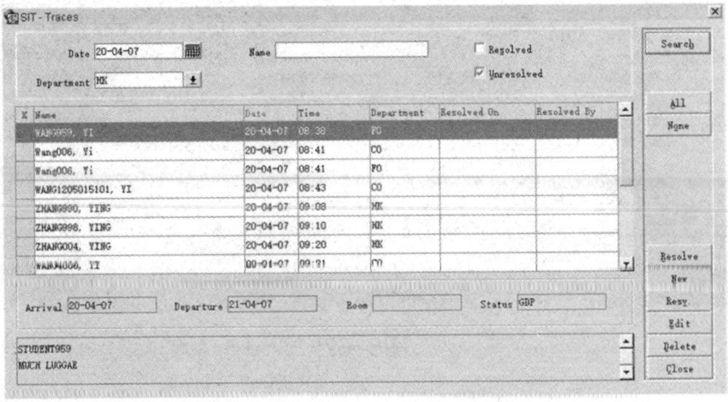

图5-65

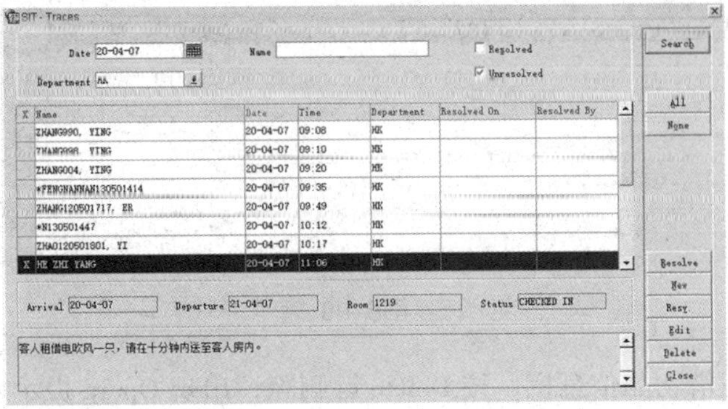

图5-66

5.8.3 习题二

【时间】2007 年 4 月 20 日 12：30

【地点】香榭里拉大酒店前厅部

【模拟岗位】前台接待员 Emily

【工作描述】1219 房何智洋先生将租借的一台电吹风还至酒店前台。

【工作要求】请在 Opera 上完成相关操作。

【操作步骤】

1. 在 Front Desk 模块选择 In House Guests 功能，录入客人房号查找核对客人信息后，点击 Edit 按钮进入客人预订信息界面。如图 5-67 所示。

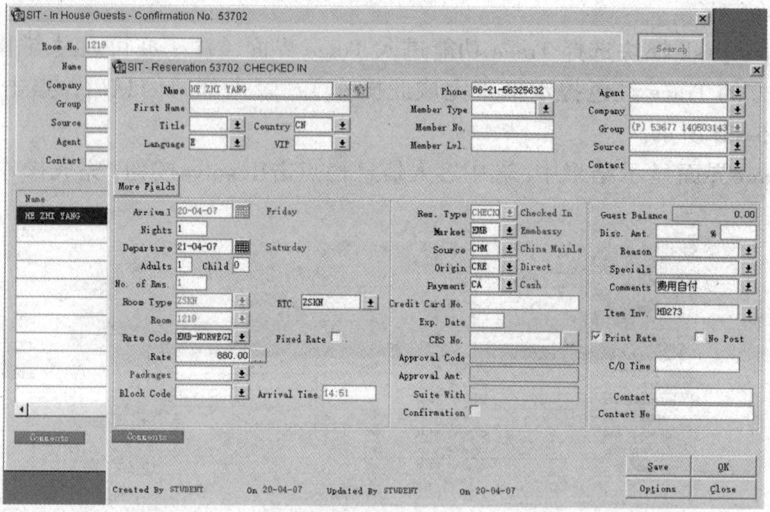

图5-67

2. 点击“Item Inv.”后面的下拉箭头进入 Item Inventory 界面。如图 5-68 所示。

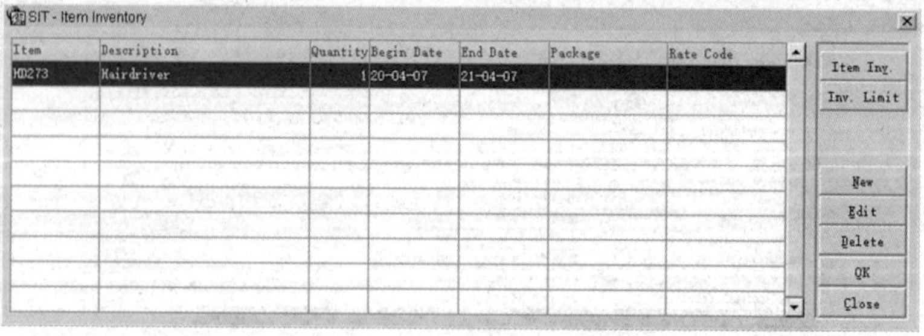

图5-68

3. 选中归还租借物品信息栏，按 Delete 键删除，出现 Opera 提示对话框，询问是否确认，点击 Yes 按钮。如图 5-69 所示。

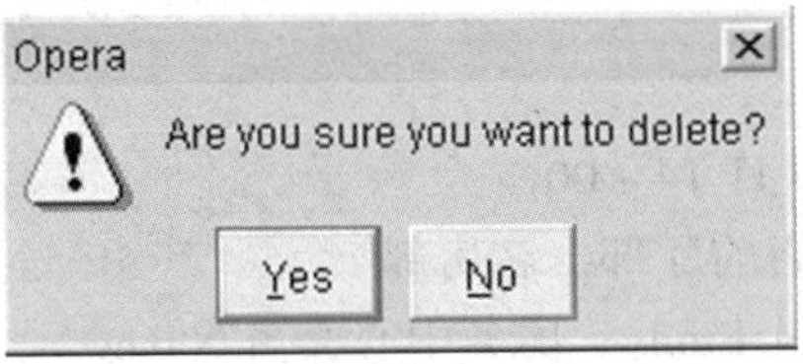

图5–69

4. 再次出现 Opera 提示对话框，询问是否要删除相应的 Traces，点击 No 按钮退回至 Item Inventory 界面。如图 5–70 和图 5–71 所示。

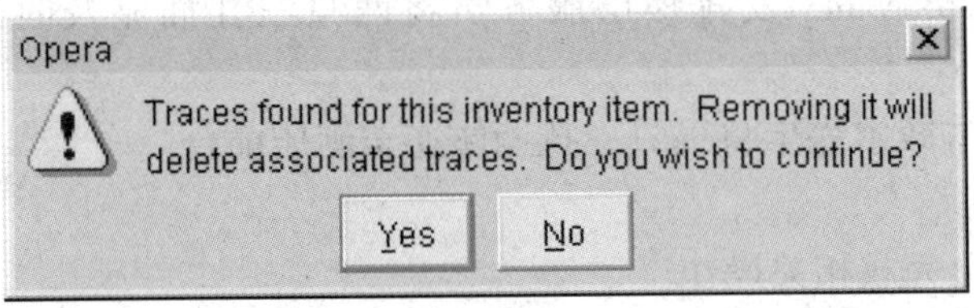

图5–70

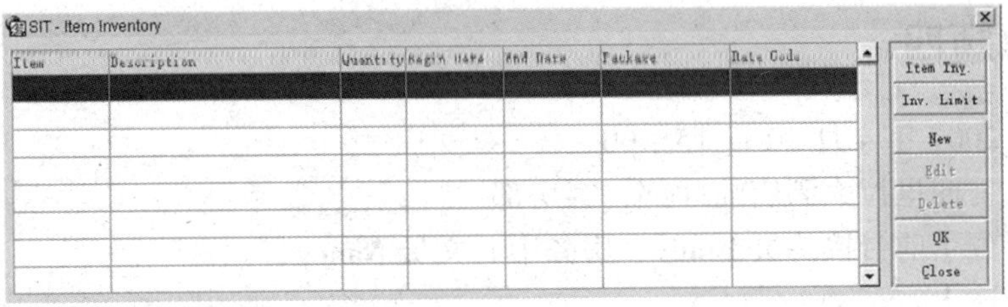

图5–71

5. 再次点击 OK 键退回至客人预订信息界面，此时“Item Inv.”框显示为空白，表明租借物品归还操作完成，点击 OK 键保存且退出即可。如图 5–72 所示。

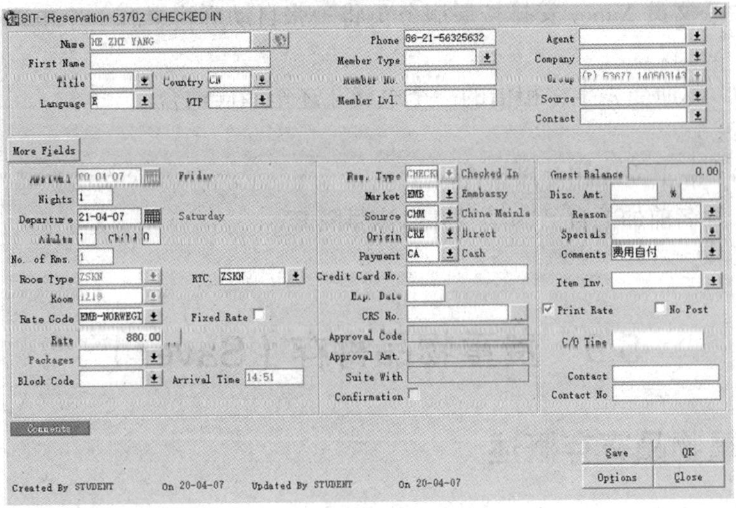

图5–72

5.8.4 习题三

【时间】2007 年 4 月 20 日 14：00

【地点】香榭里拉大酒店前厅部、客房部

【模拟岗位】前台接待员 Emily、房务中心文员 Nancy

【工作描述】

1.Walk In 客人李政富先生入住酒店 1516 房，要求总台 10 分钟内送两只三孔插座到其房间。Emily 查看了租借物品库存情况后，给客人肯定答复，并进行后续设置。

2. 房务中心文员 Nancy 安排楼层服务员将两只三孔插座及时送给客人后，处理 Trace 设置。

3. 一小时后，李政富先生将一只三孔插座还至酒店前台。

【工作要求】

1. 请在 Opera 上完成相关操作。

2. 在客人姓名前加上自己的学号并以逗号隔开。

5.8.5 习题四

【时间】2007 年 4 月 20 日 15：00

【地点】香榭里拉大酒店前厅部、客房部

【模拟岗位】前台接待员 Emily、房务中心文员 Nancy

【工作描述】

1.Walk In 客人苏迪曼先生入住酒店 1816 房，要求总台 15 分钟内送一张自动麻将桌和一个电烫斗到其房间。Emily 查看了租借物品库存情况后，给客人肯定答复，并告知客人自动麻将桌为有偿服务（100 元 / 张夜）。在客人认可后，Emily 进行后续设置。

2. 房务中心文员 Nancy 安排楼层服务员将一张自动麻将桌和一个电烫斗及时送给客人后，处理 Trace 设置。

3.18：30，苏迪曼先生将租借的一个电烫斗还至酒店前台。

【工作要求】

1. 请在 Opera 上完成相关操作。

2. 在客人姓名前加上自己的学号并以逗号隔开。

5.9 贵重物品寄存（Saver）

5.9.1 贵重物品寄存概述

贵重物品寄存，又称保险箱服务，即住店客人出于安全考虑将携带的贵重物品寄存在酒店前台保险箱内。通常情况下，酒店仅针对住店客人提供此服务，且为免费服务。

（一）主要内容

1. 客人提出租借保险箱时的电脑操作。
2. 客人结束租借保险箱时的电脑操作。

（二）注意事项

1. 不得寄存易燃、易爆、易腐蚀、违法违禁物品。
2. 客人退房时，务必查看其是否结束保险箱服务。

5.9.2　习题一

【时间】2007 年 4 月 20 日 14：00

【地点】香榭里拉大酒店前厅部

【模拟岗位】前台接待员 Emily

【工作描述】1108 房小野洋子女士至酒店前台，要求使用前台保险箱服务（存放护照）。Emily 查看保险箱可用情况后，及时提供相应服务，并进行后续设置。

【工作要求】请在 Opera 上完成相关操作。

【操作步骤】

1. 在 Front Desk 模块选择 In House Guests 功能，录入客人房号查找核对客人信息后，点击 Edit 按钮进入客人预订信息界面。如图 5–73 所示。

2. 点击“Item Inv.”后面的下拉箭头进入 Item Inventory 界面。如图 5–74 所示。

3. 点击界面右上角 Item Inv. 功能键进行入 Item Inventory Availability 界面，录入租借物品名称（保险箱），点击 Search 按钮查询显示保险箱可用情况。如图 5–75 所示。

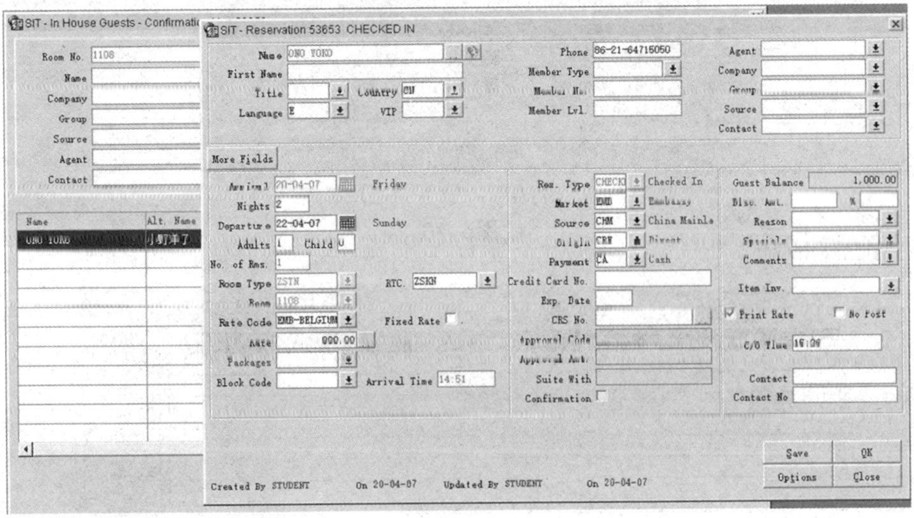

图5–73

4. 点击 Close 按钮退回至图 5–74 所示 Item Inventory 界面，然后点击 New 按钮进入 Item Inventory–New 界面，录入相应信息（租借物品名称、开始日期、结束日期、借用数量）。如图 5–76 所示。

5. 点击 OK 按钮退回至 Item Inventory 界面，再次点击 OK 按钮退回至客人预订信息界面。如图 5–77 和图 5–78 所示。

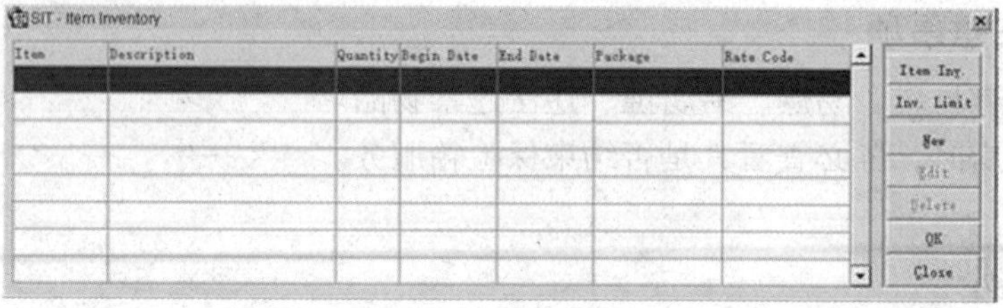

图5–74

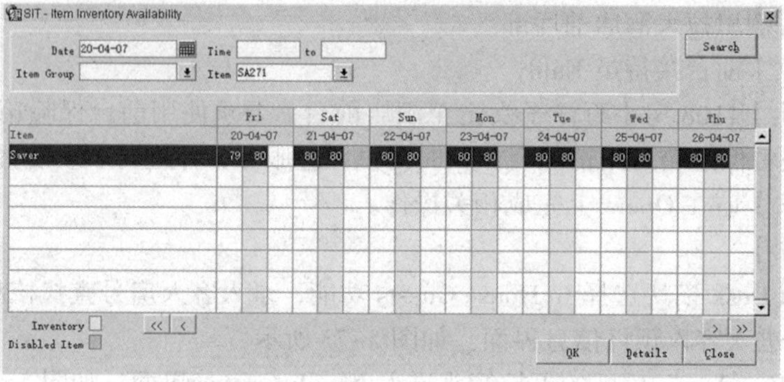

图5–75

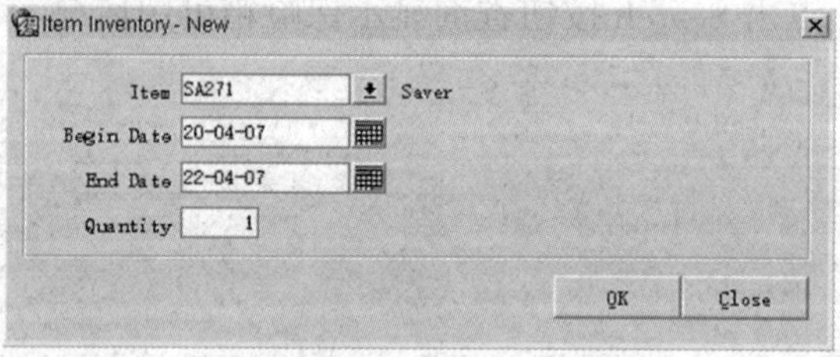

图5–76

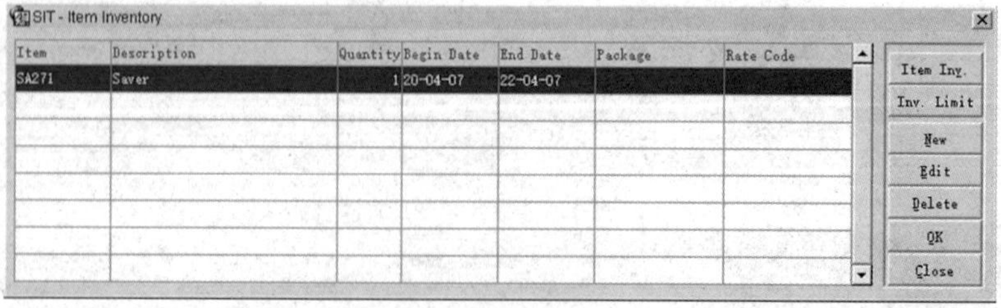

图5–77

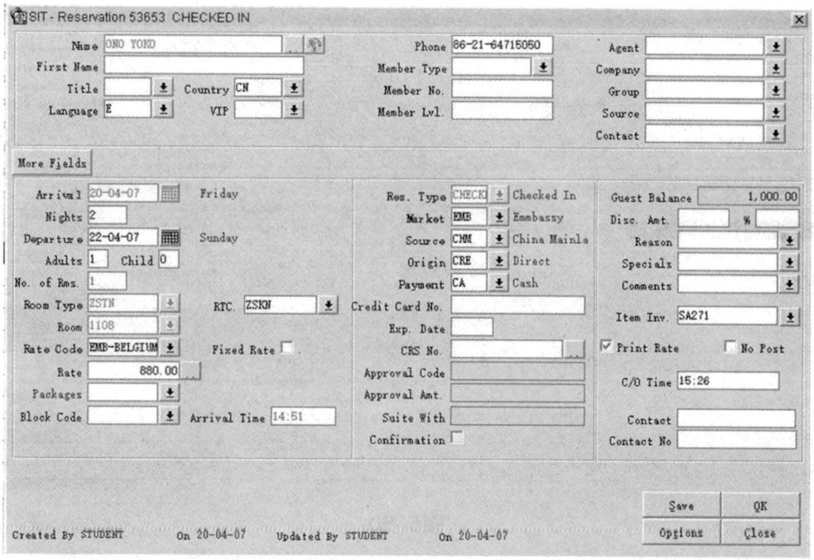

图5-78

6. 点击 OK 按钮保存信息，出现 Opera 提示对话框，询问是否创建 Trace，点击 No 按钮退出即可。如图 5-79 所示。

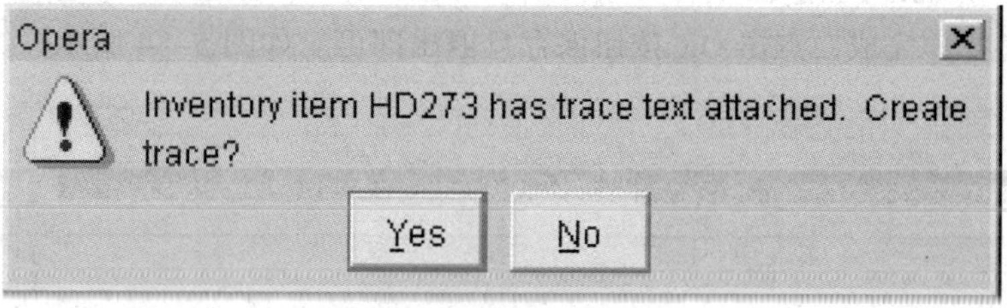

图5-79

5.9.3　习题二

【时间】2007 年 4 月 20 日 18：30

【地点】香榭里拉人酒店前厅部

【模拟岗位】前台接待员 Emily

【工作描述】1108 房小野洋子女士至酒店总台，取走寄存物品，结束保险箱服务，并退还保险箱钥匙。

【工作要求】请在 Opera 上完成相关操作。

【操作步骤】

1. 在 Front Desk 模块选择 In House Guests 功能，录入客人房号查找核对客人信息后，点击 Edit 按钮进入客人预订信息界面。如图 5-80 所示。

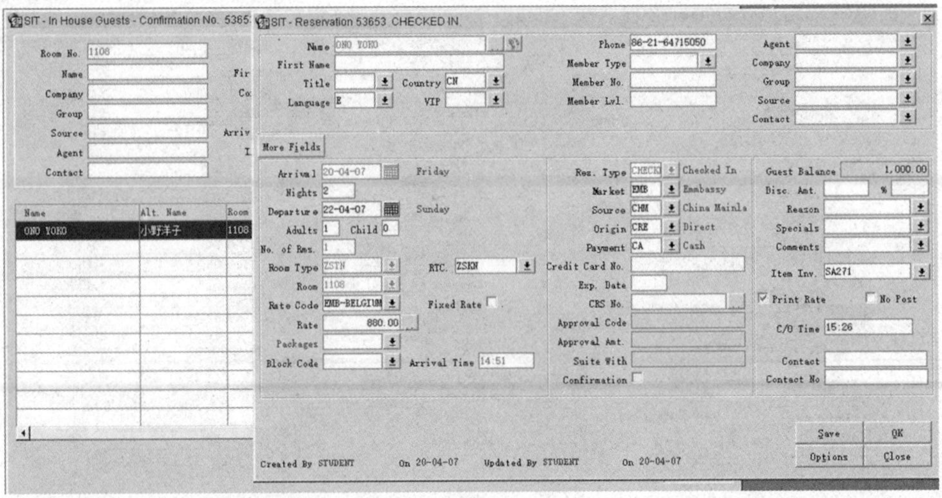

图5-80

2. 点击 “Item Inv.” 后面的下拉箭头进入 Item Inventory 界面。如图 5-81 所示。

3. 选中归还租借物品信息栏，按 Delete 键删除，出现 Opera 提示对话框，询问是否确认，点击 Yes 按钮退回至 Item Inventory 界面。如图 5-82 和图 5-83 所示。

4. 再次点击 OK 按钮退回至客人预订信息界面，此时 “Item Inv.” 框显示为空白，表明保险箱归还操作完成，点击 OK 按钮保存且退出即可。如图 5-84 所示。

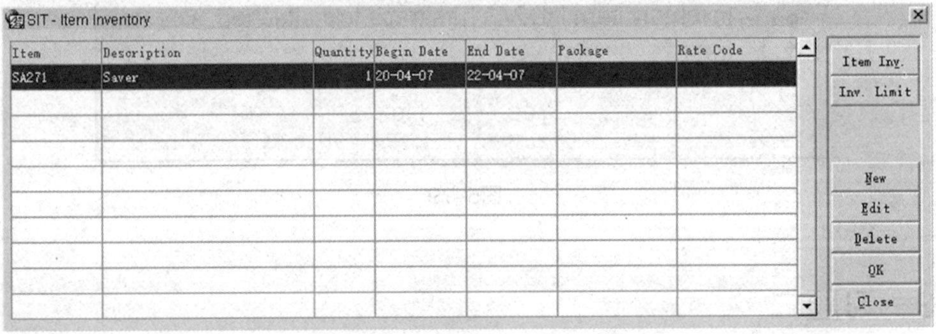

图5-81

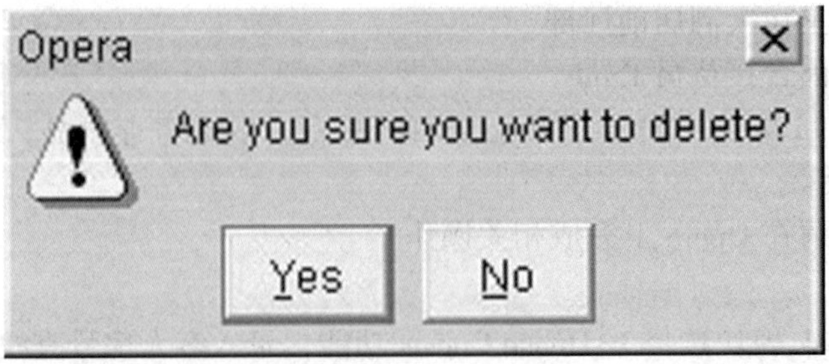

图5-82

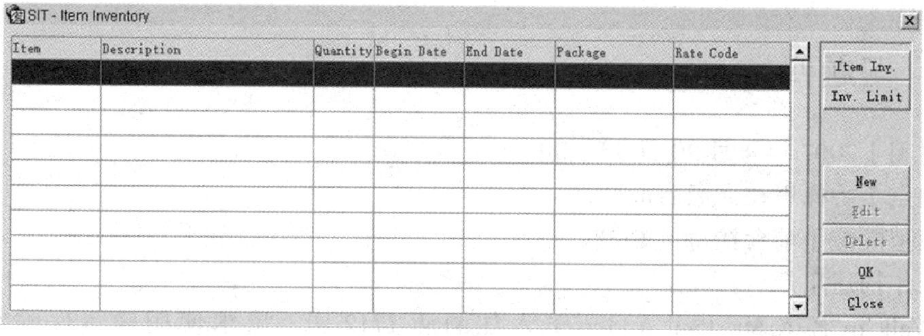

图5–83

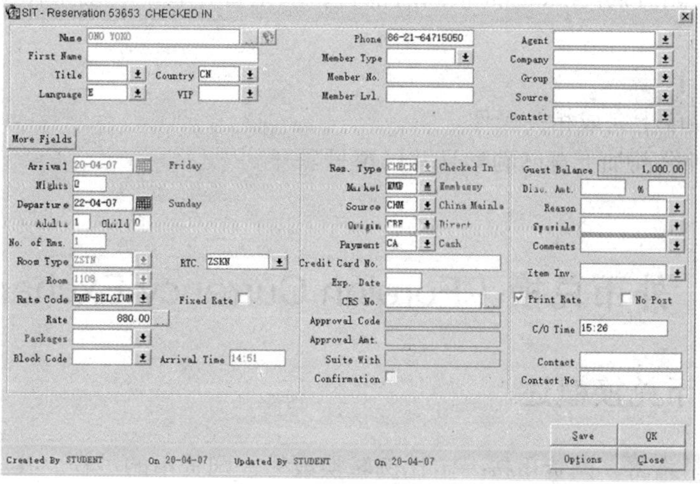

图5–84

5.9.4　习题三

【时间】2007 年 4 月 20 日 14：00

【地点】香榭里拉大酒店前厅部

【模拟岗位】前台接待员 Emily

【工作描述】

1.Walk In 客人刘德才先生入住酒店 1015 房，要求使用前台保险箱服务。Emily 查看了保险箱可用情况后，及时提供相应服务，并进行后续设置。

2. 两小时后，刘德才先生至酒店总台，取走寄存物品，结束保险箱服务，并退还保险箱钥匙。

【工作要求】

1. 请在 Opera 上完成相关操作。

2. 在客人姓名前加上自己的学号并以逗号隔开。

5.9.5 习题四

【时间】2007 年 4 月 20 日 15：00

【地点】香榭里拉大酒店前厅部

【模拟岗位】前台接待员 Emily

【工作描述】

1.Walk In 客人 Mr. Paul Anderson 入住酒店 1712 房，要求使用前台保险箱服务。Emily 查看了保险箱可用情况后，及时提供相应服务，并进行后续设置。

2.19：30，Mr. Paul Anderson 至酒店前台，取走寄存物品，结束保险箱服务，并退还保险箱钥匙。

【工作要求】

1. 请在 Opera 上完成相关操作。

2. 在客人姓名前加上自己的学号并以逗号隔开。

5.10 外币兑换（Foreign Currency Exchange）

5.10.1 外币兑换概述

外币兑换是指将一国货币按一定比例转换成另一国货币的过程。我国外汇管理条例明文规定任何外币不可在中国境内自由流通，因此，客人在住店时需将外币兑换成人民币方可使用。目前，三星级及以上酒店均可提供此服务，部分高星级酒店还提供外币换零服务。

（一）收兑范围

目前，我国可接受兑换的外币有 17 种，包括美元、日元、英镑、港元、丹麦克朗、瑞士法郎、澳大利亚元、加拿大元、挪威克朗、新加坡元、瑞典克朗、澳门币、菲律宾比索、泰国铢、欧元、韩国元、新台币。

外币包括外币现钞和旅行支票。

（二）注意事项

1. 仅对住店客人提供外币兑换服务。

2. 正确选择外币汇率（外币现钞使用现钞买入价，旅行支票使用现汇买入价）。

3. 外币兑换水单的存放、填制要规范。

4. 提醒客人保管好外币兑换水单（凭此单可在中国银行及机场外币兑换处换回外币）。

（三）外币兑换操作流程

外币兑换操作流程如表 5.10.1 所示。

表5.10.1

序号	标准—现钞兑换	备注
1	主动问候客人，了解客人需求	
2	唱收外币，清点复核，并向客人重复一遍	
3	检查外币真伪（不能接受损坏的外币，发现伪钞要没收，上报）	
4	正确填制外币兑换水单（水单由银行提供），并请客人在水单上签名	
5	按照水单上的人民币金额取出相应数量	
6	唱付客人应得的人民币，将水单客人联交给客人留存，并请客人当面复核	
7	向客人道谢	
8	将办理完毕的水单和外币存放在指定的地方	
	标准—旅行支票兑换	备注
1	礼貌地问候客人，了解客人需求	
2	检查客人兑换的支票是否是本兑换点可受理的支票，是否有挂失和区域限制	
3	请客人当面在支票上的指定位置上复签（如果是客人事先已签好的支票，请客人当面在支票的背面再签一次）	
4	检查客人的签名是否与原签名一致	
5	唱收支票，并向客人重复一遍支票的种类和金额	
6	正确填制外币兑换水单，并请客人在水单上签名	
7	唱付客人应得的人民币，将水单客人联交给客人留存，并请客人当面复核	
8	向客人道谢	
9	将办理完毕的水单和支票存放在指定的地方	

5.10.2　习题一

【时间】2007 年 4 月 20 日 8：50

【地点】香榭里拉大酒店外币兑换处

【模拟岗位】外币兑换员 Joanna

【工作描述】Joanna 登录中国银行网站下载当日外汇牌价（如表 5.10.2 所示），并据此更新电脑系统中的外汇牌价。

表5.10.2

当前牌价日期：2007 年 4 月 20 日 星期五 每一百单位外币价			
货币名称	现汇买入价	现钞买入价	上传时间
美元　USD	630.46000	624.15000	8:42:28
日元　JPY	4.99330	4.83910	8:42:28
加拿大元　CAD	458.49000	444.34000	8:42:28

【工作要求】请在 Opera 上完成相关操作。

【操作步骤】

1. 在Cashiering模块选择Cashier Functions功能进入Cashier Functions界面。如图5-85所示。

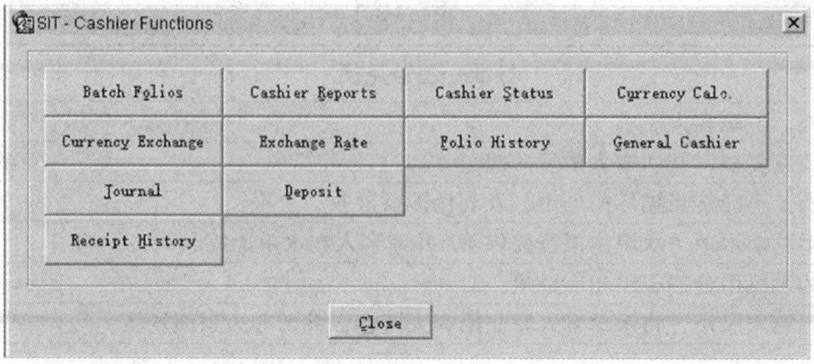

图5-85

2. 点击 Exchange Rate 按钮进入 Exchange Rates 界面。如图 5-86 所示。

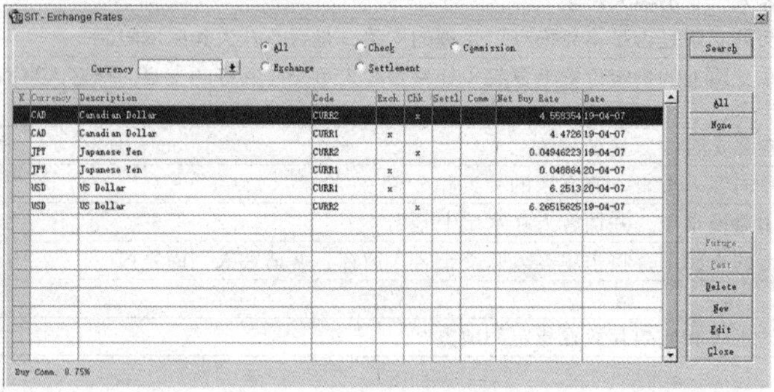

图5-86

3. 在 Exchange Rates 界面，选中 Exchange（现钞买入价）后，点击 Search 按钮查询并显示现钞外汇牌价。然后选中加元外汇信息栏，点击Edit进入下一步。如图5-87所示。

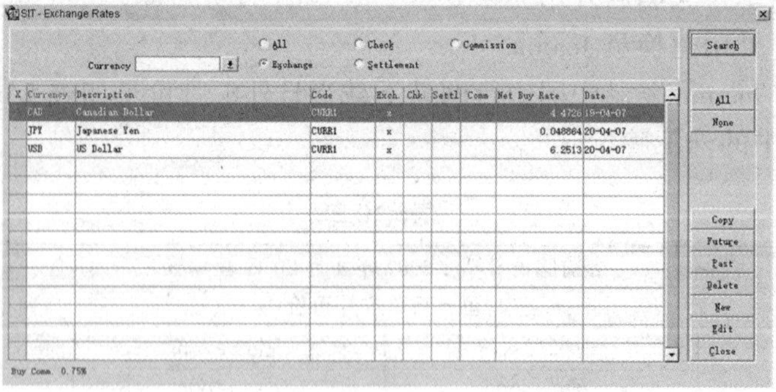

图5-87

4. 在 Exchange Rates-Edit 界面，更改 Begin Date（日期）、From Buy Rate（买入价）等信息后，点击 OK 按钮退回至 Exchange Rates-Edit 界面。如图 5-88 和图 5-89 所示。

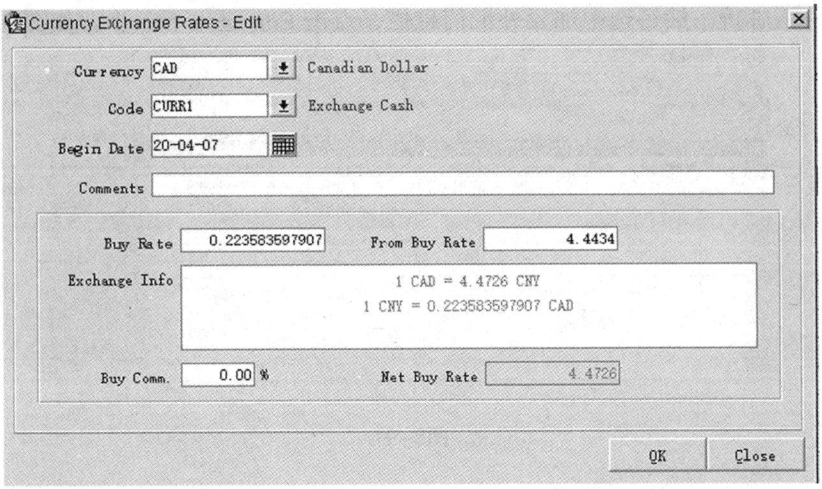

图5–88

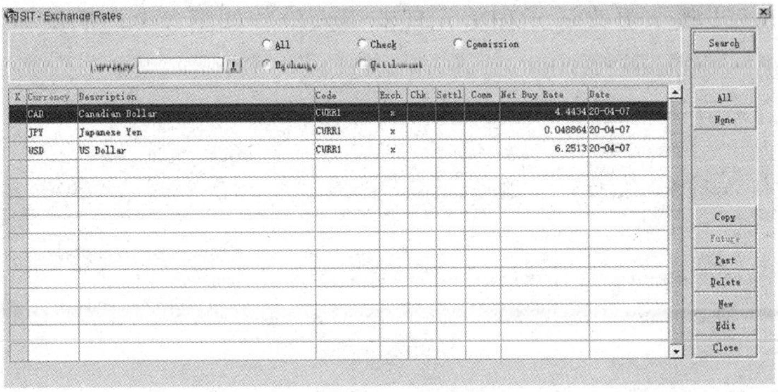

图5–89

5. 按步骤 3、步骤 4 更改日元和美元现钞买入价。如图 5–90 所示。

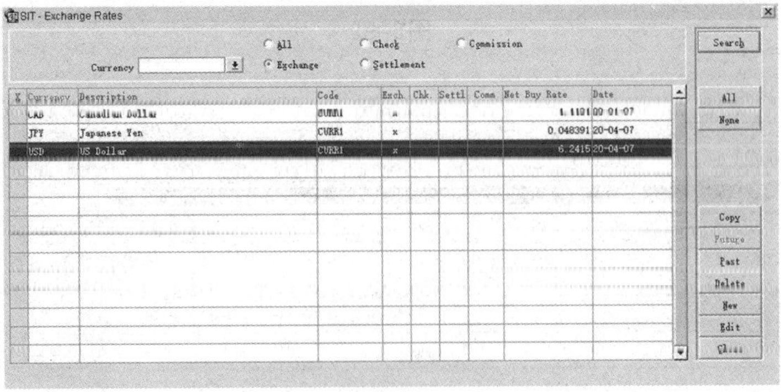

图5–90

6. 在 Exchange Rates 界面，选中 Check（现汇买入价）后，点击 Search 按钮查询并

显示现汇外汇牌价。然后选中加元外汇信息栏，点击 Edit 进入下一步。如图 5-91 所示。

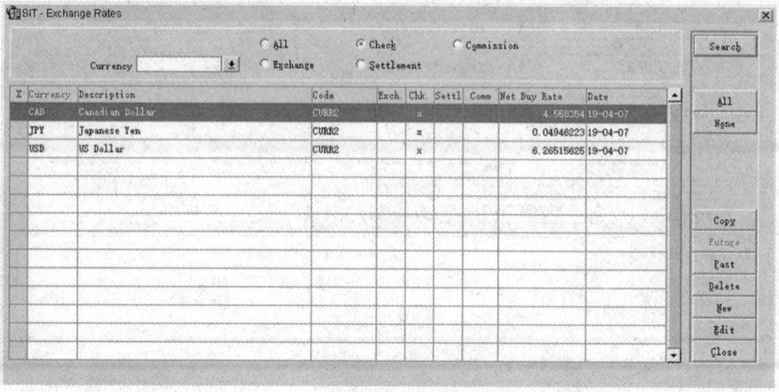

图5-91

7. 在 Exchange Rates-Edit 界面，更改 Begin Date（日期）、From Buy Rate（买入价）等信息后，点击 OK 键退回至 Exchange Rates-Edit 界面。如图 5-92 和图 5-93 所示。

8. 按步骤 6、步骤 7 更改日元和美元现汇买入价。如图 5-94 所示。

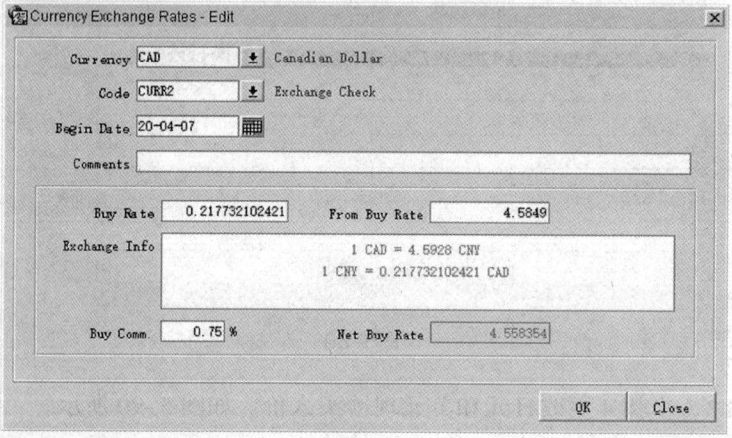

图5-92

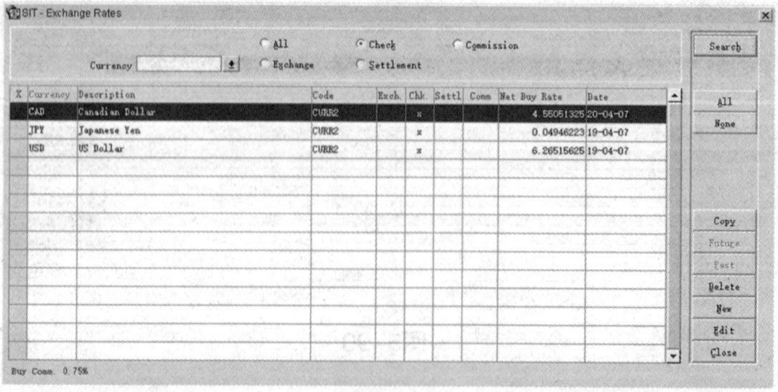

图5-93

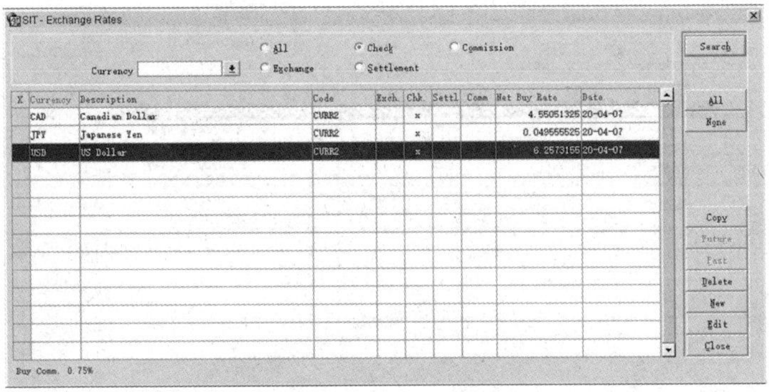

图5–94

9. 点击 Close 按钮退出，完成外汇牌价更新操作。

5.10.3　习题二

【时间】2007 年 4 月 20 日 9：00

【地点】香榭里拉大酒店外币兑换处

【模拟岗位】外币兑换员 Joanna

【工作描述】增加英镑现钞买入价和现汇买入价的设置。具体牌价如表 5.10.3 所示。

表5.10.3

当前牌价日期：2007 年 4 月 20 日 星期五 每一百单位外币价			
货币名称	现汇买入价	现钞买入价	上传时间
英镑　GBP	926.61000	898.02000	8:42:28

【工作要求】请在 Opera 上完成相关操作。

【操作步骤】

1. 在 Cashiering 模块选择 Cashier Functions 功能，点击 Exchange Rates 进入 Exchange Rates 界面。如图 5–95 和图 5–96 所示。

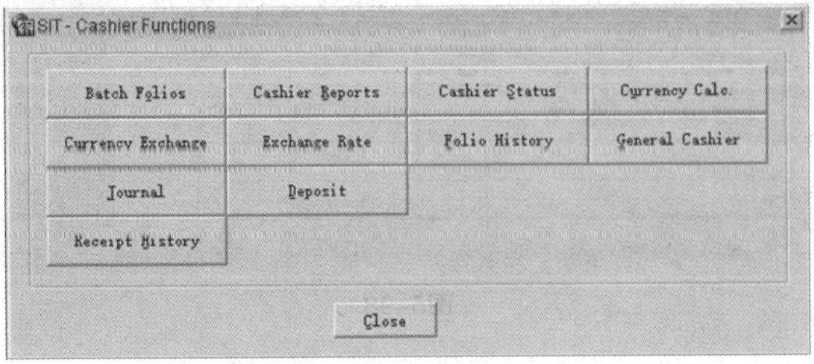

图5–95

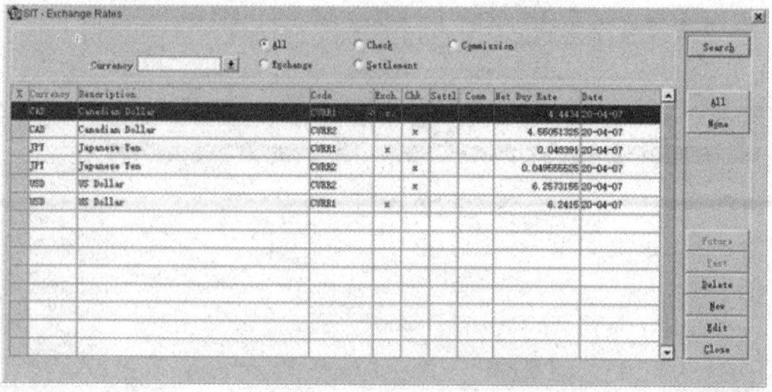

图5–96

2. 在 Exchange Rates 界面点击 New 按钮进入 Exchange Rates–New 界面，录入外币名称、代码（现钞）、日期、外汇牌价（现钞买入价）等信息后，点击 OK 按钮退回至 Exchange Rates 界面。如图 5–97 和图 5–98 所示。

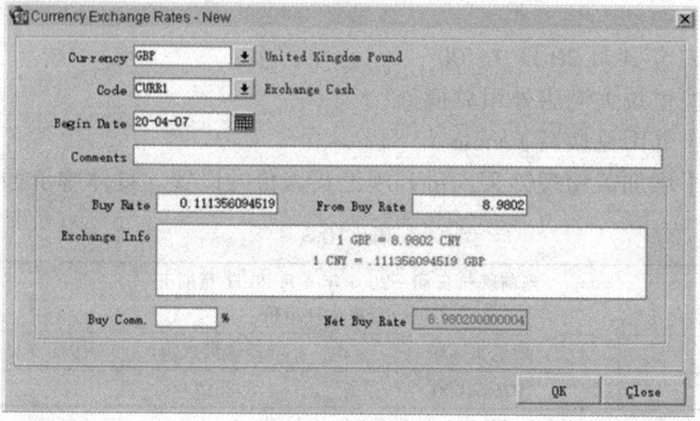

图5–97

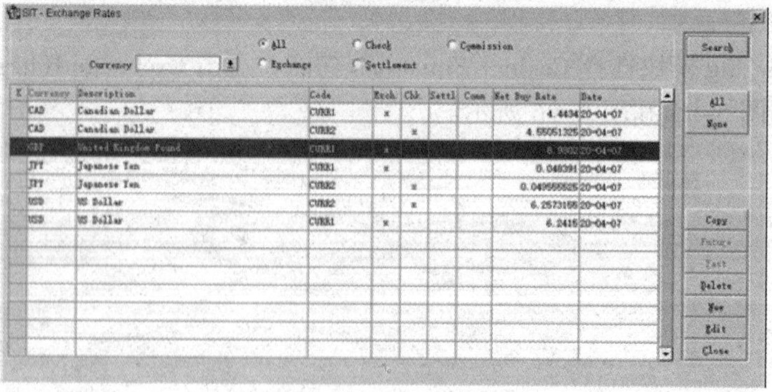

图5–98

3. 在 Exchange Rates 界面再次点击 New 按钮进入 Exchange Rates–New 界面，录入外

币名称、代码（旅行支票）、日期、外汇牌价（现汇买入价）、扣息（按现行规定，兑换旅行支票时，需扣除 0.75% 的贴息）等信息后，点击 OK 按钮退回至 Exchange Rates 界面。如图 5–99 和图 5–100 所示。

4. 点击 Close 按钮退出，完成英镑汇率设置操作。

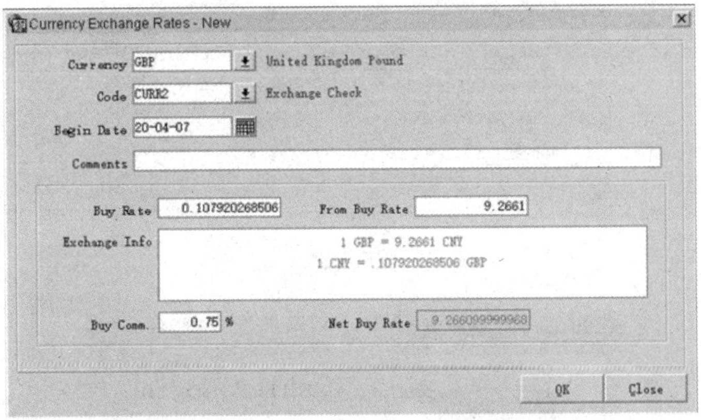

图5–99

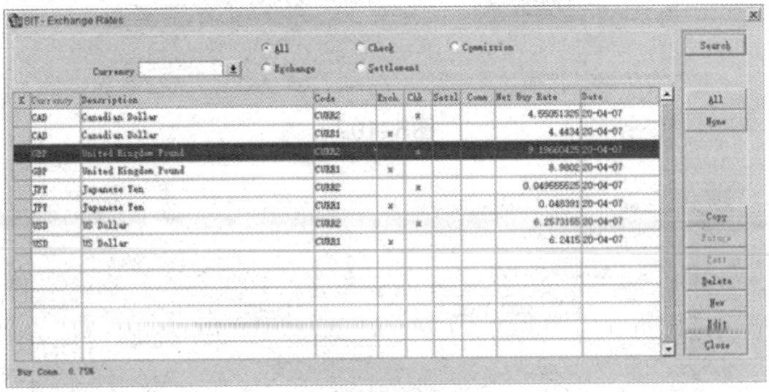

图5–100

5.10.4　习题三

【时间】2007 年 4 月 20 日 11：30

【地点】香榭里拉大酒店外币兑换处

【模拟岗位】外币兑换员 Joanna

【工作描述】1108 房小野洋子女士至外币兑换处，兑换现钞 20000 日元。

【工作要求】请在 Opera 上完成相关操作。

【操作步骤】

1. 在 Cashiering 模块选择 Cashier Functions 功能，点击 Currency Exchange 进行收银员登录。如图 5–101 所示。

2. 输入密码后，按 Login 登录。如图 5–102 所示。

3. 在 Currency Exchange Rates 界面，录入客人房号及姓名、外币代码、兑换代码（现钞）、兑换外币金额等信息（注：当以上信息录入后，系统会自动显示人民币金额），核对无误后，点击 OK 按钮打印外币兑换水单，完成外币兑换操作。如图 5–103 所示。

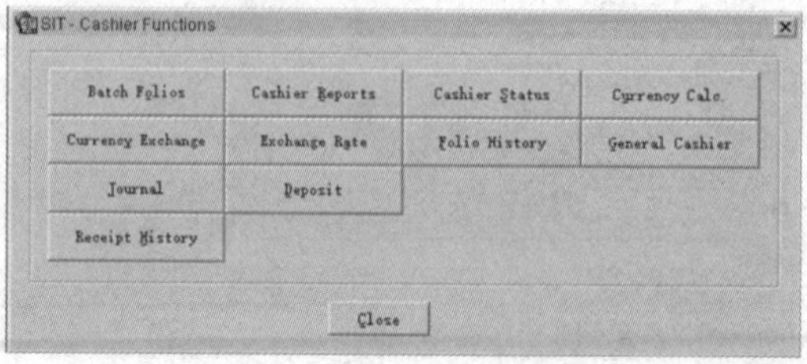

图5–101

图5–102

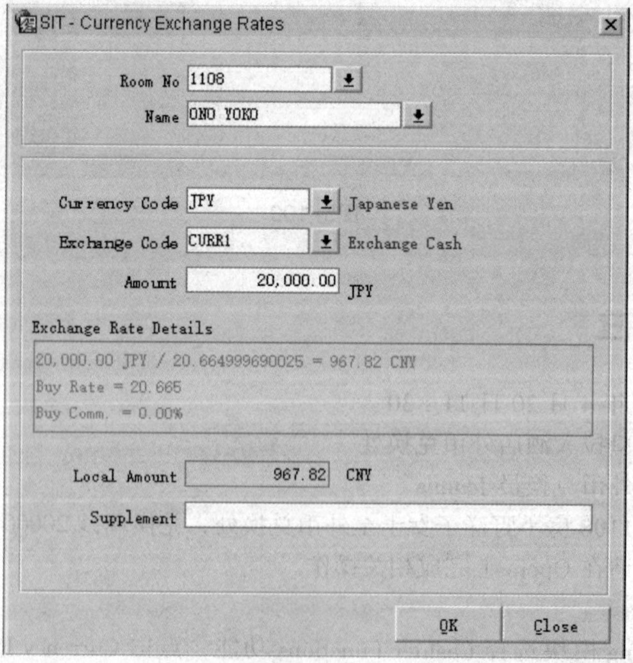

图5–103

5.10.5　习题四

【时间】2007 年 4 月 20 日 9：00

【地点】香榭里拉大酒店外币兑换处

【模拟岗位】外币兑换员 Joanna

【工作描述】增加港元现钞买入价和现汇买入价的设置。具体牌价如表 5.10.5 所示。

表5.10.5

当前牌价日期：2007 年 4 月 20 日 星期五 每一百单位外币价			
货币名称	现汇买入价	现钞买入价	上传时间
港元　HKD	79.13000	78.49000	8:42:28

【工作要求】请在 Opera 上完成相关操作。

5.10.6　习题五

【时间】2007 年 4 月 20 日 12：30

【地点】香榭里拉大酒店外币兑换处

【模拟岗位】外币兑换员 Joanna

【工作描述】Walk In 客人何长工入住 1305 房时，因人民币现金不足，要求兑换港元旅行支票 5000 元，Joanna 为其办理外币兑换业务。

【工作要求】

1. 请在 Opera 上完成相关操作。
2. 在客人姓名前加上自己的学号并以逗号隔开。

5.11　综合例题

5.11.1　习题一

【时间】2007 年 4 月 20 日 11：30

【地点】香榭里拉大酒店前厅部

【模拟岗位】预订员 Jessica、接待员 Emily

【工作描述】

1.Jessica 接到散客预订：宫明正，男，4 月 20 日一天，ZSTN 房，880 元 / 间天，保留至 15：00，费用自付。

2.12：45，Emily 接到商务中心电话：收到宫明正先生传真。Emily 及时在电脑中设置 Alert。

3.13：00，宫明正先生至前台办理登记入住手续，支付押金 1500 元。

4.13：15，宫先生致电前台，告知会有一位朴爱国先生稍后与其合住，请做好预订；另请转告朴先生：我已去公司，不能陪你用餐，你可在酒店三楼自助餐厅自行用餐。

5.14：00 朴爱国先生至前台办理入住，Emily 为其办理登记手续，并转告宫先生留言。另外，朴先生告知：14：30~15：00，我会在二楼咖啡厅，如有电话，请直接转过来。

6.15：05，宫先生与朴先生同时至前台，提出续住一天，并在房间加床一张（150 元 / 天，第二天取消加床），客人补交押金 1500 元。

【工作要求】

1. 请在 Opera 上完成相关操作。

2. 在客人姓名前加上自己的学号并以逗号隔开。

5.11.2　习题二

【时间】2007 年 4 月 20 日 12：30

【地点】香榭里拉大酒店前厅部

【模拟岗位】接待员 Emily、外币兑换员 Joanna

【工作描述】

1.Walk In 客人李宝国前台入住（4 月 20 日起住两天，ZSTN 房，880 元 / 间天，费用自付），需交押金 2000 元。因人民币现金不足，要求兑换美元现钞 500 元，Joanna 为其办理外币兑换业务。

2.14：00，李宝国先生至前台，称其老板童世俊先生今天会入住酒店，要求加订一个 ZSTN 房，住一天，所有费用由其代付（补交押金 2000 元）。另外，要求总台在童世俊先生入住时，务必电话通知其来前台接待，他会一直在房间。

3.15：30，童世俊先生前台入住，Emily 为其办理登记手续，并及时通知李宝国先生前来总台接待。

4. 童世俊先生要求服务员向其房间送一台电吹风和一个三孔插座（均为免费服务）。

5.17：20，李宝国先生致电前台，告知：17：30~18：30，我和童世俊先生会在三楼自助餐厅用餐，如有电话，请直接转过来。

6.18：30，李宝国先生陪同童世俊先生至前台，要求使用前台保险箱。

7.20：30，童世俊先生至前台，取走物品，退还保险箱钥匙，并提前离店，所有账目转李宝国房账（同意支付一天房费，无其他消费）。

【工作要求】

1. 请在 Opera 上完成相关操作。

2. 在客人姓名前加上自己的学号并以逗号隔开。

第6单元

退房结账

学习意义 退房结账是客人在酒店的最后一个环节，一方面要严格把关，确保酒店收入不流失；另一方面需要提高服务效率、增强服务意识及质量，以提高客人的满意度。本章的学习，可以使学生熟知退房结账的基本流程、注意事项，并能熟练掌握相关的电脑操作。

内容概述 本章首先介绍了入账的基本流程与操作，然后介绍了快速入账所适用的几种情况，最后比较了几种不同结账形式之间的区别，并对其操作进行具体讲解。

教学目标

知识目标

1. 了解入账流程。
2. 了解快速入账的适用情况。
3. 了解提前结账、提前退房及手工入房账等不同结账形式的区别。

能力目标

1. 掌握入账及快速入账的电脑操作。
2. 掌握退房结账的电脑操作。

6.1 入账（Post）

6.1.1 入账概述

入账：客人在酒店发生的消费，有些由计算机终端自动入账，有些则需要收银人员手工入账。通常情况下，自动入账的账目有电话费、VOD 点播、房费及固定费用等；手工入账的账目有 Mini Bar、洗衣费、商务中心、赔偿费及相关账目的冲减（冲减账项时，需 Post 入一笔负数）。前台手工入账需确保正确、及时。

入账操作流程如表 6.1.1 所示：

表 6.1.1

项目：入账［三星级（含）以上适用］

	标准—入账	达到	未达到	备注
1	没有电脑终端的部门，账单或杂项单必须尽快送到前台	1	0	
2	收银员收到账单时，核对客人姓名与电脑系统是否相符，客人签字与登记卡签字是否一致	1	0	
3	核对无误后，做好签收工作，注明收到时间	1	0	
4	及时正确地将账单入到客人账目中	1	0	
5	入账后需在账单上注明“已入账”，避免重复入账的情况	1	0	
6	入账后将账单存档，放入相应客人的 RC 卡袋中备查			
7	交班时，必须打印报表并核对所有账单			
8	账目如有差错，需及时找出问题并解决			
9	账单和入账凭证核对无误后，连同报表送交财务部审核和备案	1	0	

6.1.2 习题一

【时间】2007 年 4 月 20 日

【地点】香榭里拉大酒店财务部

【模拟岗位】前台收银员 Helen

【工作描述】

苏云龙先生住店期间产生消费，Helen 根据消费凭证进行入账：

1. 客房小酒吧：消费啤酒两听，30 元 / 听，共计 60 元，凭单号 1534。

2. 西装干洗服务（加急）：80 元，凭单号 1535。

3. 商务中心发送传真：20 元，凭单号 1536。

4. 损坏烟灰缸一只，确认赔偿：40 元，凭单号 1537。

5. 经核实，客人小酒吧只消费一听啤酒，故冲减消费 30 元，凭单号 1538。

【工作要求】

请在 Opera 上完成相关操作。

【成绩考评】

1. 请以截图的方式将该 Post 界面保存在桌面，并上传至指定地址。

2. 本题满分 10 分。

【配套习题】

4.3.2 → 4.5.2 → 4.8.2 → 4.9.2 → 6.1.2

【操作步骤】

1. 在 Cashiering 模块选择 Billing 功能，输入密码登录至 In House Guest Search 界面，根据房号或姓名查找客人信息。如图 6-1 所示。

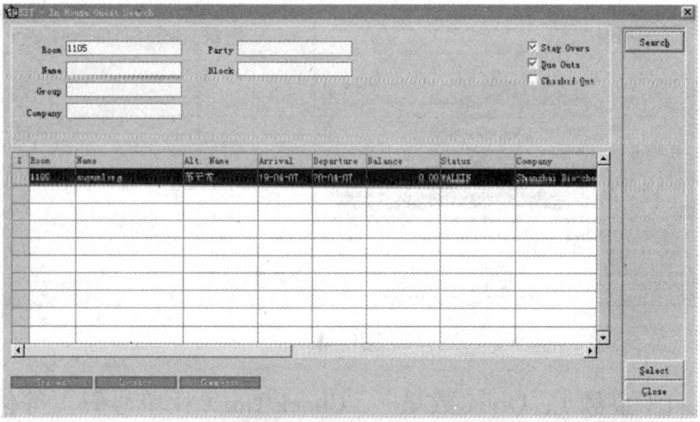

图6-1

2. 选中客人信息条，点击 Select 键进入账务界面。如图 6-2 所示。

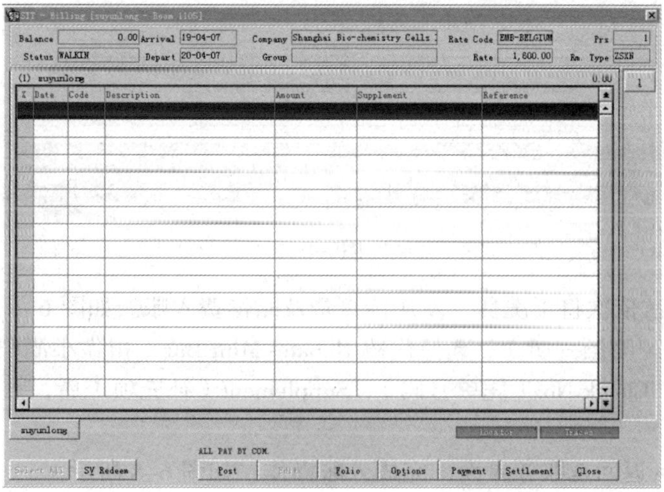

图6-2

3. 点击 Post 键进入下一步。如图 6–3 所示。

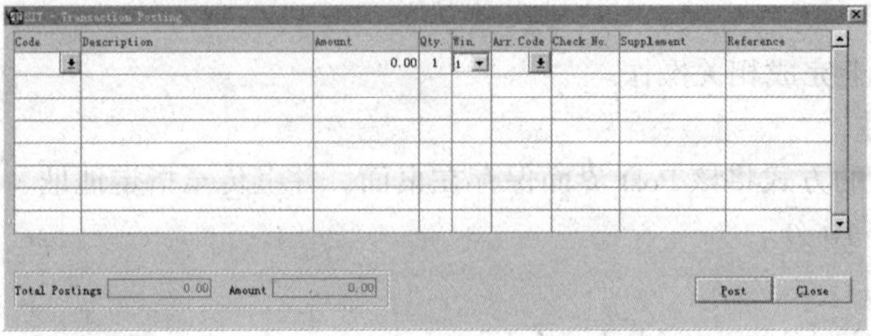

图6–3

4. 在 Transaction Posting（入账）界面，点击 Code 后的下拉式箭头，选择相应的代码后点击 OK 键确认。如图 6–4 所示。

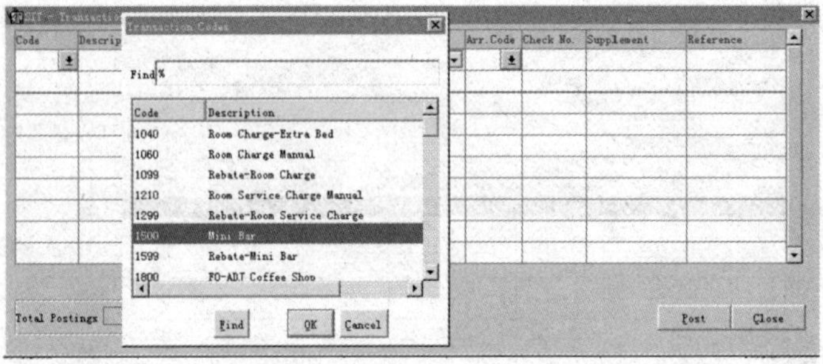

图6–4

5. 输入 Amount（金额）、Qty（数量）、Check No.（凭单号码）等信息后，点击 Post 键入账。如图 6–5 所示。

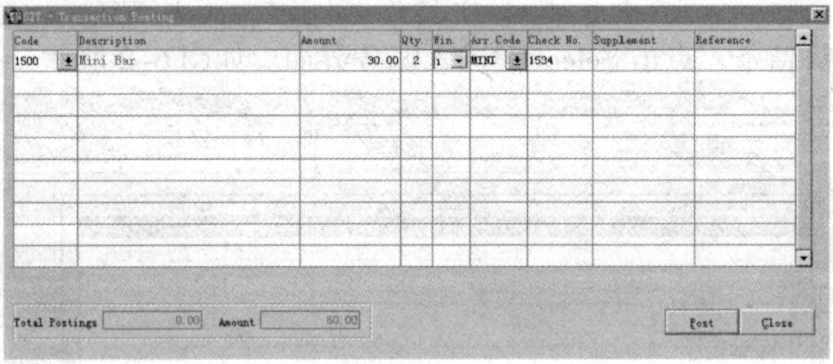

图6–5

6. 按上述方法依次将干洗费、发送传真费及赔偿费入账。如图 6–6 所示。

7. 冲减费用（啤酒一听）：选择代码 Rebate–Mini Bar（扣除小酒吧账款）[①]，输入 Amount（金额）、Check No.（凭单号码）、Supplement（补充项）后，点击 Post 入账。如图 6–7 所示。

8. 点击 Close 返回至账务界面，完成入账操作。如图 6–8 所示。

① 做Rebate减免费用时，输入的金额应为负数，需在补充项中注明原因。

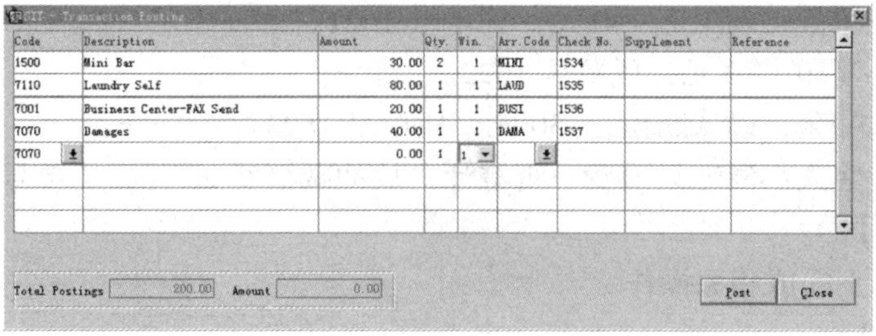

图6-6

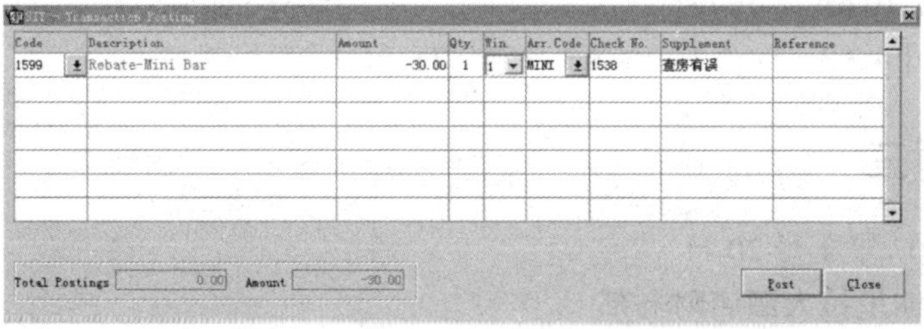

图6-7

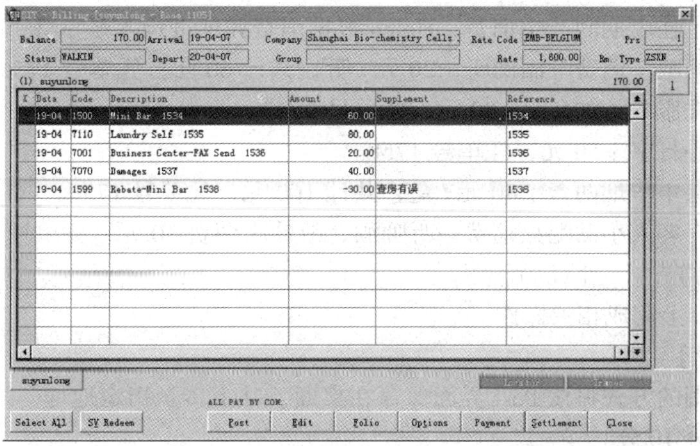

图6-8

6.1.3　习题二

【时间】2007 年 4 月 20 日

【地点】香榭里拉大酒店财务部

【模拟岗位】前台收银员 Helen

【工作描述】

方昕女士住店期间产生消费，Helen 根据消费凭单进行入账：

1. 客房小酒吧：消费橙汁两听，20 元 / 听，共计 40 元，凭单号 1620。

2. 西裤干洗服务（加急）：40 元，凭单号 1621。
3. 商务中心复印：30 元，凭单号 1622。
4. 损坏浴巾一条，确认赔偿：150 元，凭单号 1623。
5. 经核实，客人小酒吧只消费一听橙汁，故冲减消费 20 元，凭单号 1624。

【工作要求】

请在 Opera 上完成相关操作。

【成绩考评】

1. 请以截图的方式将该 Post 界面保存在桌面，并上传至指定地址。
2. 本题满分 10 分。

【配套习题】4.3.3 → 4.5.3 → 4.8.3 → 4.9.3 → 6.1.3

6.1.4 习题三

【时间】2007 年 4 月 20 日

【地点】香榭里拉大酒店财务部

【模拟岗位】前台收银员 Helen

【工作描述】

邵文彬先生住店期间产生消费，Helen 根据消费凭证进行入账：
1. 客房小酒吧：消费啤酒两听，30 元 / 听，共计 60 元，凭单号 1756。
2. 西装干洗服务（加急）：80 元，凭单号 1757。
3. 商务中心打字：50 元，凭单号 1758。
4. 商场购买中华烟两盒：80 元 / 盒，共计 160 元，凭单号 1759。
5. 经核实，客人小酒吧只消费一听啤酒，故冲减消费 30 元，凭单号 1760。

【工作要求】

请在 Opera 上完成相关操作。

【成绩考评】

1. 请以截图的方式将该 Post 界面保存在桌面，并上传至指定地址。
2. 本题满分 10 分。

【配套习题】4.3.4 → 4.5.4 → 4.8.4 → 4.9.4 → 6.1.4

6.1.5 习题四

【时间】2007 年 4 月 20 日

【地点】香榭里拉大酒店财务部

【模拟岗位】前台收银员 Helen

【工作描述】

石磊先生住店期间产生消费，Helen 根据消费凭证进行入账：
1. 客房小酒吧：消费啤酒两听，30 元 / 听，共计 60 元，凭单号 1802。

2. 客房送餐服务（Room Service）：55 元，凭单号 1803。
3. 商务中心发送传真：20 元，凭单号 1804。
4. 商场购买中华烟两盒：80 元 / 盒，共计 160 元，凭单号 1805。
5. 前台经理给予客人免商务中心发送传真费用，已签字确认：20 元，凭单号 1806。
【工作要求】
客人的证件信息参照自己的身份证件信息。
【成绩考评】
1. 请以截图的方式将该 Post 界面保存在桌面，并上传至指定地址。
2. 本题满分 10 分。
【配套习题】3.3.5 → 3.5.5 → 3.8.5 → 3.9.5 → 4.1.5

6.1.6　习题五

【时间】2007 年 4 月 20 日
【地点】香榭里拉大酒店财务部
【模拟岗位】前台收银员 Helen
【工作描述】
周传杰先生住店期间产生消费，Helen 根据消费凭证进行入账：
1. 客房小酒吧：消费啤酒两听，30 元 / 听，共计 60 元，凭单号 1905。
2. 西装干洗服务（加急）：80 元，凭单号 1906。
3. 商务中心发送传真：20 元，凭单号 1907。
4. 损坏电视遥控器一只：100 元，凭单号 1908。
5. 经房务总监同意，遥控器赔偿费减半收取，故冲减赔偿 50 元，凭单号 1909。
【工作要求】
请在 Opera 上完成相关操作。
【成绩考评】
1. 请以截图的方式将该 Post 界面保存在桌面，并上传至指定地址。
2. 本题满分 10 分。
【配套习题】3.1.2/3.1.3 → 3.4.2/3.4.3 → 3.8.2 → 4.1.2 → 4.2.2 → 6.1.6

6.2　快速入账（Fast Posting）

6.2.1　快速入账概述

快速入账是指可以快速地将费用入到客人账单中。相对入账而言，不需要打开客人账务界面，具有快捷方便的功能。快速入账通常会用在为客人加入洗衣费或小酒吧费用等。房务中心（Housekeeping）常使用这一功能，而前台收银通常不使用快速入账，仍采用进入客人账务界面逐一入账。

6.2.2 习题一

【时间】2007 年 4 月 20 日

【地点】香榭里拉大酒店客房部

【模拟岗位】房务中心员工 Lisa

【工作描述】

Lisa 根据服务员查房结果填制小酒吧消费凭单并入账：

1. 苏云龙先生房间：啤酒一听，30 元 / 听，凭单号 1035。
2. 方昕女士房间：可乐两听，15 元 / 听，共计 30 元，凭单号 1036。
3. 邵文彬先生房间：啤酒一听，30 元 / 听，凭单号 1037。
4. 石磊先生房间：啤酒三听，30 元 / 听，共计 90 元，凭单号 1038。

【工作要求】请在 Opera 上完成相关操作。

【成绩考评】

1. 请以截图的方式将该快速入账界面保存在桌面，并上传至指定地址。
2. 本题满分 10 分。

【配套习题】4.3.2/4.3.3/4.3.4/4.3.5 → 4.5.2/4.5.3/4.5.4/4.5.5 → 6.2.2

【操作步骤】

1. 在 Cashiering 模块选择 Fast Posting 功能，输入密码登录至 Transaction Posting 界面。如图 6–9 所示。

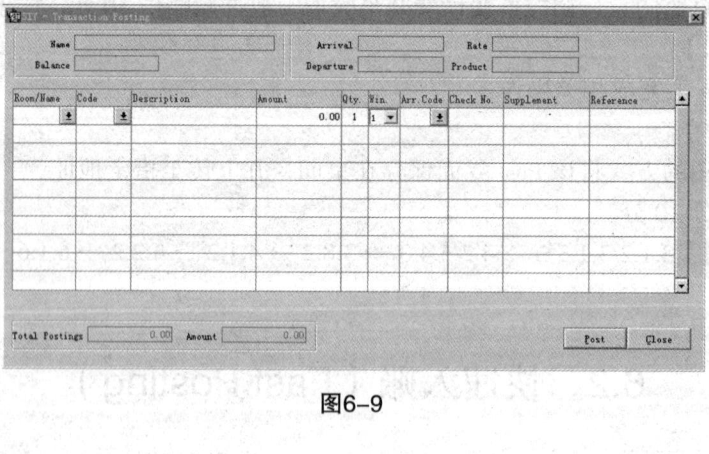

图6–9

2. 在 Transaction Posting 界面，输入 Room、Amount、Qty、Check No. 等信息后，点击 Post 入账。如图 6–10 所示。

3. 按照步骤 2 依次录入其余房间的小酒吧费用。如图 6–11 所示。

4. 点击 Close 退出。可通过 Billing 功能进入客人账务界面，核对上述费用入账与否。

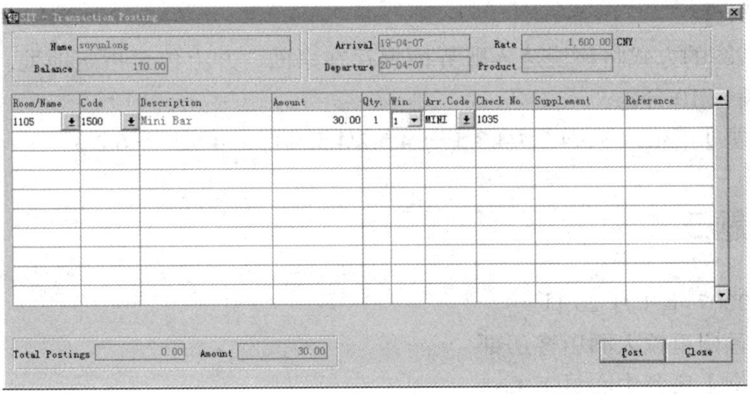

图6-10

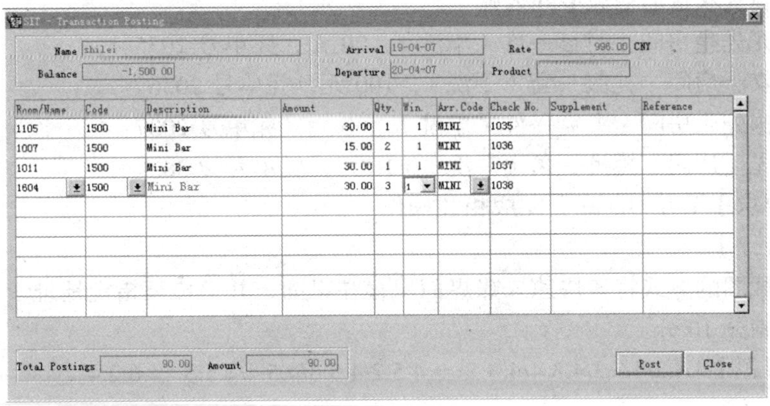

图6-11

6.2.3　习题二

【时间】2007 年 4 月 20 日

【地点】香榭里拉大酒店客房部

【模拟岗位】房务中心员工 Lisa

【工作描述】

Lisa 根据服务员查房结果填制小酒吧消费凭单并入账：

1. 苏云龙先生房间：黑方一瓶，90 元 / 瓶，凭单号 1039。

2. 方昕女士房间：雪碧两听，15 元 / 听，共计 30 元，凭单号 1040。

3. 邵文彬先生房间：伏特加一瓶，90 元 / 瓶，凭单号 1041。

4. 石磊先生房间：金酒一瓶，80 元 / 瓶，凭单号 1042。

【工作要求】

请在 Opera 上完成相关操作。

【成绩考评】

1. 请以截图的方式将该快速入账界面保存在桌面，并上传至指定地址。

2. 本题满分 10 分。

【配套习题】4.3.2/4.3.3/4.3.4/4.3.5 → 4.5.2/4.5.3/4.5.4/4.5.5 → 6.2.3

6.2.4 习题三

【时间】2007 年 4 月 20 日

【地点】香榭里拉大酒店客房部

【模拟岗位】房务中心员工 Lisa

【工作描述】

Lisa 填制洗衣费消费凭单并入账：

1. 苏云龙先生房间：衬衫一件（干洗），20 元，凭单号 2035。

2. 方昕女士房间：礼服一套（干洗），100 元，凭单号 2036。

3. 邵文彬先生房间：夹克一件（干洗），50 元，凭单号 2037。

4. 石磊先生房间：短裤一条（湿洗），10 元，凭单号 2038。

【工作要求】请在 Opera 上完成相关操作。

【成绩考评】

1. 请以截图的方式将该快速入账界面保存在桌面，并上传至指定地址。

2. 本题满分 10 分。

【配套习题】4.3.2/4.3.3/4.3.4/4.3.5 → 4.5.2/4.5.3/4.5.4/4.5.5 → 6.2.4

6.2.5 习题四

【时间】2007 年 4 月 20 日

【地点】香榭里拉大酒店客房部

【模拟岗位】房务中心员工 Lisa

【工作描述】

Lisa 填制洗衣费消费凭单并入账：

1. 苏云龙先生房间：衬衫两件（干洗），共计 20 元，凭单号 2045。

2. 方昕女士房间：礼服一套（干洗），100 元，凭单号 2046。

3. 邵文彬先生房间：夹克两件（干洗），共计 50 元，凭单号 2047。

4. 石磊先生房间：短裤三条（湿洗），共计 10 元，凭单号 2048。

【工作要求】

请在 Opera 上完成相关操作。

【成绩考评】

1. 请以截图的方式将该快速入账界面保存在桌面，并上传至指定地址。

2. 本题满分 10 分。

【配套习题】4.3.2/4.3.3/4.3.4/4.3.5 → 4.5.2/4.5.3/4.5.4/4.5.5 → 6.2.5

6.3　客人结账（Billing）

6.3.1　客人结账概述

Check Out：房间为 Due Out（预计离店）状态。

Settlement：房间为非 Due Out 状态。

Interim Bill：提前结账。

Early Departure：提前退房。

Advance Bill：手工入房费。

6.3.2　习题一

【时间】2007 年 4 月 20 日 8:00

【地点】香榭里拉大酒店财务部

【模拟岗位】前台收银员 Helen

【工作描述】

苏云龙先生至前台退房，Helen 为其办理了退房结账手续。

表 6.3.2

Helen：早上好，先生，您是要退房吗？ 苏云龙：是的，××× 房，这是钥匙。 Helen：××× 房苏先生（电脑确认）。请稍等，我们要查一下房间，看是否有遗留物品。（报房务部查房），您使用过房间的小酒吧服务吗？ 苏云龙：没有。 Helen：苏先生，您的一切费用是公司支付？ 苏云龙：是的。 Helen：苏先生，您住下来感受如何？ 苏云龙：非常好，环境不错，服务员很热情，而且效率很高。 Helen：谢谢。 （房务部报查房结果 OK） Helen：（与打印对账）苏先生，这是账单，请您在这确认签字。 苏云龙：谢谢！ Helen：不用谢！感谢您的入住，期待着您的再次光临！

【工作要求】

请在 Opera 上完成相关操作。

【成绩考评】

1. 请以截图的方式将该 Check Out 界面保存在桌面，并上传至指定地址。

2. 本题满分 10 分。

【配套习题】4.3.2 → 4.5.2 → 4.8.2 → 4.9.2 → 6.1.2 → 6.3.2

【操作步骤】

1. 在 Cashiering 模块选择 Billing 功能，输入密码登录至 In House Guest Search 界面，根据房号或姓名查找客人信息。如图 6–12 所示。

2. 选中客人信息条，点击 Select 键进入客人账务界面。如图 6–13 所示。

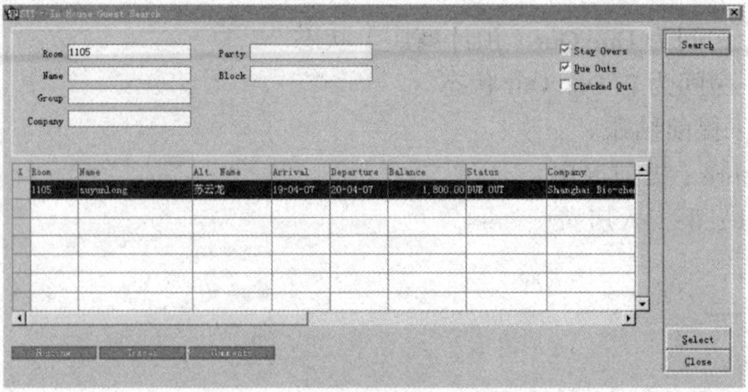

图6–12

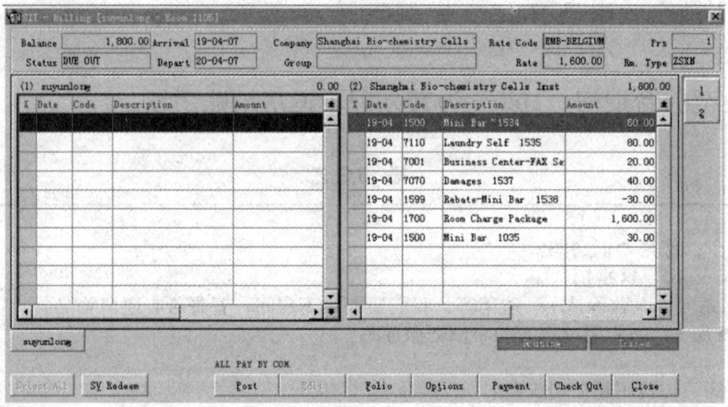

图6–13

3. 点击账务界面下方的 Traces 查看需跟办事项：通知大堂副理 Anthony 至前台接待客人。如图 6–14 所示。

4. 点击 All 键选中全部信息条，点击 Resolve 键处理 Traces 事项。如图 6–15 所示。

5. 点击 Close 键返回至客人账务界面。如图 6–16 所示。

6. 与客人核对账项、确认付费方式及开发票要求等项目，接到查房通知后，点击 Check Out 键进入下一步。如图 6–17 所示。

7. 点击 Yes 进入 Payment 界面，选择 Payment Code，在 Reference 中输入账单号码后，

点击 Post 键结账并打印账单（教学系统设置虚拟打印机，会出现文档保存界面，取消即可）。如图 6–18 所示。

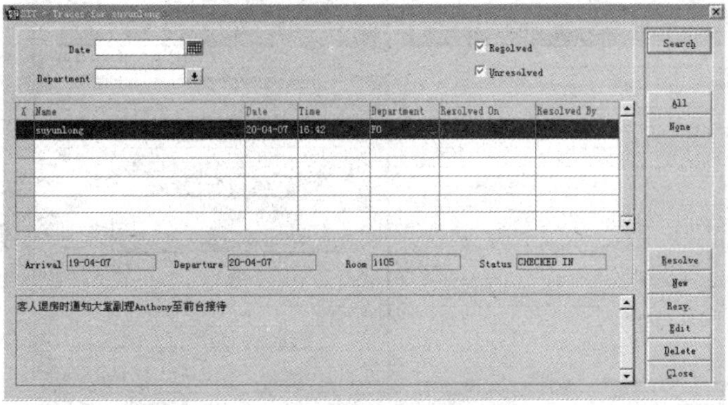

图6–14

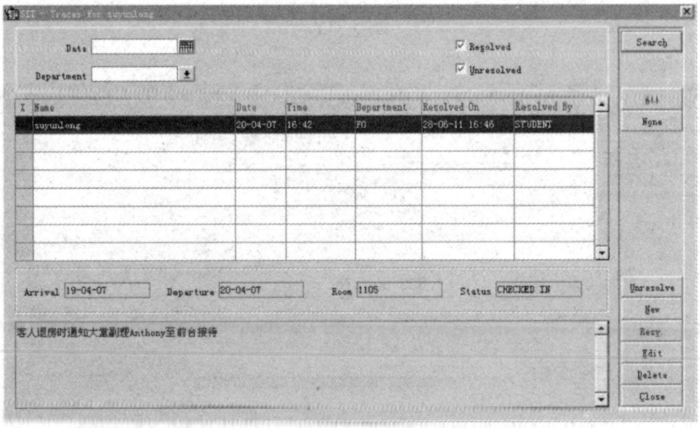

图6–15

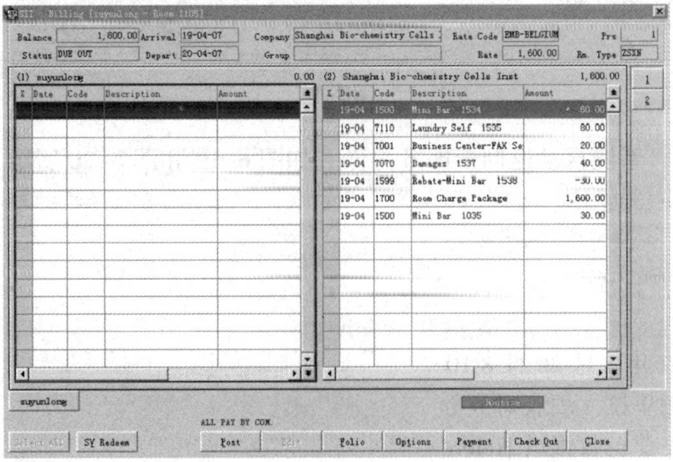

图6–16

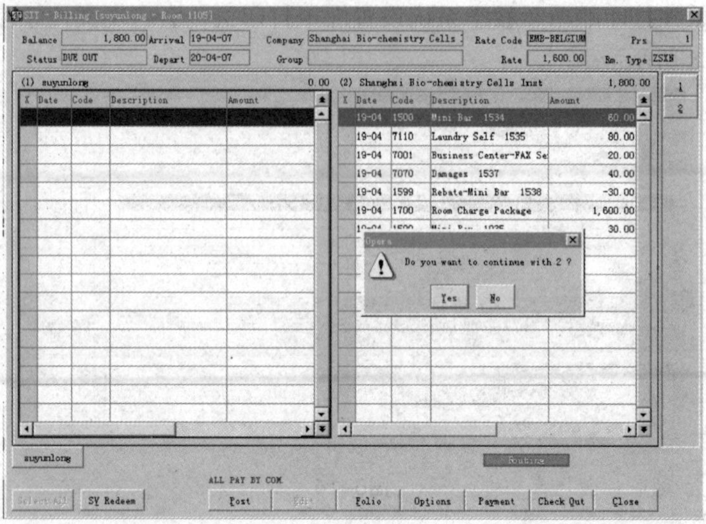

图6–17

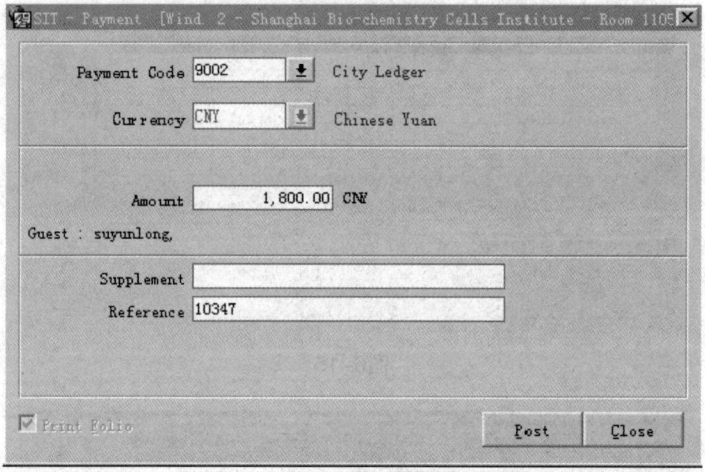

图6–18

8. 结账完成，系统自动返回至账务界面。如图 6–19 和图 6–20 所示。
9. 点击 Close 键退出。

6.3.3 习题二

【时间】2007 年 4 月 20 日 8:10
【地点】香榭里拉大酒店财务部
【模拟岗位】前台收银员 Helen
【工作描述】方昕女士至前台退房，Helen 为其办理了退房结账手续。

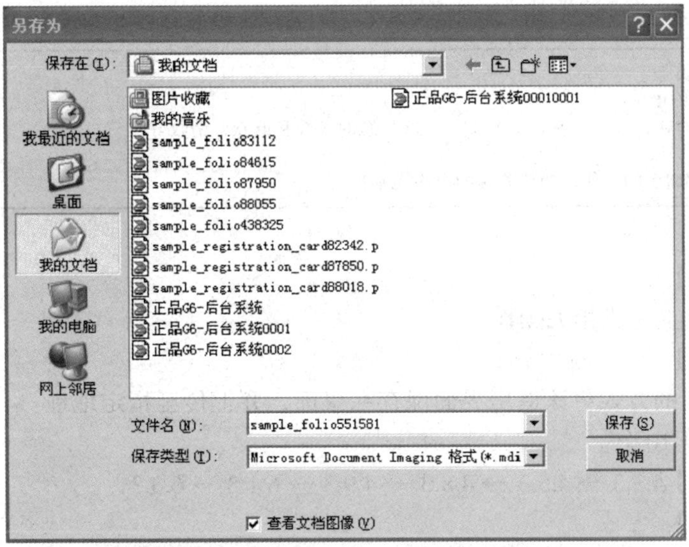

图6–19

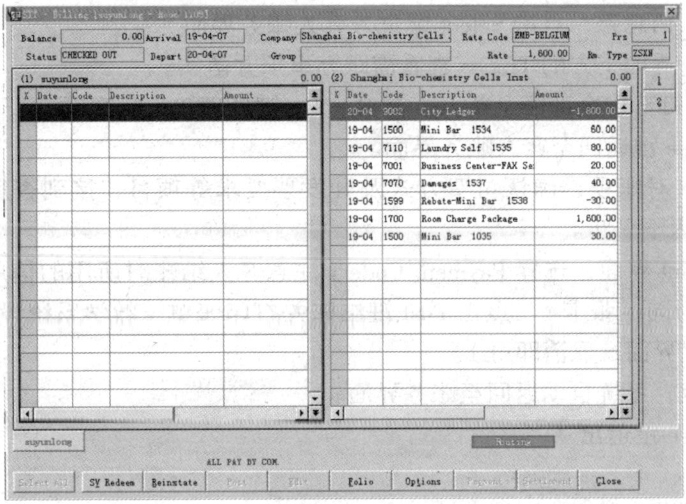

图6–20

表 6.3.3

Helen：早上好，女士，您是要退房吗？
方昕：是的，×××房，这是钥匙和押金收据。
Helen：×××房方女士（电脑确认）。请稍等，我们要查一下房间，看是否有遗留物品。（报房务部查房）您使用过房间的小酒吧服务吗？
方昕：没有。
Helen：方女士，您还是准备用现金结账吗？
方昕：是的。
Helen：请问您开发票有何要求？

续表

方昕：没有，如实开票。 （房务部报查房结果 OK） Helen：（与客人核对账，并打印发票）方女士，这是您的发票和退款，请收好。 方昕：谢谢！ Helen：不用谢，感谢您的入住，期待着您的再次光临！

【工作要求】

请在 Opera 上完成相关操作。

【成绩考评】

1. 请以截图的方式将该退房界面保存在桌面，并上传至指定地址。

2. 本题满分 10 分。

【配套习题】4.3.3 → 4.5.3 → 4.8.3 → 4.9.3 → 6.1.3 → 6.3.3

【操作步骤】

1. 在 Cashiering 模块选择 Billing 功能，输入密码登录至 In House Guest Search 界面，根据房号或姓名查找客人信息。

2. 选中客人信息条，点击 Select 键进入客人账务界面。

3. 点击账务界面下方的 Traces 查看需跟办事项并落实。

4. 点击 All 键选中全部信息条，点击 Resolve 键处理 Traces 事项。

5. 点击 Close 键返回至客人账务界面。

6. 与客人核对账项、确认付费方式及开发票要求等项目，接到查房通知后，点击 Check Out 键进入下一步。

7. 在 Payment 界面，选择 Payment Code（注意客人结账时所用的信用卡与做预授权的信用卡是否为同一张卡），点击 Post 键结账并打印账单（教学系统设置虚拟打印机，会出现文档保存界面，取消即可）。

8. 结账完成，系统自动返回至账务界面。

9. 点击 Close 键退出。

6.3.4 习题三

【时间】2007 年 4 月 20 日 8:30

【地点】香榭里拉大酒店财务部

【模拟岗位】前台收银员 Helen

【工作描述】邵文彬先生至前台退房，Helen 为其办理了退房结账手续。

表 4.3.4

Helen：早上好，先生，您是要退房吗？ 邵文彬：是的，××× 房，这是钥匙。

续表

Helen：×××房邵先生（电脑确认）。请稍等，我们要查一下房间，看是否有遗留物品。（报房务部查房）您使用过房间的小酒吧服务吗？ 邵文彬：没有。 Helen：邵先生，您还是准备用信用卡结账吗？ 邵文彬：是的。 Helen：请再次出示您的信用卡，请问您开发票有何要求？ 邵文彬：没有，如实开票。 （房务部报查房结果 OK） Helen：（与客人核对账，并打印发票）邵先生，这是您的发票和信用卡存根联，请收好。 邵文彬：谢谢！ Helen：不用谢，感谢您的入住，期待着您的再次光临！

【工作要求】

请在 Opera 上完成相关操作。

【成绩考评】

1. 请以截图的方式将该退房界面保存在桌面，并上传至指定地址。

2. 本题满分 10 分。

【配套习题】4.3.4 → 4.5.4 → 4.8.4 → 4.9.4 → 6.1.4 → 6.3.4

6.3.5　习题四

【时间】2007 年 4 月 20 日 8:40

【地点】香榭里拉大酒店财务部

【模拟岗位】前台收银员 Helen

【工作描述】

石磊先生至前台退房，Helen 为其办理了退房结账手续。

表 6.3.5

Helen：早上好，先生，您是要退房吗？ 石磊：是的，×××房，这是钥匙和押金收据。 Helen：×××房石先生（电脑确认）。请稍等，我们要查一下房间，看是否有遗留物品。（报房务部查房）您使用过房间的小酒吧服务吗？ 石磊：没有。 Helen：石先生，您还是准备用现金结账吗？ 石磊：是的。 Helen：请问您开发票有何要求？ 石磊：没有，如实开票。 （房务部报查房结果 OK） Helen：（与客人核对账，并打印发票）石先生，这是您的发票和退款，请收好。 石磊：谢谢！ Helen：不用谢，感谢您的入住，期待着您的再次光临！

【工作要求】

请在 Opera 上完成相关操作。

【成绩考评】

1. 请以截图的方式将该退房界面保存在桌面，并上传至指定地址。

2. 本题满分 10 分。

【配套习题】4.3.5 → 4.5.5 → 4.8.5 → 4.9.5 → 6.1.5 → 6.3.5

6.3.6 习题五

【时间】2007 年 4 月 20 日 8:50

【地点】香榭里拉大酒店财务部

【模拟岗位】前台收银员 Helen

【工作描述】周传杰、吴仁贵等两间房退房，Helen 为其办理了退房结账手续。

表 6.3.6

Helen：早上好，先生，您是要退房吗？ 周传杰：是的，××× 房和 ××× 房，这是两间的钥匙和押金收据。 Helen：××× 房周先生（电脑确认）。请稍等，我们要查一下房间，看是否有遗留物品。（报房务部查房）您使用过房间的小酒吧服务吗？ 周传杰：没有。 Helen：周先生，这两间房的费用由您一起支付，请问您还是准备用现金结账吗？ 周传杰：是的。 Helen：请问您开发票有何要求？ 周传杰：没有，如实开票。 （房务部报查房结果 OK） Helen：（与客人核对账，并打印发票）周先生，这是您的发票和退款，请收好。 周传杰：谢谢！ Helen：不用谢，感谢您的入住，期待着您的再次光临！

【工作要求】

请在 Opera 上完成相关操作。

【成绩考评】

1. 请以截图的方式将该退房界面保存在桌面，并上传至指定地址。

2. 本题满分 10 分。

【配套习题】3.1.2/3.1.3 → 3.4.2/3.4.3 → 3.8.2 → 4.1.2 → 4.2.2 → 6.1.6 → 6.3.6

6.3.7 习题六

【时间】2007 年 4 月 20 日 9:10

【地点】香榭里拉大酒店财务部

【模拟岗位】前台收银员 Helen

【工作描述】郑丽敏、王雪飞等两间房退房，Helen 为其办理了退房结账手续。

表 6.3.7

Helen：早上好，女士，您是要退房吗？ 郑丽敏：是的，××× 房和 ××× 房，这是两间房的钥匙。 Helen：××× 房郑女士（电脑确认）。请稍等，我们要查一下房间，看是否有遗留物品。（报房务部查房）您使用过房间的小酒吧服务吗？ 郑丽敏：没有。 Helen：郑女士，这 2 间房的费用由您一起支付，请问您还是准备用信用卡结账吗？ 郑丽敏：是的，这是我的长城卡。 Helen：请问您开发票有何要求？ 郑丽敏：没有，如实开票。 （房务部报查房结果 OK） Helen：（与客人核对账，并打印发票）郑女士，这是您的发票和信用卡，请收好。 郑丽敏：谢谢！ Helen：不用谢，感谢您的入住，期待着您的再次光临！

【工作要求】

请在 Opera 上完成相关操作。

【成绩考评】

1. 请以截图的方式将该退房界面保存在桌面，并上传至指定地址。

2. 本题满分 10 分。

【配套习题】3.1.4/3.1.5 → 3.4.4/3.4.5 → 3.8.4 → 4.1.3 → 4.2.3 → 6.3.7

6.3.8　习题十

【时间】2007 年 4 月 20 日 9:30

【地点】香榭里拉大酒店财务部

【模拟岗位】前台收银员 Helen

【工作描述】上海生物化学细胞研究所的 Party 冯卫国等四人退房，Helen 为其办理了退房结账手续。

【工作要求】

请在 Opera 上完成相关操作。

【成绩考评】

1. 请以截图的方式将该退房界面保存在桌面，并上传至指定地址。

2. 本题满分 10 分。

【配套习题】3.2.2/3.2.3/3.2.4/3.2.5 → 3.7.4 → 3.7.5 → 4.1.4 → 4.2.4 → 6.3.8

6.3.9 习题八

【时间】2007 年 4 月 20 日 9:50

【地点】香榭里拉大酒店财务部

【模拟岗位】前台收银员 Helen

【工作描述】上海中旅国际旅行社有限公司的 Party 蒋国华等四人退房，Helen 为其办理了退房结账手续。

【工作要求】

请在 Opera 上完成相关操作。

【成绩考评】

1. 请以截图的方式将该退房界面保存在桌面，并上传至指定地址。

2. 本题满分 10 分。

【配套习题】3.3.2/3.3.3/3.3.4/3.3.5 → 3.7.2 → 3.7.3 → 4.1.5 → 4.2.5 → 6.3.9

6.4 快速结账（Quick Check Out）

快速结账是指可以快速为客人进行结账。通常只有团队退房时会使用其中的 C/O Zero 功能。

C/O Zero 功能指余额为 0 的客人直接结账退房，不出具账单。团队因房间数较多，所有房间逐一结账比较烦琐（特别是大型团队），故而使用此功能。团队在使用快速结账时需确保 Due Out（预计离店）状态；团员房间余额为 0（若客人房间有消费，需先行结清）。

6.5 综合例题

6.5.1 习题一

【时间】2007 年 4 月 20 日 11:00

【地点】香榭里拉大酒店财务部

【模拟岗位】前台收银员 Helen

【工作描述】

施安平、张鹏、曹昆等 Party3 间房退房，Helen 进行了办理：

1. 3 间房的房费改由公司支付（挂公司 AR 账）。

2. 张鹏房间：夫人消费橙汁一听，15 元 / 听，凭单号 2345。本人现金结清。

3. 曹昆房间：可乐两听，15 元 / 听，凭单号 2346；损坏烟灰缸一只，赔偿费 30 元。所有消费转施安平房间，由施先生支付。

4. 施安平房间：小酒吧消费啤酒两听，30 元 / 听，共计 60 元，凭单号 2347。

【工作要求】

请在 Opera 上完成相关操作。

【成绩考评】

1. 请以截图的方式将该退房界面保存在桌面，并上传至指定地址。

2. 本题满分 10 分。

【配套习题】3.9.1 → 4.9.1 → 6.5.1

6.5.2　习题二

【时间】2007 年 4 月 20 日 11:30

【地点】香榭里拉大酒店财务部

【模拟岗位】前台收银员 Helen

【工作描述】

华刚、魏伟、姜瑜等 Party3 间房退房，Helen 进行了办理：

1.3 间房的房费改由公司支付（挂公司 AR 账）。

2. 魏伟房间：消费橙汁一听，15 元 / 听，凭单号 2348，账转华刚房间。

3. 姜瑜房间：可乐两听，15 元 / 听，共计 30 元，凭单号 2349；损坏浴巾一条，赔偿费 220 元。账转华刚房间，由华先生支付。

4. 华刚房间：消费啤酒两听，30 元 / 听，共计 60 元，凭单号 2350。使用现金结账。

【工作要求】

请在 Opera 上完成相关操作。

【成绩考评】

1. 请以截图的方式将该退房界面保存在桌面，并上传至指定地址。

2. 本题满分 10 分。

【配套习题】3.9.2 → 4.9.2 → 6.5.2

第7单元 团队

学习意义 团队在酒店的经营过程中有着不可替代的作用，它的综合性会给酒店的收入带来乘数效应。本章的学习，可以使我们对团队的知识有一个全面的了解，同时掌握团队预订、入住及退房过程中的一些重要事项，并熟练地进行电脑操作。这对于做好团队接待工作、提高团队接待能力非常有益。

内容概述 本章介绍了团队的类型，团队预订的状态、流程与操作；讲述了团队入住的一些基础知识、流程及其操作；介绍了团队退房结账的相关知识及其操作。

教学目标

知识目标

1 了解团队预订的类型、状态及其流程。

2 了解团队的多种付款方式、特殊事项及其流程。

3 了解团队退房结账的流程及其注意事项。

能力目标

1 掌握团队预订的电脑操作。

2 掌握团队入住的电脑操作。

3 掌握团队结账的电脑操作。

7.1　团队预订（Group Reservation）

7.1.1　团队预订概述

团队预订：相对于散客预订而言。通常情况下指有5间以上同进同出的客房预订或在酒店有综合性消费（客房、餐饮、会议等）的客房预订。

（一）团队种类

旅行团队：通常是指由旅行社组织的旅游观光团队。此类团队在酒店的消费主要是住宿费、团队餐等。

会议团队：是指由企事业单位及相关组织召开的各类综合性会议。此类团队在酒店的消费包括会议、住宿、餐饮、商务中心等。

（二）团队预订状态

Inquiry：占房状态。客人前来酒店咨询，并有意向预订客房时，酒店通常会根据对方的需求占用一定的"可用房数"以备用，但占用的天数即Cutoff天数不宜太长，否则会给酒店造成潜在预订的流失。具体由每个酒店根据各自的销售政策并结合客人实际情况而定。

Tentative：确认预订，但无团队名单。

Definite：最终确认名单。

Cancel：团队取消。酒店对于团队取消有着严格的控制，对于已签订订房合同的团队取消，则根据合同约定没收预订金（相当于团队消费20%~30%）或收取首日房费。

（三）团队"免房"情况

1. 旅行团队：按行业惯例，通常会执行"16免1"政策，即团队人数达16人享受免1人床位费的优惠。

2. 会议团队：销售部门根据团队的规模在签订订房合同时，给予对方免费房的优惠，通常提供给会务组使用。

（四）团队预订流程

表 7.1.1

项目：团队预订［三星级（含）以上适用］				
序号	标准—旅行团队预订	达　到	未达到	备　注
1	根据旅行社的订房通知开出团队订房通知单，提前送至前台及有关部门和班组	1	0	
2	仔细审阅旅行社订房通知，对照团队协议进行检查	1	0	

续表

序号	标准—旅行团队预订	达　到	未达到	备　注
3	起草团队订房确认书交主管审阅后，发给订房旅行社以示确认	1	0	
4	将旅行社订房单、确认书及团队订房通知归入待处理团队资料	1	0	
5	将团队预订资料输入电脑，并将预订号填写在预订单上	1	0	
6	在团队进店前开出团队用房分配表，送至总台、大厅、服务中心、总机等	1	0	
7	将有各点签收的团队预订单和用房分配表留存放入本月预订资料柜	1	0	
8	如在团队进店前，接到旅行社更改通知，应立即开出团队更改单，送各点	1	0	
9	如团队取消，应开出团队取消通知送各点	1	0	
会议团队通常是销售部门开出团队预订通知单送由预订部操作，具体流程参照旅行团队				

7.1.2 习题一

【时间】2007 年 4 月 20 日 9:00

【地点】香榭里拉大酒店预订部

【模拟岗位】预订部员工 Jessica

【工作描述】Jessica 接到上海中旅国际旅行社团队订房通知单，内容如下：

表 7.1.2

上海中旅国际旅行社团队订房通知单

Shanghai China Travel International Ltd.

预订部：

今有我社团队 CTI-C—071234 订贵酒店 2007 年 4 月 20 日一晚共 5 间标准间，按我社团队价 720 元 / 间天结算，总费用为 720 元 / 间天 ×5 间 ×1 天 =3600 元，挂账，其余费用均由客人自付。免收客人其余费用押金，由我社担保。

协议号：307008

特殊要求：关闭电话、关闭 VOD 点播

请予以安排，谢谢！

客人名单：高立志、王申俊；向春生、徐威；谢恬、包振民；张全启、祝长青；
黄志有、李敏伟（女）
领队：高立志 13901699096

签章：Judy Zhang
2007 年 4 月 20 日

Address: 108 Nan Jing West Road, Shanghai, China　Tel: 86-21-63276950　Fax: 86-21-63276951

【工作要求】

1. 请在 Opera 上完成相关操作。

2. 在团队名称前加上自己的学号并以逗号隔开。

【成绩考评】

1. 请以截图的方式将该预订界面保存在桌面，并上传至指定地址。

2. 本题满分 10 分。

【配套习题】7.1.2 → 7.2.2 → 7.3.2

【操作步骤】

1. 在 Front Desk 模块选择 Block 功能，在 Business Block Search 商务团队查询界面按团队名称查找预订（避免团队重复预订），如无则点击 New 新建。如图 7–1 所示。

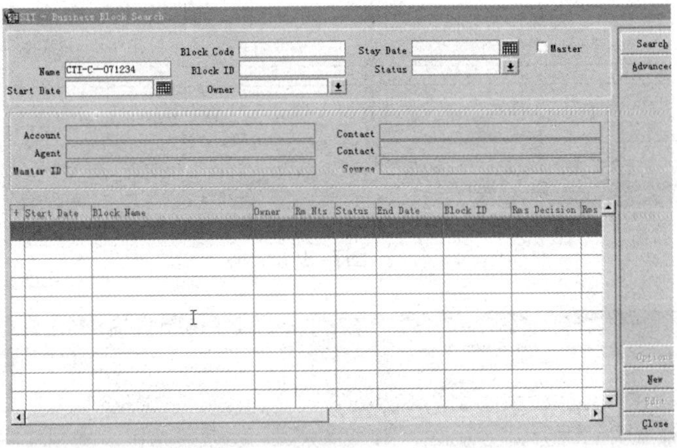

图7–1

2. 在 Business Block 界面新建团脸．Agent 中输入旅行社名称并点击后面的小方框，进入 Quick Profile Search 快速查询客史记录界面查找该旅行社客史（没有需新建）。如图 7–2 所示。

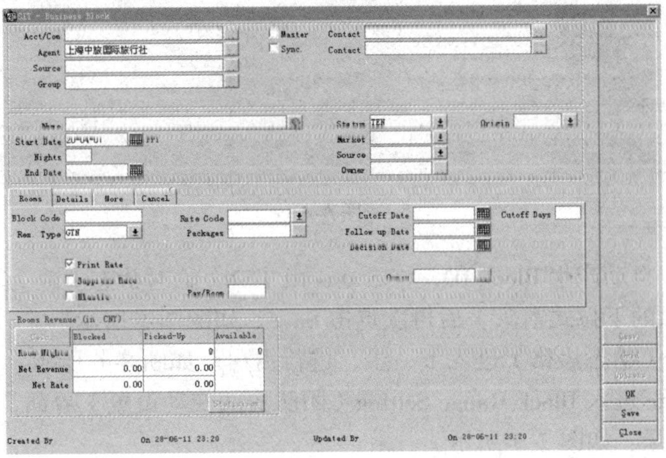

图7–2

3. 在 Quick Profile Search 界面，选中旅行社信息条后，点击 Select 键返回至 Business Block 界面。如图 7–3 所示。

4. 在 Business Block 界面完善团脸信息（Cutoff Date 通常为团队抵店日期、Elastic 前务必打"√"）。如图 7–4 所示。

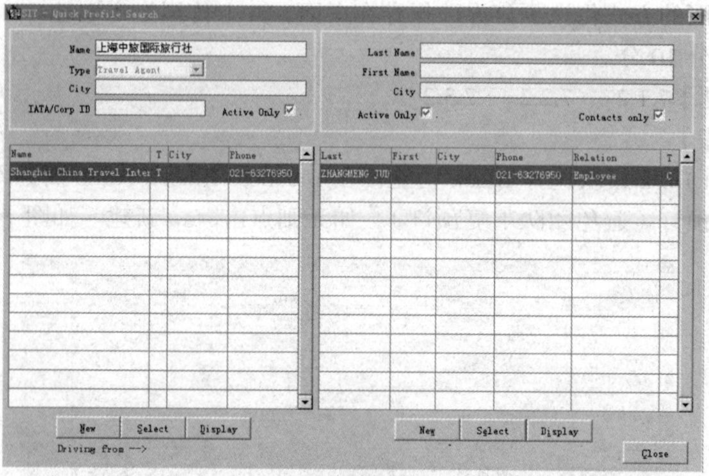

图7–3

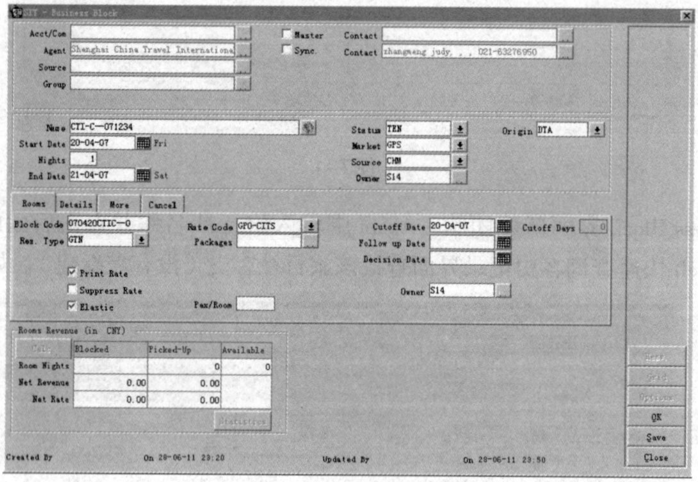

图7–4

5. 点击 Save 自动产生 Block ID，将 Status 由 TEN（临时状态）改为 DEF（确定状态）（点击 Status 后面的下拉式箭头）后再次点击 Save。如图 7–5 所示。

6. 点击 Grid（动态表格）进入下一步，进行占房。如图 7–6 所示。

7. 点击 Range 进入 Block Range Setting（团队房间变动设置）界面，根据要求选择房型、添加房间数量。如图 7–7 所示。

8. 点击 Save 保存后，点击 Close 返回 Block Range Setting 界面。如图 7–8 所示。

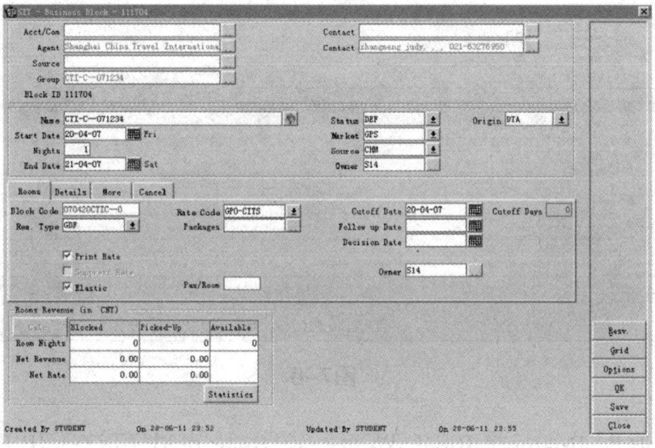

图7–5

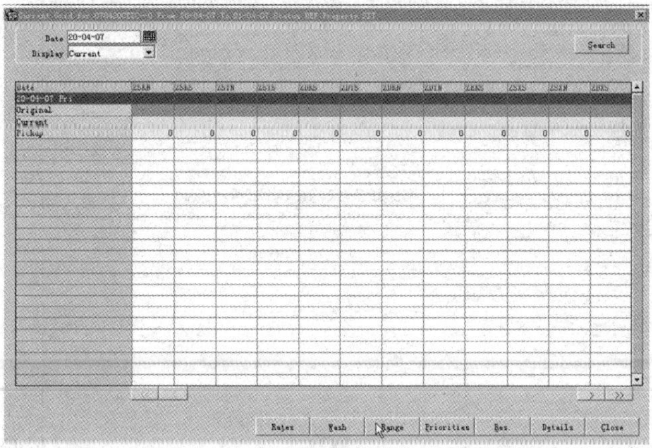

图7–6

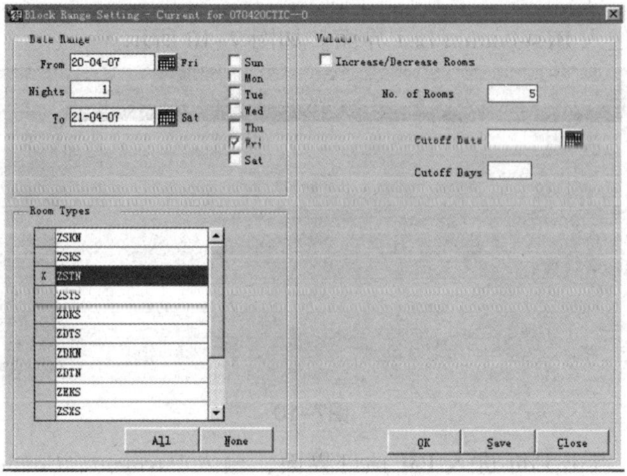
Block Range Setting - Current for 070420CTIC--0
Date Range
From 20-04-07 Fri
Nights 1
To 21-04-07 Sat
Sun
Mon
Tue
Wed
Thu
Fri
Sat
Values
Increase/Decrease Rooms
No. of Rooms 5
Cutoff Date
Cutoff Days
Room Types
ZSKN
ZSKS
X ZSTN
ZSTS
ZDKS
ZDTS
ZDKN
ZDTN
ZEKS
ZSXS
All
None
OK
Save
Close

图7–7

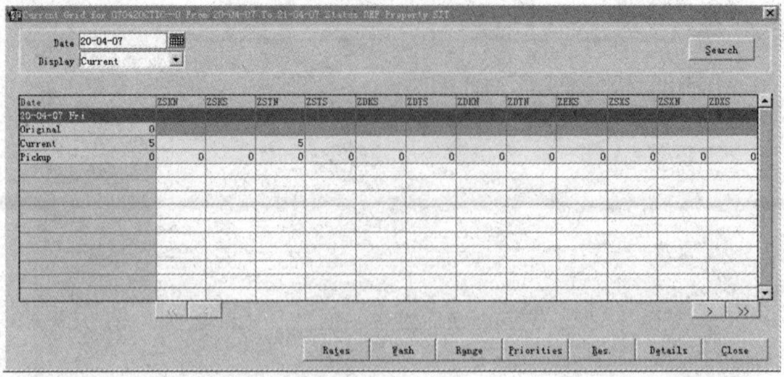

图7–8

9. 点击 Close 返回 Business Block 界面，点 Resv 正式预订，出现对话框提示创建 PM。如图 7–9 所示。

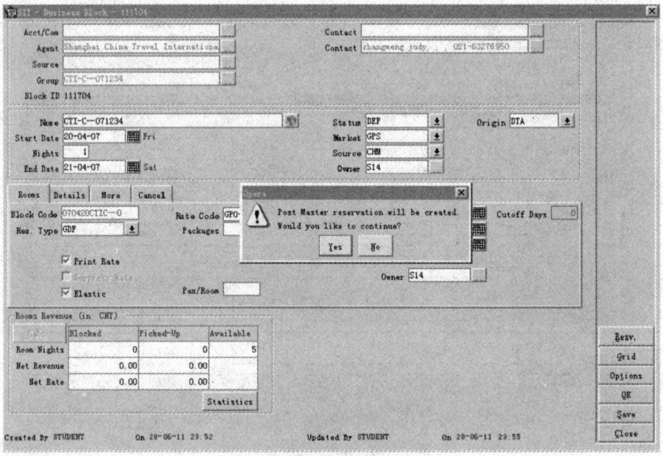

图7–9

10. 点击 Yes 进入 Reservation List 界面。如图 7–10 所示。

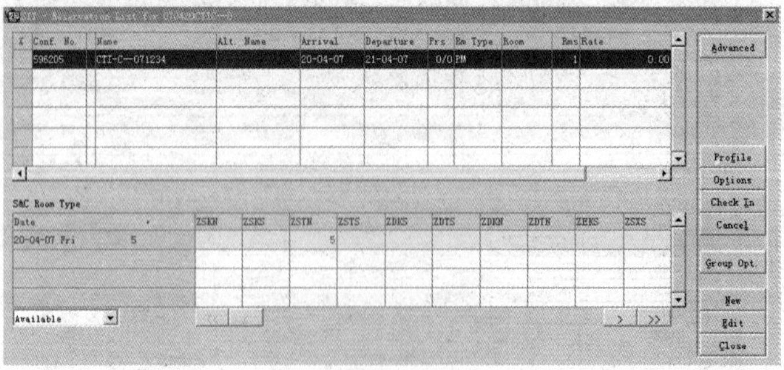

图7–10

11. 选中 PM，点击 Edit 进入 PM 预订界面，输入 Payment、Comment、Specials 等信息后，点击 OK 键返回 Reservation List 界面。如图 7–11 所示。

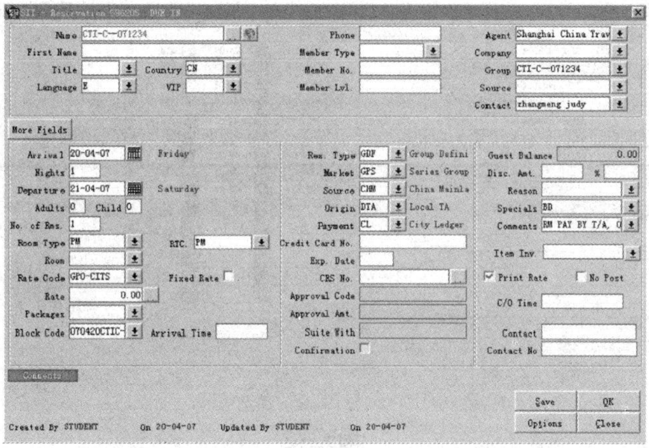

图7-11

12. 在 Reservation List 界面，点击 Group Option（团队选项）进入下一步。如图 7-12 所示。

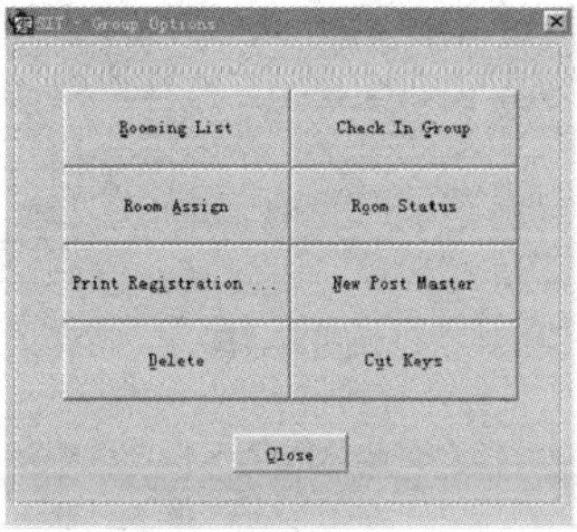

图7-12

13. 点击 Rooming List 进入下一步。如图 7-13 所示。

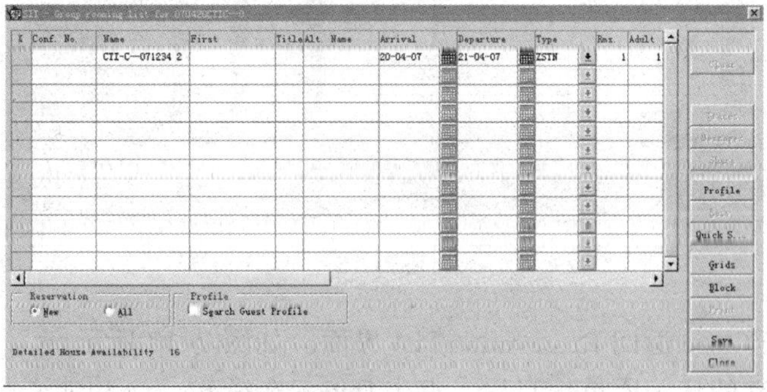

图7-13

14. 在 Group Rooming List 界面，点击下箭头分出房间，然后从第二行开始在确认号码前隔行点 ×，然后点击 Save，电脑会同时给出每一个预订的确认号码并完成 Share。如图 7-14、图 7-15、图 7-16 所示。

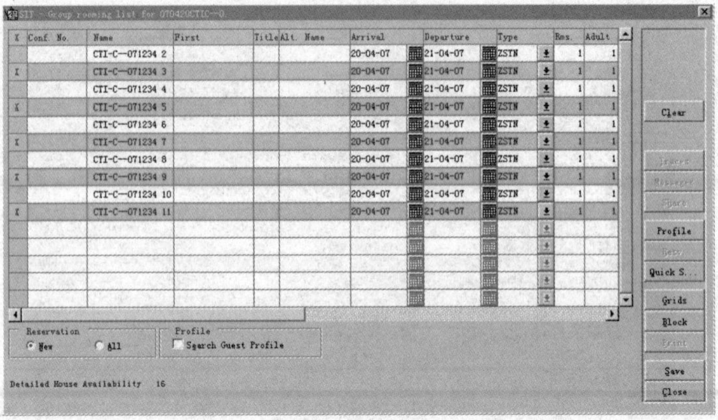

图7-14

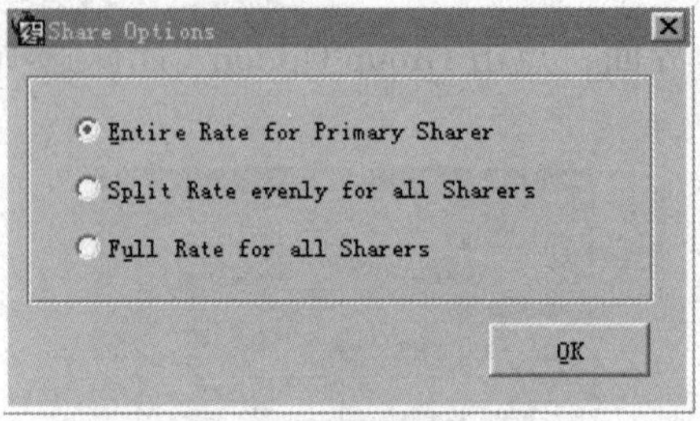

图7-15

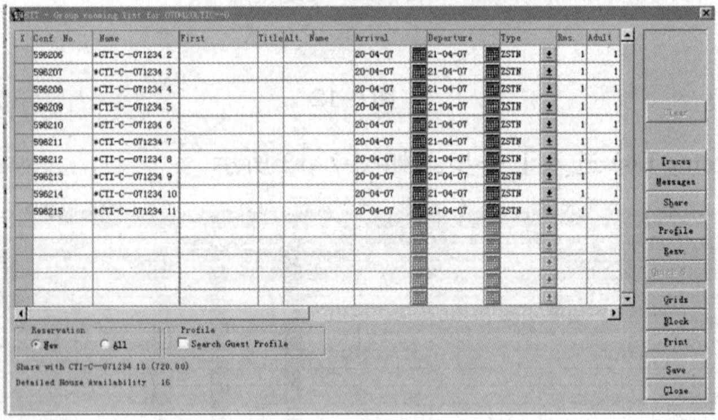

图7-16

15. 依次点击 Close 返回 Reservation List 界面。如图 7-17 所示。

16. 选中非 PM 的任一团员信息后，点击 Option 选择 Routing 功能进行分账。如图 7-18 所示。

17. 依次点击 OK、Close 键返回，进入 Apply These Changes To 将这些改变应用到界面，选择 All Guests in the Group 团队所有客人后点击 OK 键出现对话框，点击 Yes 键返回 Reservation List 界面。如图 7-19、图 7-20 所示。

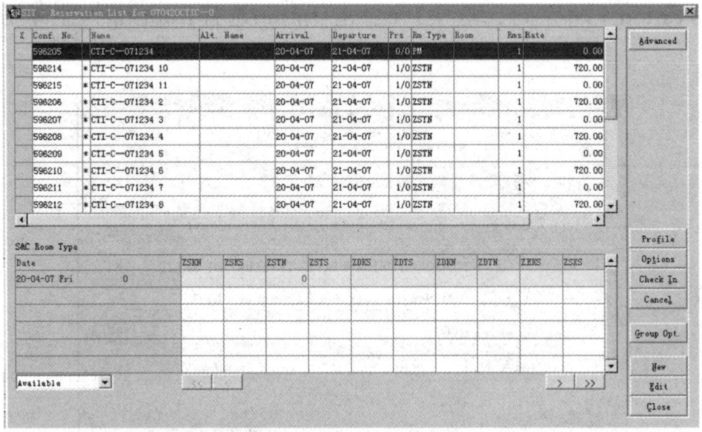

图7-17

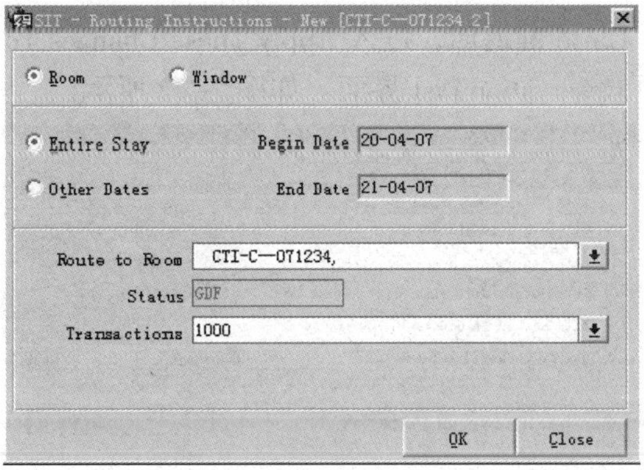

图7-18

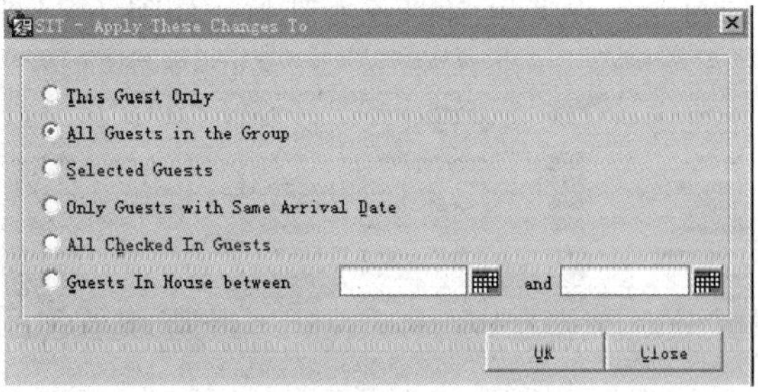

图7-19

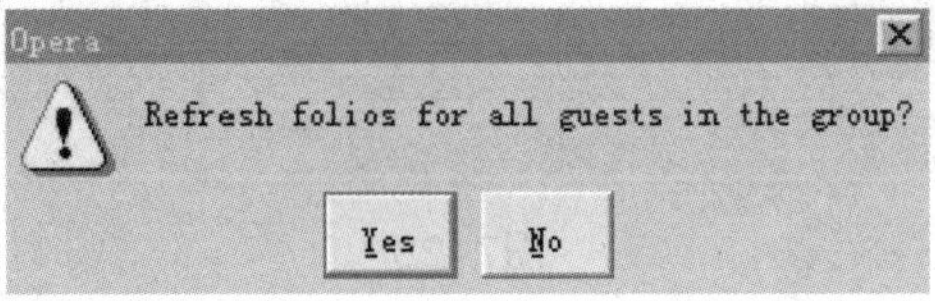

图7-20

18. 在Reservation List界面，选中PM点击Option选择Routing为主单分账。如图7–21所示。

图7–21

19. 依次点击 OK、Close 键返回，进入 Apply These Changes To 界面，选择 This Guest Only 后点击 OK 键返回 Reservation List 界面。如图 7–22 所示。

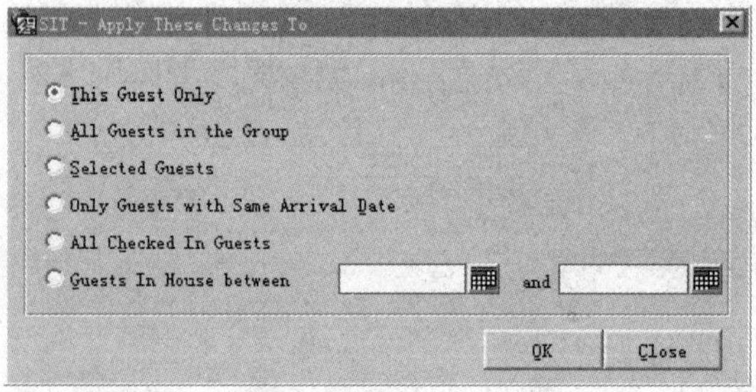

图7–22

20. 逐一选中团员信息条，点 Edit 修改客人姓名。如图 7–23 所示。

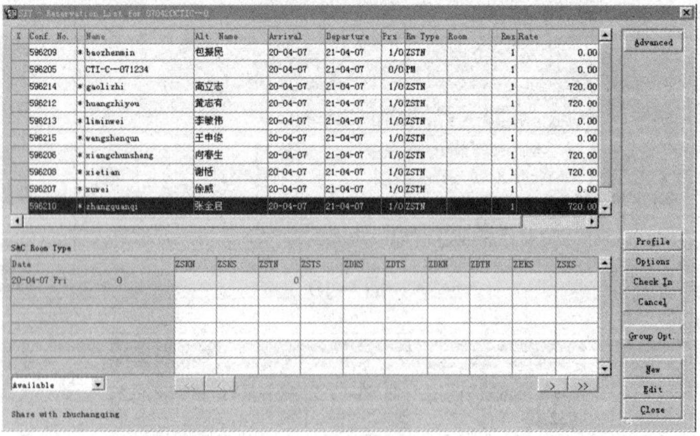

图7–23

21. 点击 Close 依次退出，完成团队预订操作。

7.1.3　习题二

【时间】2007 年 4 月 20 日 9:30

【地点】香榭里拉大酒店预订部

【模拟岗位】预订部员工 Jessica

【工作描述】Jessica 接到上海中旅国际旅行社团队订房通知单，内容如下：

表 7.1.3

上海中旅国际旅行社团队订房通知单

Shanghai China Travel International Ltd.

预订部：

今有我社团队 CTI–D—071574 订贵酒店 2007 年 4 月 20 日一晚共 5 间标准间，按我社团队价 720 元 / 间天结算，总费用为 720 元 / 间天 ×5 间 ×1 天 =3600 元，挂账，其余费用均由客人自付。免收客人其余费用押金，由我社担保。

协议号：307008

特殊要求：关闭电话、关闭 VOD 点播

请予以安排，谢谢!

客人名单：沃健儿、徐山军；余永亮、黄黎峰；胡敏、李杰；邹肃白、魏京广；

孙建中、陈华（女）

领队：沃健儿 13916258582

上海中旅国际旅行社 办公室

签章：Judy Zhang

2007 年 4 月 20 日

Address: 108 Nan Jing West Road，Shanghai, China Tel: 86–21–63276950 Fax: 86–21–63276951

【工作要求】

1. 请在 Opera 上完成相关操作。
2. 在团队名称前加上自己的学号并以逗号隔开。

【成绩考评】

1. 请以截图的方式将该预订界面保存在桌面，并上传至指定地址。
2. 本题满分 10 分。

【配套习题】7.1.3 ，7.2.3 ，7.3.3

7.1.4　习题三

【时间】2007 年 4 月 20 日 10:00

【地点】香榭里拉大酒店预订部

【模拟岗位】预订部员工 Jessica

【工作描述】Jessica 接到上海中旅国际旅行社团队订房通知单，内容如下：

表 7.1.4

上海中旅国际旅行社团队订房通知单

Shanghai China Travel International Ltd.

预订部：

今有我社团队 CTI–E—02583 订贵酒店 2007 年 4 月 20 日 2 晚共 5 间标准间，按我社团队价 720 元 / 间天结算，总费用为 720 元 / 间天 ×5 间 ×2 天 =7200 元，挂账，其余费用均由客人自付。免收客人其余费用押金，由我社担保。

协议号：307008

特殊要求：关闭电话、关闭 VOD 点播

请予以安排，谢谢！

客人名单：李文利、庄伟健；沈波（女）、周丹（女）；朱廷恒、朱志刚；
张朝阳、李国发；刘文娟（女）、王渭霞（女）
领队：李文利 13621770609

上海中旅国际旅行社 办公室

签章：Judy Zhang
2007 年 4 月 20 日

Address: 108 Nan Jing West Road，Shanghai, China Tel: 86–21–63276950 Fax: 86–21–63276951

【工作要求】

1. 请在 Opera 上完成相关操作。

2. 在团队名称前加上自己的学号并以逗号隔开。

【成绩考评】

1. 请以截图的方式将该预订界面保存在桌面，并上传至指定地址。

2. 本题满分 10 分。

【配套习题】7.1.4 → 7.2.4 → 7.3.4

7.1.5 习题四

【时间】2007 年 4 月 20 日 10:30

【地点】香榭里拉大酒店预订部

【模拟岗位】预订部员工 Jessica

【工作描述】Jessica 接到上海生物化学细胞研究所团队订房通知单，内容如下：

表 7.1.5

上海生物化学细胞研究所

Shanghai Bio–chemistry Cells Institute, CAS

预订部：

我公司将在贵酒店举办“第五届生物遗传学学术研讨会”，需订 2007 年 4 月 20 日 1 晚共 5 间标准间，按我公司合同价 996 元 / 间天结算，客人住店期间一切费用由我公司现付。

协议号：307008

特殊要求：关闭电话、关闭 VOD 点播

请予以安排，谢谢！

客人名单：杨皓、苏天翔；张晓军、梁志殷；梁毅、李晟；李旭、张勇；
王菁（女）、许慧娜（女）
会务联系人：李小明 13651882668

上海生化细胞研究所 办公室

签章：李小明
2007 年 4 月 20 日

Address: 417, Zhaojiabang Rd., Shanghai, China　Tel: 86-21-64716060　Fax: 86-21-64716066

【工作要求】

1. 请在 Opera 上完成相关操作。

2. 在团队名称前加上自己的学号并以逗号隔开。

【成绩考评】

1. 请以截图的方式将该预订界面保存在桌面，并上传至指定地址。

2. 本题满分 10 分。

【配套习题】7.1.5 → 7.2.5 → 7.3.5

7.2　团队入住（Group C/I）

7.2.1　团队入住概述

（一）旅行团队入住流程

表 7.2.1（1）

项目：团队入住［三星级（含）以上适用］				
	标准—旅行团队入住	达　到	未达到	备　注
一	准备工作			
1	团队到达前一天，根据住客情况预留团队房	1	0	
2	仔细审阅团队通知单住房、用餐的人数、日期、餐厅名称、用餐标准及时间等	1	0	
3	团队到达前，预先准备好钥匙及餐券，并与管家部保持联系房间情况，尽量安排同一楼层	1	0	
4	若有变更，预订部应及时发变更通知单	1	0	
二	接待团队入住			
1	领班与陪同确认预订和排房情况，由陪同或领队负责排定每位团队成员的房号	1	0	
2	分好房后，应让客人到房间休息，避免造成大堂拥挤	1	0	
3	与陪同 / 领队取“团队排房单”、团体签证等	1	0	

续表

项目：团队入住［三星级（含）以上适用］				
	标准—旅行团队入住	达　到	未达到	备　注
4	与陪同 / 领队，确认早餐、叫醒时间、出行李、结账时间和总用房数、总人数	1	0	
5	请陪同在团队总账单上签字，一份交前台收银，另一份接待保存	1	0	
6	复印“团队名单”，分发至礼宾部、总机房、管家部、餐饮部和前台收银处	1	0	
7	团队入住输入电脑	1	0	
8	团队入住发生用房及日期变化，领队提出的任何变更及特殊要求，应及时通知销售部团队联络员与领队协商	1	0	
9	团队入住房号有变化时，应及时在“团队名单”修改通知各部，防止叫醒及行李服务出错	1	0	
三	其他辅助工作			
1	团队入住报：管家部、餐饮部、总机	1	0	
2	填写团队叫醒单送至总机	1	0	
3	通知礼宾部出行李时间	1	0	
4	住宿日期超过一天的团队应每天确认次日早餐、叫醒时间，每天夜班检查所有入住团队的各项安排情况	1	0	

（二）会议团队入住流程

表 7.2.1（2）

项目：团队入住［三星级（含）以上适用］				
	标准—会议团队入住	达　到	未达到	备　注
一	准备工作			
1	仔细审阅团队通知单住房、用餐的人数、日期、餐厅名称、用餐标准及时间、付账方式、会务组结算方式和会议成员自理项目及其会议特殊要求，如长途、小酒吧、会议签字挂账人、开关要求等	1	0	
2	按会务组要求预先分房	1	0	
3	确定会务组房间	1	0	
4	熟记会议地点及宴会时间、餐厅名称及会务组特殊要求	1	0	
二	接待团队入住			
1	安排会务组：与会务组负责人确认会议用房数及房号，由会务组分房；检查无误后，接待处为会务组办理入住登记，发放房卡，通知前台收银办理会议账户，并与会务组确认签字及用餐安排；给会务组会议登记表，会议客人到齐后，总台向会务组要回	1	0	
2	将会议团队输入电脑	1	0	
3	通知管家部、总机、大堂副理、房务中心等部会务组房号及会议房号、房数，通知总机按会议要求关闭有关电话等	1	0	
4	接待会议客人：会议客人抵达后，请客人到会务组报到，准确回答客人有关会议询问	1	0	
5	准确录入所有资料：22:00 从会务组要回会议客人登记表，把会议客人资料输入电脑。会务组人员提前抵达或延期住房，其房价由销售部通知执行	1	0	

续表

项目：团队入住［三星级（含）以上适用］				
	标准—会议团队入住	达　到	未达到	备　注
6	接待房费由参会人员自付的会议团队，按会务组每房交费要求按散客入住程序接待参会人员，接待员准确的回答客人有关会议问询	1	0	

7.2.2　习题一

【时间】2007 年 4 月 20 日 17:00

【地点】香榭里拉大酒店前厅部

【模拟岗位】前台接待员 Emily

【工作描述】

中旅 CTI-C—071234 团到店，Emily 为其办理了入住登记手续：

1. 收取客人证件逐一登记。
2. 领队高立志支付 2000 元押金。

【工作要求】

1. 请在 Opera 上完成相关入住登记操作。
2. 客人的证件信息参照自己的身份证件信息。

【成绩考评】

1. 请以截图的方式将该办理登记入住界面保存在桌面，并上传至指定地址。
2. 本题满分 10 分。

【配套习题】7.1.2 → 7.2.2 → 7.3.2

【操作步骤】

1. 在 Front Desk 模块选择 Block 功能，根据 Block ID 查找团队信息。如图 7–24 所示。

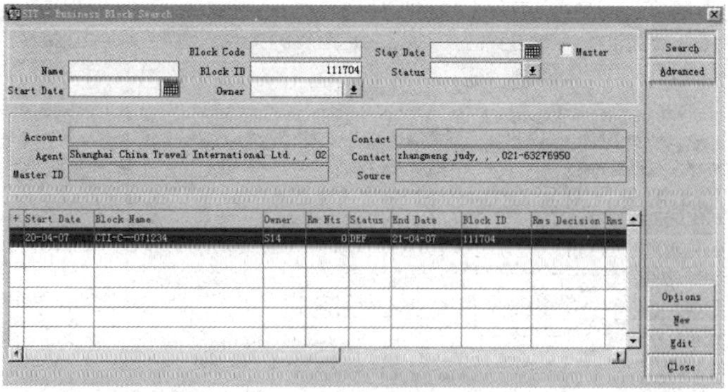

图7–24

2. 点击 Edit 进入 Business Block 界面。如图 7–25 所示。
3. 点击 Resv. 进入 Reservation List 界面。如图 7–26 所示。
4. 点击 Group Opt. 选择 Room Assign 进入下一步。如图 7–27 所示。

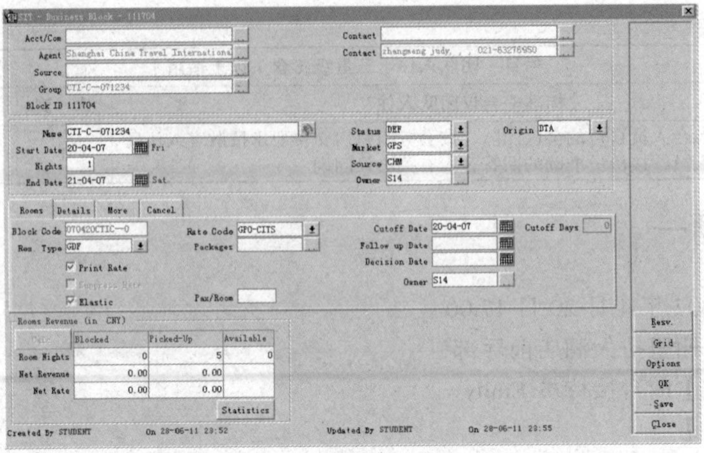

图7-25

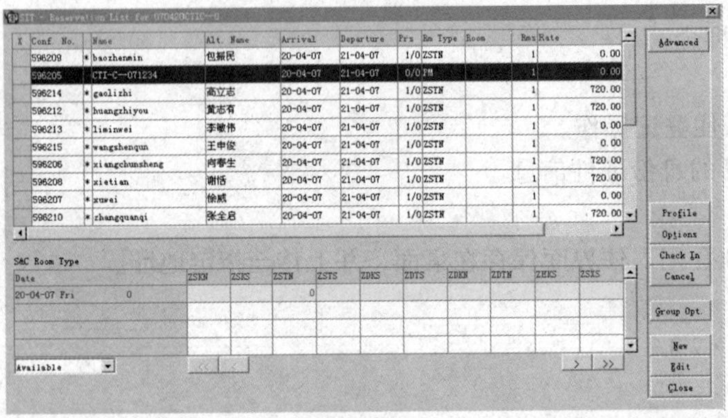

图7-26

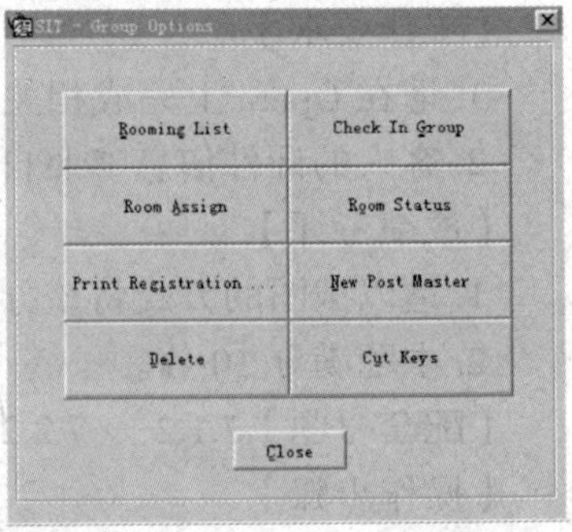

图7-27

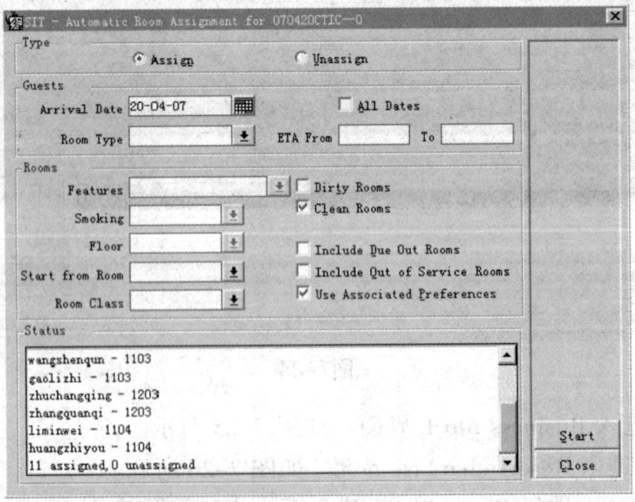

图7-28

5. 在 Automatic Room Assign 界面，点击 Start 为团队分房。如图 7–28 所示。

6. 点击 Close 返回 Group Option 界面。如图 7–27 所示。

7. 点击 Check In Group 进入 Check In Group 界面，选择 All Rooms 点击 Check In。如图 7–29 所示。

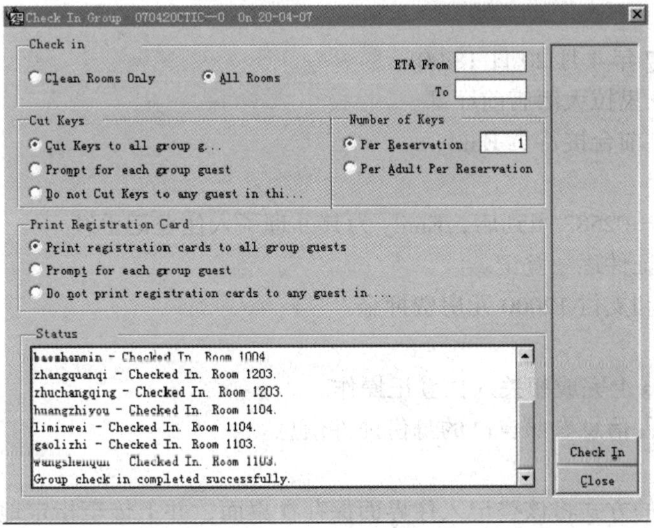

图7–29

8. 依次点击 Close 返回 Reservation List 界面，点击 Edit 逐一登记客人证件信息，完成后退回至 PMS 界面。

9. 在 Cashiering 模块选择 Billing 功能，进入 PM 账务界面，将押金入账。

7.2.3　习题二

【时间】2007 年 4 月 20 日 17:30

【地点】香榭里拉大酒店前厅部

【模拟岗位】前台接待员 Emily

【工作描述】

中旅 CTI–D　071574 团到店，Emily 为其办理了入住登记手续：

1. 收取客人证件逐一登记。

2. 领队沃健儿支付 2000 元房费押金。

【工作要求】

1. 请在 Opera 上完成相关入住登记操作。

2. 客人的证件信息参照自己的身份证件信息。

【成绩考评】

1. 请以截图的方式将该登记入住界面保存在桌面，并上传至指定地址。

2. 本题满分 10 分。

【配套习题】7.1.3 → 7.2.3 → 7.3.3

7.2.4 习题三

【时间】2007 年 4 月 20 日 18:00

【地点】香榭里拉大酒店前厅部

【模拟岗位】前台接待员 Emily

【工作描述】

中旅 CTI–E—02583 团到店，Emily 为其办理了入住登记手续：

1. 收取客人证件逐一登记。
2. 领队李文利支付 12000 元房费押金。

【工作要求】

1. 请在 Opera 上完成相关入住登记操作。
2. 客人的证件信息参照自己的身份证件信息。

【成绩考评】

1. 请以截图的方式将该登记入住界面保存在桌面，并上传至指定地址。
2. 本题满分 10 分。

【配套习题】7.1.4 → 7.2.4 → 7.3.4

7.2.5 习题四

【时间】2007 年 4 月 20 日 18:30

【地点】香榭里拉大酒店前厅部

【模拟岗位】前台接待员 Emily

【工作描述】

“第五届生物遗传学学术研讨会”团到店，Emily 进行了接待：

1. 收取客人证件逐一登记。
2. 会务联系人李小明支付 7000 元押金。

【工作要求】

1. 请在 Opera 上完成相关入住登记操作。
2. 客人的证件信息参照自己的身份证件信息。

【成绩考评】

1. 请以截图的方式将该登记入住界面保存在桌面，并上传至指定地址。
2. 本题满分 10 分。

【配套习题】7.1.5 → 7.2.5 → 7.3.5

7.3　团队结账（Group C/O）

7.3.1　团队结账概述

（一）旅行团队结账流程

表 7.3.1

项目：团队结账［三星级（含）以上适用］				
	标准—旅行团队结账	达　到	未达到	备　注
1	在团队办理入住时，问清陪同或领队退房时间，并及时通知相关部门	1	0	
2	查看团队预订单上的付款方式，以及是否有特殊要求，将团队账和个人账分开	1	0	
3	根据退房时间，将团队上所有个人自付账列出	1	0	
4	请陪同协助收回钥匙及所有个人自付账	1	0	
5	打印团队账单，请该团陪同在账单上签字确认；如果是挂账，请注明旅行社名称，以便与旅行社结算	1	0	
6	办理结账手续	1	0	
	（1）如果是现金结账，结账方式同散客程序	1	0	
	（2）签字转账，将电脑账单、明细单、团队预订单、团队确认书装订在一起，转交审计	1	0	
7	团队结账注意事项			
	（1）结账过程中，如出现账目上的争议，及时与销售部联系，协同解决	1	0	
	（2）在任何情况下，不得将团队房价泄露给客人；如果客人自付房费，应按当日客房销售价收取	1	0	
	（3）团队延时离店，未经销售部门的同意，则按客房销售价收取；不允许挂账的旅行社，其团队费用一律在到店前现付，或抵店时付预付款	1	0	
	（4）团队陪同无权私自将未经旅行社认可的账目转旅行社支付	1	0	

（二）会议团队结账流程

1. 程序基本与团队相同。

2. 会议结账的注意事项：确认会议付款账项，分清会议账和个人账。会议账必须有会议有效签单人签字；客人退房时，要分清房间是否还有其他人，如果有人，只能做单项离店退房。

7.3.2　习题一

【时间】2007 年 4 月 21 日 8:00

【地点】香榭里拉大酒店财务部

【模拟岗位】前台收银员 Helen

【工作描述】

中旅 CTI-C—071234 团退房，Helen 为其办理了退房结账手续：

1. 向春生、谢恬各消费啤酒一听，30 元 / 听，本人现金结清。

2. 徐威损坏玻璃杯一只，同意赔偿 40 元，本人现金结清。

3. 其余客人无消费。

4. 领队高立志确认团队房费，并退款。

【工作要求】

请在 Opera 上完成相关操作。

【成绩考评】

1. 请以截图的方式将该退房界面保存在桌面，并上传至指定地址。

2. 本题满分 10 分。

【配套习题】7.1.2 → 7.2.2 → 7.3.2

【操作步骤】

1. 在 Cashiering 模块选择 Quick Check Out 功能，根据 Block Code 查找团队住店信息。如图 7–30 所示。

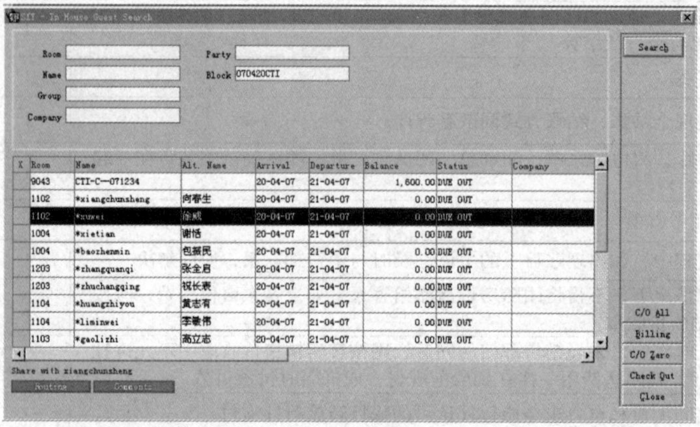

图7–30

2. 将 Mini Bar、Damage 入账，并与客人结清（选中客人信息条，点击 Billing）。

3. 确定团队成员账务余额为零后，点击 C/O Zero 进行快速结账。如图 7–31 所示。

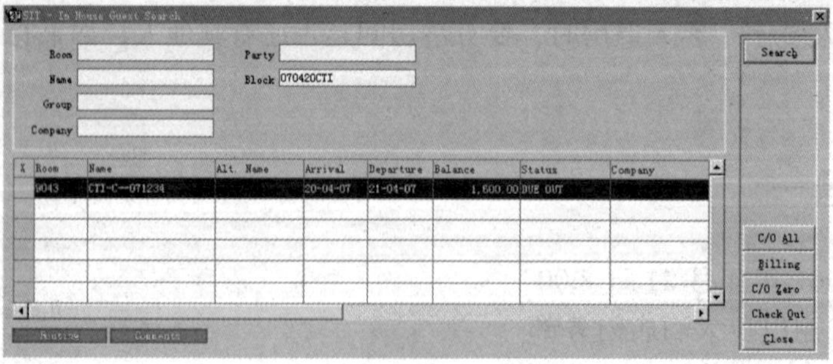

图7–31

4. 点击 Billing，进入 PM 账务界面。如图 7–32 所示。

5. 点击 Check Out 进入 Payment 界面。如图 7–33 所示。

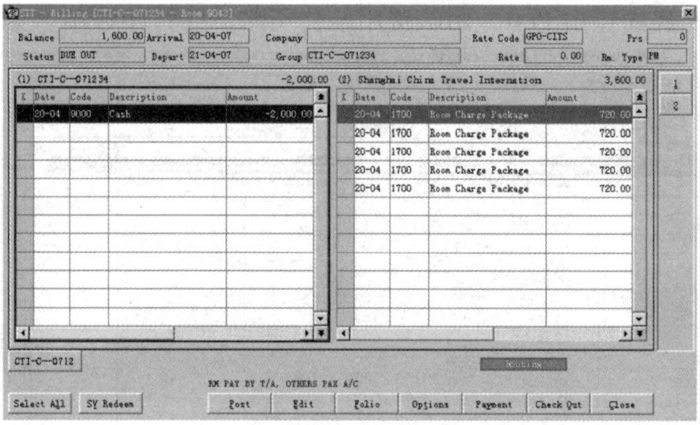

图7-32

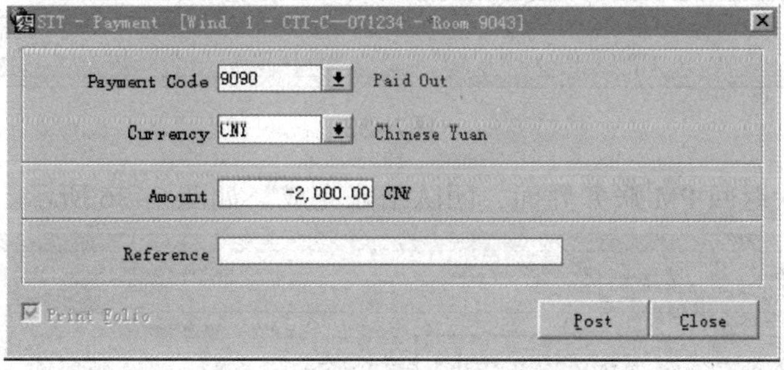

图7-33

6. 选择 Payment Code 后点击 Post 退押金，出现对话框，点击 Yes 进入下一步。如图 7-34 所示。

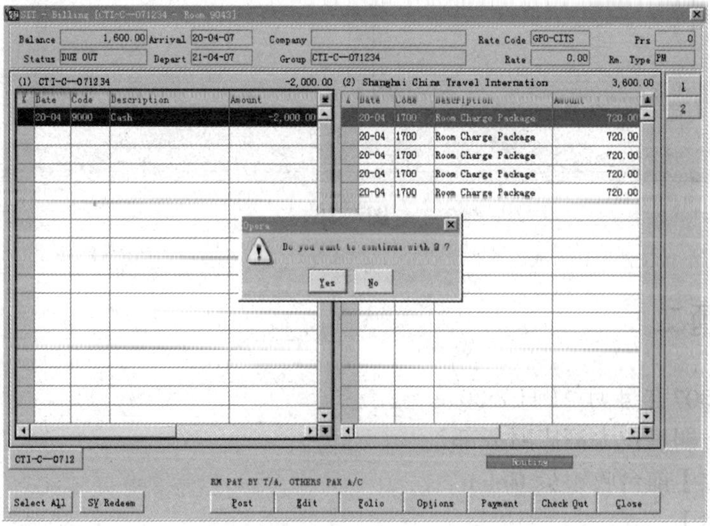

图7-34

7. 在 Payment 界面点击 Post，团队费用挂公司账，并打印账单。如图 7–35 所示。

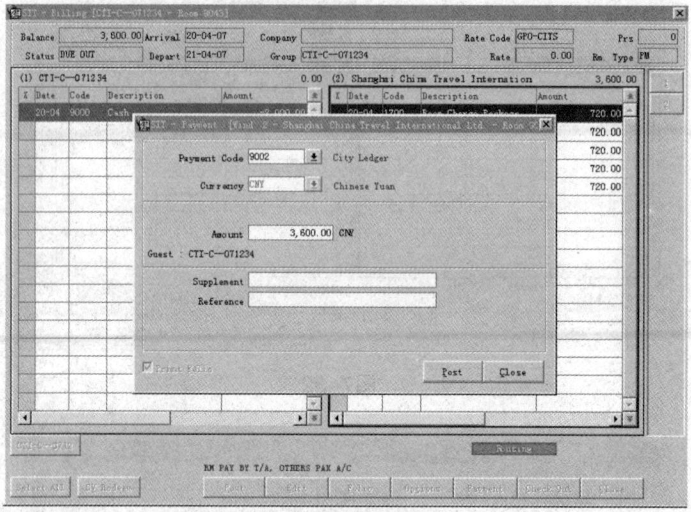

图7–35

8. 点击 Close 返回 PM 账务界面，团队结账完成。如图 7–36 所示。

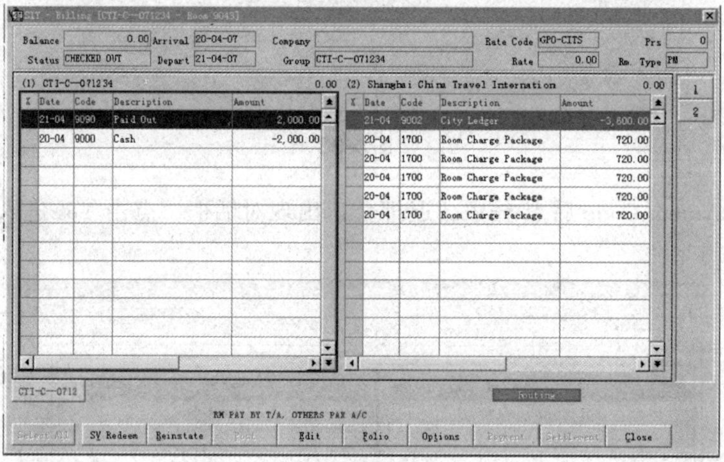

图7–36

7.3.3 习题二

【时间】2007 年 4 月 21 日 8:30

【地点】香榭里拉大酒店财务部

【模拟岗位】前台收银员 Helen

【工作描述】

中旅 CTI–D—071574 团退房，Helen 为其办理了退房结账手续：

1. 胡敏、李杰各消费啤酒一听，30 元 / 听，本人现金结清。
2. 陈华损坏玻璃杯一只，同意赔偿 40 元，本人现金结清。
3. 其余客人无消费。
4. 领队沃健儿确认团队房费，并退款。

【工作要求】

请在 Opera 上完成相关操作。

【成绩考评】

1. 请以截图的方式将该退房界面保存在桌面，并上传至指定地址。
2. 本题满分 10 分。

【配套习题】7.1.3 → 7.2.3 → 7.3.3

7.3.4　习题三

【时间】2007 年 4 月 21 日 9:00

【地点】香榭里拉大酒店财务部

【模拟岗位】前台收银员 Helen

【工作描述】

中旅 CTI–E—02583 团退房，Helen 为其办理了退房结账手续：

1. 李文利、李国发各消费啤酒一听，30 元 / 听，本人现金结清。
2. 张朝阳消费可乐两听，15 元 / 听，本人现金结清。
3. 其余客人无消费。
4. 领队李文利确认团队房费，并退款。

【工作要求】

请在 Opera 上完成相关操作。

【成绩考评】

1. 请以截图的方式将该退房界面保存在桌面，并上传至指定地址。
2. 本题满分 10 分。

【配套习题】7.1.4 → 7.2.4 → 7.3.4

7.3.5　习题四

【时间】2007 年 4 月 21 日 9:30

【地点】香榭里拉大酒店财务部

【模拟岗位】前台收银员 Helen

【工作描述】

“第五届生物遗传学学术研讨会”团退房，Helen 进行了办理：

1. 李晟、李旭各消费啤酒一听，30 元 / 听。

2. 张勇消费可乐两听，15 元 / 听。
3. 其余客人无消费。
4. 会务联系人李小明结清团队费用。

【工作要求】

请在 Opera 上完成相关操作。

【成绩考评】

1. 请以截图的方式将该退房界面保存在桌面，并上传至指定地址。
2. 本题满分 10 分。

【配套习题】7.1.5 → 7.2.5 → 7.3.5

7.4 综合例题

7.4.1 习题一

【工作描述】

春秋旅行社发传真预订团队，5 间标准间 996 元 / 间天，1 单人间 996 元 / 间天。

表 7.4.1

春秋旅行社 CHQ-C-12345 团名单							
序　号	姓　名	性　别	房　型	房　号	抵店日期	离店日期	备　注
1	沈烨婷	女	标准间		4 月 21 日	4 月 23 日	
	罗　莹	女			4 月 21 日	4 月 23 日	
2	陆　萍	女	标准间		4 月 21 日	4 月 22 日	
	傅　星	女			4 月 21 日	4 月 22 日	
3	唐　荣	男	标准间		4 月 21 日	4 月 22 日	
	张宇飞	男			4 月 21 日	4 月 22 日	
4	俞俊杰	男	标准间		4 月 21 日	4 月 22 日	
	黄益君	男			4 月 21 日	4 月 22 日	
5	顾晓燕	女	标准间		4 月 21 日	4 月 22 日	
	杨西娟	女			4 月 21 日	4 月 22 日	
6	盛展群（领队）	女	单人间		4 月 21 日	4 月 23 日	
用餐：4 月 21 日晚餐 1 桌 标准 4000 元 / 桌							
以上客人房费及 4 月 21 日晚餐由我社到前台统一支付，其余费用自付。关闭电话、关闭 VOD 点播。							

1. 团队入住，前台收取证件逐一录入电脑，领队支付押金 15000 元。

2. 4 月 21 日晚餐费 4000 元，领队签字确认。

3. 4 月 22 日离店的客人全部退房：张宇飞、唐荣各消费啤酒一听，30 元 / 听，本人现金结清；杨西娟商务中心发传真 50 元，本人现金结清。

4. 4 月 23 日最后 2 间房退房，无消费，领队盛展群确认团队账单，并结清费用。

【工作要求】

请在 Opera 上完成团队预订、入住、结账操作。

【成绩考评】

1. 请以截图的方式将操作界面保存在桌面，并上传至指定地址。

2. 本题满分 10 分。

7.4.2 习题二

【工作描述】

1. 上海中旅国际旅行社预订团队，5 间标准间 996 元 / 间天（含早）。

表 7.4.2

上海中旅国际旅行社 CTI-C-16865 团名单

序　号	姓　名	性　别	房　型	房　号	抵店日期	离店日期	备　注
1	许韵（领队）	女	标准间		4 月 21 日	4 月 22 日	
	夏　洋	女			4 月 21 日	4 月 22 日	
2	杨　芳	女	标准间		4 月 21 日	4 月 22 日	
	戴　慧	女			4 月 21 日	4 月 22 日	
3	吴月恒	男	标准间		4 月 21 日	4 月 22 日	
	盛　灏	男			4 月 21 日	4 月 22 日	
4	童柳君	男	标准间		4 月 21 日	4 月 22 日	
	姚　辉	男			4 月 21 日	4 月 22 日	
5	龚云云	女	标准间		4 月 21 日	4 月 22 日	
	马民杰	女			4 月 21 日	4 月 22 日	

用餐：4 月 21 日晚餐 1 桌 标准 3000 元 / 桌；每间房代办水果 1 份 标准 100 元 / 份

以上客人房费、代办水果费及 4 月 18 日晚餐由我社到前台统一支付，其余费用自付。关闭电话、关闭 VOD 点播。

2. 团队入住，前台收取证件逐一录入电脑，收取押金 10000 元。

3. 4 月 21 日晚餐费 3000 元及代办水果费入账。

4. 4 月 22 日客人全部退房：杨芳、戴慧各消费可乐一听，15 元 / 听，本人现金结清；姚辉商务中心复印 50 元、地毯烟洞一个赔偿 200 元，本人现金结清。

5. 领队确认团队账单，并结清账目。

【工作要求】

请在 Opera 上完成团队预订、入住、结账操作。

【成绩考评】

1. 请以截图的方式将操作界面保存在桌面，并上传至指定地址。

2. 本题满分 10 分。

7.4.3　习题三

【工作描述】

1. 上海生物化学细胞研究所预订团队，5 间标准间 996 元 / 间天含早。

表 7.4.3

上海生物化学细胞研究所团队名单							
序　号	姓　名	性　别	房　型	房　号	抵店日期	离店日期	备　注
1	秦毅慧	女	标准间		4 月 21 日	4 月 22 日	
	沈丹萍	女			4 月 21 日	4 月 22 日	
2	罗　艳	女	标准间		4 月 21 日	4 月 22 日	
	王晓蕾	女			4 月 21 日	4 月 22 日	
3	曾　强	男	标准间		4 月 21 日	4 月 22 日	
	钱　斌	男			4 月 21 日	4 月 22 日	
4	缪　盛	男	标准间		4 月 21 日	4 月 22 日	
	张振华	男			4 月 21 日	4 月 22 日	
5	朱舜洁	女	标准间		4 月 21 日	4 月 22 日	
	李挹秋	女			4 月 21 日	4 月 22 日	
用餐：4 月 21 日晚餐 1 桌 标准 3000 元 / 桌；会议：4 月 22 日上午 上海厅 4000 元 / 场							
一切费用转公司应收账。关闭电话、关闭 VOD 点播。							

2. 团队入住，前台收取证件逐一录入电脑。

3. 4 月 21 日晚餐费 3000 元入账。

4. 4 月 22 日会场费 4000 元入账。

5. 4 月 22 日客人全部退房：沈丹萍、罗艳各消费可乐二听，15 元 / 听；张振华客房送餐 60 元、小酒吧啤酒一听 30 元。

6. 会务负责人确认团队账单。

【工作要求】

请在 Opera 上完成团队预订、入住、结账操作。

【成绩考评】

1. 请以截图的方式将该操作界面保存在桌面，并上传至指定地址。

2. 本题满分 10 分。

7.4.4　习题四

【工作描述】

1. 上海生物化学细胞研究所预订团队，5 间标准间 996 元 / 间天（含早）。

表 7.4.4

上海生物化学细胞研究所团队名单						
序　号	姓　名	性　别	房　型	抵店日期	离店日期	备　注
1	潘文珺	女	标准间	4 月 21 日	4 月 22 日	房费公司付
	赵金锁	女		4 月 21 日	4 月 22 日	自　理
2	张　怡	女	标准间	4 月 21 日	4 月 22 日	房费公司付
	康蓓君	女		4 月 21 日	4 月 22 日	房费公司付
3	范聪超	男	标准间	4 月 21 日	4 月 22 日	房费公司付
	奚晓春	男		4 月 21 日	4 月 22 日	房费公司付
4	蒋少勇	男	标准间	4 月 21 日	4 月 22 日	房费公司付
	徐　韧	男		4 月 21 日	4 月 22 日	房费公司付
5	赵　敏	女	标准间	4 月 21 日	4 月 22 日	一切房费公司付
	唐董海	女		4 月 21 日	4 月 22 日	一切房费公司付
用餐：4 月 21 日晚餐 1 桌 标准 3000 元 / 桌；会议：4 月 22 日上午 上海厅 4000 元 / 场						
餐费、会场费及房费（按名单注明）转公司应收账。关闭电话、关闭 VOD 点播。						

2. 团队入住，前台收取证件逐一录入电脑。收取赵金锁押金 800 元。

3. 4 月 21 日晚餐费 3000 元入账。

4. 4 月 22 日会场费 4000 元入账。

5. 4 月 22 日客人全部退房：赵敏、张怡各消费可乐两听，15 元 / 听，张怡现金结清；唐董海客房送餐 60 元、小酒吧可乐一听 15 元。

6. 会务负责人确认团队账单。

【工作要求】

请在 Opera 上完成团队预订、入住、结账操作。

【成绩考评】

1. 请以截图的方式将该操作界面保存在桌面，并上传至指定地址。

2. 本题满分 10 分。

7.4.5 习题五

【工作描述】

1. 上海生物化学细胞研究所预订团队，5 间标准间 996 元 / 间天（含早）。

表 7.4.5

上海生物化学细胞研究所团队名单

序号	姓名	性别	房型	抵店日期	离店日期	备注
1	石玮	女	标准间	4 月 21 日	4 月 22 日	自理
	申燕	女		4 月 21 日	4 月 22 日	自理
2	潘晖	女	标准间	4 月 21 日	4 月 22 日	一切房费公司付
	肖锐	女		4 月 21 日	4 月 22 日	一切房费公司付
3	孙立群	男	标准间	4 月 21 日	4 月 22 日	一切房费公司付
	Aage Moller	男		4 月 21 日	4 月 22 日	一切房费公司付
4	Garegin Popian	男	标准间	4 月 21 日	4 月 23 日	公司支付 18 日一天的费用
	Shiba Rumi	男		4 月 21 日	4 月 23 日	
5	吴嫣	女	标准间	4 月 21 日	4 月 22 日	一切房费公司付
	钟琴	女		4 月 21 日	4 月 22 日	一切房费公司付
用餐：4 月 21 日晚餐 1 桌 标准 3000 元 / 桌；会议：4 月 19 日上午 上海厅 4000 元 / 场						
餐费、会场费及房费（按名单注明）转公司应收账。关闭电话、关闭 VOD 点播。						

2. 团队入住，前台收取证件逐一录入电脑。收取石玮、申燕押金各 800 元。

3. 4 月 21 日晚餐费 3000 元入账。

4. 4 月 22 日会场费 4000 元入账。

5. 4 月 22 日客人退房：吴嫣、钟琴各消费可乐一听，15 元 / 听；潘晖客房送餐 60 元、商务中心打印 40 元。

6. 会务负责人确认团队账单。

【工作要求】

请在 Opera 上完成团队预订、入住、结账操作。

【成绩考评】

1. 请以截图的方式将该操作界面保存在桌面，并上传至指定地址。

2. 本题满分 10 分。

第8单元

房务管理

学习意义 客房是酒店为客人提供的主要服务产品。酒店房务管理质量的高低，不但是酒店整体服务质量的反映，还将直接影响酒店的营业收入。准确、及时地掌握酒店客房的状态，进行适当的超额预订，努力实现酒店客房收益最大化是房务管理的重点和难点。通过本章的学习，将为解决这一难题提供可能。

内容概述 本章首先介绍了修改房态的一些基本概念及操作，然后讲述封停房的概念、流程及基本操作，最后介绍一些有关超额预订设置的基础知识与操作。

教学目标

知识目标

1. 了解客房状态的类型、房态变化情况及房态修改的操作流程。
2. 了解封停房的种类、原因及操作流程。
3. 了解超额预订设置的原因、依据、注意事项及操作流程。

能力目标

1. 掌握客房状态修改的电脑操作。
2. 掌握封停房的电脑操作。
3. 掌握超额预订设置的电脑操作。

8.1 修改房态（Housekeeping）

8.1.1 修改房态概述

客房状态（Room Status，以下简称房态）反映的是酒店客房的一个基本情况，主要描述客房能否正常对外出租、是否有客人入住、是否需要清扫等信息。修改房态是客房管理中最常用的一项日常管理工作，它要求相关人员能够了解和控制房间状态的细节，确定哪些房间需要服务，将它们分配给特定的服务人员并授权给他们完成。

（一）房态类型

酒店常见客房状态如表 8.1.1 所示：

表 8.1.1

<table>
<tr><th>房态（英文）</th><th>房态（中文）</th><th>备注</th></tr>
<tr><td>Vacant</td><td>空房：暂时未出租的房间</td><td rowspan="10">在实务中，有些酒店还将 VC 房进一步细分：VC（Vacant Clean）表示已清洁，但尚未检查的空房；VI（Vacant Inspected）表示已清洁并经过检查，随时可以出租的空房。
本系统应用中 VC 房即表示已清洁并经过检查，随时可以出租的空房。</td></tr>
<tr><td>Occupied</td><td>住客房：住店客人正在使用的房间</td></tr>
<tr><td>Clean</td><td>干净房 / 清洁房</td></tr>
<tr><td>Dirty</td><td>脏房 / 未清洁房</td></tr>
<tr><td>VC（Vacant Clean）</td><td>已清洁空房：已完成清洁工作的空房</td></tr>
<tr><td>VD（Vacant Dirty）</td><td>未清洁空房：未完成清洁工作的空房</td></tr>
<tr><td>OC（Occupied Clean）</td><td>已清洁住客房：已完成清洁工作的住客房</td></tr>
<tr><td>OD（Occupied Dirty）</td><td>未清洁住客房：未完成清洁工作的住客房</td></tr>
<tr><td>OOO（Out of Order）</td><td>待修房：因硬件故障，正在或等待维修的房间</td></tr>
<tr><td>OOS（Out of Service）</td><td>暂时停用房：因各种原因，已被暂时停用的房间</td></tr>
</table>

（二）房态变化图

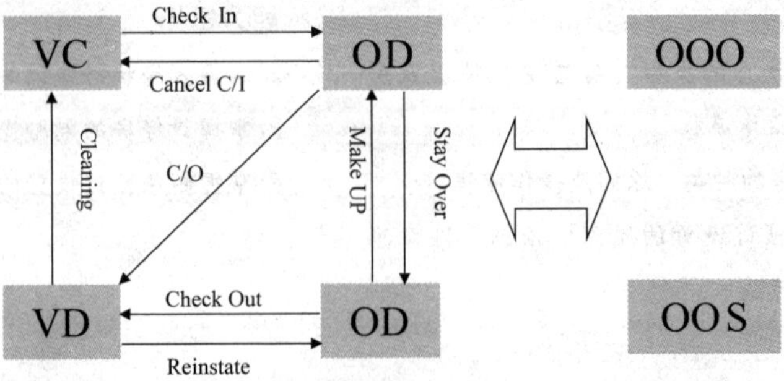

图8-1

（三）“房态修改”操作流程

“房态修改”的操作流程如表 8.1.2 所示。

表 8.1.2

项目：房态管理程序［三星级（含）以上适用］				
	标准	达到	未达到	备注
1	领班每天 9：00、15：00、21：00 制表，将实际房态填写在《楼层每日房态报表》上，一式两份，与电脑房态核对，如有差异，立即标出。	1	0	
2	文员、中班领班每日按时将房态表传送给大堂经理。	1	0	
3	文员将领班所报房号记在报房本上，并记下报房者及时间，及时根据领班所报房号更正房态（完成电脑操作）。	1	0	
4	脏房变干净房由员工操作，干净房变已查房由领班操作，其他特殊房态，如维修房、暂停使用房经主管或经理同意后由文员操作。	1	0	
5	特殊房态由楼层员工直接报给客房中心文员，文员及时报至大堂经理处，并填写特殊房态表。	1	0	

8.1.2 习题一

【时间】2007 年 4 月 20 日 12：30

【地点】香榭里拉大酒店客房部

【模拟岗位】房务中心员工 Lisa

【工作描述】4 月 20 日中午，Lisa 收到客房检查表，内容如表 8.1.3 所示。

表 8.1.3

客房检查表				
楼层：10F　主管 / 领班：Judy　服务员：Rebecca　日期：2007.4.20				
房间号	初始房态	最终房态	查房时间	备注
1001	VD	VC	11：30	
1002	OD	OC	11：30	
1004	VD	VC	11：30	
1007	OD	OC	11：30	
1010	OD	OC	11：30	
1012	VD	VC	11：30	

【工作要求】请在 Opera 上完成相关操作。

【操作步骤】

1. 请在 Rooms Management 模块选择 Housekeeping 功能，点击 Housekeeping Mgmt. 进入下一步。如图 8–2 所示。

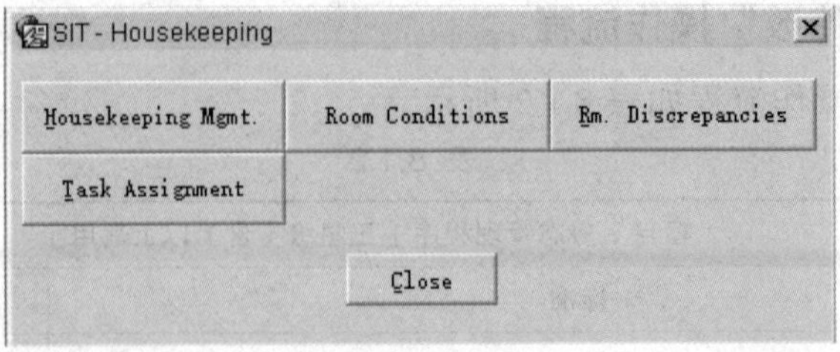

图8–2

2. 在 Housekeeping 界面，同时选择 Vacant 和 Dirty 查询条件（电脑中默认所有条件均选，需去掉其他条件），点击 Search 进入下一步。如图 8–3 所示。

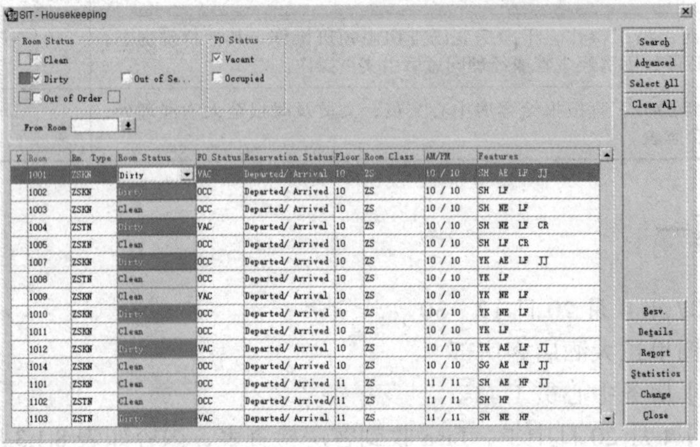

图8–3

3. 对照客房检查表，在相应房号前单击鼠标左键，打“X”选中所需 VD 房，然后点击 Change 功能进入下一步。如图 8–4 所示。

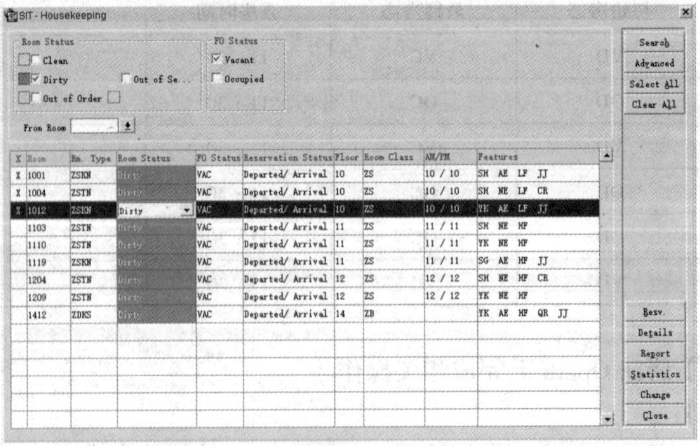

图8–4

4. 在 Quick Change Room Status 界面，核对需要更改房态的房间，并将 Change Status to 状态更改为 Clean（系统中默认），确认无误后，点击 OK 键完成“VD → VC”房态更改，并返回到 Housekeeping 界面。如图 8–5 和图 8–6 所示。

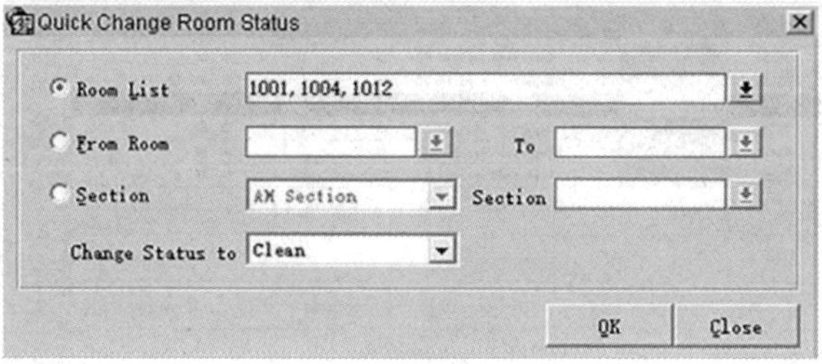

图8–5

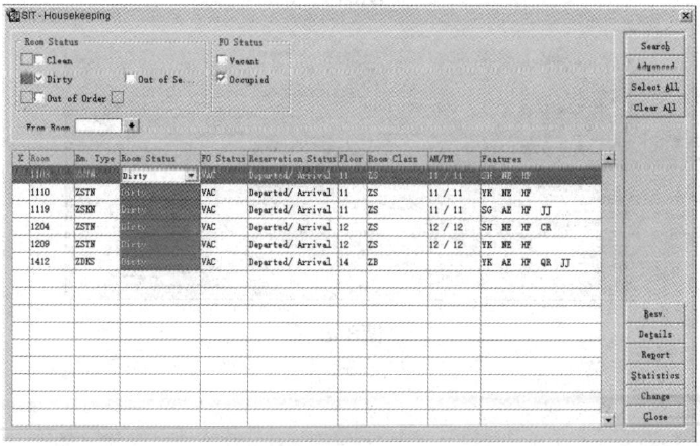

图8–6

5. 在图 8–6 所示界面中，选择 Occupied 和 Dirty 查询条件，点击 Search 键进入下一步。

6. 对照客房检查表，选中相应 OD 房后，点击 Change 键进入下一步。如图 8–7 所示。

7. 在 Quick Change Room Status 界面，核对需要更改房态的房间，并将 Change Status to 状态更改为 Clean（系统中默认），确认无误后，点击 OK 键完成“OD → OC”房态更改。如图 8–8 所示。

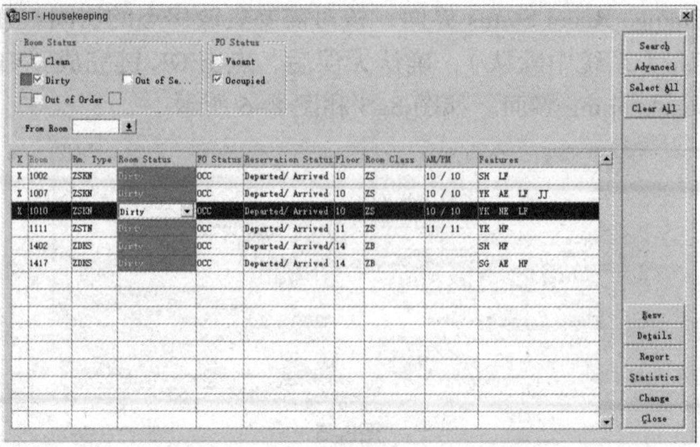

图8-7

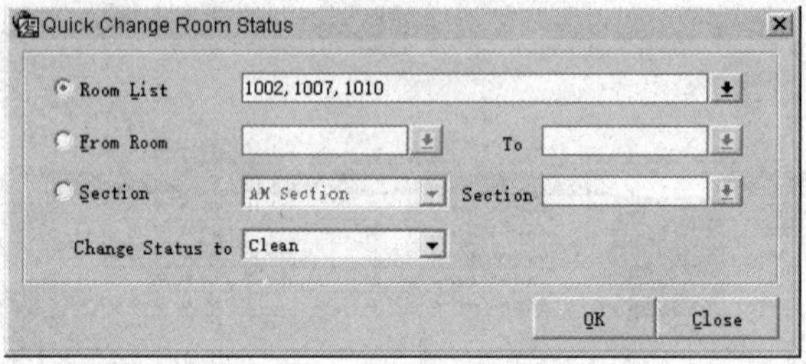

图8-8

8.1.3 习题二

【时间】2007 年 4 月 20 日 12：30

【地点】香榭里拉大酒店客房部

【模拟岗位】房务中心员工 Lisa

【工作描述】4 月 20 日中午，Lisa 收到客房检查表，内容如表 8.1.4 所示。

表 8.1.4

客房检查表

楼层：12F　主管 / 领班：Judy　服务员：Jessica　日期：2007.4.20

房间号	初始房态	最终房态	查房时间	备注
1201	VD	VC	11：45	
1203	OD	OC	11：45	
1205	VD	VC	11：45	
1208	OD	OC	11：45	
1209	OD	OC	11：45	
1218	VD	VC	11：45	

【工作要求】请在 Opera 上完成相关操作。

8.1.4　习题三

【时间】2007 年 4 月 20 日 12：30

【地点】香榭里拉大酒店客房部

【模拟岗位】房务中心员工 Lisa

【工作描述】4 月 20 日中午，Lisa 收到客房检查表，内容如表 8.1.5 所示。

表 8.1.5

客房检查表				
楼层：18F　主管 / 领班：Judy　服务员：Lily　日期：2007.4.20				
房间号	初始房态	最终房态	查房时间	备注
1802	VD	VC	12：00	
1806	VD	VC	12：00	
1807	VD	VC	12：00	
1811	OD	OC	12：00	
1815	OD	OC	12：00	
1817	VD	VC	12：00	

【工作要求】请在 Opera 上完成相关操作。

8.2　封停房（Out of Order/Service）

8.2.1　封停房概述

封停房通常是指待修房（Out of Order，OOO）和暂时停用房（Out of Service，OOS）。待修房是指客房由于硬件故障，正在或等待维修，不能对外出租；暂时停用房是指由于各种原因，客房暂时停用。

（一）封停房原因

1. 待修房（OOO）原因

客房硬件设施设备故障（如天花板漏水、抽水马桶不能使用等）。

2. 暂时停用房（OOS）原因

（1）楼层保养，如清洁地毯。

（2）出租率低时，为节约成本，部分楼层暂停使用。

（3）其他原因。

（二）注意事项

（1）房间处于分房（Block）状态时，应先取消该房间的分房，再进行“OOO/OOS”房设置。

（2）解除“OOO/OOS”房设置时，应先将房间状态改为 Dirty，经由客房部清洁并检查后，方可改为 Clean 状态。

（3）进行“OOO”房设置后，计算客房出租率时，系统会扣除相应房间数量；而进行“OOS”房设置时，则不影响客房出租率。

8.2.2　习题一

【时间】2007 年 4 月 20 日 13：30

【地点】香榭里拉大酒店客房部

【模拟岗位】房务中心员工 Lisa

【工作描述】4 月 20 日下午，Lisa 接到楼层服务员 Lily 报告，1808 房（VC 房）空调不能使用，开出维修通知单，并设置 OOO 房（初步估计完成维修需 2 天时间）。

【工作要求】请在 Opera 上完成相关操作。

【操作步骤】

1. 在 Rooms Management 模块选择 Out of Order/Service 功能，进入 Out of Order/Service 界面，点击 New 进入下一步。如图 8-9 所示。

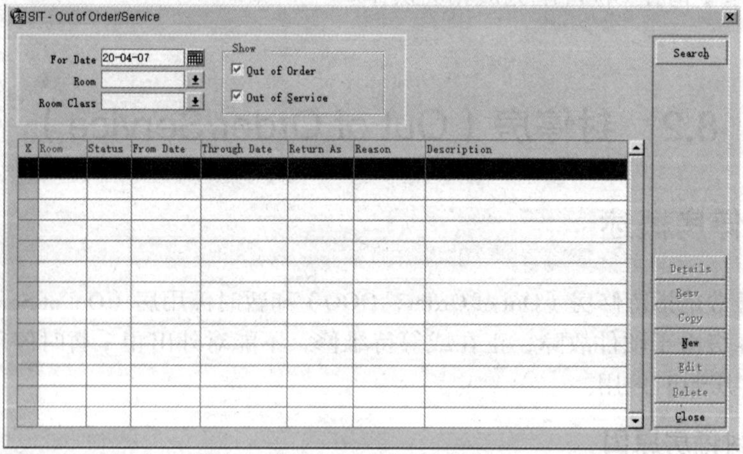

图8-9

2. 在 Out of Order/Service 界面，录入相应内容（房号、日期、房态、返回房态、原因及备注，其中返回房态应设为 Dirty），点击 OK 键进入下一步。如图 8-10 所示。

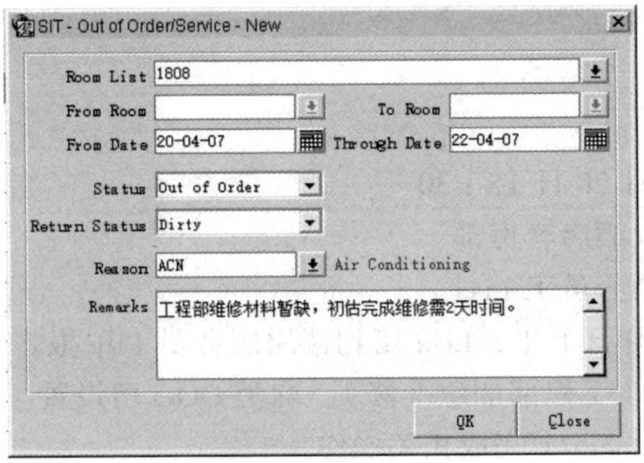

图8-10

3. 在00-0S Status界面显示设置成功，点击OK键确认，返回Out of Order/Service界面，并显示该房相应信息。如图8-11和图8-12所示。

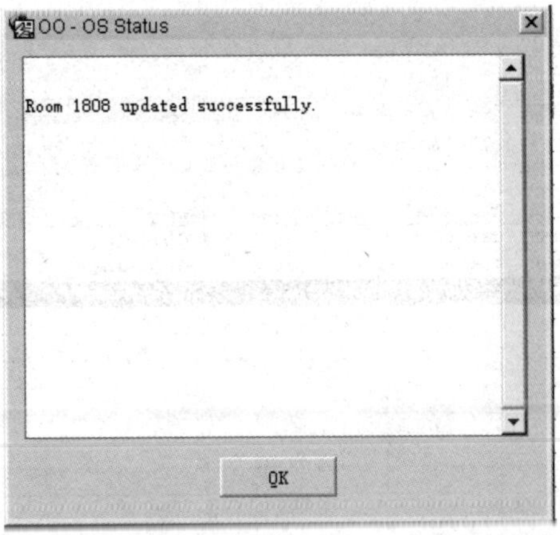

图8-11

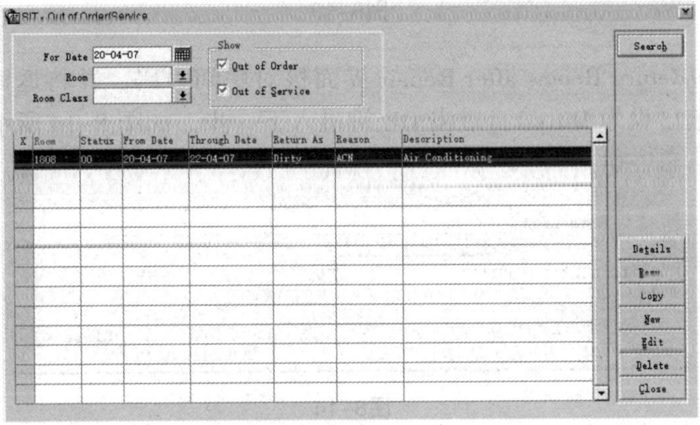

图8-12

8.2.3 习题二

【时间】2007 年 4 月 20 日 15：30

【地点】香榭里拉大酒店客房部

【模拟岗位】房务中心员工 Lisa

【工作描述】4 月 20 日下午，Lisa 接到楼层服务员 Lily 报告，1808 房已完成维修并验收（因当日出租率高，工程部加急维修），取消 OOO 房设置。

【工作要求】请在 Opera 上完成相关操作。

【操作步骤】

1. 在 Rooms Management 模块选择 Out of Order/Service 功能，进入 Out of Order/Service 界面，在 1808 房号前单击鼠标左键，打“X”选中该房间，点击 Delete 键进入下一步。如图 8–13 所示。

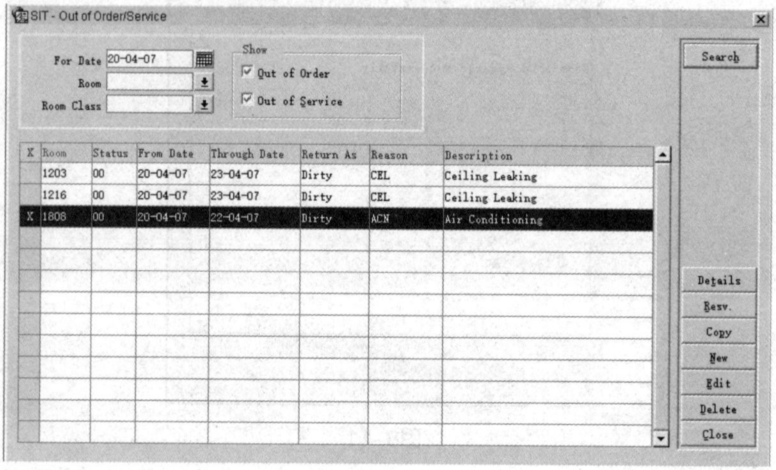

图8–13

2. 在 Delete/Return Rooms after Repair 界面核对房间号码，并将返回房态设为 Dirty（或默认，因之前已设为 Dirty），点击 OK 键进入下一步。如图 8–14 所示。

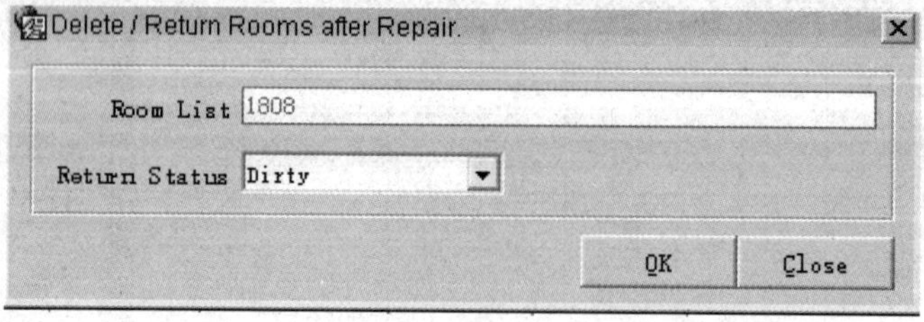

图8–14

3. 在 OO–OS Status 界面显示该房间完成修理并返回 Dirty 状态，点击 OK 键确认，返回 Out of Order/Service 界面，OOO 房取消设置完成。如图 8-15 和图 8-16 所示。

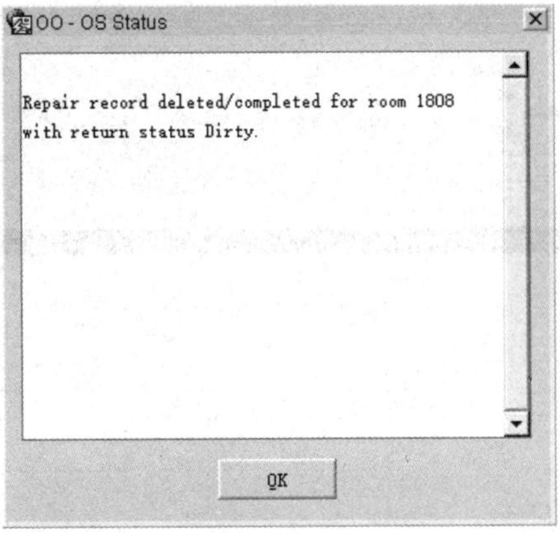

图8–15

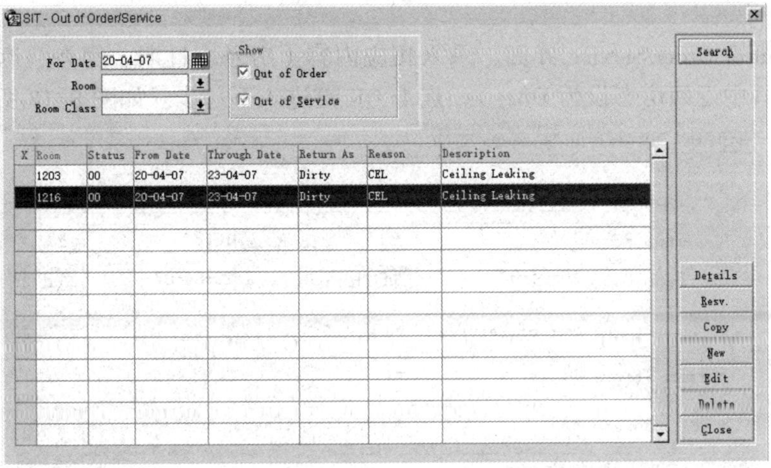

图8–16

8.2.4　习题三

【时间】2007 年 4 月 20 日 16：30

【地点】香榭里拉大酒店客房部

【模拟岗位】房务中心员工 Lisa

【工作描述】4 月 20 日下午，Lisa 接到客房部经理 Benny 电话通知，19F 所有房间（1906、1908、1909、1910、1912、1916、1918）将进行例行保养（洗地毯）。

【工作要求】请在 Opera 上完成相关操作。

【操作步骤】

1. 在 Rooms Management 模块选择 Out of Order/Service 功能，进入 Out of Order/Service

界面，点击 New 进入下一步。如图 8–17 所示。

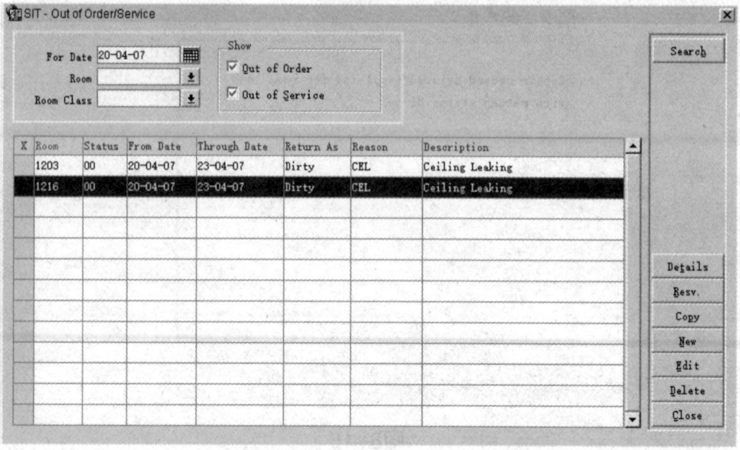

图8–17

2. 在 Out of Order/Service 界面，录入相应内容（房号、日期、房态、返回房态、原因及备注，其中返回房态设为 Dirty），点击 OK 键进入下一步。如图 8–18 所示。

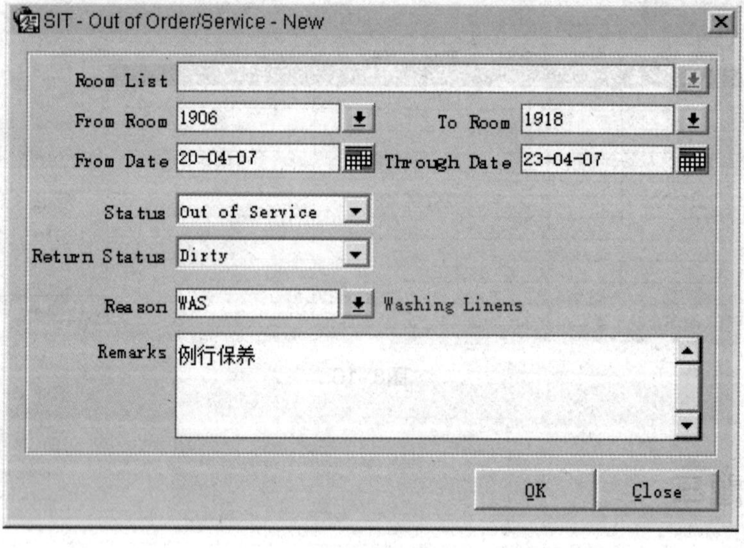

图8–18

3. 在 OO–OS Status 界面显示所有房间设置成功，点击 OK 键确认，返回 Out of Order/Service 界面，并显示 OOS 房信息。如图 8–19 和图 8–20 所示。

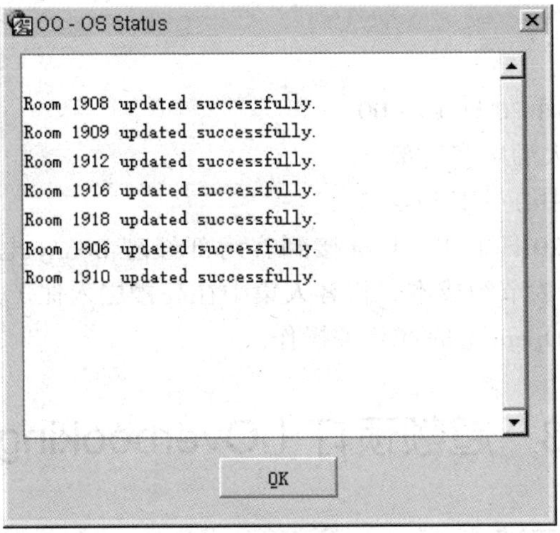

图8–19

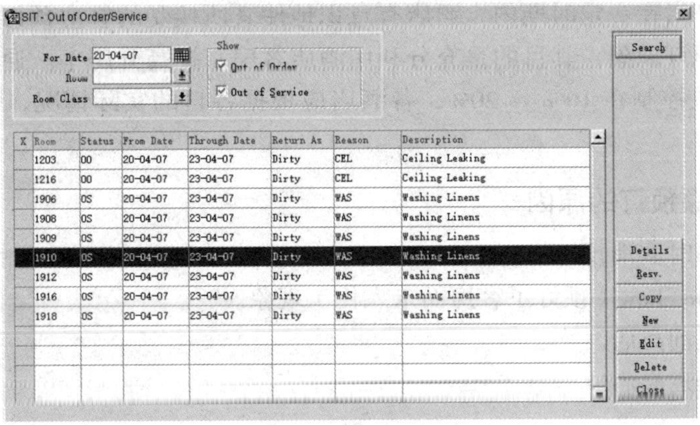

图8–20

8.2.5　习题四

【时间】2007 年 4 月 20 日 10：30

【地点】香榭里拉大酒店客房部

【模拟岗位】房务中心员工 Lisa

【工作描述】4 月 20 日上午，Lisa 接到楼层服务员 Rebecca 报告，1005 房（VC 房）抽水马桶不能使用，开出维修通知单，并设置 OOO 房（估计当天 13：00 前完成维修）。

【工作要求】请在 Opera 上完成相关操作。

8.2.6 习题五

【时间】2007 年 4 月 20 日 13：00

【地点】香榭里拉大酒店客房部

【模拟岗位】房务中心员工 Lisa

【工作描述】4 月 20 日下午，Lisa 接到客房部经理 Benny 电话通知，10F 所有房间暂停使用（出租率低，为节约成本，将客人集中在高楼层入住）。

【工作要求】请在 Opera 上完成相关操作。

8.3 超额预订（Overbooking）

8.3.1 超额预订概述

超额预订是指在一定时期内，酒店有意识地使其所接受的客房预订数超过其客房接待能力的一种预订现象，其目的是充分利用酒店客房，提高开房率。通常，酒店接受超额预订的比例应控制在 10% ~ 20%，各酒店应根据各自的实际情况，合理掌握超额预订的“度”。

（一）超额预订的原因

（1）客人临时取消预订。

（2）出现 No Show（预订了客房而未入住）现象。

（3）客人提前离店。

（4）客人延迟离店。

（二）调整超额预订数量的依据

（1）掌握当日团队订房和散客订房的比例。

（2）掌握当日所有预订中客房类别的比例。

（3）预订取消率、No-show 率、提前离店率以及延期住店率的确定。

（4）本地区有无其他同类型、同等级的酒店。

（三）注意事项

（1）超额预订数量的大小通常由预订部经理决定。

（2）根据预订情况，及时调整。

（3）确定超额预订数量时，可以根据具体房型设定（如 ZSTN），也可以根据房间类别设定（如 ZS）。

8.3.2 习题一

【时间】2007 年 4 月 20 日 8：30

【地点】香榭里拉大酒店客房部

【模拟岗位】预订部员工 Jessica

【工作描述】4 月 20 日上午，Jessica 按预订部经理 Antony 要求，设置 5 月 2 日至 3 日 2 天的超额预订数量，具体内容：ZSKN 房的可超额预订数为 5 间，ZSTN 房的可超订数为 6 间。

【工作要求】请在 Opera 上完成相关操作。

【操作步骤】

1. 在 Rooms Management 模块选择 Overbooking 功能，进入 Overbooking Setup 界面，点击 New 键新建，进入下一步。如图 8–21 所示。

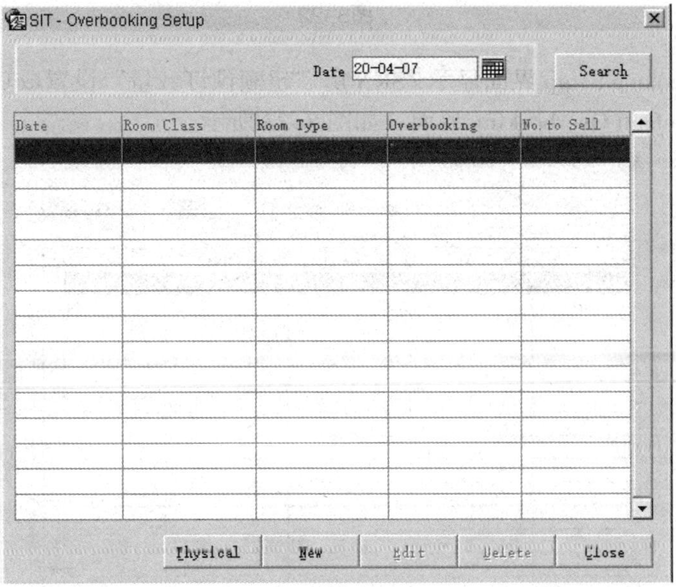

图8–21

2. 在 New Default Overbooking 界面，录入起止日期、超订房型（ZSKN）、超额预订数量（5 间）等相应信息后，点击 OK 键跳转至 Overbooking Setup 界面。如图 8–22 所示。

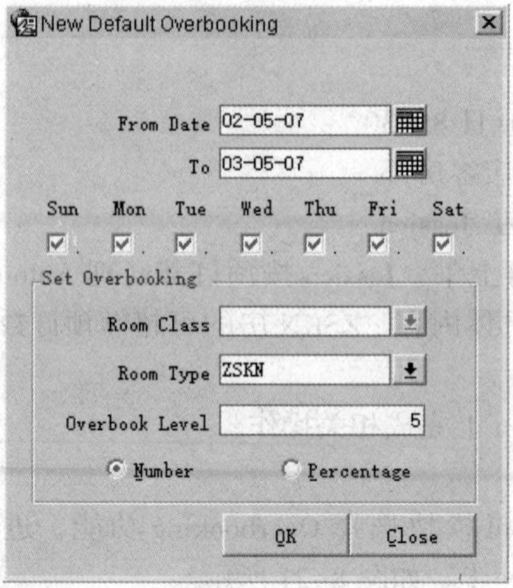

图8-22

3. 在 Overbooking Setup 界面显示 ZSKN 房“超额预订数量”设置成功。点击 New 键，再次进入 New Default Overbooking 界面。如图 8-23 所示。

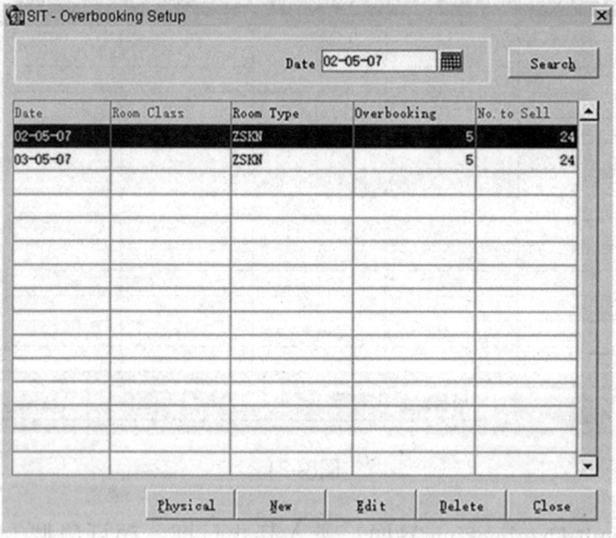

图8-23

4. 在 New Default Overbooking 界面，录入起止日期、超订房型（ZSTN）、超额预订数量（6 间）等相应信息后，点击 OK 键跳转至 Overbooking Setup 界面，显示所有设置完成。如图 8-24 和图 8-25 所示。

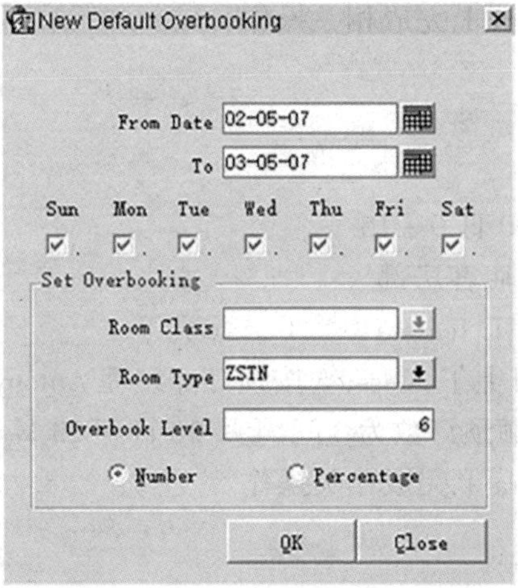

图8–24

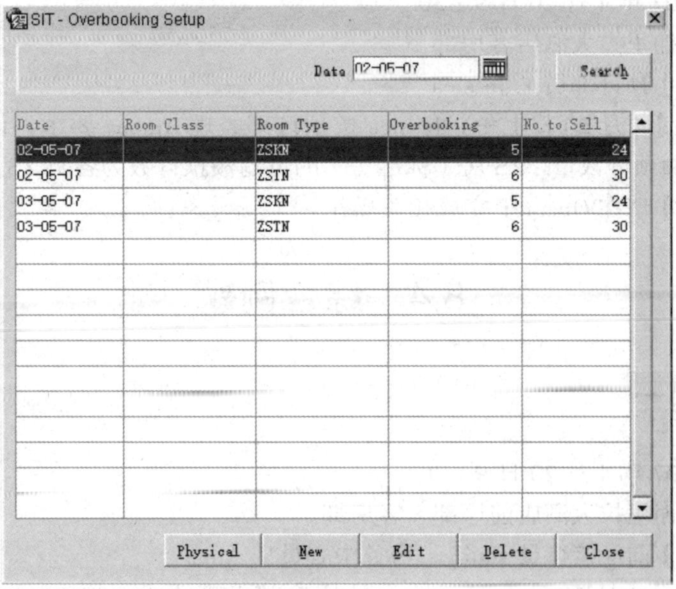

图8–25

8.3.3　习题二

【时间】2007 年 4 月 20 日 8：45

【地点】香榭里拉大酒店客房部

【模拟岗位】预订部员工 Jessica

【工作描述】4 月 20 日上午，Jessica 按预订部经理 Antony 要求，设置 4 月 23 日当天的超额预订数量：ZSKN 房的可超额预订数为 4 间。

【工作要求】请在 Opera 上完成相关操作。

8.3.4　习题三

【时间】2007 年 4 月 20 日 9：15

【地点】香榭里拉大酒店客房部

【模拟岗位】预订部员工 Jessica

【工作描述】4 月 20 日上午，Jessica 按预订部经理 Antony 要求，设置超额预订数量：4 月 22 日 ZDKN 房的可超额预订数为 3 间，4 月 22 日至 23 日 ZSKN 房的可超订数为 6 间。

【工作要求】请在 Opera 上完成相关操作。

8.3.5　习题四

【时间】2007 年 4 月 20 日 9：30

【地点】香榭里拉大酒店客房部

【模拟岗位】预订部员工 Jessica

【工作描述】4 月 20 日上午，Jessica 按预订部经理 Antony 要求，设置 4 月 27 日至 28 日 2 天的超额预订数量：ZS 房（标准房）的可超额预订数为各类 ZS 房总数的 5%。

【工作要求】请在 Opera 上完成相关操作。

8.4　综合例题

8.4.1　习题一

【时间】2007 年 4 月 20 日 9：30

【地点】香榭里拉大酒店前厅部、客房部

【模拟岗位】前厅接待员 Emily、房务中心员工 Anna

【工作描述】4 月 20 日上午，Anna 按客房部经理要求，将 11 楼所有房间设置为 OOS 房（清洁楼面地毯），预计时间为 4 月 20 日至 22 日 3 天。但 1105 房有客人入住，经前台与客人联系后客人同意换房。

【工作要求】请在 Opera 上完成相关操作。

1. 完成客人换房操作。

2. 完成 OOO 房设置操作。

8.4.2　习题二

【时间】2007 年 4 月 20 日 9：45

【地点】香榭里拉大酒店前厅部、客房部

【模拟岗位】前厅接待员 Emily、房务中心员工 Anna

【工作描述】

1. 前厅接待员 Emily 接受散客预订（ZSTN 房 1 间，4 月 20 日住 1 天，房费 880 元，费用自付，保留至 18：00），并进行房间预分。

2. Anna 接工程部通知，19 楼所有房间不能出租，需设置为 OOO 房（天花板漏水），预计 4 月 21 日可修好。

3. Anna 电话联系 Emily，让其取消 1908 房客人预分房。

4. 下午，Anna 接工程部通知，19 楼房间天花板漏水故障已排除，房间可以正常对外出租。

5. Anna 将 OOO 房态修改为 Dirty 房，并分派楼层服务员进行客房清洁。1 小时后，所有房间清洁完毕并经楼层主管检查，可以对外正常出租。

【工作要求】请在 Opera 上完成相关操作。

1. 完成客人预订、分房及取消分房操作。

2. 完成 OOO 房设置和取消操作。

3. 完成“Dirty → Clean”房态修改操作。

8.4.3　习题三

【时间】2007 年 4 月 20 日 9：30

【地点】香榭里拉大酒店客房部

【模拟岗位】预订部员工 Jessica、房务中心员工 Anna

【工作描述】

1. 4 月 20 日 9：30，Jessica 按预订部经理 Antony 要求，设置 4 月 20 日至 23 日 4 天的超额预订数量：ZSKN 房的可超额预订数为 6 间、ZSTN 房的可超额预订数为 5 间。

2. 4 月 20 日 9：40，客房部 Anna 接工程部通知，17 楼所有房间因天花板漏水停止对外出租，预计至 4 月 22 日中午可修好。Anna 设置 OOO 房，并将情况通知预订员 Jessica。

3. 预订员 Jessica 将情况汇报预订经理后，调整超额预订数设置：4 月 20 日至 21 日 ZSKN 房的可超额预订数改为 3 间、ZSTN 房则改为 2 间。

【工作要求】请在 Opera 上完成相关操作。

1. 完成可超额预订数设置及修改操作。

2. 完成 OOO 房设置操作。

第9单元 综合应用

学习意义 本章内容的学习和操练，能够使学生了解客人从预订到退房所要经历的一系列服务过程，并熟练掌握档案、预订、登记入住以及退房结账的电脑程序，让学生从整体上对 Opera PMS 系统有一个完整的认识和操作。

内容概述 本章结合酒店实务，列举了两个综合应用题，囊括了档案、预订、分房、入住、留言、Alert、Locator、Trace、Party、Routing、换房、续住、合住、结账等功能。

教学目标

知识目标

1. 了解客人入住的全过程。
2. 对 Opera PMS 系统有一个完整的认识。

能力目标

1. 熟练掌握和应用 Opera PMS 系统中模块及功能的电脑操作。

9.1　综合应用一

9.1.1　习题一

【时间】2007 年 4 月 20 日 9：00

【地点】香榭里拉大酒店预订部

【模拟岗位】预订部员工 Lisa

【工作描述】Lisa 收到销售部杨勇送来的销售协议书。如表 9.1.1 所示。

表9.1.1

销售协议书

甲方：上海皇朝有限公司
（Shanghai Dynasty Co. Ltd）
地址：上海南京西路 388 号

乙方：上海香榭里拉大酒店管理公司
地址：上海市海思路 500 号

甲乙双方本着友好、互利的原则，经协商就 2007 年 4 月 20 日至 2007 年 12 月 31 日的甲方的订房业务签订如下协议：

一、合同签订后，乙方在合同期内向甲方提供“EMB—Belgium”住房协议价之优惠。
二、酒店客房预订：
三、房款的支付：
四、结算方式：
五、甲方义务和权利：
六、乙方义务和权利：
七、协议的有效期：

甲方：上海皇朝有限公司
电话：021-64716688
传真：021-64716699

签约代表：
联系人：李伟民
开户行：
账号：
日期：2007-04-20

乙方：上海香榭里拉大酒店管理公司
电话：021-57128888
传真：021-57127788

签约代表：
销售员：杨勇（Yang Yong）
开户行：
账号：
日期：2007-04-20

【工作要求】

1. 登录 Opera 系统录入协议公司档案。
2. 在公司名称前加上自己的学号并以逗号隔开。
3. 联系人李伟民信息（Mobile：13812354678。生日：1978.8.1）

9.1.2 习题二

【时间】2007 年 4 月 20 日 10：00

【地点】香榭里拉大酒店预订部

【模拟岗位】预订部员工 Jessica

【工作描述】4 月 20 日上午，Jessica 收到协议公司订房传真，内容如表 9.1.2 所示。

表9.1.2

上海皇朝有限公司

Shanghai Dynasty Co. LTD

预订部：

今有冯得胜、张爱民两位先生于 4 月 20 日入住贵酒店一晚，请安排一间标准间，给予我公司协议价格（996 元 / 间天），费用由客人前台现付。请将房间保留至 18：00，谢谢！

签章：李伟民

2007 年 4 月 20 日

Address:388, Nanjing Rd W Shanghai, China　Tel: 86-21-64716688　Fax: 86-21-64716699

【工作要求】

1. 请在 Opera 上完成预订、Share 等操作。
2. 在客人姓名前加上自己的学号并以逗号隔开。

9.1.3 习题三

【时间】2007 年 4 月 20 日 14：30

【地点】香榭里拉大酒店前厅部

【模拟岗位】前台接待员 Emily

【工作描述】冯得胜、张爱民两位先生到达酒店前台，Emily 为其办理了入住登记。

【工作要求】

1. 请在 Opera 上完成 Check In 操作。
2. 客人的证件信息参照自己的身份证件信息。
3. 冯得胜先生支付押金：现金 2000 元。

9.1.4　习题四

【时间】2007 年 4 月 20 日 14：40

【地点】香榭里拉大酒店前厅部

【模拟岗位】前台接待员 Emily

【工作描述】张爱民、冯得胜至总台，要求增开一间标房，由张爱民搬入。所有费用由冯得胜先生支付，冯得胜加付 1500 元押金。

【工作要求】

请在 Opera 上完成开房（即张爱民换房）、Party、Routing、收取押金等操作。

9.1.5　习题五

【时间】2007 年 4 月 20 日 15：00

【地点】香榭里拉大酒店商务中心

【模拟岗位】商务中心文员 John

【工作描述】冯得胜在商务中心发送传真，费用 50 元，挂房账。

【要求】

1. 请在 Opera 上完成入账操作。
2. 账单号码为你本人的学号 +1。

9.1.6　习题六

【时间】2007 年 4 月 20 日 15：30

【地点】香榭里拉大酒店客房部

【模拟岗位】客房部员工 Rose

【工作描述】张爱民洗衣两件，费用 100 元，挂房账。

【工作要求】

1. 请在 Opera 上完成入账操作。
2. 账单号码为你本人的学号 +2。

9.1.7　习题七

【时间】2007 年 4 月 20 日 15：35

【地点】香榭里拉大酒店商务中心

【模拟岗位】商务中心文员 John

【工作描述】经核实，多收冯得胜在商务中心发送传真费用 30 元，需开出 Rebate 单冲销账目。

【工作要求】

1. 请在 Opera 上完成 Rebate 操作。

2. 账单号码为你本人的学号 +3。

9.1.8　习题八

【时间】2007 年 4 月 20 日 17：20

【地点】香榭里拉大酒店前厅部

【模拟岗位】前台接待员 Emily

【工作描述】冯得胜先生到前台，告知接待员：17：30~18：30，他和张先生会在中餐厅用餐，如有电话直接转至餐厅。

【工作要求】请在 Opera 上完成 Locator 操作。

9.1.9　习题九

【时间】2007 年 4 月 20 日 18：25

【地点】香榭里拉大酒店餐饮部

【模拟岗位】餐厅收银员

【工作描述】冯得胜、张爱民先生中餐厅用餐，餐费 380 元，冯得胜先生使用长城卡现结。

【工作要求】

1. 请在 Opera 上完成入账操作。

2. 账单号码为你本人的学号 +4。

9.1.10　习题十

【时间】2007 年 4 月 20 日 20：40

【地点】香榭里拉大酒店前厅部

【模拟岗位】前台收银员 Helen

【工作描述】冯得胜、张爱民先生到前台，要求提前退房，前台为其办理退房手续，并全额收取两间房房费。

【工作要求】请在 Opera 上完成 Check Out 操作。

1. 查房结果：张爱民先生房间使用可乐两听，15 元 / 听，共计 30 元，账单号码为你本人的学号 +5；冯得胜先生房间打破玻璃杯一只，赔偿费 20 元，客人同意支付，账单号码为你本人的学号 +6。

2. 使用现金结算所有账目。

9.2　综合应用二

9.2.1　习题一

【时间】2007 年 4 月 20 日 9：00

【地点】香榭里拉大酒店预订部

【模拟岗位】预订部员工 Lisa

【工作描述】Lisa 收到销售部杨勇送来的团队预订单。如表 9.2.1 所示。

【工作要求】

1. 请在 Opera 上完成相关操作。
2. 在团队名称前加上自己的学号并以逗号隔丌。

9.2.2　习题二

【时间】2007 年 4 月 20 日 10：00

【地点】香榭里拉大酒店预订部

【模拟岗位】预订部员工 Jessica

【工作描述】4 月 20 日上午，Jessica 收到团队名单传真及相应变更。如表 9.2.2 所示。

表9.2.1

上海皇朝有限公司

Shanghai Dynasty Co. LTD

预订部：

我公司将在贵酒店举办一个小型会议，需预订 2007 年 4 月 20 日一晚，共 10 间标准间，按我公司合同价 996 元 / 间天结算，客人住店期间一切费用由我公司支付（挂公司应收账）。客人名单待确定后补发给贵公司。

特殊要求：关闭 mini bar

请予以安排，谢谢！

会务联系人：李伟民 13812354678

签章：李伟民

2007 年 4 月 20 日

Address:388, Nanjing Rd W Shanghai, China　Tel: 86-21-64716688　Fax: 86-21-64716699

表9.2.2

会议名单						
序号	姓名	性别	房型	抵店日期	离店日期	备注
1	石清	女	标准间	4月20日	4月21日	自理
	申小艳	女		4月20日	4月21日	自理
2	潘美美	女	标准间	4月20日	4月21日	一切费用公司付
	钱悦	女		4月20日	4月21日	一切费用公司付
3	孙立峰	男	标准间	4月20日	4月21日	一切费用公司付
	艾仁	男		4月20日	4月21日	一切费用公司付
4	李治国	男	标准间	4月20日	4月21日	房费公司付，其余自理
	李明广	男		4月20日	4月21日	房费公司付，其余自理
5	吴国栋	男	标准间	4月20日	4月21日	一切费用公司付
	钟国庆	男		4月20日	4月21日	一切费用公司付
用餐：4月20日晚餐1桌 标准3000元/桌；会议：4月20日下午 上海厅4000元/场						
餐费、会场费及房费（按名单注明）转公司应收账。						

【工作要求】

1. 请在Opera上完成预订修改、客人姓名录入、Share、Routing等操作。
2. 在客人姓名前加上自己的学号并以逗号隔开。

9.2.3 习题三

【时间】2007年4月20日10：30

【地点】香榭里拉大酒店前厅部

【模拟岗位】前台接待领班Judy

【工作描述】接待领班Judy为会议预排房间。

【工作要求】

1. 请在Opera上完成分房操作。
2. 五间房尽量安排在同一楼层。

9.2.4 习题四

【时间】2007年4月20日12：30

【地点】香榭里拉大酒店商务中心

【模拟岗位】前台接待员Emily

【工作描述】上海皇朝有限公司团队一行10人同时抵达酒店办理登记入住。

【工作要求】

1. 请在 Opera 上完成 Check In 操作。

2. 客人身份证信息自行编制。

3. 收取押金：一切费用公司支付，客人免收押金；房费公司付，其余自理，客人收取 500 元押金（李治国支付）；自理客人，收取押金 2000 元（石清支付）。

9.2.5　习题五

【时间】2007 年 4 月 20 日 12：45

【地点】香榭里拉大酒店前厅部

【模拟岗位】前厅接待员 Anna

【工作描述】接到团队联系人李伟民电话，要求为该团队所有客人做留言。信息为：请各位贵宾明天早上 8：30 准时在酒店大堂集合，8：45 公司派车接各位到总部参加活动。

【工作要求】请在 Opera 上完成批量留言操作。

9.2.6　习题六

【时间】2007 年 4 月 20 日 17：00

【地点】香榭里拉大酒店会议部

【模拟岗位】会议部收银员 Jack

【工作描述】上海皇朝有限公司确认会场消费，费用 4000 元，挂团队主账单。

【工作要求】

1. 请在 Opera 上完成会场费入账操作。

2. 账单号码为你本人的学号 +13。

9.2.7　习题七

【时间】2007 年 4 月 20 日 18：30

【地点】香榭里拉大酒店餐饮部

【模拟岗位】餐厅收银员 John

【工作描述】上海皇朝有限公司确认团队餐消费，费用 3000 元，挂团队主账单。

【工作要求】

1. 请在 Opera 上完成餐费入账操作。

2. 账单号码为你本人的学号 +14。

9.2.8 习题八

【时间】2007 年 4 月 20 日 20：00

【地点】香榭里拉大酒店前厅部

【模拟岗位】前台接待员 Emily

【工作描述】上海皇朝有限公司团队客人申小艳（原与石清合住），要求单独住一间房，因其接到女儿许思雅电话，将会入住酒店与其合住。

【工作要求】

1. 请在 Opera 上完成换房操作。
2. 完成许思雅的合住预订操作。
3. 房费自理，收取申小艳押金 2000 元。

9.2.9 习题九

【时间】2007 年 4 月 20 日 21：25

【地点】香榭里拉大酒店前厅部

【模拟岗位】前台收银员 Helen

【工作描述】孙立峰、艾仁至酒店前台提前退房。

【工作要求】请在 Opera 上完成退房操作

1. 客人使用雪碧两听，15 元 / 听。账单号为你本人的学号 +15。

2. 付费方式原为一切费用公司付，现客人要求本人支付 300 元，其余费用转公司，使用信用卡结算 (卡号：6222 2044 2455 4733 088；持卡人：孙立峰；有效期：11/12)

9.2.10 习题十

【时间】2007 年 4 月 21 日 11：30

【地点】香榭里拉大酒店前厅部

【模拟岗位】前台收银员 Cindy

【工作描述】上海皇朝有限公司团队剩余四间房到酒店前台办理退房结账。

【工作要求】请在 Opera 上完成 Check Out 操作。

1. 吴国栋、李明广各消费啤酒一听，30 元 / 听。
2. 潘美美消费可乐两听，15 元 / 听。
3. 付费方式没有变化，完成各房间的退房结账操作。
4. 会务联系人李伟民签字确认团队消费总账单，挂公司应收账。

附录1 Opera PMS功能键简介

一、Opera快捷键使用说明

快捷键	英文注解	中文注解	详细说明
F1	Opera Help	Opera 系统说明	Opera 系统各个功能的详细说明，将内容输入在电脑中，可以得到相应的查询注解
F3	Room Search	查询房间	显示房间当时的状态，可以根据操作员选用的房型查找房间
F5	Rate Query	房价查询	房价查询这一功能是做预订的一个非常重要的步骤。这个快捷键显示房价信息
F7	New Reservation	新预订	此快捷键的功能等同于 F5，界面也完全一样
F8	Log Out	电脑签退	使用者在离开电脑时要将电脑签退，这个功能键是所有的使用者在离开工作岗位时必须要用的
Shift+F1	Occupancy Graph	出租率柱状图	未来 90 天内的出租率的柱形平面图，住房率可以数字或百分比的形式显示，其中可以区分出包括占房和预房
Shift+F2	Control Panel	出租率信息表	可显示每 7 天的出租率的相关信息，可以查出预抵、预离、占房、出租率等各项信息
Shift+F3	House Status	当前状态	酒店当天的出租率情况，预抵、预离、坏房等信息
Shift+F4	Inquiry	查询	可以查询一些公司、团队、旅行社的相关信息
Shift+F5	Floor Plan	楼层平面图	显示酒店里每层具体房态概况和房间的所属位置
Shift+F7	Phone Book	电话本	可记录内、外线号码，各方面的信息，是酒店内部的“黄页”
Shift+F7	IFC Menu	终端	IFC 的终端
Control+F1	Opera Help	Opera 系统快捷键	可以显示所有功能键的具体说明
Control+F2	Detail Availability	可卖房明细	酒店未来 10 天的各种房型的剩余数，可连续向后查询
Control+F3	Room Plan	房态条状图	可显示房间准确房态及住客情况，各个房态的准确房数，可选择房型查看
Control+F4	Calendar	日历	功能只限于日历
Control+F7	Operator	查询客人信息	可查询详尽的客人信息，并可以进行 Message、Trace、Locator 操作，可以模糊查询客人信息，即使在 No Show、Check-out 的状态下均可查询
Control+F8	MAX Availability	定期可卖房	可选择日期查看各房型的剩余数量

二、Oprea常用功能键中英文对照

1. Reservation 预订
   - New Reservation 新建预订
2. Reservation界面所显示的信息
3. Arrival 抵店日期
4. Nights 天数
5. Departure 离店日期
6. Adults 成人人数
7. Child 小孩人数
8. No. of Rms.房间数
9. Room Type 客人实际入住的房型
10. RTC.客人需支付房费的房型
11. Room 房号
12. Rate Code 房价代码
13. Rate 房价
14. Fixed Rate 固定费用
15. Packages 包价
16. Block Code 团队代码
17. Arrival Time 抵店时间
18. Res. Type 预订类型
19. Market 市场代码
20. Source 客源地
21. Origin 订房渠道
22. Payment 付款方式
23. Credit Card No.信用卡号码
24. Exp. Date 信用卡有效期
25. Approval Code 授权号
26. Approval Amt.授权金额
27. Guest Balance 客人余额
28. Disc. Amt.折扣金额（数字/百分比）
29. Specials 特殊要求/喜好
30. Comment 备注（通常为付款方式）
31. Print Rate （√）打印账单时显示房价
32. No Post （√）不可签单
33. Reservation的 Option包含功能
34. Accompanying 附加一个新的客史档案
35. Add on 复制预订
36. Alerts 提醒或忠告功能
37. Cancel 取消预订
38. Changes 查询所有工作记录
39. Billing 进入Cashier的一个窗口
40. Confirmation 确认信
41. Credit Card 信用卡（只限于信用卡授权的输入）
42. Delete 删除预订
43. Deposit 预付押金
44. Fixed Charges 固定消费（加床费等）
45. History 查询客人所有的预订（当日前或后的预订）
46. Housekeeping 可设开夜床服务
47. Locator 客人某一段时间的去向
48. Message 留言
49. Package Option 查看客人是否用过早餐
50. Party 代表人
51. Rate Info.查询房费明细
52. Registration Card 打印客人住宿登记单（RC单）
53. Routing 分账功能
54. Share 合住
55. Traces 需要跟办的事情
   - Update Reservation 修改预订
   - Block 团队
56. Business Block的 Option包含功能
57. Add PM 增加假房间
58. Changes 查看所有的更改记录
59. Copy 复制团队
60. Guest Tour Series 系列团——同一团队分期来
61. Cutoff 确保预订的房间都被锁房
62. Summary Information 查看数据比较
63. Trace 需要跟办的事情（建议团队的Trace留在PM房中）
64. Group Option包含功能
65. Rooming list 可打印团队名单
66. Room Assign 给团队分房
67. Check In Group 团队入住（整团入住）
68. New Post Master 增加一个假房间（团队主账单）

69. Pint Registration 打印登记卡
70. Cut Keys 做房卡
- Profiles 档案

71. Individual 个人档案
72. Company 公司档案
73. Travel Agent 旅行社档案
74. Source 来源（订房中心）档案
75. Group 团队档案
76. Contactor 联系人档案
77. Profile界面所显示的信息
78. Last Name 英文姓
79. First/Chn 英文名/中文姓名
80. Lang/Ttl/Gend 语言/称谓/性别
81. Country/State 国家/地区
82. Salutation 称谓
83. VIP 贵宾客人
84. Nationality 国籍
85. Date of Birth 生日
86. ID 身份证件
87. Communications 联系方式
88. Notes 客人的一些特殊要求
89. Individual Profile的 Option包含功能
90. Changes 查看所有的修改记录
91. Credit Card 信用卡
92. Delete 删除
93. Future 客人未来一段时间的订房情况
94. History 客人过去在酒店的入住情况及消费明细账单
95. Membership 会员
96. Merge 客史合并
97. Neg.Rates 协议价格
98. Notes客人的一些特殊要求
99. Preference 喜好
100. Relationship 客人与公司的关系
- Room Plan 房态图
- Floor Plans 楼层图
- Confirmation 预订确认
- Calendar 日历

101. Front Desk 前台接待
- Arrivals 查询当天到达的预订
- In House Guests 查询住店的客人
- Accounts C/I假房
- Room Assignment 排房间
- Messages 留言
- Traces 需要跟办的事情

102. Cashiering 收银
- Billing 结账

103. Post 入账
104. Edit 显示交易细节，查看交易的价格和数量等
105. Folio 浏览或打印账单（可以设置日期，或改变账单的风格）
106. Option
107. Agent/Company 可更改公司名称
108. Disable Phone 点此功能，电话号码不在账单上显示
109. Enable Phone点此功能，电话号码将在账单上显示
110. Phone Details 显示电话明细
111. Original Transaction 费用转至其他房间后，仍可显示原始账目记录
112. Change To 此房间人的账和转入的账都将显示明细
113. Payment 付款方式（用于押金输入）
114. Settlement/Check Out（结账/退房）
115. Interim Bill 提前结账但客人不离店
116. Early Departure 提前退房
117. Advance Bill 手工入房费
118. 在客人账单内，鼠标右键功能
119. Transfer to Window 窗口之间的转账
120. New Window/Delete Window 增加 / 删除窗口
121. Screen View 屏幕显示
122. Split Transaction 分账
123. Adjust Transaction 调整客人的账目
124. Transfer Transaction 转账
125. View Summarized / Detailed Transactions 账目

按消费代码归类统计/显示消费细节

126. Add Guest View 打开另一个客人的账单
- Fast Posting 快速入账
- Cashier Functions 收银员功能

127. Batch Folios 显示所有第二天要离店客人的名单

128. Cashier Reports 收银报表

129. Cashier Status 收银关账显示

130. Currency Calc.外币兑换计算

131. Currency Exchange 外币兑换

132. Exchange Rate 汇率

133. Folio History 查看客人账单历史

134. General Cashier 总出纳，相当于一个虚拟银行（DUE BACK，一般用于PAID OUT 大于PAID 时使用）

135. Journal 查看Posting记录

136. Deposit 查看付押金的情况

137. Receipt History 查看退款和收款等情况
- Cashier Shift Functions 关账功能
- Quick Check Out 快速结账

138. Miscellaneous 杂项
- Reports 报表
- Reports Scheduler
- Interface 接口
- Show Quick Keys 显示快捷键
- Change Password 修改密码
- Log Book 工作日志
- Print Tasks 打印任务
- User Activity Log
- File Download 文件下载
- Registration Cards 登记单（R/C单）

附录2　酒店常用英文

一、付款方式简写（一律大写输入）

1.客人自付　ALL PAX A/C

2.所有费用公司付　ALL PAY BY CO

3.替×××房间付费　PAY FOR RM XXX

4.×××房间为此房间付费　PAY BY RM XXX

5.房费由旅行社/公司支付　RM PAY BY T/A，RM PAY BY CO

6.杂费客人自付　OTHS PAX A/C

7.不要换房　DON’T MOVE

8.无小酒吧，无国际（国内）长途NO MINI BAR NO IDD（DDD）

二、房型

1.按设施及规格分类

单人间　Single Room

双人间　Double Room

大床间　King Size & Queen Size Room

标准间　Standard

标准间单人住 TSU　（Twin for Sole Use）

三人间　Triple

四人间　Quad

套间　Suite

公寓　Apartment

别墅　Villa

2.按级别分类

经济间　Economic Room

普通间　Standard Room

高级间 Superior Room

豪华间　Deluxe Room

商务标间　Business Room

行政标间　Executive Room

行政楼层　Executive Floor

3.按朝向分类

朝街房　Front View Room

背街房　Rear View Room

城景房　City View Room

园景房　Garden View Room

海景房　Sea View Room

湖景房　Lake View Room

4.特殊房型

不限房型　Run of the House

无烟标准间　Non Smoking

残疾人客房　Handicapped Room

带厨房客房　Room with Kitchen

相邻房　Adjoining Room

三、部门、部门经理英文

1.部门

行政部　Rear-Service Department

人力资源部　Human & Resources Department

财务部　Accounting

市场营销部　Sales & Marketing Division

销售部　Sales Department

公关部　Public Relation Department

预订部　Reservation Department

房务部　Room Division

前厅部　Front Office Department

管家部　Housekeeping Department

餐饮部　Food & Beverage Department

康乐部　Recreation and Entertainment Department

工程部　Engineering Department

保安部　Security Department

商场部　Shopping Arcade

2.部门经理

总经理　General Manager

副总经理　Deputy General Manager

人力资源总监　Director of Human & Resources

财务总监　Financial Controller

财务部经理　Chief Accountant

成本部经理　Cost Controller

采购部经理　Purchasing Manager

市场营销总监　Director of Sales and Marketing

客房总监　Director of Rooms

前厅部经理　Front Office Manager

大堂副理　Assistant Manager

宾客关系主任　Guest Relation Officer

驻店经理　Resident Manager

餐饮总监　F&B Director

餐饮部经理　F&B Manager

西餐厅经理　Western Restaurant Manager

中餐厅经理　Chinese Restaurant Manager
行政总厨　Executive chef
中厨师长　Sous Chef （Chinese Kitchen）
西厨师长　Sous Chef （Western Kitchen）
工程总监　Chief Engineer
工程部经理　Engineering Manager
保安部经理　Security Manager
商场部经理　Shop Manager

附录3　客房及客人状态变化图

一、客房状态变化图（Room Status）

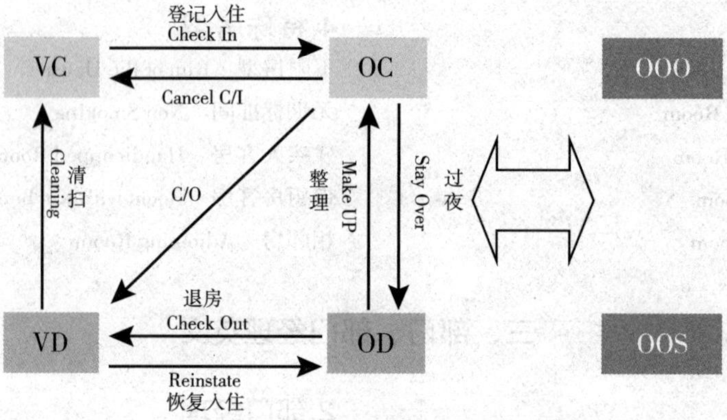

VC 空净房　VD 空脏房　OC 住客净房　OD 住客脏房　OOO 坏房　OOS 小修房

二、客人状态变化图（Guest Status）

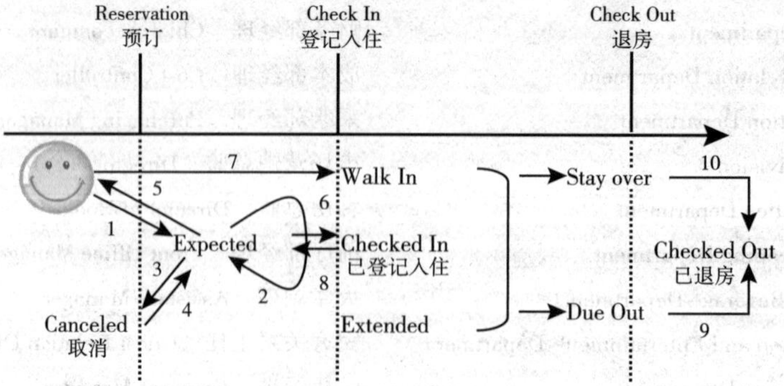

1. New Reservation新预订　2. Edit Reservation修改预订　3. Cancel Reservation取消预订
4. Reactivate激活　5. Delete删除预订　6~7. Arrival抵店　8. Cancel C/I撤销入住
9~10. Check Out退房

项目统筹：谯　洁
责任编辑：李冉冉
责任印刷：冯冬青
封面设计：中文天地

图书在版编目（CIP）数据

酒店管理信息系统教程实训手册 / 许鹏，梁铮主编
. -- 3版. -- 北京 ：中国旅游出版社，2021.4（2024.7重印）
国家示范性院校重点建设专业酒店管理专业系列教材
ISBN 978-7-5032-6687-4

Ⅰ. ①酒… Ⅱ. ①许… ②梁… Ⅲ. ①饭店—商业管理—管理信息系统—教材 Ⅳ. ①F719.2-39

中国版本图书馆CIP数据核字（2021）第048919号

书　　名：酒店管理信息系统教程实训手册

作　　者：许鹏，梁铮主编
出版发行：中国旅游出版社
（北京静安东里6号　邮编：100028）
https://www.cttp.net.cn　E-mail:cttp@mct.gov.cn
营销中心电话：010-57377103，010-57377106
读者服务部电话：010-57377107
排　　版：北京旅教文化传播有限公司
经　　销：全国各地新华书店
印　　刷：北京工商事务印刷有限公司
版　　次：2021年4月第3版　2024年7月第2次印刷
开　　本：787毫米×1092毫米　1/16
印　　张：20.5
字　　数：280千
定　　价：46.00元
ISBN　978-7-5032-6687-4